LES BOULLONGNE

PAR

Le Comte de CAIX de SAINT-AYMOUR

Préface de M. ANDRÉ MICHEL

HENRI LAURENS, Éditeur, PARIS (VIe)

LES

BOULLONGNE

UNE FAMILLE
D'ARTISTES ET DE FINANCIERS
aux XVIIe et XVIIIe siècles

Les
BOULLONGNE

PAR

le Comte de CAIX de SAINT-AYMOUR

OUVRAGE ILLUSTRÉ DE CINQ PORTRAITS HORS TEXTE
et renfermant le Catalogue raisonné de 588 œuvres des artistes
de cette famille

Préface de **M. André MICHEL,**
Membre de l'Institut

Henri LAURENS, Éditeur
6, rue de Tournon, 6
PARIS, 1919.

PRÉFACE

PRÉFACE

———

Le livre que M. le comte de Caix de Saint-Aymour veut bien me demander de présenter au lecteur était écrit avant la guerre, et même déjà « composé »... mais par une imprimerie lilloise. Les Boches, comme on pense, ne manquèrent pas de voler et d'emporter toute la « composition », comme matière première utile aux fabrications militaires. L'auteur avait mis heureusement ses bonnes feuilles en lieu sûr, et c'est ainsi que nous retrouvons, après cinq années, le bénéfice de ses longues recherches sur une importante famille de peintres, activement mêlée à l'histoire de la peinture française aux XVII° et XVIII° siècles.

On s'apercevra, en lisant ces pages, que le « Besacier », — à qui nous devons déjà tant de contributions utiles à l'érudition, — y a mis tout ce qu'on pouvait attendre de son expérience éprouvée dans l'exploration des documents d'archives et de sa féconde « curiosité ». Féconde certes, mais d'abord méthodique, patiente et armée par les fortes disciplines de l'admirable atelier d'érudition qu'est l'Ecole nationale des Chartes. C'est surtout à sa « petite Patrie », à la partie septentrionale de l'Ile de France où il est né, à cette terre d'élection que domine la flèche de Senlis, ce chef-d'œuvre de l'esprit français, et où semblent s'être localisées les plus exquises vertus et le charme le plus persuasif de la douce France .. et c'est aussi à la Picardie méridionale d'où sa famille est originaire, que le comte de Caix de Saint-Aymour a, pendant plus d'un demi-siècle, voué son labeur d'historien, d'archéologue et d'érudit. Le présent volume prendra sa place tout indiquée dans cette belle « bibliographie », puisque des al-

liances de famille le rattachent à ces Boullongne, dont il a entrepris de nous restituer l'histoire. Durant de longues années, il n'a jamais perdu de vue son sujet, ajoutant jour à jour quelque pièce nouvelle au dossier toujours entr'ouvert, et trouvant, d'ailleurs, dans ses propres archives familiales, plus d'un texte important — par exemple, la série très instructive des titres produits en 1722 par Louis de Boullongne, Directeur de l'Académie Royale de Peinture et de Sculpture, pour sa réception dans l'Ordre de Saint-Michel.

La mission d'un simple « Préfacier » ne saurait être de déflorer, par des citations anticipées, l'œuvre qu'il a l'honneur d' « introduire » auprès du public. Il me suffira de dire — et le lecteur aura vite fait de constater — que les recherches de M. de Caix de Saint-Aymour, — en même temps qu'elles éclairent l'histoire d'une de ces « dynasties » d'artistes qui continuèrent et se transmirent, en les enrichissant au cours des générations, les traditions de la peinture française et constituent comme le fond solide sur lequel elle évolua — ne sont pas inutiles à l'histoire générale des mœurs, du goût et des idées.

Les historiens de la peinture lui sauront un gré particulier du très précieux catalogue raisonné qu'au prix de longues recherches et avec une patience exemplaire, il a dressé de l'œuvre des Boullongne. Tout le monde peignait dans la famille et, de la première moitié du XVIIe siècle jusqu'au milieu du XVIIIe, les filles même, comme le père et les frères, manièrent le pinceau : les uns avec une autorité magistrale, les autres avec une habileté éprouvée.

Louis de Boullongne, le Père, dit l'Ancien, sans s'élever au rang des « créateurs », comme on dirait aujourd'hui, tint plus qu'honorablement sa place dans ce qu'on pourrait appeler l'orchestre qui préluda à la grande symphonie du grand siècle. Histoire, mythologie, religion, décoration murale, tableaux de chevalet, dessins pour l'illustration, il n'est aucun genre qu'il n'ait exercé avec succès. Au Salon de 1761, Diderot, évoquant, à propos de Deshays, en qui les contemporains avaient mis tant d'espérances, le souvenir de la génération où s'était élaboré l'art dont il louait en celui-ci les tendances, pouvait écrire très justement : « Il me rappelle les temps de Santerre, de Boullongne, de Le Brun, de Le

Sueur et des grands artistes du siècle passé. Il a de la force et de l'austérité dans sa couleur ; il imagine des choses frappantes; son imagination est pleine de grands caractères; qu'ils soient à lui ou qu'il les ait empruntés des maîtres, il est sûr qu'il sait se les approprier... »

Le catalogue raisonné de l'œuvre de Louis l'Ancien, dressé par M. de Caix de St-Aymour, ne comprend pas moins de 105 numéros, depuis l'année 1629 jusqu'en 1673 — c'est-à-dire jusqu'à la veille de la mort de l'artiste, qui survint en 1674. Rien n'est plus « suggestif », pour employer une expression courante aujourd'hui mais inconnue au temps de Louis de Boullongne, que la liste des œuvres mentionnées dans ce catalogue. On voit, à la lire, se dresser devant les « yeux de l'esprit », l'image même de cette génération qui, au lendemain du règne d'Henri IV, s'établit avec une élégance pleine de dignité dans les nouveaux hôtels, construits pour servir de cadre à une vie sociale plus raffinée, conformes aux plans adoptés pour celui de la fameuse « marquise », où les galeries majestueuses se prêtaient aux nobles réceptions, où les salons et leur mobilier s'offraient complaisamment aux « commodités de la conversation » et à l'ampleur des toilettes féminines, — tandis que les peintres multipliaient aux plafonds et aux murailles les Apollon ou Soleil levant, entourés des Heures, *les* Diane montée sur un char, *le* Chœur des Muses groupé autour d'Apollon (*que Boullongne dut représenter en 1659 à l'hôtel de M. Jeannin de Castille, place Royale, sous les traits du roi lui-même et de neuf dames de la Cour*), *les* Vénus et Adonis, *les* Arts libéraux, *sans oublier les* Travaux d'Hercule *ni son mariage avec Hébé*, ou Minerve entourée des figures allégoriques des Sciences, *et c'est encore Louis de Boullongne qui dut exécuter sur ce thème le plafond de l'hôtel de Bizeuil, rue Vieille-du-Temple.*

Toute cette mythologie, une fois de plus triomphante, et qui allait servir de cortège à la gloire de Louis XIV, n'enlevait d'ailleurs rien à la religion. On était, comme a dit Nisard, au confluent des « deux antiquités », la païenne et la chrétienne, qui formèrent la substance de la pensée et de l'esthétique du grand siècle. En même temps que les nouveaux hôtels s'ornaient de toutes les séductions des légendes, des amours des dieux et des Métamorphoses, des églises

*nouvelles se construisaient, les autels se garnissaient de ta-
bleaux, où toutes les nuances de la dévotion contemporaine
s'inscrivent en figures de Saints et de Saintes, de Vierges et
d'enfants Jésus qui sont pour nous, aujourd'hui, des témoins
non moins persuasifs de l'histoire de l'art que des formes
changeantes de la piété. Et Louis l'Ancien pour sa part,
— soit qu'il eût à exécuter dans la série des « Mays » à Notre-
Dame de Paris, pour le compte de la Corporation des Orfèvres, dont beaucoup étaient venus apprendre le dessin à son
école, un épisode des Actes des Apôtres et de la Vie ou de la
Décollation de Saint Paul, ou le Martyre de saint Simon, —
soit qu'il présentât comme morceau de réception à l'Académie la Charité Romaine, ou qu'il peignît, pour l'oratoire de
M. Courtin de Tanqueux, les Mystères de la Passion et le Martyre de saint Barthélémy — ou encore, pour les Pères Capucins du Marais, la Purification, ou pour ceux de Caen, Nicolas IV dans le caveau de saint François d'Assise, dont le Musée du Louvre possède le dessin, ou enfin pour la Reine Anne
d'Autriche, le Martyre de saint Denis — occupe dans ce chapitre si important de l'histoire de la peinture française au
XVIIᵉ siècle une place qui est bien à lui.*

*Le catalogue raisonné de M. de Caix de Saint-Aymour
nous fournit sur chacun de ces tableaux des indications bi-
bliographiques ou iconographiques dont il serait superflu de
souligner ici l'intérêt.*

*Les filles de Louis l'Ancien, Marie, Geneviève et Madeleine
furent aussi des peintres estimés — mais ce fut surtout leur
frère, Bon de Boullongne qui, avec Louis le Jeune, continua
la tradition et accrut la renommée de la famille. Louis l'Ancien avait été envoyé à Rome par la Ville de Paris, bien avant
que Colbert eût encore conçu le projet de son Académie royale
de France (et c'est là un fait à enregistrer pour l'histoire des
idées, des mœurs et de la condition sociale des artistes, non
moins que de la pédagogie). C'est par la protection de Colbert
que Bon, le fils aîné né en 1649, fit en 1670 le voyage désormais rituel, au cours duquel il devait exécuter, pour les Gobelins, de belles copies de l'Ecole d'Athènes, de la Dispute du
Saint-Sacrement, de la Bataille de Constantin et des autres
fresques de Raphaël, dont la cathédrale de Meaux conserve
aujourd'hui quelques pièces. Il devait surtout, par la décora-*

tion de la coupole de l'église de Saint-Louis des Invalides, à laquelle il associa son frère Louis le Jeune, consacrer la réputation des Boullongne, qui atteignit, avec lui, aux confins de la gloire.

Le catalogue raisonné de l'œuvre des deux frères comprend 482 numéros et les montre, plus encore que leur père, et avec une abondance inépuisable, tour à tour portraitistes, décorateurs, peintres de genre même, excellant dans les tableaux religieux comme dans les plus profanes, capables d'aborder avec une ampleur et une autorité magistrales les travaux et « les brusques fiertés » de la fresque.

Avec eux, la famille des Boullongne, — où l'on peut, comme dans un champ limité d'observation, étudier la société française sous l'ancien régime et l'ascension sociale que le talent et la probité rendaient accessible à tous, — passe de l'ancienne maîtrise aux dignités académiques, de la bourgeoisie à la noblesse... Et c'est une dernière « leçon de choses » qui se dégage de l'excellent livre de M. de Caix de Saint-Aymour.

Je ne fais ici que lui exprimer la reconnaissance que les historiens de la peinture française lui garderont d'une aussi profitable contribution à leurs travaux.

Andrè MICHEL

Louis de Boulongne le P.
Peintre ordinaire du Roy, et Professeur de l'A.
Royale de Peinture et Sculpture

CHAPITRE PREMIER

Les premiers Boullongne de Paris.

Naissance, à Paris, de Louis de Boullongne, le premier peintre de ce nom. — Ses
parents et leur origine. — Peintres du même nom aux XIVe et XVe siècles. —
Le sculpteur Jean de Boullongne, jadis appelé « de Bologne ». — Réfutation de
la communauté d'origine du peintre Valentin et des Boullongne.

Le mercredi 8 juillet de l'an de grâce mil six cent neuf —
dernière année du règne du bon roi Henri IV — venait au
monde, dans une modeste maison, paroisse Saint-Jean-en-
Grève, à Paris, un enfant auquel on donna au baptême le
prénom de Louis.

Son père — appelé aussi Louis Boullongne ou de Boullongne [1] — était venu peu de temps auparavant chercher
fortune à Paris où il avait épousé, en 1608, une femme de
modeste condition dont Louis était le premier-né [2]. Cette
femme s'appelait Marie Regnoton [3].

---

1. L'orthographe du nom varie beaucoup : Boulogne, Boullogne, Bouloigne, Boulongne, etc. Nous adoptons dans cet ouvrage la plus connue, la plus répandue,
celle qui a définitivement prévalu. De même, bien que la particule n'ait été prise
que tout à fait exceptionnellement par les deux premiers Boullongne, nous l'em-
ploierons, même en parlant d'eux. Nous verrons, d'ailleurs, plus tard, qu'ils y
avaient droit, de par leur origine. L'acte de Baptême du 8 juillet 1609 porte,
d'ailleurs « Loys de Boulongne » (HERLUISON : *Actes d'Etat-Civil d'artistes français...* Orléans, 1873, p. 51).

2. D'après les papiers des Boullongne, deux autres enfants seraient venus de
ce mariage : un second fils, nommé Etienne, dont nous ne connaissons absolument rien que le nom, et une fille appelée Geneviève, laquelle fut, en 1645, la
marraine d'une de ses nièces. Le libellé de l'acte de baptême semble indiquer
qu'elle était alors célibataire, et nous ne savons sur quelle autorité s'appuie
l'auteur d'une note provenant des mêmes Papiers, pour dire que cette Geneviève de Boullongne fut mariée, en 1622, à N... de Mésange.

3. Dans l'acte de baptême de l'enfant, extrait des registres de la paroisse Saint-
Jean-en-Grève et délivré le mardi, 11 octobre 1748, par le sieur Nolierre, prêtre,
docteur de Sorbonne, sous-vicaire de ladite paroisse, la mère est appelée Locton ;
mais d'autres documents originaux prouvent qu'il n'y a là qu'une erreur de
copiste et que la femme de Louis Ier de Boullongne s'appelait bien Marie Regnoton.

D'où venait Louis de Boullongne ? On n'en savait rien. Lui-même était, sur ce point, plein de discrétion. On disait seulement — et nous verrons bientôt que ce pouvait être la vérité — qu'il appartenait « à une bonne famille de Picardie. »

Pour le moment, le père de l'enfant qui venait de naître « exerçait une commission honorable » à l'Hôtel-de-Ville de Paris, ainsi que s'exprime un peu pompeusement un des biographes de son fils[1] ; ce qui nous paraît vouloir dire plus simplement, en bon français, que Louis de Boullongne était employé dans les bureaux de la grande ville. C'est cependant la modeste fonction qu'il occupait dans ces bureaux qui fut la cause initiale de la fortune des siens. Nous raconterons bientôt les premières péripéties qui amenèrent cette fortune. Il nous faut auparavant étudier, pour n'avoir plus à y revenir, ce qui a été dit jusqu'ici sur les origines des Boullongne dont, en présence du rôle important qu'ils ont joué dans l'art du XVIIe siècle, la critique s'est préoccupée à diverses reprises. Devant, dans le présent ouvrage, indiquer ces origines d'après des documents inédits ou peu connus, il nous faut d'abord déblayer le terrain de ce qui en a été écrit avant nous.

Jal, qui s'occupe assez longuement des Boullongne dans son *Dictionnaire critique de Biographie et d'Histoire*[2], dit qu'on ignore de quelle province ils étaient originaires. Il y avait, écrit-il, beaucoup de Boulogne à Paris. « En 1528, un Boullongne était valet de chambre de la Reine-Mère[3]. Plus tard, je vois dans les registres de Saint-Jean-en-Grève, à la date du 2 juin 1698, le baptême de « Nicolas, fils de

---

1. Guillet de Saint-Georges : *Vie de Louis Boulogne*, insérée dans les *Mémoires inédits sur la vie et les ouvrages des membres de l'Académie Royale de Peinture et de Sculpture*, publiés d'après les Manuscrits conservés à l'Ecole des Beaux-Arts, par Dussieux, Soulié, de Chennevières, Paul Mantz et Anatole de Montaiglon. Paris, Dumoulin, 1854, 2 vol. in-8, tome I, p. 195. — Outre la vie de Louis de Boullongne, qui occupe dans ce volume les pages 195 à 204, on y trouve à la suite de cette vie : 1° Un résumé de la Conférence faite par Louis de Boullongne, le Jeune, sur l' « Enfant Jésus, la Vierge et la sainte Catherine », du Titien ; 2° Le discours de Guillet de Saint-Georges sur la « Charité Romaine », du même artiste ; et 3° le Discours du même sur un bas-relief de la « Charité Romaine » que M. Cornu a donné pour sa réception le 5 juillet 1681.

2. Paris, in-8.

3. *Arch. Nat.* Maison du Roy, KK, 99.

Jean Senelle, maître peintre, et de Marguerite de Boulogne, sa femme ». Louis Ier Boullongne était-il parent de cette Marguerite ? L'était-il du Boullongne de 1528 ? Appartenait-il à d'autres Boulogne, Boullongne ou de Boulogne qui se trouvent mentionnés dans les registres d'un grand nombre des anciennes paroisses ? Je l'ignore ».

Les Papiers des Boullongne, qu'une alliance de famille a mis en notre possession, ne nous permettent pas d'être plus affirmatifs que Jal en ce qui concerne leur parenté avec cette Marguerite de Boullongne, femme du « maistre peintre » Jean Senelle. Mais nous avons tout lieu de croire que cette parenté n'existait pas. Jean Senelle, le mari de Marguerite de Boullongne, dont il eut sept enfants, était de Meaux. Il est donc fort probable que cette Marguerite appartenait aux Boullongne, de Coulommiers, dont nous parlerons tout à l'heure [1].

Quant au Boullongne, valet de chambre de la Reine-Mère en 1528, nous y reviendrons dans un chapitre suivant, lorsque nous indiquerons, d'après ces mêmes papiers, la véritable origine que s'attribuaient nos Boullongne de Paris, origine qui les rattachait à la Picardie, puis, à une époque plus lointaine, aux confins de la France et des Pays-Bas, et à ces régions frontières qui appartinrent longtemps à la Maison de Bourgogne et à ses successeurs.

Et à ce propos, on nous permettra de rappeler — tout au moins à titre de curieux rapprochement — que dans ces régions, des artistes peintres du même nom de Boullongne avaient déjà fait parler d'eux.

Nous trouvons, d'abord, dès le XIVe siècle, plusieurs peintres de ce nom, cités par le comte de Laborde, dans son *Catalogue des Artistes des XIVe et XVe siècles, originaires des Pays-Bas ou employés à la Cour des ducs de Bourgogne* [2]. Puis ce sont deux autres peintres du même nom travaillant pour les mêmes ducs de Bourgogne au XVe siècle. D'abord Hue de Boulogne [3], mort en 1449, pein-

---

1. Cfr. Th. LHUILLIER, dans *Réunion des Sociétés des Beaux-Arts des Départements*, 1888, p. 135 et suiv.

2. Paris (Didron), 1849. 1 Plaquette in-8.

3. Aux *Pièces originales* de la Bibl. Nat. (Tome 452, n° 10.203) se trouve une pièce du 28 avril 1441 concernant le paiement de bannières, d'étendards, etc., peints par lui.

tre de Philippe-le-Bon, pour lequel il peignait à l'huile, en 1427, les ornements de la Nef de mer de ce Prince, et, en 1431 et 1435, des étendards de guerre armoriés. Après lui, son fils aîné, Jean de Boulogne, résidait à Saint-Omer où il était peintre de cottes d'armes. Dans des Comptes de Lille, ce Jean est qualifié de « varlet de chambre et peintre » du duc de Bourgogne. Il semble donc avoir hérité des charges de son père. Il exécuta un tableau sur bois pour l'église de Sainte-Waudru, à Mons, en 1451-1452 [1].

Et comment ne pas être tenté de citer encore, au XVI* siècle, le fameux sculpteur longtemps connu sous le nom de Jean de Bologne, et d'abord attribué à l'Italie, et auquel on a maintenant restitué l'orthographe de son nom de Boullongne et son origine douaisienne [2]? Encore une fois, nous espérons prouver bientôt que la famille de nos Boullongne, artistes parisiens, avait successivement habité, au XVI* siècle, le Boulonnais, le Cambrésis et le Tournaisis, c'est-à-dire une région au milieu de laquelle se trouve la ville de Douai. Il est fort possible que les gros bourgeois de cette dernière ville [3], desquels sortit le grand sculpteur, fussent du même « estoc » que les hobereaux d'où sont venus nos Boullongne, de Paris [4].

---

1. J. Pinchard : *Archives des Arts, Sciences et Lettres*. Documents inédits, Gand, 1863, 3 vol. in-8, II, p. 118. — Siret : *Dictionnaire...* dernière édition, 1883.

2. Au moment où nous écrivons ces lignes, la ville de Douai élève un monument au glorieux artiste qui, né dans ses murs en 1524, mourut à Florence en 1608. Ce monument est l'œuvre d'un autre sculpteur douaisien, M. Alexandre Descatoires.

3. Voir, sur les origines douaisiennes de Jean de Boullongne : la brochure de M. B. Rivière (*Notes et documents inédits concernant la famille de Jean de Boullongne, sculpteur douaisien*, Nancy, imp. Berger-Levrault, 1908, in-8) ; les travaux de MM. Guilmot, Brassard et Lepreux (*Inventaire analytique de la série FF. des Archives de Douai*) ; et encore sur le même artiste : l'*Eloge de Jean de Bologne*, par M. R. Duthilloeul (Douai, 1820) ; *la Vie et l'œuvre de Jean de Bologne*, d'après les manuscrits inédits recueillis par M. Foucques de Wagronville, publiée par M. Abel Desjardins. Paris, 1883, in-fol., et Dubrulle (A.), dans *Revue Archéologique* de Janvier-Février 1912, p. 84-101.

4. Je citerai notamment un Jean de Boulongne, « né de France », c'est-à-dire hors de la Flandre, et marié en 1468, à Amande de Belleval, qui se fit recevoir dans la bourgeoisie de Douai en 1469. D'après M. Lepreux, ce Jean « était probablement l'aïeul » du grand artiste douaisien qui aurait eu alors pour père un autre Jean, « capitaine de pisnon », riche et notable bourgeois en 1521. (B. Rivière : *op. laud.*, p. 5, 13, etc.)

Mais nous ne voulons pas nous arrêter plus longtemps à ces rapprochements dépourvus de preuves positives et dont la vraisemblance ne trouve à s'appuyer que sur des documents dont le plan de notre livre nous permet seulement de nous occuper dans un chapitre subséquent. Il nous reste, d'ailleurs, à étudier une dernière hypothèse concernant l'origine des Boullongne, hypothèse mise en avant et soutenue par des arguments spécieux il y a une soixantaine d'années, et encore admise aujourd'hui dans des ouvrages de consultation courante.

Un habitant de Coulommiers, M. Anatole Dauvergne, recherchant en 1843 des matériaux pour servir à une biographie de l'artiste, son compatriote, connu alors sous le nom de Moïze Valentin, trouva, dans les registres de la paroisse Saint-Denis de cette ville, un acte de baptême en date du 8 juin 1601, de Jean, fils de Valentin de Boulongne et de Jeanne de Monthyon, sa femme. Le parrain de l'enfant était son oncle, nommé Jean de Boulongne, peintre et vitrier. Poursuivant ses recherches, M. Dauvergne exhuma d'autres documents, desquels il résulta pour lui que le vrai nom de ces Boulongne — lesquels tiraient probablement leur origine de Bologne en Italie — était Rasset [1].

Enchanté de sa découverte, M. Dauvergne alla plus loin, et il affirma catégoriquement que les familles de Valentin et des Boullongne de Paris étaient les mêmes, que leur nom patronymique était Rasset et que ceux de Valentin et de Boullongne étaient de simples surnoms donnés, postérieurement à leur séparation, à des rameaux de la famille Rasset, existant en Italie dès le XVe siècle [2].

Pour compléter sa démonstration, il exposa au Salon de cette année 1843, sous le n° 310, un portrait qu'il baptisa: Jean Rasset, dit Valentin de Boullongne, dans lequel il prétendit reproduire les traits du peintre français, jusque-là connu sous le nom de Valentin [3].

---

1. *L'Artiste* de 1843, p. 79 et 80 (n° du 29 janvier). — Cfr. aussi la *Gazette des Beaux-Arts*, février 1879, p. 206.

2. Quant au nom ou prénom de « Moïze » attribué au Valentin, il est acquis aujourd'hui qu'il provient d'une mauvaise lecture faite par d'Argenville du mot « Monsu » pour « Monsieur », dans un document italien.

3. Cfr. : *Le Valentin, peintre*, né à Coulommiers en Brie (par ANATOLE DAUVER-

Nous n'entendons nullement, pour notre part, contester ce fait que le Valentin s'appelait réellement Rasset, dit Boulogne, comme tous les membres de sa famille du XVIe au XVIIIe siècle, bien que ce soit peut-être encore sujet à discussion [1]. Mais ce que nous nions absolument, c'est que nos Boullongne de Paris aient rien de commun avec ceux de Coulommiers.

Sans apporter aucune preuve, M. Anatole Dauvergne affirme que Louis de Boullongne, né en 1609, est le frère puîné du peintre Valentin. Cette assertion est parfaitement insoutenable puisque, comme nous l'avons dit plus haut, nous possédons l'acte de baptême de Louis II de Boullongne et les noms de ses parents. Mais, en dehors de cette preuve matérielle et irréfragable que ne connaissait pas l'auteur de cette affirmation en 1843, d'autres raisons rendaient l'hypothèse de M. Dauvergne tout à fait impossible. En effet, comme le remarque très judicieusement l'auteur de la réponse à l' « Artiste » que nous avons déjà citée, comment admettre, s'il y avait eu un lien de parenté quelconque entre le grand peintre qu'était le Valentin et les peintres Boullongne, que leur biographe Félibien, lequel écrivait avant [2] 1666, n'en ait pas soufflé mot ? Comment supposer que Guillet de Saint-Georges, qui composa la *Vie de Louis de Boullongne*, presqu'aussitôt après sa mort, n'ait pas signalé une parenté qui n'avait rien que d'honorable pour son héros ? Pourquoi penser que Watelet se trompe quand il dit, dans sa *Vie de Boullongne le Jeune* [3], que son père était d'une famille de Picardie ? Watelet devait cependant être bien renseigné, puisqu'il était quelque peu allié aux Boullongne, Nicolas-Robert Watelet, son très proche parent, étant devenu, par son mariage, le beau-frère du petit-fils de Louis de Boullongne l'Ancien [4].

GNE), dans *Almanach du Département de Seine-et-Marne et du Diocèse de Meaux*, 2e année, 1862, p. 116-122.

1. V. la réponse insérée dans l'*Artiste* de 1843, n° du 14 mai, pp. 314, 315 et 316.

2. Ses *Entretiens de la vie des Peintres* furent imprimés cette année-là, in-4°, et en 1669, ses *Conférences de l'Académie de Peinture*.

3. Cette vie fait partie de *Vies des premiers Peintres du Roi*, publiées par LEPICIÉ. 2 vol. in-8. Paris, 1752. Tome II, p. 42-75.

4. Claude-Henri Watelet, de l'Académie Française et de l'Académie de peinture,

Mais il y a plus encore : Louis de Boullongne le père, l'Ancien, a daté une de ses gravures de Rome, en 1637, et il travaillait dans cette ville depuis plusieurs années. Il est donc plus que probable qu'il a dû y connaître le Valentin, lequel y est mort en 1634. Tout au moins y est-il arrivé au moment où le souvenir tout récent du jeune peintre, prématurément enlevé à l'art par un cruel accident, était encore présent à toutes les mémoires. Est-il admissible que si Louis de Boullongne, alors à ses débuts, avait été le frère cadet, ainsi que le veut M. Dauvergne, d'un artiste comme le Valentin, dont le nom jetait un si vif éclat, cette parenté illustre eût été complètement passée par lui sous silence ?

On voit que le fragile échafaudage élevé par Dauvergne s'écroule de tous les côtés à la fois, et il est inutile de discuter plus longtemps son hypothèse. La vérité est que les Rasset, dits Boulongne, de Coulommiers, n'ont rien à voir avec les Boullongne de Paris, « issus d'une bonne famille de Picardie ». En indiquant, sur preuves, dans un prochain chapitre, ce qu'était cette bonne famille, nous donnerons le coup de grâce à la légende.

Mais, au risque d'anticiper un peu sur notre récit, nous tenions à réfuter, dès le premier chapitre de l'histoire des Boullongne parisiens, cette erreur lancée en 1843 et que nous avons rencontrée, à notre grand étonnement, dans des ouvrages modernes de consultation courante et jouissant d'une autorité justifiée. C'est ainsi que Siret, dans la dernière édition de son Dictionnaire si remarquable (Bruxelles, 1883), admet encore, non seulement que le véritable nom du Valentin devait être « de Boulongne », — ce qui est possible, — mais il ajoute : « d'après des renseignements publiés par M. Dauvergne, Valentin descend directement des Boullongne (de Paris) » [1].

---

né à Paris en 1718, mort dans la même ville le 12 janvier 1786. Il succéda à son père comme Receveur Général des Finances de la Généralité d'Orléans et mourut ruiné par un homme d'affaires. Il fut l'initiateur des jardins anglais, dans son *Essai sur les jardins* (Paris, 1774).

1. MM. Bellier de la Chavignerie et Louis Auvray sont mieux inspirés dans leur *Dictionnaire général des Artistes de l'Ecole Française* (Paris, 1882). Ils admettent bien, en effet, que le nom du Valentin soit Boullongne, mais ils ne disent nullement qu'il était de la même famille que les Boullongne de Paris.

Nous croyons ainsi avoir démontré que cette affirmation ne repose sur aucun document, et nous prouverons plus loin, à notre chapitre VIII, qu'elle est complètement fausse, en donnant, preuves en mains, la véritable origine de nos artistes parisiens.

CHAPITRE II

Louis de Boullongne, dit l'Ancien.

Comme nous l'avons vu au commencement du chapitre précédent, Louis de Boullongne, deuxième du nom, fils de Louis Ier et de Marie Regnoton, naquit à Paris le mercredi 8 juillet 1609 sur la paroisse de Saint-Jean-en-Grève où il fut baptisé. Son père désirait beaucoup le voir entrer dans les Services de la Ville de Paris où lui-même occupait, nous l'avons dit, d'honorables fonctions. Mais l'enfant — peut-être subissant des influences ataviques — se sentait un goût irrésistible pour la peinture. Il avait un camarade, nommé Bonnefond, fils d'un Maître d'Hôtel de la Ville, que tourmentait la même vocation. Les deux adolescents devinrent bientôt des amis inséparables, et, profitant des heures de liberté que leur laissaient leurs autres études, ils demandèrent, à l'insu de leurs parents, des leçons de dessin à un mauvais barbouilleur qui demeurait aussi au faubourg Saint-Germain.

Ils eurent, d'ailleurs, bientôt fait de recueillir tout ce que ce premier maître pouvait leur apprendre, et, comprenant vite son insuffisance, ils le quittèrent peu de temps après. Puis, au même moment, le père de Bonnefond vint à mourir, et le jeune homme fut obligé de renoncer à l'art et à ses rêves pour lui succéder dans sa modeste charge et assurer ainsi l'existence de sa famille.

Louis de Boullongne fut plus heureux : il parvint, par ses instances, à fléchir la volonté paternelle et obtint l'autorisation de suivre son penchant. Il entra donc dans l'atelier de Blanchard le père, un des meilleurs peintres de cette époque, et commença à travailler très sérieusement. Il était temps, car il avait alors de dix-huit à vingt ans.

Ses progrès furent, d'ailleurs, très rapides, et une heureuse circonstance vint bientôt décider de son avenir.

Louis avait été pris en amitié par le Président Le Boulanger [1], qui s'intéressa aussitôt à ce garçon studieux, intelligent, ordonné ; et comme on avait en ce moment besoin d'un tableau pour une des salles de l'Hôtel-de-Ville, M. Le Boulanger profita de ses relations avec l'échevinage parisien pour commander au jeune artiste une « Crucifixion » sans avertir personne. Il fit mettre le tableau en place sans rien dire et convoqua ensuite les Echevins et le Corps de la Ville, à venir le voir. Cet ouvrage d'un jeune inconnu, qui était un peu l'enfant de la ville, dont son père était un des bons employés, attira au plus haut point l'attention des magistrats municipaux et les frappa tellement qu'ils se résolurent à favoriser une vocation qui se montrait sous des auspices si remarquables. Ils décidèrent donc de servir une pension au jeune artiste et de l'envoyer faire un séjour en Italie, pour y étudier les chefs-d'œuvre des grands maîtres et se perfectionner dans son art. C'était un acte de munificence inouï jusque-là dans les fastes de la Ville de Pa-

---

1. Auguste-Macé Le Boulanger, conseiller à la Cour des aides, puis Président au Grand Conseil, mort subitement au Parlement, le 16 juillet 1648, à 75 ans, marié à Anne de la Forest qui lui donna une fille unique : Anne-Claude-Auguste Le Boulanger, laquelle épousa, en 1695, Nicolas-Pierre Le Camus de Pontcarré, premier Président du Parlement de Rouen. Les Le Boulanger, excellente famille parisienne, avaient leur chapelle mortuaire — dite de Saint-Claude — à Saint-Germain-des-Prés. (PIGANIOL DE LA FORCE : *Description historique de Paris*, 1765, VIII, 250, 251). C'est à tort que Guillet de Saint-Georges dit que M. Le Boulanger était déjà Prévôt des Marchands quand il rendit ce service à Louis de Boullongne. Il n'occupa ces fonctions que du 22 avril 1641 à 1644 (BEAUMONT : *Gouverneurs, Lieutenants du Roy, Prévôt des Marchands, Echevins, etc., de la Ville de Paris*. Armoiries gravées. Paris (vers 1760), in-fol.) Mais ses relations avec le Corps de Ville lui permettaient déjà l'initiative qu'il prit en faveur de son jeune protégé.

ris ; elle entrait ainsi pour la première fois dans une voie où le Roi allait la suivre quelques années après, et prenait une intiative qui faisait de Louis de Boullongne le premier précurseur des Prix de Rome dont la tradition s'est perpétuée jusqu'à nos jours.

Nous ne connaissons pas la date exacte du départ du jeune artiste, mais nous croyons qu'il eut lieu en 1631. Nous savons, d'ailleurs, que Louis de Boullongne, même avant ce départ, avait déjà des travaux pour d'autres que la Ville de Paris.

En effet, dans l'exemplaire d'un ouvrage rarissime sur l'Ordre des Mathurins vendu en 1888 par un libraire de Paris (v. notre Appendice I) se trouvait une planche gravée par Théodore van Thulden et qui paraît être contemporaine de l'apparition de cet ouvrage dont les gravures sont datées de 1630. Au bas de cette planche, on lit : *Boullogne pinxit*, et ce Boullongne ne peut être que notre Louis.

Louis de Boullongne partit donc pour l'Italie avec un autre peintre, nommé Mauperché, qui faisait, lui, du paysage, et qui devait être plus tard, avec son compagnon, un des fondateurs de l'Académie Royale de Peinture et de Sculpture. A Rome, où ils allèrent s'installer tout d'abord, nos jeunes gens retrouvèrent un autre étudiant français, Sébastien Bourdon, avec lequel ils se lièrent d'amitié et qui fut aussi parmi les fondateurs de l'Académie.

Après un séjour dont nous ne connaissons pas exactement la durée — nous savons seulement qu'il était encore à Rome en 1637 [1] — Louis de Boullongne quitta l'Italie et revint à Paris où « Messieurs de la Ville » lui continuèrent leur protection et leur appui. Ils lui donnèrent un logement et un atelier à l'Hôtel-de-Ville et lui commandèrent, nous apprend Guillet de Saint-Georges (*op. laud.*, p. 197), « un des tableaux qui se font à chaque élection des magistrats et qui représentent au naturel M. le Prévôt des Marchands et Messieurs les Echevins ». Il est probable que cette commande coïncida avec la nomination de son bienfaiteur M. Le Boulanger, comme Prévôt des Marchands, au mois d'avril 1641.

---

1. Il fit cette année-là une gravure d'après le Guide, laquelle gravure est datée (V. notre *Appendice I*).

Le patronage du Corps de la Ville de Paris valut bientôt à Louis de Boullongne une autre faveur qui lui fit beaucoup d'honneur et contribua beaucoup à sa fortune. Les deux Maîtres Elus annuellement de la Confrérie des Orfèvres — une des plus riches et des plus influentes Corporations de la cité — avaient alors l'habitude d'offrir, à leurs frais, le 1er mai de chaque année, un tableau à l'église métropolitaine de Notre-Dame [1]. Ce tableau qui s'appelait le « May des Orfèvres », dont la coutume avait commencé en 1630, était toujours demandé, à tour de rôle, aux plus fameux peintres du temps. En 1646, les Maîtres Elus, François de la Haye et Guillaume Langlois, firent à Louis de Boullongne l'honneur de le choisir.

Suivant l'usage, ils lui indiquèrent le sujet qu'ils désiraient lui voir traiter. Ce fut « les Enfants de Scéva, Prince des Prêtres », qui, voyant saint Paul invoquer le nom de Jésus pour conjurer les démons, suivent son exemple et forcent l'esprit malin à leur répondre. Cette peinture eut un grand succès et décida de l'avenir de Louis de Boullongne.

Le 2 décembre de l'année suivante (1647), il reçut du Roi le brevet d'une pension de 300 livres « afin de lui donner plus de moyen de s'entretenir dans son art » [2].

Au même moment, un riche financier, M. Bertrand de la Bazinière, Trésorier de l'Epargne, demanda à Louis de Boullongne de participer à la décoration du magnifique hôtel qu'il faisait construire sur le Quai du Pont-Royal, aujourd'hui Quai Malaquais, hôtel qui appartint depuis au duc de Bouillon [3], et qui fait partie maintenant de l'Ecole des Beaux-Arts.

---

1. Ce don avait lieu ce jour-là à l'Offrande de la Messe, à laquelle assistaient les anciens dignitaires à *bâtons* et tous les Confrères, ainsi que ceux des membres du corps de métier qui jugeaient à propos de se rendre à cet office spécialement célébré pour la Corporation. — Pour les Mays de Notre-Dame voir un article de M. VAILLANT, dans les *Nouvelles Archives de l'Art Français*, 2e série, tome II (1880-81), p. 390 et suiv.; *Mém. de la Soc. de l'Hist. de Paris*, tome XIII (1886), p. 313 et suiv.; et aussi nos *Appendices*.

2. Cette pension fut portée plus tard à 400 livres. Nous voyons en effet Louis de Boullongne recevoir 200 livres par semestre en 1671 et années suivantes. (J. GUIFFREY : *Comptes des Bâtiments*, I, col. 575, 658, 722, etc.)

3. Il s'agit ici évidemment de M. de la Bazinière le fils, qui succéda, en 1643, à son père, Macé Bertrand de la Bazinière, mort le 15 novembre 1642, dans la charge de Trésorier de l'Epargne. (*Gazette de France. Répertoire de Surgères*). — L'Hôtel de Bouillon, aujourd'hui 17, Quai Malaquais, devint, en 1789, la propriété

Boullongne peignit deux plafonds dans cet hôtel : l'un représentant Apollon ou le Soleil qui se lève, entouré des Heures ; l'autre, Diane montée sur un char « avec les accompagnements qu'on lui attribue ». En dehors de ces deux plafonds, il fut encore chargé par M. de la Bazinière de diriger la décoration de plusieurs autres pièces de son hôtel où l'on remarquait surtout des « coloris sur fond d'or ».

En 1648, Louis de Boullongne reçut la commande d'un second « May » — c'était le vingtième depuis 1630 — pour la Corporation des Orfèvres. On lui donna pour sujet « Le Martyre de saint Simon ». Il devait encore être choisi pour peindre les Mays de 1657 et 1669. (V. notre APPENDICE I).

Mais le grand événement de cette année, pour lui comme pour tous les artistes, ce fut la fondation de l'Académie Royale de Peinture et de Sculpture. Vingt-deux artistes, — dont notre Boullongne — prirent l'initiative de cette fondation qui fut approuvée par le Roi et dont la première « assemblée » eut lieu le 1er février 1648.

Louis de Boullongne fut un membre très actif et très assidu de cette Académie. Elu Professeur le 7 octobre 1656 [1], il conserva ces fonctions jusqu'à sa mort. Cette création avait avant tout, en effet, un but d'enseignement, non seulement par le pinceau et l'ébauchoir, mais encore par la parole et par la plume.

Dans les premiers temps de l'existence de l'Académie, on avait décidé que chaque membre, à tour de rôle, apporterait aux séances « un discours composé à la gloire ou sur le mérite particulier de quelque ouvrage de peinture ou de sculpture, afin que ces sortes de dissertations servissent d'entretien et même d'instruction dans ces Assemblées » [2]. Le tour de Louis de Boullongne vint en 1670, et il lut alors — le 12 avril de cette année — une très curieuse étude sur

de M. de Juigné, appartint ensuite à Palaprat, puis au prince de Chimay, et fut acheté en 1887 par l'Etat pour l'Ecole des Beaux-Arts dont il est aujourd'hui une dépendance. (V. Comte D'AUCOURT : *Les anciens hôtels de Paris*, nouv. éd. Paris, 1890, in-8).

1. Ces Professeurs étaient au nombre de douze et recevaient chacun cent livres de gages, puis 150 livres en 1693. Ils exerçaient à tour de rôle. Chacun avait son mois. Décembre était attribué à Louis de Boullongne (v. *Procès-Verbaux de l'Académie Royale de Peinture et de Sculpture*, publ. par ANATOLE DE MONTAIGLON, Paris, 1875 à 1889. 10 vol. in-8).

2. GUILLET DE SAINT-GEORGES : *op. laud.*, p. 198.

« l'Enfant-Jésus, la Vierge et la sainte Catherine » du Titien. Le résumé de cette Conférence, terminée par des conclusions tout à fait pratiques, nous a été conservé par son biographe [1].

Presqu'en même temps, il fut décidé que chaque membre reçu donnerait à l'Académie, pour être conservé par elle, quelque ouvrage de sa main. Louis de Boullongne offrit alors une « Charité Romaine », qu'il avait peinte probablement en 1649.

Cette vie académique et ses travaux officiels ne faisaient pourtant pas négliger à Louis de Boullongne le soin de ses intérêts et d'autres ouvrages plus lucratifs. Il ne refusait volontiers aucune besogne se rapportant à son art, et ne répugnait même pas à faire des copies, quand il en était suffisamment rétribué.

C'est ainsi que, quelque temps après la fondation de l'Académie, il fut sollicité par un M. Jabach, riche et « curieux célèbre » [2], avec lequel il avait d'amicales relations, de faire, pour lui et pour plusieurs personnes de la Cour, des reproductions de certains tableaux d'excellents maîtres, provenant du Cabinet de Charles Ier, roi d'Angleterre. Boullongne accepta et s'amusa à faire ces copies sur des panneaux de bois imitant ceux des originaux. De plus, il « donna à ses couleurs une teinte ressemblant à l'antique ». De sorte que ces copies étaient si parfaites qu'elles se confondaient complètement avec les œuvres originales. Parmi les tableaux ainsi reproduits, on cite quatre des « Travaux d'Hercule », d'après le Guide ; le portrait du Marquis del Vasto et « les Pèlerins d'Emmaüs », d'après le Titien ; « le Parnasse », d'après Perrin del Vague ; et une « Nativité », d'après le Carrache.

Pendant ce travail de copie dont l'exactitude surprenante excitait au plus haut point la curiosité des amateurs,

---

1. *Id., ibid.*, p. 205 ; v. aussi *Procès-Verbaux...* I, p. 348, et II, p. 249.

2. Evrard Jabach, banquier, Conseiller et Secrétaire du Roi. Il avait épousé Anne-Marie de Groot, qui fut marraine le 21 septembre 1673, du dernier enfant du sculpteur François Girardon. Lui-même tint sur les fonts baptismaux les deux enfants de Jacques Bruant, l'architecte. Ce financier demeurait rue Saint-Merri, 46, au coin de la rue Saint-Martin. Sa collection de tableaux fut acquise par le Roi en 1671.

beaucoup de Seigneurs de la Cour et de riches personnages étaient venus visiter l'atelier de Louis de Boullongne : tels les marquis de Liancourt et de Sourdis, le duc de Mortemart, l'évêque de Tarbes et M. de la Vrillière, Ministre Secrétaire d'Etat. Tous ces visiteurs, séduits par le talent et aussi par la bonne grâce du peintre, lui commandaient des tableaux de Cabinet — nous dirions aujourd'hui : de chevalet — qui étendirent sa réputation tout en remplissant son escarcelle.

Sa renommée grandissait, d'ailleurs, et le nombre de ses élèves s'accroissait. Il y avait, parmi ces élèves, beaucoup de fils d'orfèvres, qui venaient, sous sa direction, apprendre à dessiner. C'est ce qui lui valut, en 1657, l'honneur très inusité d'être choisi pour la troisième fois par cette grande Corporation pour faire son « May » à Notre-Dame; et il peignit cette fois « la Décollation de saint Paul », dont la tête, en bondissant, fait surgir trois sources d'eau vive.

Louis de Boullongne grava lui-même ce tableau ainsi que le « Miracle de saint Paul à Ephèse », qu'il fit également pour Notre-Dame de Paris ; car comme beaucoup d'artistes de son temps, il était à la fois peintre et graveur, et maniait aussi habilement le burin que le pinceau. C'était, du reste, chez lui, un talent acquis dès sa jeunesse, car on cite encore, comme nous l'avons vu, une planche qu'il exécuta dès l'année 1637, pendant son séjour à Rome, d'après l' « Enlèvement d'Hélène », du Guide.

C'est à peu près à l'époque où il peignit son troisième « May » pour les Orfèvres que Louis de Boullongne, fatigué de l'air du quartier Saint-Gervais où il habitait depuis plus de dix ans, résolut d'aller chercher, en dehors du centre de la ville, un endroit où il pourrait, sans trop s'éloigner, jouir d'un peu d'air et de verdure. Il acheta donc une sorte de maison de campagne, dans le Faubourg Saint-Antoine, où il vécut dorénavant avec les siens et où il resta jusqu'à sa mort.

Le transport de ses pénates dans ce faubourg lui donna presqu'aussitôt l'occasion de faire la connaissance des Dames Religieuses de l'Abbaye de Saint-Antoine, qui lui firent la commande de six grands tableaux pour leur église : deux représentant des scènes de la vie de saint Antoine, placés d'un côté du grand autel; deux autres destinés à être mis de l'autre côté de cet autel et reproduisant des traits de la vie de saint Bernard ; le cinquième tableau, « le Songe de saint Joseph », pour l'autel d'une chapelle à droite de l'église ; enfin le sixième tableau, une « Visitation », commandée par une dame Boyer, bienfaitrice de l'Abbaye [1], pour l'autel d'un oratoire dans l'enceinte intérieure du Monastère [2].

Louis de Boullongne ne se consacrait pas exclusivement, d'ailleurs, à la peinture religieuse, quoiqu'il y réussît fort bien et que la liste de ses tableaux, donnée dans notre Appendice I, prouve qu'il en peignit un grand nombre. Presque au même temps où il décorait l'église de l'Abbaye de Saint-Antoine, il trouva l'occasion, sans trop s'éloigner de son nouveau logis, de retourner à l'art profane.

M. Jeannin de Castille, Trésorier de l'Epargne, Conseiller du Roi en ses Conseils, Greffier des Ordres du Roi, et riche amateur des Beaux-Arts, faisait à ce moment travailler à sa maison de la Place Royale. Il demanda à Boullongne de lui peindre un grand plafond qui présentait une difficulté toute spéciale. Il s'agissait, en effet, d'exécuter, sous les traits du Roi, un Apollon entouré des Neuf Muses, et ces Muses devaient être les portraits de neuf dames de la Cour. Destinées à être vues de bas en haut, sur un plafond, ces représentations de visages connus constituaient, de l'avis des gens compétents, un véritable tour de force.

Louis de Boullongne s'en tira à son honneur [3].

Aussi un autre « richard » de ce même quartier, M. de Bizeuil, Maître des Requêtes, s'empressa-t-il de réclamer le concours de Boullongne pour la décoration de sa belle

---

1. Cette dame Boyer est sans doute la même personne que Louise Boyer, femme de Anne, duc de Noailles, morte le 22 mai 1697? Elle fut inhumée à l'église paroissiale de Saint-Paul dans le même tombeau que son mari (mort en 1678), sculpté par Anselme Flamens de l'Académie Royale de Peinture et Sculpture. (V. Piganiol de la Force : *Description... de Paris* ; tome IV, p. 166, 167.

2. Pour tous ces détails, v. Guillet de Saint-Georges : *Op. laud.*, p. 201 et 202.

3. Ce travail est certainement antérieur à 1671, puisque cette année-là, Jeannin de Castille tomba dans une complète disgrâce. (V. Jal : *Diction. critique...*)

maison de la rue Vieille-du-Temple [1], dans laquelle travaillaient déjà plusieurs peintres renommés. Louis de Boullongne exécuta dans cet hôtel deux plafonds, celui d'une chambre et celui d'un cabinet. Dans la chambre il représenta « le Mariage d'Hercule avec Hébé », déesse de la jeunesse, et dans le cabinet une « Minerve » entourée de figures allégoriques des Sciences, le tout accompagné d'une ornementation très riche et très somptueuse.

Entre temps, un ecclésiastique ami des belles choses — M. Courtin, beau-frère de M. Veydeau de Grandmont, conseiller au Parlement [2] — lui fit faire un oratoire portatif reproduisant tous les « Mystères de la Passion » et un tableau du « Martyre de saint Barthélemy ».

Il travailla aussi, à peu près à la même époque, pour les Pères Capucins : pour ceux du Marais, à Paris, il fit une « Purification » destinée à leur chapelle, et pour ceux de Caen, une grande peinture dont le sujet était « le Pape Nicolas IV descendant dans le caveau mortuaire de saint François d'Assise ».

Traversant cette fois la Seine, Louis de Boullongne alla peindre ensuite quelques plafonds chez le Marquis de Matignon, au faubourg Saint-Germain. Lorsqu'en 1877, on démolit l'hôtel de Matignon [3], exproprié pour l'achèvement du Boulevard Saint-Germain, on retrouva intact, sous une couche de chaux, un de ces plafonds représentant les Mu-

---

1. Aujourd'hui au n° 47, entre la rue des Blancs-Manteaux et le passage des Singes. C'est cet hôtel qu'on appela depuis l'Hôtel de Hollande, parce qu'il devint, en 1758, la résidence des ambassadeurs de ce pays. D'après le Comte d'Aucourt, auquel nous empruntons ce renseignement (*Les anciens hôtels de Paris*, 1890), Amelot de Bizeuil n'aurait possédé cet immeuble qu'en 1738, après Coly (1728) et de la Lande (1713). Si cela est exact, la décoration dont il s'agit serait donc de Louis de Boullongne le Jeune et non de son père. Comme, néanmoins, la plupart des auteurs l'attribuent à ce dernier, nous la lui laissons en nous bornant à poser ce point d'interrogation.

2. Germain Courtin de Tanqueux, sgr. de Moncel, La Vignette, Ussy-sur-Marne, Marne, Averne, Beauval et autres lieux, né vers 1620, prêtre et conseiller au Parlement de Rouen, de 1641 à 1696. Sa sœur, Marie Courtin, avait épousé, le 14 octobre 1637, François Veydeau de Grandmont, chevalier, sgr. de Saint-Lubin, conseiller au Parlement de Paris, mort le 1er novembre 1658. (V. Vicomte DE POLI : *Histoire généalogique des Courtin*. Paris, 1887, grand in-4°, p. 180).

3. Cet hôtel était situé 11, rue Saint-Dominique, au coin de la rue Saint-Guillaume. Avant les Matignon, il avait appartenu aux Cavoie. En 1812, il était la propriété de M. d'Onsembray.

ses. La ville de Paris, se souvenant que cet artiste avait été son pensionnaire et avait dû sa renommée à la protection de ses édiles, acheta ce plafond qui fut d'abord destiné à l'une des salles du Musée Carnavalet[1], mais qui attend encore son utilisation dans les Magasins de la Ville à Auteuil.

Après son travail à l'Hôtel de Matignon, Louis de Boullongne fut chargé par la reine Anne d'Autriche, laquelle avait alors entrepris la restauration de l'église abbatiale de Montmartre, de peindre le tableau de la chapelle souterraine de cette église. Il y représenta « le Martyre de saint Denis ».

Il exécuta ensuite (vers 1668) trois grandes compositions pour les Religieuses de Sainte-Marie d'Orléans, pour lesquelles travaillaient également Mignard et Sébastien Bourdon. Puis une série de sept panneaux sur le Bon Pasteur commandés par Antoine-François de Bertier, évêque de Rieux en Languedoc, pour la décoration de son Palais Episcopal, où ils furent emportés[2]. Enfin, un bienfaiteur de l'église de la Madeleine-la-Ville-l'Evêque lui fit faire pour cette église un tableau représentant « Sainte Madeleine enlevée par les Anges ».

Sur ces entrefaites, vers la même année 1668, le Ministre Colbert faisant réparer la Grande Galerie du Louvre endommagée par un incendie après que Nicolas Poussin en eut commencé les fresques, confia à Louis de Boullongne la restauration et la continuation de ce travail. Notre artiste, aidé successivement par ses deux fils dont nous parlerons plus loin, refit d'abord tout ce qui restait de l'œuvre de son prédécesseur, en exécuta les dessins et compléta ensuite la décoration sur ses propres esquisses. Ces fresques ont pour objet « les Travaux d'Hercule ». Deux quittances que nous possédons nous montrent comment ce travail fut rémunéré. Le 21 mai 1671, Boullongne reçut 400 livres à compte « des ouvrages de peinture à fresque qu'il fait à la voulte de la Grande Galerie du Château du Louvre »[3], et un mois après,

---

1. Voir R. Delorme : *Bulletin Français* et le *Journal Officiel* du 24 juillet 1877. — Renseignements particuliers.

2. Cet évêque était l'oncle de Mme de la Reynie.

3. V. J. Guiffrey : *Nouv. Archives de l'Art Français*, 2e série, III, p. 16, et *Comptes des Bâtiments du Roi...* I, col. 245, 320, 406, 494.

le 19 juin, il reçoit encore une seconde somme de 400 livres, toujours à compte sur les mêmes « ouvrages de peinture et dorure à fresque... »

Après le Louvre, Versailles.

Louis de Boullongne y fut appelé pour décorer de plafonds l'appartement « de l'Ordre Attique qui depuis a été démoli pour la construction de la Grande Galerie » (GUILLET DE SAINT-GEORGES : *op. laud.*, p. 204) [1]. Cet appartement était composé d'une chambre où Boullongne peignit « Apollon ou le Soleil levant », d'une antichambre où il représenta « Flore et ses attributs », et d'un cabinet qu'il décora d' « Amours ».

Au même moment, le Salon de 1673 ouvrait ses portes au Louvre, et Louis de Boullongne y exposait deux tableaux.

Bien que fatigué et vieilli, il ne cessait de travailler. Sa besogne de l'Attique de Versailles terminée, il accepta l'offre de M. Le Menestrel [2], alors Trésorier des Bâtiments, et plus tard Grand Audiencier, de lui peindre le plafond du grand cabinet de sa maison, rue du Hazard, près la rue Richelieu. « Il y a représenté, — dit son biographe, — à la Gloire des Arts libéraux, une élite d'habiles jeunes gens qui excellent chacun dans un art particulier et qui y travaillent avec soin, tandis que Jupiter ordonne à Minerve d'envoyer Mercure pour les combler de libéralités et récompenser leurs chefs-d'œuvre. »

Très satisfait de ce travail, M. Le Menestrel fit encore peindre à Boullongne, dans la chambre de sa femme, un petit plafond représentant « Vénus et Adonis ».

Ce fut, croyons-nous, son dernier ouvrage ; car, peu de temps après, il fut atteint de la maladie qui l'emporta au mois de juin 1674, âgé de 65 ans.

Il fut inhumé le 14 juin en l'église de Sainte-Marguerite dont les registres mortuaires portent la mention suivante :

---

1. Il fut encore aidé dans ce travail par ses enfants, comme nous le verrons lorsque nous nous occuperons d'eux.

2. Ce M. de Ménestrel ou le Ménestrel est cité parmi les Officiers des Bâtiments, le 18 mai 1667, dans un acte donné par PIGANIOL DE LA FORCE (*Description... de Paris*, 1765, tome II, p. 253). — Un Colonel du même nom fut tué le 12 juin 1704 au siège de Verceil (*Gazette de France*).

« Louis Boulongne, peintre ordinaire des bâtiments du Roy, et professeur en son Académie Royale, pris dans sa maison, rue Saint-Anthoine, en présence de Louis Boulongne, son fils, et de Nicolas Larchevesque et Charles Larchevesque (ses) beaux-frères » [1].

Louis de Boullongne, dans sa vie privée, fut, autant qu'il nous est permis d'en juger, un homme heureux. Il semble qu'il eut autant de raisons de se féliciter de la destinée, comme homme que comme artiste. Il est vrai qu'il contribua beaucoup aux succès et aux joies qu'il eut en partage, par la régularité de sa vie familiale aussi bien que par son assiduité au travail professionnel.

Il avait épousé, par contrat du 11 février 1641, passé devant Me de Monhénault, notaire à Paris, demoiselle Barbe Larchevesque, fille de Charles Larchevesque, qualifié Juré-Mesureur de Blé, et de Jeanne de Saulnois, des Aulnois ou des Arnois. La bénédiction nuptiale leur fut donnée à l'église Saint-Jean-en-Grève, le 16 avril 1641, en présence du père et de la mère de l'épousée (appelée ici Jeanne des Annères ?) et de la mère de l'époux, Marie Regnoton — (on pourrait lire ici Rocqueton) — dont le mari était alors décédé.

De ce mariage, Louis de Boullongne laissait, en mourant, deux fils et quatre filles.

Ses deux fils, Bon et Louis, nés respectivement en 1649 et en 1654, étaient les cadets de leurs quatre sœurs [2]. Nous verrons, dans les chapitres suivants qui leur sont consacrés, que préparés par leur père à suivre comme lui la carrière artistique, ils portèrent plus haut que lui encore l'illustration de leur nom et assurèrent la singulière fortune que devait atteindre leur famille.

Comme leurs frères, d'ailleurs, les quatre filles de Louis

---

1. On remarque dans cet acte l'absence de Bon de Boullongne, fils aîné de Louis, qui, comme nous le verrons plus tard, était alors pensionnaire du Roi à Rome.

2. Un septième enfant était né à Louis de Boullongne et à Barbe Larchevesque et avait été baptisé le 30 juin 1652, sous le nom de Louis. Mais cet enfant n'avait pas vécu, et suivant l'usage d'alors, le même prénom de Louis fut donné à son frère venu au monde deux ans après et qui fut le grand peintre dont nous nous occuperons plus loin, au chapitre IV. — Une généalogie donnée par H. Lavigne, dans les *Nouv. Archives de l'Art Français* (1re série, 1877, p. 227), mentionne également une dernière fille, Marie-Marthe, née en 1666 et morte le 24 décembre 1700, dont nous n'avons trouvé aucune autre trace.

de Boullongne et de Barbe Larchevesque furent des peintres de talent. Un contemporain, Florent Le Comte, dans
son livre si curieux et si précis [1], nous dit positivement que
les enfants de Louis de Boullongne l'Ancien, « luy aidèrent
beaucoup dans les travaux qu'il fit pour M. de Menestrel ».
Et sa phrase indique qu'il veut parler de tous ses enfants,
aussi bien les filles que les fils.

Nous savons d'ailleurs peu de chose des deux filles aînées : Marie, baptisée le 12 janvier 1642 à Saint-Jean-en-
Grève [2], et Elisabeth, baptisée à Saint-Gervais le mercredi
27 avril 1644. Si nous disons qu'elles manièrent, elles aussi,
le pinceau, c'est sur la foi d'un auteur contemporain [3] qui
affirme, après avoir parlé de Geneviève et de Madeleine,
que « les deux autres sœurs peignent très agréablement. »

Cependant pour l'aînée, Marie, nous avons un document
plus précis. En effet, dans la collection des « Inventaires des
Richesses d'Art de la France », nous trouvons (tome II,
p. 150 et 295) la mention d'un tableau représentant : Trois
anges au tombeau de Jésus recevant les Saintes Femmes,
peinture de Marie de Boullongne. Ce tableau, provenant de
l'église Saint-Roch (c'était la paroisse des Boullongne), entra au dépôt du Musée des Petits Augustins en avril 1794.
Nous ne savons ce qu'il est devenu.

Il est donc avéré que Marie de Boullongne faisait aussi
de la peinture professionnelle, et nous pensons que c'est
d'elle qu'il s'agit dans le Port-Royal de Sainte-Beuve. Cet
auteur, dont on connaît la précision documentée, nous dit
en effet qu'une des filles de Louis de Boullongne l'Ancien
eut de nombreuses relations avec Port-Royal des Champs.
Comme Philippe de Champagne, « bon peintre et bon chrétien », ainsi qu'on le qualifiait, Mlle de Boullongne, « fille
et sœur des peintres de ce nom », dit Sainte-Beuve [4] —

1. *Cabinet des singularités d'architecture, peinture*, etc. Paris, 1699, 3 vol. in-8,
tome III, p. 102.

2. Marie eut pour parrain le peintre Jean Lemaire, l'ami de Poussin, lequel
avait peut-être été l'un des maîtres de Louis de Boullongne, le père. Sa marraine
fut sa grand'mère Larchevesque, qui est appelée ici Jeanne Desarmois, tandis
qu'ailleurs, elle est nommée Jeanne des Armères (V. JAL : *Dictionnaire critique*)
ou de Saulnois. La véritable orthographe était sans doute des Aulnois (ou des
Armois).

3. GUILLET DE SAINT-GEORGES : *Op. laud.*, p. 200.

4. *Port Royal*, tome I, p. 27.

il ne peut donc y avoir aucune espèce d'hésitation sur ce point — se retirait souvent au Monastère de Port-Royal des Champs, dont elle a laissé des dessins. D'après une Vie d'elle citée encore dans son livre par Sainte-Beuve, « elle ne peignait que des tableaux de piété pour honorer les mystères, pour peindre en elle l'image de Jésus-Christ souffrant et mourant », et elle ne faisait de l'art que dans un véritable esprit de piété [1].

C'est tout ce que nous savons sur les deux filles aînées de Louis de Boullongne et de Barbe Larchevesque. Nous sommes un peu mieux renseignés sur les deux cadettes.

Geneviève-Marguerite, née en 1645, fut tenue sur les fonts baptismaux le 22 août, à Saint-Jean-en-Grève, par sa tante paternelle « Geneviève Bouloigne », que nous connaissons uniquement par cette mention.

Madeleine, la dernière sœur, fut baptisée le 24 juillet 1646 en la même église de Saint-Jean-en-Grève.

Toutes deux furent élèves de leur père et travaillèrent souvent avec lui, — notamment à l'Attique de Versailles et chez M. Le Ménestrel.

Elles firent — également associées — divers tableaux dans les grands appartements de Versailles en 1673 et 1675 [2]. Enfin, il n'est pas téméraire de penser que des « dessins d'oyseaux, tant à l'huile qu'en détrempe... » faits en 1685 « pour servir aux broderies entreprises par le Sr Balan », et payées 72 l. « à Boulogne », furent plutôt l'œuvre des demoiselles de Boullongne que de leurs frères [3]. (Voir notre APPENDICE II).

Les ouvrages personnels des deux sœurs furent en effet, presque toujours, des fleurs, des fruits ou des fantaisies ornementales, sauf en ce qui concerne Geneviève qui s'adonna quelquefois, dit-on, à la peinture d'histoire.

Rien ne s'opposant alors à ce que les femmes fussent re-

---

1. *Port-Royal*, p. 409.

2. Le 4 octobre 1673, les « filles du Sr Boulogne » reçoivent 300 livres à compte sur « leurs ouvrages à Versailles. » En 1675, autre à compte de 1200 l. « des tableaux des Grands appartements ». (J. GUIFFREY : *Comptes des Bâtiments*, I, col. 695 et 827).

3. *Id., ibid.*, II, col. 773.

çues à l'Académie Royale de Peinture [1], elles y furent admises ensemble le 7 décembre 1669, sur la présentation de leur père qui montra à ses confrères un tableau de chacune d'elles (v. notre APPENDICE, n° II) et demanda « qu'il plust à la Compagnie les honorer du tiltre d'Académiciennes, pour d'autant plus les encourager à poursuivre leurs estudes et se fortifier en l'exercice de la peinture ».

Les confrères de Louis de Boullongne accueillirent gracieusement sa demande.

« L'Académie — continue le Procès-Verbal (*op. cit.*, I, p. 344) — estimant la vertu et le mérite desdites damoiselles et considérant la grande application qu'elles ont à leur travail, et pour encore donner de l'émulation à toutes celles qui s'adonnent à cet art, a bien voulu communiquer ausdit. damoiselles Geneviefve et Magdelaine de Boullongne, le titre et qualité d'Académicienne, ordonnant au Secrétaire d'enregistrer la présente résolution et leur expédier les Lectres nécessaires... »

C'était la première fois que des femmes entraient à l'Académie. Elles paraissent, d'ailleurs, n'avoir jamais pris part aux séances, et, bien que, dans les années qui suivirent, quelques autres artistes appartenant au beau sexe aient profité du précédent qu'elles avaient créé, l'usage tomba bientôt en désuétude et de nos jours le féminisme n'a pu encore forcer les portes de l'Institut.

Comme la coutume s'était établie d'offrir un « morceau de réception », les sœurs de Boullongne peignirent — également ensemble — un tableau représentant un groupe de figures et de dessins, avec un fonds d'architecture et des trophées de musiques. On connaît d'elles d'autres œuvres collectives : Perrette a gravé, entr'autres, un « Temple de Flore », qu'elles avaient peint pour l'Orangerie de Saint-Cloud. Elles firent, en outre, beaucoup de portraits estimés.

On conserve encore dans les collections du Jardin des Plantes à Paris, un portrait de Colbert — sur vélin — peint par Nicolas Robert, avec la collaboration de Nanteuil. Ce portrait est encadré d'oiseaux et de fleurs et on lit sur le vélin même la note suivante : « ... Trois mains habiles

---

1. On cite notamment Mlle Sophie Chéron, « Académicienne », qui exposa, comme les sœurs de Boullongne, en 1673.

se sont empressées à former ce portrait, savoir Nanteuil pour la ressemblance, Nicolas Robert et la célèbre demoiselle de Boullongne, pour les oyseaux et les fleurs »[1].

Laquelle des deux sœurs entend indiquer cette désignation en termes si flatteurs ? Il nous est impossible de le dire. Toutes deux, en effet, eurent au moins comme artistes, une vie analogue et des succès semblables.

Geneviève exposa, au Salon de 1673, un Paysage, et à celui de 1704, des Fleurs et des Fruits.

Elle avait épousé un statuaire, aussi membre de l'Académie de Peinture et de Sculpture, et ancien camarade de son frère Bon à l'Académie de France à Rome, Jean-Jacques Clérion. Originaire de Tretz, à six lieues d'Aix-en-Provence, Clérion travailla beaucoup dans cette province. Il y était notamment en 1708, chargé de commandes importantes à Aix même, lorsque sa femme mourut dans cette ville le 5 août de cette année, âgée de soixante-trois ans. Elle y fut inhumée le 7, et son mari lui survécut jusqu'au 28 avril 1719, date à laquelle il mourut à son tour, âgé de 78 ans[2].

Quant à Madeleine de Boullongne, qui était restée célibataire, elle avait aussi exposé au Salon de 1673 six tableaux de Trophées d'armes — dont quatre se voient encore dans les Galeries de Versailles, salon de la Reine. De plus, d'Argenville nous apprend[3] qu'elle avait peint également pour le Grand Cabinet du même appartement de la Reine, des Trophées de la Musique et des Arts, ornant le dessus des portes où ils sont toujours. Comme sa sœur, elle donna aussi, au Salon de 1704, des Fruits et des Instruments de Musique. C'est tout ce que nous connaissons d'elle. (Voir notre APPENDICE II).

Madeleine de Boullongne demeurait avec son frère aîné, Bon, rue Saint-Honoré, à Paris. Elle mourut dans cette ville le 30 janvier 1710, âgée de 64 ans, et fut enterrée le len-

---

1. *Invent. des Richesses d'art de la France. Paris, Monuments civils*, tome II, p. 138.

2. DEMMIN (*Encyclopédie des Arts Plastiques*, p. 1779), prétend que Geneviève de Boullongne, « dit Jacques, sculpteur » , a travaillé aux ornements du chœur de Notre-Dame de Paris, vers 1714. Inutile de faire remarquer qu'il confond la femme et le mari.

3. *Voyage Pittoresque des environs de Paris*, 4e édit., 1779, p. 95.

demain, à l'église Saint-Roch, sa paroisse, en présence de ses deux frères [1].

En dehors de ses enfants, Louis de Boullongne — le Père ou l'Ancien, comme on l'appela depuis — peintre à la mode dont l'atelier était très fréquenté, dut certainement avoir beaucoup d'élèves. Mais, sauf Louis Lichery ou Licherie qui fut membre de l'Académie le 8 mars 1679 et que cite Guillet de Saint-Georges [2], et François Lebrun, « natif de Paris », qui lui « fut obligé » en 1668 et 1669 [3], aucun nom de ces élèves ne nous a été conservé.

On a un beau portrait de Louis de Boullongne l'Ancien, peint par Mathieu et gravé (in-folio) par Louis Surugue le père, en 1733, pour sa réception à l'Académie [4].

Louis de Boullongne est à mi-corps, vu de trois quarts, tenant la main droite sur un tableau et appuyant la gauche sur le rebord de la tablette de pierre où s'étalent un crayon, une feuille de papier, un livre et une palette avec son faisceau de pinceaux.

La tête nue tournée à droite de trois quarts, est celle d'un homme jeune. Elle a beaucoup de caractère, et est à la fois fine, jolie, douce et bonne. Le visage est encadré des boucles abondantes des cheveux tombant sur les épaules. Une fine moustache surmonte les lèvres souriantes. Le vêtement est une ample tunique de velours recouvrant une chemisette flottante.

---

1. « Magdeleine de Boullongne » — c'est ainsi qu'elle signe — fut marraine à Saint-Sulpice, le 7 juillet 1669, d'un fils du peintre Antoine Benoist. — Cet Antoine Benoist, né à Paris le 15 septembre 1627, se qualifiait · « écuyer », « peintre et valet de chambre du Roy » ou encore « unique sculpteur pour le Roy en cire coloriée ». (V. JAL : *Dict. critique...*)

2. Licherie, sieur de Beuron, né à Houdan, vers 1642, fut peintre du Roi. Sa sœur Hélène avait épousé le graveur Girard Audran. Louis Licherie mourut en 1690. (V. JAL : *op. cit.*)

3. Matricules des Elèves des Académiciens, dans *Procès-Verbaux*, ch. II, p. 207.

4. La planche de ce beau portrait est à la Chalcographie du Louvre. — J. Pesne a également peint et gravé un portrait de Louis de Boullongne l'Ancien. (V. *Dictionnaire des Artistes dont nous avons des Estampes...*, par HEINECKEN. Leipzig, 1786-90, in-8).

Sur le motif de pierre qui ferme en bas, le cadre où se meut la figure, se lit l'inscription suivante, en trois lignes :

Louis de Boulongne le Père,
Peintre ordinaire du Roy, et Professeur de l'Académie
Royale de Peinture et Sculpture.

Enfin, au-dessous de cette inscription, dans un cartouche, des armoiries dont nous aurons à reparler dans un autre chapitre, armoiries qui se blasonnent ainsi : de gueules à la tour d'argent, au chef d'azur chargé de 3 étoiles d'or.

BON DE BOULLONGNE
Premier Peintre Ordinaire du Roy, ancien Professeur
de l'Academie royale de Peinture et de Sculpture.
Mort le 16 aoust 1717 agé de 68 ans.

CHAPITRE III

Bon de Boullongne.

L'aîné des fils de Louis de Boullongne et de Barbe Larchevesque est celui qui est surtout connu dans le monde des arts sous le nom de Bon Boullongne ou Boullongne l'aîné.

Il naquit à Paris et fut baptisé à Saint-Jean-en-Grève le 22 février 1649. D'abord élève de son père, il n'avait pas vingt ans qu'il travaillait déjà avec lui, en 1668, à la Grande Galerie du Louvre, après l'incendie qui l'avait détruite en partie (v. plus haut, p. 18). Il ne négligeait pas pour cela les leçons de l'Académie, ce qui lui valut une bonne fortune inespérée.

Le grand ministre Colbert étant venu un jour visiter cette Académie, Louis de Boullongne ne manqua pas l'occasion de lui présenter son fils et de lui montrer un Saint Jean en demi-figure, peint par le jeune artiste. Colbert trouva cet essai si remarquable que, sur son ordre, le tableau fut placé dans une des salles de l'Académie, et l'auteur envoyé à Rome comme pensionnaire du Roi, à l'Académie de France fondée en 1666, et sans avoir passé par le concours.

Ceci devait se passer en 1670, car le 14 octobre de cette

année, nous voyons dans un Compte [1], Bon de Boullongne recevoir du Roi deux cents livres « pour luy donner moyen de s'en aller à Rome estudier dans l'Académie que S. M. y a establie ». Malgré la différence très considérable de la valeur de l'argent à cette époque, comparée à celle qu'il a de nos jours [2], on voit que le Roi — ou plutôt son économe ministre — ne se ruinait pas pour ses pensionnaires de Rome. Aussi étaient-ils parfois fort gênés, malgré les subsides que leurs familles étaient obligées de leur fournir.

D'Argenville raconte même à ce propos une curieuse anecdote concernant Bon de Boullongne.

« ... Pendant son séjour à Rome, écrit-il [3], s'étant fait faire un habit sans trop avoir de quoi le payer, comptant sur de l'argent que ses parents tardaient à lui envoyer, le tailleur, las d'attendre, le fit assigner. Quelques jours auparavant, Boullongne qui, à force de voir son créancier, s'était bien imprimé sa tête, le peignit si parfaitement de mémoire qu'il était impossible de le méconnaître. Il fit porter ce portrait devant les juges, et leur dit : « Cet homme « se plaint que je lui dois un habit ; j'en conviens ; mais « il n'a qu'à me payer son portrait. » Cette subtilité pardonnable à un jeune homme dans la fâcheuse circonstance où il se trouvait, le tira d'affaire : *sic cum servavit Apollo* » [4].

Bon Boullongne resta à Rome — non pendant cinq ans, comme le disent la plupart de ses biographes [5] — mais seulement jusqu'en 1673. Une dépêche de Colbert à Charles Errard, le Directeur de l'Académie de France, datée du 24 février de cette année [6], nous apprend, en effet, qu'il

---

1. J. GUIFFREY : *Comptes des Bâtiments du Roi sous Louis XIV*, Tome I, col. 366. (Coll. des Doc. inédits), Paris, 1881, in-4°.

2. On peut estimer que 200 livres à cette époque pouvaient valoir mille francs aujourd'hui.

3. *Abrégé de la vie des plus fameux peintres*. Paris, 1762, in-8, tome IV, p. 243.

4. HORACE : *Satires*, L. I, Sat. IX, dernier vers. — Cette citation est un « à peu près ». Il y a dans le texte : Sic me servavit Apollo.

5. Notamment DUBOIS DE SAINT-GELAIS, dans son *Hist. journalière de Paris pendant l'année 1716*, etc. (Paris, 1717, 2 vol. in-8). — Cf. *Revue Universelle des Arts* (Bruxelles, 1859), tome X, p. 221 et suiv.

6. *Lettres de Colbert*, publ. par Pierre CLÉMENT, t. V, p. 345.

partit peu après avec son collègue Nicolas Rabon pour la Lombardie, où il resta plus de six mois.

Il s'arrêta surtout à Bologne, où, suivant l'usage des peintres de son temps, il étudia avec un soin particulier le Corrège et les Carrache. Ses deux maîtres préférés étaient — ce qui fait l'éloge de son goût — deux artistes de la même école : le Guide et surtout le Dominiquin.

De retour à Paris en 1674, Bon Boullongne fut, deux ans après, reçu à l'Académie, malgré sa jeunesse. Présenté le 28 mars 1676, il y entra le 27 novembre 1677, à peine âgé de vingt-huit ans. Son tableau de réception, le « Combat d'Hercule contre les Centaures », est aujourd'hui conservé au Musée du Louvre.

Adjoint à Professeur le 8 janvier 1684, Bon Boullongne fut nommé Professeur à l'Académie dans la séance du 6 décembre 1692 [1]. Il avait déjà beaucoup travaillé à cette époque, pour les Palais Royaux, seul ou avec son jeune frère Louis, dont nous parlerons bientôt, et il était en pleine possession de sa renommée.

A Versailles, il avait, dès 1676, collaboré à la décoration de l'appartement des Attiques ; puis en 1679, à celle des appartements du Roi et de la Reine ; en 1682, il avait eu la commande de tableaux pour la chapelle ; en 1685, pour l'église Notre-Dame de Versailles, etc.

A Trianon, en 1688, il fit des peintures pour la Chambre des jeux, puis, pour le Grand Trianon, des tableaux : « Vénus et Adonis », « Vénus et Mercure », « La Nature et les Eléments. » (Pour tous ces travaux, voir notre APPENDICE n° III).

En 1678, il avait été chargé de peindre le 50ᵉ « May » des Orfèvres pour Notre-Dame et il leur avait donné « Jésus-Christ guérissant le paralytique au bord de la Piscine ».

Le roi, très satisfait de ses travaux, lui avait accordé une pension de 600 livres.

En septembre 1699, Bon Boullongne profita de la seconde Exposition de Peinture qui fut alors organisée au Louvre

---

1. Il garda ces fonctions dix ans, et démissionna volontairement, avec Coypel le fils, le 24 juillet 1702.

— la première, comme nous l'avons vu, avait eu lieu en 1673 — pour y envoyer des tableaux de genres très divers, comme s'il avait voulu montrer toute la souplesse et la variété de son talent. Il n'y donna pas moins de quatorze tableaux dont Florent le Comte « sculpteur et peintre à Paris », nous a laissé cette description naïve qui fait bien ressortir l'originalité de cette exposition.

« Dans les trumeaux marqués 8, opposéz l'un à l'autre, étoient tous tableaux de Monsieur Boulogne l'aîné ; savoir, sur celui du côté du Carrousel : Un grand tableau en large représentant le Portrait de madame la duchesse d'Aumont avec la fille de madame la duchesse d'Humières ; autre grand tableau en large représentant « Jephté accourant au-devant de son père » après sa victoire ; une « Sainte Cécile », figure assise plus que demi-corps, grand tableau où il a changé sa manière pour faire voir le talent qu'il a de contrefaire le goût moderne et celui de plusieurs autres, comme il paraît dans les quatre autres petits tableaux qui suivent ; savoir, une « Jeune fille qui veut attraper un oiseau envolé » ; un « Corps de garde où des soldats jouent » avec tant de passion que l'on ne peut croire que leur jeu se passe sans dispute ; « la Diseuse de bonne aventure » ; dans ce tableau l'on voit encore un petit enfant de qualité qu'un petit chien caresse malgré la jalousie d'un chat qui paroît sur une table et qui ne lui promet pas poires molles ; dans un autre, il y a deux filles à demi-corps, dont l'une tâche d'attraper une puce qu'elle voit sur la chemise de l'autre ; il y avoit de plus encore une « Galathée sur les eaux » dans un char marin et au milieu de différentes divinités marines. Au trumeau 8, du côté de la rivière, il y avait encore, de Boulogne l'aîné, le « Sacrifice d'Iphigénie », grand tableau ; une « Vierge », un « Triomphe de Neptune » et l' « Education de Jupiter par les Corybantes »; tableau de moyenne grandeur » [1].

L'habileté de main de Bon Boullongne signalée ici, et dont il donna des preuves extraordinaires [2], se montrait

---

1. *Cabinet des Singularités d'architecture, peinture, sculpture et gravure*, par FLORENT LE COMTE, sculpteur et peintre à Paris. — Paris, 1699-1700. 3 vol. in-12, figures.

2. L'auteur des *Anecdotes des Beaux Arts* (Paris, 1776), raconte (tome II, p. 184) qu'un de ses élèves, ayant voulu le peindre et ayant fort mal réussi, s'excusa sur

d'une manière surprenante dans son talent d'imiter ou
mieux de contrefaire certains maîtres, surtout des Italiens.
Il faisait d'après eux, quand il lui en prenait la fantaisie,
d'étonnants « pastiches ». On conte de lui, à cet égard,
des anecdotes tout à fait singulières.

Certain jour, un véritable connaisseur — c'était d'Argenville lui-même — le consulte au sujet d'un tableau attribué à Nicolas Poussin. Il était absolument convaincu
de l'authenticité de cette attribution. La seule chose qui
le faisait hésiter, c'était la modicité du prix qu'on demandait pour ce chef-d'œuvre. Bon Boullongne — lequel, bien
que très habile « pasticheur », était un parfait galant homme — après qu'il eut laissé dire à d'Argenville tout le bien
qu'il pensait du tableau, avoua que lui-même en était l'auteur [1].

Une autre fois, c'est le Roi lui-même qui fut la dupe de
l'habileté de Boullongne. On proposait, en effet, à Louis XIV
l'acquisition d'un tableau peint, disait-on, par Le Guide.
Le Roi, pour ne pas se laisser tromper, s'en rapporta à
l'appréciation d'un expert dont personne ne pouvait mettre
en doute la compétence, puisqu'il s'agissait de Mignard lui-
même. Ce dernier s'étant prononcé pour l'affirmative, le
Roi acheta le tableau qui était, en réalité, l'œuvre de Boullongne, lequel triompha donc aux dépens de Mignard et
du Roi. Celui-ci, d'ailleurs, se montra bon Prince ; il ne se
fâcha pas de ce tour de son « peintre ordinaire », et ne lui
en voulut pas d'être un trop adroit « pasticheur » [2].

Cette mode de faire des pastiches était, du reste, très répandue alors parmi les meilleurs artistes. Mignard, lui
aussi, se livrait quelquefois à ce divertissement, si nous en
croyons son biographe. Il eut la plus grande satisfaction à
tromper son rival Le Brun, à qui il gagna un pari, en lui
faisant prendre un pastiche de lui, Mignard, pour un original du Guide. C'est à cette occasion que le Comte de Caylus écrit très sensément : « N'attendez pas de moi l'éloge

la difficulté d'avoir de bons pinceaux : « Ignorant que tu es, lui dit Boullongne,
je veux faire ton portrait avec mes doigts. » Et il le fit, en effet.

1. Cfr. d'Argenville : *op. cit.*, IV, p. 246.

2. Cfr. Paul Eudel : *Le Truquage*. Paris, 1884, in-12, p. 103. D'Argenville dit que
l'acheteur fut Monsieur, frère du Roi.

d'une opération qui ne peut être regardée, ce me semble, que comme un badinage et une minutie pour un grand peintre d'histoire : il les doit traiter comme les portraits, c'est-à-dire rarement, et à titre de délassement » [1].

Pour Bon Boullongne, tout au moins, le plaisir de mystifier ses confrères ne l'empêchait pas de produire un grand nombre d'œuvres originales. Outre ses travaux pour les Palais Royaux, que nous avons signalés plus haut, et ses envois à l'Exposition de 1699, il avait peint, dans la période qui précéda cette Exposition, une telle quantité de tableaux, tant pour les établissements publics que pour des particuliers, que nous sommes obligés de renvoyer à la nomenclature que nous en donnons à notre APPENDICE n° III.

Bon Boullongne était, en effet, un grand laborieux. On prétend qu'il peignait souvent avant le lever du jour, ou après son coucher, à la lumière d'une petite lampe fixée à son chapeau. « Une particularité qui lui est peut-être unique — écrit un contemporain [2] — c'est qu'il a fait à la lampe la plupart de ses beaux ouvrages, et entr'autres les deux Chapelles des Invalides, en sorte que, quand il revenoit de travailler, il rencontroit les autres qui y alloient ». Si le renseignement est inexact, il n'en montre pas moins la réputation de travailleur qu'avait cet artiste d'une activité infatigable. « La coutume de Bon Boullongne, dit un autre auteur [3], était de souper à six heures du soir, de se coucher à sept et de se lever à quatre heures du matin ». Il voulait, d'ailleurs, que ses élèves le fissent comme lui. Il allait réveiller lui-même ceux qui demeuraient dans la maison, et leur répétait souvent que « les paresseux sont des hommes morts ». C'était, du reste, un maître excellent, affectueux, dévoué, et avec cela un homme aimable, enjoué, plein de franchise, d' « entregent » et de vivacité.

Aussi son atelier était-il très fréquenté par de nombreux

---

1. V. la *Vie de Mignard*, par le Comte DE CAYLUS, dans la *Vie des Premiers peintres du Roi*, publ. par LÉPICIÉ, tome I, p. 149, 151, 152.

2. *Hist. journalière de Paris pendant l'année 1716...*, par DUBOIS DE SAINT-GELAIS. Paris, 1717, 2 vol. in-12. — L'auteur de cet ouvrage devint, plus tard, l'Historiographe officiel de l'Académie de Peinture. En cette qualité, il lut à cette Compagnie, le 27 janvier 1725, une Biographie de Bon de Boullongne, et, le 2 mars 1726, celle de son père Louis l'Ancien.

3. *Anecdotes des Beaux-Arts*. Paris, 1776, tome II, p. 182.

élèves. Nous pouvons citer parmi ces élèves : J.-B. Santerre, L. Sylvestre, Jean Raoux, Claude Verdot, N. Bertin,
Christophe, Pierre Dulin ou d'Ulin, Fournières, Henno-
nier, Cazes, Leclère, et pendant quelque temps seulement
Charles Parrocel.

La période des grands travaux officiels revint pour Bon
Boullongne avec la décoration de la coupole de l'église des
Invalides, en 1702. Boullongne avait été chargé de peindre
à fresque, dans cette église, la chapelle Saint-Jérôme. Il
avait à peine commencé son travail lorsqu'une circonstance
inattendue vint lui procurer la commande d'une autre chapelle de cette église, celle consacrée à saint Ambroise. Ces
fresques — d'une exécution matérielle très difficile —
avaient été confiées à plusieurs artistes. Mansard avait fait
donner, par son crédit, la chapelle Saint-Ambroise à Charles-François Poerson, bien qu'il fût quelque peu au-dessous
de cette tâche. « Ce peintre — écrit d'Argenville [1] — la
commença si mal que Mansard fit abattre ce qu'il avait
peint le jour même que Poerson avait invité plusieurs amis
à venir voir son ouvrage. Sa confusion égala son chagrin ;
on le consola en le nommant Directeur de l'Académie de
Rome ».

Bon de Boullongne eut terminé cette colossale décoration
en 1704. Nous en avons la preuve dans le *Procès-Verbal*
de l'Académie du 31 décembre de cette année où nous
voyons qu'il prit congé de la Compagnie pour un voyage
qu'il comptait faire en Espagne « au premier jour ». Bon
exécuta-t-il son projet ? Il est permis d'en douter. Dans
tous les cas, s'il le fit, le voyage ne fut pas long, puisque
nous trouvons sa signature, à côté de celle de son frère,
comme ayant assisté aux séances du 7 mars et du 7 avril
1705.

Quoi qu'il en soit de ce petit incident, Bon de Boullongne, bien qu'il approchât de la soixantaine, ne songeait
pas à se reposer. Il était, d'ailleurs, au sommet de sa réputation, et, malgré sa prodigieuse puissance de travail, il

---

1. *Abrégé de la Vie des plus fameux peintres*, IV, p. 245. — Charles-François
Poërson, fils d'un autre Poërson, élève de Simon Vouet, né à Paris en 1652, académicien en 1682, resta 23 ans directeur à Rome où il mourut le 2 septembre 1725.

avait peine à suffire à toutes les commandes qui lui étaient faites.

Le talent de Boullongne — qui réussissait aussi bien dans le portrait et dans la peinture d'histoire que dans la grande décoration — était, en effet, un des plus appréciés par ses contemporains ; il rivalisait alors avec les plus grands peintres, avec ceux dont la renommée a été consacrée par le jugement de la postérité.

La critique d'aujourd'hui se montre, pour lui, plus dure, et même, nous semble-t-il, quelquefois injuste. Un des « Princes » de cette critique, l'auteur de l'*Histoire des Peintres de toutes les Ecoles* (Paris, V° Renouard, in-fol.), M. Charles Blanc, accorde à Bon Boullongne de l'entente dans la composition, « de la verve, de l'acquit et une grande aptitude à traduire ses pensées... » mais il nous paraît bien sévère quand il semble lui refuser toute originalité et quand il trouve « son dessin assez correct, mais dépourvu de caractère, sa couleur sans finesse, mais sans crudité, sa touche agréable et solide... »

« Praticien habile — dit-il encore — plein de facilité et quelquefois plein de feu, exercé à toutes les conventions du métier, sachant, de l'art, ce qu'on en peut apprendre, Bon Boullongne était né pour être le collaborateur précieux de quelque artiste supérieur. »

Plus loin, à propos de la participation de Boullongne à la décoration du grand escalier de Versailles, Charles Blanc remarque encore le « caractère de vérité qu'avait sa couleur, plus chaude, mieux rompue, plus harmonieuse et plus vraie que celle de Le Brun et de ses autres collaborateurs (dans cette décoration) François Verdier et Claude Audran. »

Ne semble-t-il pas qu'il y ait dans cette critique un peu de « flottement » et comme une certaine difficulté de justifier l'idée préconçue de considérer Bon Boullongne comme un artiste d'ordre secondaire ?

Voltaire, dans son *Siècle de Louis XIV* [1], publié vers 1752, porte sur Bon Boullongne un jugement plus sommaire, où l'on retrouve la pointe de l'éternel ironiste : « Excel-

---

1. *OEuvres*, édition Garnier, tome XIV, p. 149.

lent peintre, écrit-il, la preuve en est que ses tableaux sont vendus fort chers ».

Un autre auteur de notre temps, Siret, dans son *Dictionnaire des Peintres* (Ed. de 1883), rappelant que Bon Boullongne travailla à l'escalier de Versailles sous les ordres de Le Brun, résume ainsi ce qu'il pense de son talent : « Dessin correct ; coloris vigoureux ; possédait à un haut degré l'art d'imiter plusieurs grands maîtres ; peignit à fresque. Graveur. « En dehors de ce malheureux talent de « pasticheur » que nous avons nous-même rappelé plus haut, et qui amuse la badauderie des critiques modernes comme elle amusait celle des contemporains, il nous semble que le jugement de Siret en quatre mots n'est pas fait pour nuire à Bon Boullongne : « Dessin correct ; coloris vigoureux », n'est-ce pas là, en effet, les éléments principaux d'une bonne peinture et ne justifient-ils pas suffisamment les succès de Boullongne ?

On remarquera encore que Siret constate qu'il était graveur. Cet infatigable artiste ne se contentait pas, en effet, de dessiner et de peindre : comme beaucoup de ses contemporains, il maniait aussi bien le burin. C'est sans doute ce qui donnait à son dessin cette correction franchement louée par Siret et que Charles Blanc lui-même est forcé de lui reconnaître. Ajoutons que, comme beaucoup de grands maîtres, Bon Boullongne avait l'habitude de dessiner sur papier gris, à la pierre noire relevée de blanc, et obtenait ainsi des effets remarquables.

Comme graveur, on a de lui, d'après lui-même, quatre planches : Une « Sainte-Famille », un « Saint Bruno », un « Saint Jean-Baptiste dans le désert » et un « Mercure fouetté par les Muses », qui prouve que Bon Boullongne savait parfois avoir de l'esprit [1].

Cette pièce satirique dirigée contre l'auteur du *Mercure galant*, Jean Donneau, sieur de Visé, a été gravée pour un almanach de 1694 : les deux Muses de la Peinture et de la Sculpture fouettent Mercure, pendant que celle de la Poésie prépare une poignée de verges.

---

1. Cfr. une anecdote empruntée aux *Ana ou Bigarrures Calotines* (Paris, 1730), attribués à l'abbé d'Allainval et reproduite p. 211 du tome XVII (1863) de la *Revue Universelle des Arts*, Paris et Bruxelles, in-8.

Au bas de la gravure, on lit cette inscription :
« Ah ! Ah ! galant, vous raisonnez en ignorant. »

Ce qui prouve en quelle estime étaient tenues les œuvres de Bon Boullongne, c'est que beaucoup d'entre elles furent reproduites par les premiers graveurs, tels que Audran, Boguet, Langlois, Moyreau, C.-N. Cochin, J.-J. Flippart, etc.

Bon de Boullongne maniait aussi parfois la plume : le samedi 7 avril 1696, on donna lecture à l'Académie d'un Discours écrit par lui « Sur le bon goût de la peinture et de la sculpture », ce qui servit, ajoute le Procès-Verbal (III, 185), de « sujet d'entretien ».

Nous possédons deux portraits de Bon de Boullongne. L'un fut peint par l'artiste lui-même à une époque que nous ignorons ; son neveu Jean le fit graver en 1756 par Jacques-Nicolas Tardieu, et il figura à l'Exposition du Louvre en 1757.

Dans ce portrait, Bon paraît déjà arrivé à l'âge mûr. Le nez est long et un peu tombant ; les yeux sont vifs et doux ; les lèvres, un peu épaisses, surmontent un double menton. En somme, ce que nous connaissons, par ses portraits, de l'apparence physique de Bon de Boullongne ne dément pas ce que nous disons plus haut de son caractère. Dans celui-ci l'artiste s'est représenté la tête portant la perruque et légèrement tournée vers la gauche. Le personnage est assis dans un fauteuil, sur le bras duquel repose la main droite. La main gauche tient la palette et les pinceaux [1]. Au-dessus de la palette, on aperçoit une toile à laquelle le peintre semble travailler et qui paraît représenter un Triomphe de Galatée. Bon est vêtu d'une ample tunique posée sur une chemisette flottante et le tout est placé dans un cadre carré terminé par un soubassement sur lequel on lit l'inscription suivante en quatre lignes :

Bon de Boullongne,
Peintre ordinaire du Roy, Ancien Professeur
de l'Académie Royale de Peinture et de Sculpture,
mort le 16 may 1717. Agé de 68 ans.

---

1. C'est ce portrait qui a servi de modèle à celui que donne l'*Histoire des Peintres*, de Charles Blanc, en tête de la Biographie de Bon de Boullongne.

Au milieu du soubassement, et interrompant les lignes.
un cartouche portant un écusson ovale, blasonné : d'argent
à la bande de sable, accompagné de trois lionceaux pas-
sants de sinople, 2 et 1.

Il est possible que l'original de cette gravure soit le portrait que signale comme existant dans la Collection du Marquis de Chennevières, M. Henry Jouin dans son *Musée de
Portraits d'artistes* (p. 20). Nous ne savons ce que ce tableau est devenu.

Jacques-Nicolas Tardieu avait déjà exposé au Salon de
1750 la gravure d'un autre portrait de Bon de Boullongne
d'après un original de Gilles Allou qui avait peint ce portrait pour sa réception à l'Académie le 27 juin 1711, de
même que la gravure en fut faite par J.-N. Tardieu pour
sa réception à l'Académie le 25 octobre 1749 [1].

Dans ce portrait, Bon est représenté assis dans un cadre ovale, lui-même entouré d'une maçonnerie carrée avec
soubassement en saillie. La tête, légèrement inclinée à
droite, est sans perruque et recouverte d'un bonnet d'étoffe
(de velours ?). Les traits sont fins, distingués, et cette tête
nous paraît préférable à celle du portrait précédent peint
par l'artiste lui-même. Gilles Allou devait, d'ailleurs, bien
connaître son modèle ; leurs deux familles étaient quelque
peu alliées et cette circonstance ne fut peut-être pas étrangère au choix qu'il fit pour son morceau de réception [2].

Pour en revenir à ce portrait, la main gauche de Bon y
est cachée derrière le cadre ; c'est la main droite qui tient
la palette et les pinceaux. Cette particularité a attiré l'attention de Jal, qui, dans son *Dictionnaire critique*, se demande avec raison si Tardieu négligea de retourner son modèle ou si Boullongne peignait de la main gauche. Quoi
qu'il en soit de ce détail, l'artiste est ici vêtu d'une tunique
flottante, à la bordure brodée, ouverte sur la chemisette
jusqu'à la taille. Une sorte de long foulard blanc est noué

---

1. Ce portrait est également gravé au simple trait, par G. C. Kilian. Dans
l'ouvrage de d'Argenville on voit un autre petit portrait de Bon de Boullongne.
ressemblant médiocrement et paraissant un peu fantaisiste.

2. Gilles Allou, lequel, malgré son talent, est oublié par tous les biographes
(à l'exception de Jal et de la *Grande Encyclopédie*), appartenait à une bonne famille du Beauvaisis, et une Allou avait épousé, en 1702, un Boullongne-Tavernier,
cousin, comme nous le verrons bientôt, des Boullongne de Paris. (V. notre chapitre VIII, et Appendice VI).

négligemment autour du cou et ses pans retombent sur la poitrine et jusque sur les genoux du personnage.

Sur le soubassement — sans armoirie — se lit l'inscription suivante en quatre lignes :

Bon de Boullongne,
de Paris, Peintre ordinaire du Roy, ancien Professeur
de l'Académie Royale de Peinture et de Sculpture,
Mort le 16 may 1717, âgé de 68 ans.

Il est à remarquer que dans les inscriptions de ces deux portraits, Bon est bien appelé « de Boullongne » avec la particule, tandis que, dans l'usage, on la supprime le plus souvent en parlant de lui. L'époque où ces planches ont été gravées — 1749 et 1756 — explique très facilement cette particularité ainsi que la présence, sur le soubassement de l'un de ces deux portraits, d'une armoirie différente de celle qui figure au bas du portail (v. ci-dessus, p. 26), de Louis de Boullongne l'Ancien, père de Bon. Nous renvoyons pour l'explication de ces variations à notre chapitre VIII.

Un troisième portrait de Bon par lui-même nous est signalé par d'Argenville (*Abrégé de l'Hist. des Peintres....* 1762, t. IV). Il s'était peint, dit-il — « dans son atelier, avec un poète (Dauchet) et un musicien (Campra), qui s'entretiennent ensemble. Ces trois têtes, extrêmement belles, ont inspiré l'épigramme suivante :

« C'est un musicien, c'est un peintre, un poète,
» Que sur cette toile muette,
» Boullongne a fait sortir de son brillant pinceau.
» Toi, qui viens admirer d'un chef-d'œuvre nouveau
» Le vrai, le coloris, l'âme et l'intelligence,
» Décide à qui des trois, dans ce sçavant tableau,
» Tu peux donner la préférence. »

Nous ne savons ce que ce portrait est devenu.

Il nous reste à dire un mot de la vie familiale de Bon de Boullongne, dont nous ne nous sommes occupés jusqu'ici que comme artiste.

Bon Boullongne avait trente-huit ans sonnés quand il songea au mariage. Jusque-là il avait vécu dans l'union la plus étroite et dans la plus complète communauté de tou-

tes choses avec Louis, son frère cadet, plus jeune que lui
de cinq ans, comme nous le verrons dans notre prochain
chapitre qui lui est consacré. Mais, arrivé à la pleine maturité, il éprouva — comme presque tous les hommes bien
équilibrés — le besoin de « faire une famille ».

Le 8 avril 1687, il épousa donc, à Chaillot — lui-même
demeurait alors sur la paroisse Saint-Roch — demoiselle
« Anne Lourdet, fille de deffunt Philippe Lourdet, directeur des manufactures de la Savonnerie ». C'était, on le
voit, un mariage assorti comme situation, sinon comme
âge, car la mariée avait vingt ans de moins que son époux.

A l'acte de mariage [1] avaient signé, outre son frère Louis
de Boullongne et leur mère Barbe Larchevesque, sa sœur
Geneviève et son beau-frère le sculpteur Clérion, plus deux
cousins de la branche des Boullongne établie à Clermont-
en-Beauvaisis sous le nom de Boullongne-Tavernier [2], que
nous rencontrons ici pour la première fois et dont nous nous
occuperons plus tard.

De ce mariage avec Anne Lourdet, Bon de Boullongne
eut deux fils, dont l'aîné, Louis-Antoine, fut baptisé à
Saint-Roch le 1er mars 1688, ayant pour parrain son oncle Louis. Dans cet acte de baptême, Bon prend le titre de
« peintre ordinaire des bastimens du Roy et adjoint professeur en son Académie Royale de Peinture ». Son second
fils, Denis-Henry, né le 13 mai 1689, mourut le 20 novembre 1708. Quant à l'aîné, Louis-Antoine, il étudia d'abord
la peinture ; puis il se fit recevoir avocat. Mais il mourut
malheureusement à 28 ans, le 17 mai 1716.

Le chagrin de cette perte de son dernier enfant fut-il la
cause déterminante de la mort de Bon de Boullongne ? Cela est fort possible. Ce qui est bien certain, c'est qu'un an
après, presque jour pour jour, le 16 mai 1717, il mourut à
son tour en sa maison de Paris, place Vendôme, paroisse
Saint-Roch, dans l'église de laquelle il fut inhumé le sur-
lendemain 18 mai. Il était âgé de 68 ans 3 mois et 14 jours [3].

---

1. Cité par JAL, dans son *Dictionnaire Critique*.

2. Les deux cousins cités ici signent, l'un : Artus Tavernier, Sr de Boulogne,
conseiller du Roy, receveur des Tailles en l'Election de Clermont en Beauvaisis ;
l'autre Tavernier tout court. — Pour Anne Lourdet et sa famille, Cfr. *Bull. soc.
histor. d'Auteuil-Passy*, VIII, 101.

3. Son acte de décès porte « Bon de Boullongne », qualifié de « peintre ordinaire du Roy et ancien professeur en son Académie Royale de Peinture et de

Par son testament, en date à Paris du 22 mai 1716[1], Bon de Boullongne laissait à son frère une somme de 12.000 livres une fois payée « à la charge de verser cent livres de pension viagère à la d^elle sa fille aisnée (Marie-Anne) et il donnait à sa nièce la cadette (Geneviève) la somme de 10.000 livres réversible, en cas de décès, sur la tête de son frère cadet (Edme-Louis) ; enfin, 5.000 livres aux pauvres malades de Saint-Roch, sa paroisse. Le surplus de ses biens allait à d^e Elisabeth Lourdet, sa belle-sœur[2], épouse de Mr Simon de Villaine, notaire honoraire au Châtelet de Paris, laquelle il instituait sa légataire universelle. »

Nous ne trouvons pas trace de ce qu'il laisse à sa femme, Anne Lourdet, laquelle lui survécut vingt ans[3], et qui semble avoir été, d'ailleurs, dans une situation très aisée. Ses testament et codicille, en date à Paris des 20 janvier et 26 novembre 1735[4], nous montrent qu'elle avait une assez nombreuse domesticité. Elle fait des legs à ses serviteurs, dont quatre laquais. Elle donne, comme son mari, 5.000 livres aux pauvres malades de Saint-Roch. Enfin, son Inventaire[5] nous apprend qu'elle avait pour héritiers, chacun pour un tiers, sa sœur Elisabeth, citée plus haut, maintenant veuve, Marie Lourdet, son autre sœur survivante, aussi veuve d'Edouard Héliger, écuyer, sieur de Clinchant, Lieutenant Général au bailliage de Bayeux, enfin les enfants de sa troisième sœur décédée, Françoise Lourdet, épouse de Charles le Maigre, écuyer, sieur de Laon, Lieutenant criminel en l'Election de Bayeux. Nous savons également par cet Inventaire que Bon de Boullongne avait légué 2.000 livres à Jean Maillard, maître pelletier à Paris, et

---

Sculpture ». Parmi les témoins : Louis de Boullongne, peintre ordinaire du Roy et Recteur de l'Académie de Peinture, demeurant rue des Fossés-Montmartre.

1. *Archives de la Seine.* — Insinuations, Reg. 214, f° 52 v°.

2. *Id.* Reg. 215, f° 25 v°.

3. Elle mourut seulement le 21 novembre 1737 sur les cinq heures du soir, au rez-de-chaussée au fond de la cour d'une maison de la rue Neuve-Saint-Honoré, ayant pour enseigne la Tour d'Argent. Cette Tour d'Argent était-elle un souvenir des armoiries alors attribuées aux Boullongne ?

4. *Arch. de la Seine.* Insinuations, Reg. 226, f° 118-119.

5. *Arch. Nat.* Y, 11156. — J. GUIFFREY : *Nouv. arch. de l'Art français*, 2e série, IV, p. 353. — Nous espérions trouver dans cet Inventaire l'indication de peintures de Bon, conservées par sa veuve ; mais il n'y est fait mention que de trois tableaux : deux tableaux sur toile, dans des bordures dorées carrées, et un autre tableau également sur toile représentant une « ruine d'architecture ».

pareille somme à Madeleine Maillard, femme de Charles Vernois, maître fourreur, ses cousin et cousine issus de germain.

Toutes ces libéralités nous prouvent que Bon de Boullongne avait beaucoup augmenté la fortune, déjà assez rondelette, qu'il avait hérité de son père. Ses nombreux ouvrages lui étaient bien payés : pour ses travaux aux Invalides, il avait reçu plus de 26.000 livres, et pour la chapelle de Versailles, 14.000. On voit qu'il était à même de faire de belles économies. Nous en avons la preuve dans les quittances qui nous sont restées de lui [1] et qui nous montrent que dès l'année 1684, il avait de bonnes rentes sur la ville de Paris et sur les Aides et Gabelles. Nous trouvons trace successivement de 500 livres de rente, de 300 livres, de 235 livres, puis de 1.000 livres, de 572 livres, de 100 livres encore, etc., etc. ; enfin de 1.500 livres sur les Aides et Gabelles, sans parler de 300 livres de rente viagère sur les Cinq Grosses Fermes.

Cette accumulation de capital n'a pas lieu de surprendre si l'on considère les prix qui lui furent payés pour certains de ses travaux et qui sont venus jusqu'à nous. (V. notre APPENDICE III).

A ces revenus provenant directement de son travail, il faut ajouter les gages et les pensions dont jouissait Bon de Boullongne, notamment celle de 400 livres sur les Bâtiments du Roi, et ses gages de peintre ordinaire qui se trouvèrent augmentés de 83 l. 14 s. en vertu de l'Edit de décembre 1691.

Par suite de la mort prématurée de ses enfants, une partie de ce que laissait Bon de Boullongne revint, nous l'avons dit, à son frère Louis qui, lui aussi, marchait de succès en succès, comme nous allons le voir dans le prochain chapitre. Cette augmentation de fortune lui permit d'accélérer encore le mouvement d'ascension qui devait faire bientôt monter les Boullongne au sommet de la richesse et des honneurs.

---

1. Manuscrits de la Bibliothèque Nationale : *Pièces Originales, Dossier* BOULLONGNE, 10, 188, p. 2 à 8. — *Nouv. Arch. de l'Art Français*, 1re série, 1876, p. 79. — Documents de nos archives particulières, etc. — Toutes ces quittances sont signées « Bon Boullongne » ou « Boullongne Laisné ».

CHAPITRE IV

Louis de Boullongne, dit le Jeune.

Sa jeunesse et sa vocation. — Son séjour en Italie. — Reçu à l'Académie de Peinture. — Ses travaux. — Adjoint-Professeur en 1692 et Professeur titulaire en
1693. — Ses élèves : son influence sur la jeune Ecole. — Recteur de l'Académie
en 1717 ; Directeur en 1722. — Dessinateur des Médailles et Membre de l'Académie des Inscriptions. — Premier Peintre du Roi. — Conseiller-secrétaire du
Roi en 1718. — Chevalier de Saint-Michel en 1722. — Il reçoit des lettres de noblesse en 1724. — Tendre amitié des deux frères Bon et Louis de Boullongne.
— Mariage de Louis. — Il a cinq enfants : trois fils et deux filles. — Son second
fils Edme-Louis de Boullongne des Coiseaux, mort sans enfants en 1732. —
Mort de Louis de Boullongne en 1733. — Appréciation de son talent. — Ses
portraits.

Les deux fils de son frère aîné étant morts jeunes et cé-
libataires — comme nous l'avons vu dans le chapitre précédent — ce fut Louis de Boullongne, troisième du nom,
frère cadet de Bon, qui continua la descendance.

Il était né à Paris le 19 novembre 1654 et avait été baptisé le lendemain vendredi à l'église de Saint-Gervais.

Sa vocation d'artiste fut d'abord contrariée. Son père —
destinant son fils aîné à suivre, comme lui, la carrière de
la peinture — ne voulait pas que son cadet fît de même.
Il craignait que des rivalités professionnelles ne vinssent
troubler les relations des deux frères et amener entre eux
de fâcheuses divisions. Aussi refusait-il absolument à Louis
de lui donner des maîtres ou de lui en servir lui-même.

La vocation du jeune homme, ainsi combattue, ne fit que
s'accentuer, et son frère contribua à la rendre irrésistible.
De connivence avec Bon, le jeune Louis allait tous les soirs
dessiner à l'Académie [1]

---

1. Ce renseignement et beaucoup d'autres sont extraits de la *Vie de Louis de
Boullongne, Premier Peintre du Roi*, par WATTELET, associé libre de l'Académie,
publiée dans le vol. de LÉPICIÉ (*op. cit.*), 1752, tome II, p. 42 à 73.

Louis de Boullongne.
Chevalier de l'ordre de S.t Michel Ecuier Sec.re du Roy, premier pain.tre de sa
Majesté Directeur et Recteur de l'Academie Royale de Peinture et Sculpture.

42

Le père dut enfin céder, et il n'eut pas lieu de s'en repentir. Sous sa direction, son fils cadet fit de rapides progrès dans son art.

Le 28 mars 1671 — il n'avait pas encore dix-sept ans — il obtint à l'Académie le septième des onze prix de peinture, — distribués publiquement par Colbert lui-même — avec un tableau représentant « le Roi donnant la Paix à l'Europe ».

Deux ans après, en 1673, et un an avant la mort de son père, il remporta le premier grand prix avec un tableau sur « le Passage du Rhin ».

Il partit donc pour Rome au printemps de 1675. Là, sous la direction de Charles Errard, toujours directeur de l'Académie de France, il copia d'abord l' « Ecole d'Athènes » et « la Dispute du Saint-Sacrement », le « Parnasse », l' « Incendie du bourg » et plusieurs autres œuvres de Raphaël qui lui avaient été commandées pour être exécutées en tapisseries, et il travailla avec ardeur à s'assimiler les procédés de son art.

Il resta cinq ans à Rome et revint en France en 1680, s'arrêtant pour travailler et étudier les chefs-d'œuvre dans toutes les grandes villes de l'Italie du nord : Florence, Bologne, Parme, Venise, Milan. « Il rendit à chaque école la justice qu'elle méritait — dit son biographe Watelet — Il se laissa toucher successivement par des beautés différentes, et les témoignages qu'il en rend lui-même dans des notes écrites de sa main, qui m'ont été confiées, me font naître une réflexion à l'importance de laquelle je ne puis me refuser. La prédilection pour une école ou pour un peintre n'est point un sentiment blâmable. Il faut être entraîné, mais il faut savoir s'arrêter et revenir sur ses pas. Ce penchant naturel, ce choix de sympathie est préférable, sans doute, à une froide admiration, qui dénoterait un génie trop lent. Mais ce goût, modéré par la raison, permet de profiter d'un ouvrage dont la manière ne plaît pas. Le fruit d'une sage discussion est de s'enrichir comme l'abeille et de changer en sa propre substance le suc des fleurs différentes dont on s'est nourri. »

Charles Blanc (*op. cit.*), aussi sévère pour Louis de Boullongne que pour son frère, blâme cet éclectisme qu'il reconnaît, d'ailleurs, avoir été le caractère d'un grand nombre de peintres français de la même époque. « Watelet, continue-t-il, nous apprend que Boullongne promena son admiration de Raphaël au Corrège et du Corrège au Titien. Ainsi s'explique cette manière, qui était un refroidissement de toutes les autres. Que deviendront, par exemple, les grâces d'un Corrège, si on les emprisonne dans un contour plus précis et plus voyant ? Comment ne pas attrister le tableau d'un Véronèse, si l'on veut y retrouver les lois austères de l'école romaine, châtier le modelé des figures, fatiguer, *stenter* [1] la couleur à force de scrupules et à force d'y revenir ? Et si à son tour, Véronèse venait recouvrir la chapelle Sixtine de ses couleurs animées, de ces tons oranges, de ces verts émeraude qui donnent tant de gaieté à ses festins et tant de pompe, comment verrait-on la terrible sublimité de Michel-Ange ? Si le Titien eût voulu dessiner avec la finesse d'André del Sarte, aurait-il pu ménager ces masses larges et tranquilles où se perdent mille détails que le Florentin, dans son exquise délicatesse, eût trouvés charmants, mais que le Vénitien juge inutiles dans sa mâle grandeur. L'éclectisme, en peinture, est donc le pire des enseignements. Aussi n'a-t-il produit que des peintres sans physionomie et des ouvrages sans défauts choquants, mais sans beautés remarquables. Ces réflexions s'appliquent à Louis de Boullongne. Il est de ceux qui, n'ayant pour leur art qu'une insuffisante vocation, sont arrivés par l'étude, par le jugement, par l'esprit et aussi par la mémoire, à un talent correct, à un sentiment irréprochable de toutes les convenances, à des arrangements qui n'ont rien de bien piquant ni de bien nouveau, mais rien non plus de désagréable ».

Un autre critique de nos jours, M. Paul Mantz, écrit encore dans son livre sur François Boucher (p. 5 et 6) : « On pourrait, sans être bien sévère, trouver quelque lourdeur chez les Boullongne, et beaucoup de rhétorique chez les Coypel. Les uns et les autres se plaisaient au geste déclama-

---

1. *Stenter* ou *stanter* qui ne se trouve, d'ailleurs, ni dans Littré, ni dans aucun Dictionnaire d'ancien langage, est un vieux terme d'atelier qui signifie *peiner.* « Un tableau *stanté* — dit un vieux lexique des Beaux-Arts, par Lacombe (Paris, 1753), que nous avons sous les yeux — est donc un ouvrage où l'on découvre la peine, la gêne, le travail qu'il a coûté à l'artiste ».

toire et au panache d'une antiquité théâtrale. » Il est bon
de remarquer que ce jugement est porté par l'historien de
F. Boucher, dans une comparaison entre les Boullongne et
les maîtres de leur temps avec Watteau et les autres peintres qui allaient introduire dans l'art la légèreté et la ga-
lanterie du style Louis XV.

Quoi qu'il en soit des appréciations de la critique moderne, Louis de Boullongne eut encore, pendant la plus
grande partie du XVIIIe siècle, une vogue considérable. Le
jugement suivant, porté sur lui par le *Mercure de France*
(décembre 1733, p. 2669), — qui l'appelle « un des plus
grands peintres de son temps, par un nombre d'excellents
ouvrages », — ce jugement était ratifié par tous ses contemporains :

« Il a excellé principalement dans l'élégance de la composition et dans la correction du dessin. Il a fait un très grand
nombre de tableaux de Cabinets qui sont fort estimés et
dans lesquels on remarque surtout un caractère gracieux
qui faisait, en général, l'âme de sa composition ».

Dès son arrivée à Paris, en 1680, Colbert donna à Louis
de Boullongne la commande de plusieurs tableaux pour les
appartements de Versailles. Au même moment, il était présenté à l'Académie (1er mai 1680) ; et le 1er août 1681, il
était admis avec son tableau d' « Auguste fermant le Temple de Janus après la bataille d'Actium », tableau qui semble aujourd'hui perdu bien que certains critiques le croient
au Musée d'Amiens (V. notre APPENDICE IV).

Dès lors, Louis de Boullongne marcha de succès en succès.

La vie d'un peintre étant tout entière dans ses œuvres,
nous ne ferons pas ici la nomenclature fastidieuse de toutes
celles que produisit Louis de Boullongne. Nous renverrons
le lecteur que cette nomenclature peut intéresser à notre
APPENDICE n° IV, dans lequel nous essayons de donner un
Catalogue raisonné de son œuvre comme nous le faisons,
dans nos APPENDICES I, II et III, pour son père, pour ses
sœurs et pour son frère.

Peintre à la mode, Louis de Boullongne recevait des commandes de tous les côtés : tableaux pour les Corporations
parisiennes, décorations d'appartements pour le Roi et pour

les riches seigneurs et les financiers; il avait peine à suffire à la tâche.

La chapelle des Invalides et celle du château de Versailles furent en grande partie décorées par lui et par son frère Bon. Il travailla aux maisons royales de Marly, de Meudon, de la Ménagerie et de Fontainebleau, ainsi qu'à Chantilly, pour le Prince de Condé.

Comme son père et son frère, Louis de Boullongne était graveur et reproduisit au burin plusieurs de ses tableaux. (V. APPENDICE IV).

Comme eux aussi, il eut l'honneur d'être choisi par deux fois — par la Compagnie des Orfèvres — pour faire leur « May de Notre-Dame ».

En 1686, il peignit leur cinquante-sixième Mai, « le Centenier demandant à Jésus de guérir son serviteur », et, en 1695, leur soixante-cinquième, « la Samaritaine ».

Il ne manqua pas de se produire, à côté de son frère Bon, et de ses sœurs, à la grande Exposition de 1699, et il y mit au Trumeau 14, dit Florent Le Comte (*op. cit.*, III, p. 263), « onze tableaux (d'autres disent quatorze) [1], de grandeur ordinaire, ne passant guère trois pieds sur quatre, représentant sçavoir « Joseph vendu aux Ismaélites », le « Portrait de M. Gabriel », Trésorier des Bâtiments ; « Galathée sur les Eaux » et le « Rapt de Proserpine » ; « Zéphire et Flore »; « Psyché et l'Amour »; « la Terre avec les divinités terrestres »; « Junon qui commande à Eole de lâcher les vents pour disperser la flotte d'Enée » ; « le Jugement de Pâris » ; « l'Adoration du Veau d'or » et le « Jugement de Salomon. »

Les honneurs professionnels vinrent vite le trouver.

Dès le 6 décembre 1692, il était désigné, comme « adjoint à professeur », dans la même séance où l'Académie élisait son frère Bon comme Professeur titulaire [2]. Deux ans après, le 30 octobre 1694, il reçut lui-même ce titre envié de Professeur [3] et prit bientôt une grande influence sur l'enseigne-

---

1. V. notre Appendice IV.

2. Bellier de la Chavignerie dans son *Dictionnaire*, place cet événement, nous ne savons pourquoi, au 1er juillet 1690.

3. Les Professeurs de l'Académie Royale de Peinture et de Sculpture se relayaient de mois en mois.

ment de l'Académie. Son atelier était très fréquenté. Parmi ceux de ses élèves qui devinrent plus tard des maîtres, nous pouvons citer Cornical, Nicolas Bertin, Jacques-François Courtin, Derobal, Louis Galloche [1] et beaucoup d'autres. Plusieurs de ces élèves devinrent à leur tour académiciens.

Coypel « fils », l'un d'entre eux, fut, après lui, Directeur de l'Académie et saisit l'occasion d'une lecture par M. Watelet, Associé libre, d'une « Vie de M. de Boullongne, premier peintre du Roy », à la séance du samedi 3 avril 1751, pour proclamer longuement et en termes touchants tout ce qu'il devait à son maître et l'affection qu'il lui avait conservée [2].

Louis-François Dubois de Saint-Gelais, que nous avons déjà cité plus haut et qui s'occupe longuement des Boullongne dans son *Histoire journalière de Paris pendant l'année 1716...* (Paris, 1717, 2 vol. in-12), dit en parlant des deux frères qu'ils eurent « la gloire... de rendre si fameuse par le nombre de leurs habiles élèves, l'école que leur père avait commencée, qu'elle est connue partout sous le nom de l'*Ecole des Boullongne* ».

La grande influence dont jouissait Louis de Boullongne à l'Académie n'était pas due seulement à son talent, mais aussi à son caractère enjoué, à son amabilité pour tous et surtout à sa bienveillance pour les « jeunes ». Pour ces derniers, il était un maître bourru, mais bienfaisant. Il les secouait volontiers, mais cherchait toutes les occasions de leur rendre service. L'anecdote suivante, bien que se rapportant à une époque postérieure à celle où nous sommes, nous semble intéressante à rappeler ici pour expliquer le genre d'empire que Louis de Boullongne exerçait autour de lui.

Le jour où l'Académie devait délibérer sur la candidature de J.-B. Siméon Chardin en 1728, comme Louis de Boullongne, alors Directeur et à l'apogée de sa gloire, entrait à

---

1. Galloche peignit une Cène sur une esquisse de Louis de Boullongne, son maître. Ce tableau était placé au Maître-Autel de l'église de Sainte-Marguerite, au faubourg Saint-Antoine. (Cfr. *Mémoires inédits*, etc., publ. par Dussieux, etc., t. II, p. 231, 290, 303. — *Intermédiaire des chercheurs et des curieux*, 20 mai 1910, col. 754, etc.

2. *Procès-Verbaux de l'Académie....* t. VI, p. 266 à 268.

l'Assemblée, Chardin, qui avait exposé dans une des salles dix ou douze tableaux de sa façon, lui dit que ces tableaux lui appartenant, l'Académie pouvait prendre ceux qui lui plairaient. « Il n'est pas encore agréé, dit Boullongne en bougonnant, — et il parle déjà comme s'il était reçu ! » Mais aussitôt se radoucissant et employant le tutoiement familier des ateliers : « Au reste, ajoute-t-il, tu as bien fait de m'en parler... je vais arranger cela.... » Et entrant en séance, il fit un rapport favorable sur la candidature de Chardin, fit réussir son élection et choisir deux des tableaux [1].

Cette bonhomie n'empêchait pas Louis de Boullongne de montrer de l'énergie quand il s'agissait de maintenir son droit. Il en donna la preuve, comme Recteur « de quartier », dans une querelle que lui suscita en 1721 son confrère Van Clève qui prétendait l'évincer de la Présidence de l'Académie, vacante par l'absence de Coypel, alors Directeur. La lutte fut chaude et on dut en référer au duc d'Antin, Protecteur de la Compagnie, qui donna raison à Boullongne, conformément aux Statuts.

Il était de même intraitable quand il croyait en jeu la dignité de l'Académie. C'est ainsi que le 27 avril 1726, il fit prononcer l'exclusion de Nattier l'Aîné, à cause de sa « conduite déréglée et de ses mœurs corrompues » (*Procès-Verbaux*... V, p. 5).

C'est le 10 janvier 1722 qu'il avait été élu Directeur, à la place de Coypel. Il avait été précédemment nommé « adjoint à Recteur », le 26 octobre 1715 et élu à l'unanimité Recteur, le 24 avril 1717, aux lieu et place de Jean Jouvenet. Il fut au même moment désigné par l'Académie des Inscriptions et Belles-Lettres pour faire les dessins des Médailles du Roi. Cette désignation lui donnait droit de séance et faculté de prendre le titre de membre de cette Académie.

En cette qualité il dessina, en 1722, la médaille du Sacre du Roi Louis XV « si connue par les richesses et les beautés qu'on y remarque », et qui fut gravée la même année par Jean Duvivier, graveur des Médailles du Roi [2].

---

1. *Eloge de J.-B. Siméon Chardin*, par HAILLET DE COURONNE, donné dans *Mémoires inédits*, publiés par DUSSIEUX, etc., t. II, p. 428.

2. *Mémoires inédits...* publiés par DUSSIEUX, etc., t. II, p. 315. — VICTOR ADRIEL-

Enfin, suprême consécration officielle de son talent, Louis de Boullongne fut nommé Premier Peintre du Roi, le 24 mars 1725, à la place de Coypel, mort le 7 janvier 1722 [1].

Entre temps, il avait reçu encore d'autres marques de la faveur royale.

Bien qu'il ne se privât point de reproduire des sujets quelque peu légers, il était cependant le « peintre de confiance » de Louis XIV à son déclin et de la pudibonde Mme de Maintenon, car nous le voyons, en novembre 1710 et janvier 1711, recevoir 200 livres pour paiement « des nudités qu'il a couvertes à un tableau de l'antichambre du Roy à Fontainebleau » [2].

Nous ignorons, d'ailleurs, quelle est la peinture qui servit de victime à cette besogne assez ridicule.

Quoi qu'il en soit, d'abord doté d'une pension de 500 livres, Boullongne vit cette pension augmenter de 1.200 livres en 1714 et venir s'ajouter aux émoluments de ses fonctions et aux sommes considérables que lui rapportaient ses travaux.

Mais là ne devaient pas s'arrêter les grâces accordées à Louis de Boullongne par son souverain.

Premier Peintre du Roi, Directeur de son Académie de Peinture et de Sculpture, chargé de travaux importants et bien rémunérés pour la maison royale et pour les grands seigneurs de la Cour, enfin riche et considéré, Louis de Boullongne était arrivé au comble des honneurs professionnels qu'un artiste pût atteindre. Il ne lui manquait plus que l'honneur suprême, qui était alors le couronnement de la carrière des heureux parvenus de ce monde, c'est-à-dire l'entrée dans la classe privilégiée, la noblesse, et, concurremment avec la noblesse, les Ordres du Roi qui en étaient, pour ainsi parler, la marque extérieure et la consécration publique et permanente, et à ce titre, ambitionnés par tous les anoblis.

LE : *Jean et Benjamin du Vivier*, d. *Réunion des Sociétés des Beaux-Arts des Départements*, 1889, p. 320.

1. *Procès-Verbaux...* IV, 396 — et Registre du Secrétariat d'Etat de la Maison du Roy, année 1725. In-fol. Arch. Nat. O'69, p. 143.

2. Tableaux achetés par la Direction des Bâtiments du Roi. Exercice 1911, donné par M. F. Engerand, *op. cit.*, (Paris, 1900, in-8, p. 60).

Le petit-fils du modeste employé de la ville de Paris devait avoir bientôt l'une et l'autre de ces satisfactions.

Le 11 août de cette même année où il avait été nommé Directeur, le Roi signait des Lettres par lesquelles il notifiait à « M. de Boullongne, son Conseiller secrétaire en sa Chancellerie près son Parlement de Rouen » que « voulant lui témoigner la satisfaction qu'Elle a de ses services, Elle l'a nommé pour estre reçu Chevalier de son Ordre de Saint-Michel, en satisfaisant à ce qui est requis par les Statuts » [1].

Dès le 29 août, les Procès-Verbaux de l'Académie qualifient Louis de Boullongne de « Chevalier de l'Ordre de Saint-Michel ». Le lendemain, une députation de la Compagnie allait complimenter son Directeur de la grâce que le Roi venait de lui faire. Enfin, à partir du samedi 19 décembre 1722, le titre d'Ecuyer est accolé au nom de Louis de Boullongne. On voit que les distinctions dont leur Directeur venait d'être l'objet avaient été accueillies avec faveur par ses confrères.

Il faut cependant remarquer que ses lettres de nomination dans l'Ordre de Saint-Michel ne font aucune mention des titres artistiques de Louis de Boullongne, mais seulement de sa qualité de « Conseiller secrétaire du Roi en sa Chancellerie près le Parlement de Rouen ». C'est, qu'en effet, une des conditions requises par les Statuts de l'Ordre de Saint-Michel était la noblesse. Or, des Lettres patentes de Charles VIII données à Paris en février 1484, et rappelées dans notre document, constataient la noblesse des Secrétaires du Roi. Ces Lettres Patentes, enregistrées au Grand Conseil le 8 mai 1576, et confirmées depuis par les Edits de mai 1704 et de décembre 1715, etc. ; et par des Déclarations du Roi données à Saint-Germain en avril 1672 et janvier 1673, portaient que ces Conseillers secrétaires du Roi, Maison et Couronne de France près les Cours Supérieures, seraient réputés nobles, capables de recevoir tous Ordres de Chevalerie et d'être élevés à toutes sortes d'honneurs « comme si leur Noblesse étoit d'ancienneté et au delà de la quatrième génération. »

---

1. Nous tirons ce renseignement et les suivants de l' « Extrait des titres produits par Louis de Boullongne, écuyer », etc., devant Victor-Marie d'Estrées, comte de Nanteuil, etc. Nous publions dans notre Appendice n° V ce curieux document qui fait partie de notre Cabinet.

C'est le 2 juin 1718 que le Roi avait octroyé. à Louis de Boullongne les « Provisions de l'un des offices de Conseiller du Roi, Maison et Couronne de France en la Chancellerie près le Parlement de Rouen », créés par Edit du mois de juin 1715. Ces lettres furent enregistrées à la Cour des Aides de Normandie le 18 du même mois et au bureau des finances de la Généralité de Rouen le 4 juillet.

Ainsi s'explique un fait qui a étonné les biographes de Louis de Boullongne, quand ils le voient prendre le titre d'écuyer dans l'acte de mariage de son fils aîné Jean, en novembre 1719. La qualité de Conseiller secrétaire du Roi près une Cour souveraine lui en donnait le droit, puisqu'elle lui conférait la noblesse personnelle.

Mais il est probable qu'en sollicitant cette distinction, Louis de Boullongne avait d'autres visées, et savait qu'elle lui permettait d'obtenir les Ordres du Roi. Cette noblesse de « savonnette à vilain » suffisait, en effet, pour les preuves nécessaires à la réception dans l'Ordre de Saint-Michel, et le document qui nous sert ici de guide nous en donne la certitude en indiquant les noms de douze chevaliers de cet Ordre, reçus du 29 novembre 1704 au 27 juillet 1722, qui n'avaient d'autres titres de noblesse que celui-là.

C'est donc par inadvertance que plusieurs biographes de Louis de Boullongne ont affirmé que le Roi avait dispensé son Premier Peintre de produire ses preuves, puisqu'il n'en avait pas besoin et qu'il était strictement en règle. Ces biographes ont été induits en erreur par l'existence des lettres de noblesse postérieures dont il nous reste à parler. Mais ces lettres ne sont, pour ainsi dire, que la constatation explicite de la noblesse latente possédée déjà par Louis de Boullongne, du fait de sa charge.

Quoi qu'il en soit de ces subtilités juridiques auxquelles la bienveillance royale prêtait son concours, le généalogiste Clairambault donna son approbation aux titres produits, le 20 août 1722, et le même jour, le Maréchal d'Estrées reçut le serment du récipiendaire.

Les armoiries du nouveau chevalier des Ordres du Roi, telles qu'elles sont peintes dans notre document, sont celles que nous connaissons déjà par les gravures des portraits de Louis de Boullongne l'Ancien dont nous avons précédemment parlé : de gueules à la tour d'argent, au chef d'azur chargé de 3 étoiles d'or.

Ce sont encore ces mêmes armoiries que reproduisent les Lettres d'anoblissement dont fut gratifié son fils, deux ans après avoir reçu le cordon de Saint-Michel. Ces Lettres, données à Fontainebleau au mois de novembre 1724, furent enregistées au Parlement le 30 décembre suivant, et en la Chambre des Comptes en janvier 1725. M. Jules Guiffrey les a publiées d'après l'original des Archives Nationales, en 1873 [1].

Bon de Boullongne ne fut pas témoin de ces derniers succès de son frère, puisque, comme nous l'avons vu, il était mort en 1717. Il n'en eût pas, d'ailleurs, été jaloux, car la plus tendre amitié unit toujours les deux frères.

On se souvient que la vocation de Louis de Boullongne le Jeune pour la peinture avait été contrariée par son père dans la crainte que des rivalités professionnelles n'amenassent des discussions entre ses deux fils. L'événement montra que ces craintes étaient vaines. Jamais frères ne vécurent en meilleure intelligence et ne furent unis par une plus touchante affection.

Tant que Bon resta célibataire, il vécut avec son frère et tout demeura commun entre eux : logement, meubles, travaux, atelier et élèves. Lors du mariage du frère aîné, ils durent se séparer ; mais il leur fut impossible de faire un partage amiable de ce qu'ils possédaient, chacun d'eux déclarant que tout appartenait à son frère. Il fallut en arriver à faire des lots et un tirage au sort vint mettre fin à ce combat de générosité. Cette séparation n'altéra point, du reste, la touchante amitié de ces deux frères modèles et, jusqu'à la mort de l'aîné, ils vécurent dans une union exemplaire.

Le célibat de Louis ne survécut pas longtemps, d'ailleurs, à celui de Bon. Après avoir connu avec son frère la

---

1. *Arch. Nat.*, X'A, 8730, p. 45. — *Lettres de noblesse accordées aux artistes en France au XVIIe et au XVIIIe siècles,* suivies de la liste des artistes nommés Chevaliers de l'Ordre de Saint-Michel, dans *Revue historique, nobiliaire et biographique.* Paris (Dumoulin), 1873, in-8, p. 1 à 44. (Tirage à part à 50 exemplaires). — Cfr. aussi Louis de Grandmaison : *Essai d'armorial des artistes français* (XVIe-XVIIIe). Lettres de Noblesse. Preuves pour l'Ordre de Saint-Michel. Paris (Champion), 2 broch. in-8, 1904 et 1905.

douceur d'une intimité si parfaite et d'une communauté
de vie complète, il lui était impossible de se résoudre bien
longtemps à une existence solitaire. Aussi songea-t-il à
prendre une femme, et moins d'un an après le mariage de
son frère, il épousait — par contrat reçu Pasquier, notaire
à Paris, le 11 janvier 1688 — demoiselle Marguerite Bacquet, fille « émancipée d'âge » et procédant sous l'autorité du sieur Jean-Marie Bacquet, Pourvoyeur de la Maison du Roi, son curateur aux Causes. La jeune orpheline
avait pour père le sieur Denis Bacquet, en son vivant Maître Potier d'étain, bourgeois de Paris, et pour mère Madeleine Périn.

C'était, comme on le voit, un modeste mariage, en rapport du reste, avec la position présente de Louis de Boullongne. Nous sommes encore à trente années de distance
du Cordon de Saint-Michel et des Lettres d'anoblissement.
C'était cependant déjà Mlle Bacquet qui faisait la meilleure
alliance et il faut croire que le brave potier d'étain avait
laissé à sa fille une escarcelle bien garnie, pour qu'elle pût
prétendre épouser un artiste qui était déjà Académicien depuis sept ans et qui peut se qualifier, dans son contrat,
de « peintre ordinaire des bastiments du Roy » [1].

La cérémonie du mariage eut lieu à Saint-Eustache le
mardi 3 février 1688.

Louis de Boullongne y fut assisté par sa mère, par Gédéon du Metz, garde du Trésor Royal, par Charles Le Brun,
premier peintre du Roi, et aussi, bien entendu, par son
frère Bon.

Cette union fut heureuse et féconde : Louis de Boullongne eut, en effet, cinq enfants, trois fils et deux filles [2].

Nous ne savons, de l'aîné des garçons, né le 6 novembre
1688, que sa naissance et son nom. Il eut pour parrain, le

1. Dans cet acte de mariage, Louis est indiqué comme domicilié rue des Petits-
Champs, et non plus, comme précédemment, rue des Fossés-Montmartre ; pourtant c'est à cette dernière demeure que naissent ses premiers enfants et notamment son fils Jean en 1690.

2. Une troisième fille, appelée Geneviève, est citée sans aucune date dans une
Généalogie communiquée par M. A. Dumont, membre de l'Institut, aux *Nouv. Archives de l'Art Français*, 1re série, 1877, p. 227. — D'après une note de famille
en notre possession, cette Geneviève aurait pris le voile à la Madeleine de Traisnel.
C'est évidemment la même dont parle d'Argenville (*op. cit.*, IV, p. 267).

8 novembre, son oncle qui l'appela Bon comme lui-même, et il mourut en bas-âge [1].

Le second enfant de Louis de Boullongne et de Marguerite Bacquet fut encore un fils. Il naquit le 13, fut baptisé le 16 octobre 1690 et fut appelé Jean par son oncle maternel Jean-Marie Bacquet, Pourvoyeur du Roi et par sa tante et marraine Madeleine de Boullongne.

Ce Jean, dont nous parlerons longuement dans les chapitres suivants, devait achever la fortune et l'illustration de sa famille.

En 1693, Louis de Boullongne eut une première fille qui fut nommée Anne et qui mourut à six ans le 7 octobre 1699, rue Neuve Saint-Eustache, devenue le domicile de la famille.

Enfin, après six ans de repos, Marguerite Bacquet donna à son époux une seconde fille — quatrième enfant — qui, née le 12, fut baptisée le mardi 14 décembre 1700, sous le nom de Marie-Anne. On sait que c'était alors un usage constant de donner aux enfants le même nom que portaient leurs frères et sœurs, morts précédemment.

Vingt ans après, le 10 décembre 1720, Marie-Anne de Boullongne épousa, à Saint-Eustache, « Jean-Pierre Richard, veuf de Dlle Claude Ravenelle ou Ravencl, Capitaine du Château de Beyne, diocèse de Chartres, où il demeurait ». Ce titre de provenance inconnue et d'aspect militaire, n'empêchait pas Jean-Pierre Richard d'être en réalité un simple Payeur de rentes, c'est-à-dire un employé aux finances de la ville de Paris. Plus tard, quand les Boullongne arrivèrent à la fortune et aux honneurs, il devint, en 1732, Receveur Général des Finances de la Généralité de Tours, à la place et après la mort prématurée de son beau-frère, le dernier fils de Louis de Boullongne, dont il nous reste à parler.

Ce cinquième enfant — et troisième fils — de Marguerite Bacquet, était né le 15 juin 1702, en la maison où ses parents demeuraient alors rue Neuve-Saint-Eustache, et il avait été baptisé le 16 à l'église paroissiale du même nom. Son parrain avait été M. Hude Rousseau, Conseiller secrétaire du Roi, Maison Couronne de France et de ses finances,

---

1. JAL : *Dictionnaire critique...*

et sa marraine Catherine Rochon, femme d'Estienne Bacquet, Pourvoyeur du Roi.

Il reçut le nom d'Edme-Louis, et nous le voyons, au mariage de sa sœur, en 1720, signer de Boullongne des Couseaux ou des Coiseaux.

Nous ignorons l'origine de ce titre d'apparence seigneuriale, que Edme-Louis de Boullongne continua à porter [1]. On le retrouve dans son contrat de mariage, passé devant Tissier, notaire à Paris, le 20 juin 1731. Il y est qualifié d'écuyer, sieur des Coiseaux, Conseiller du Roi, receveur général des Finances de la Généralité de Tours et Payeur de rentes de l'Hôtel-de-Ville. La situation des Boullongne était devenue, d'ailleurs, tout à fait brillante : Jean, l'aîné des fils de Louis, était déjà alors depuis longtemps Premier Commis des Finances et Conseiller au Parlement de Metz, et le mariage que faisait son jeune frère était tout à fait en rapport avec la nouvelle fortune de la famille.

Edme-Louis épousait, en effet, damoiselle Marie Poulletier, fille mineure — elle avait dix-sept ans — de Messire Pierre Poulletier, chevalier, seigneur de Ninville, Conseiller du Roi en ses Conseils, Maître des Requêtes honoraires de l'Hôtel de Sa Majesté, Intendant de justice, police et finances de la Ville et Généralité de Lyon, ci-devant Intendant des Finances. Sa mère était défunte dame Henriette Guillaume de la Vieuxville.

La cérémonie du mariage eut lieu à Saint-Roch, et « summo mane », c'est-à-dire entre minuit et le lever du jour. Nous ignorons le motif de cette singularité qui peut laisser, d'ailleurs, la porte ouverte à bien des suppositions. Quoi qu'il en soit, cette union ne fut pas de longue durée, car dix-huit mois après son mariage, Edme-Louis de Boullongne mourut sans enfants [2], le 28 décembre 1732, en sa mai-

---

1. Nous avions pensé que cela pouvait venir d'un domaine situé à Coiseaux, commune d'Essuiles (Oise), une branche des Boullongne étant fixée dans cette région, comme nous le verrons bientôt ; mais nous avons vainement essayé de savoir si quelque souvenir de cette famille existait dans cette commune. Ce qui est certain, c'est qu'il y avait des Boullongne à Coiseaux depuis l'année 1540, ainsi qu'il résulte d'Aveux dont nous parlons à notre Appendice n° VIII. Est-ce cette circonstance qui engagea Louis de Boullongne à donner à son fils le surnom de Coiseaux ? Cela nous paraît assez probable.

2. Sa veuve se remaria le 13 juillet 1734, à Pierre-François Doublet de Baudeville, seigneur de Saint-Aubin-sur-Yonne, Conseiller au Parlement de Paris ; elle

son de la rue des Capucines. Le lendemain 29, il fut enterré dans l'église Saint-Roch.

Son père le suivit de près dans la tombe.

Louis de Boullongne s'éteignit en effet, à Paris, chargé d'ans et d'honneurs, le 21 novembre 1733. Il était dans sa quatre-vingtième année [1]. Son acte de décès le qualifie : « Messire Louis de Boullongne, Ecuyer, Chevalier de l'Ordre de Saint-Michel, Premier Peintre du Roy, directeur de l'Académie Royale de peinture et de sculpture, et l'un de Messieurs de l'Académie des Inscriptions et Belles-Lettres ».

Il fut enterré le 22 novembre en l'église Saint-Eustache [2].

L'Académie de Peinture et de Sculpture sembla décapitée par la mort de son Directeur, et refusa de lui donner un successeur. Quelques jours seulement après les funérailles, dans sa séance du 28 novembre 1733, elle décida, en effet, que les quatre Recteurs : Hallé, Nicolas de Largillière, Coustou et Hyacinthe Rigaud, seraient chargés à tour de rôle et par quartiers des fonctions de Directeur. Cette décision ne fut révoquée que le 5 février 1735 et Guillaume Coustou, fut alors désigné comme Directeur [3].

Le 9 janvier 1734, l'Académie avait fait célébrer un service solennel en mémoire de son Directeur et avait nommé

---

mourut âgée d'environ vingt-six ans, le 29 février 1736, après avoir mis au monde, la nuit précédente, deux filles dont la dernière n'a pas vécu. (Voir le *Mercure de France* de mars 1736).

1. Sa femme, Marguerite Bacquet, lui survécut jusqu'au 4 avril 1757. Elle fit son testament à Paris, où elle demeurait faubourg Saint-Honoré, le 25 février 1755. Entr'autres legs, elle fait des rentes viagères à tous ses domestiques, au nombre d'une dizaine, ce qui prouve l'état prospère de sa fortune. Son fils Jean était, d'ailleurs, presque à l'apogée de la sienne. (*Arch. de la Seine.* — Insinuations : Reg. 240, fo 24 et 25.

2. Nous possédons son faire-part imprimé en un placard in-folio qui donne tous ses titres et dont voici la reproduction :

« Vous estes priez d'assister au Convoi et enterrement de Messire Louis de Boullongne, Ecuyer, Chevalier de l'Ordre de Saint-Michel, Premier Peintre du Roy, Directeur de l'Académie Royale de Peinture et de Sculpture, et l'un de Messieurs de l'Académie des Inscriptions et Belles-Lettres, décédé en sa maison, rue des Fossés-Montmartre ; Qui se fera ce-jourd'huy Dimanche 22 Novembre 1733, à sept heures précises du soir, en l'église de S.-Eustache, sa paroisse, où il sera inhumé.

« *Requiescat in pace* ».

3. *Mémoires inédits*, etc., publiés par DUSSIEUX, SOULIÉ, etc., tome II, p. 125.

son fils, Jean de Boullongne, Premier Commis des Finances, Amateur Honoraire de la Compagnie.

Le Roi lui-même parut vouloir s'associer à ces témoignages de regrets, et par un dernier hommage rendu à sa mémoire, il ne le remplaça pas immédiatement dans sa charge de Premier Peintre. Son successeur, Lemoyne, ne fut nommé que trois ans après, en 1736.

Le *Mercure de France*, en annonçant sa mort, fit de lui un grand éloge que nous rapportons plus haut, et publia les vers suivants que nous reproduisons, non à cause du médiocre poète appelé Tanevot, qui lui écrivit et dont nous aurons à reparler bientôt, mais parce qu'ils donnent une juste idée de la réputation dont jouissait Louis de Boullongne auprès de ses contemporains :

> « Ecoute-moi, Coustou, prends ton ciseau
> « Et du fameux Boullongne élève le Tombeau.
> « Place au milieu sa Muse désolée,
> « Regardant les Grâces en pleurs,
> « Assises près du Mausolée,
> « Qu'au pied, plus d'un Génie exprime ses douleurs
> « Par son air et son attitude ;
> « Fais-y voir la constante Etude,
> « Le Coloris et la Correction,
> « L'Ordonnance, l'Invention,
> « Et qu'un Amour à tire d'aile,
> « Porte jusqu'aux Cieux son image immortelle. »

Malgré ces honneurs posthumes, venant consacrer la réputation qu'il avait de son vivant et la vogue dont il avait joui, Louis de Boullongne le Jeune passe, en général, aux yeux des connaisseurs, pour être inférieur à son frère aîné Bon. C'était déjà l'opinion commune du temps de Voltaire qui écrivait dans son *Siècle de Louis XIV* (*op. laud.*, t. XIV, p. 149) : « Ses tableaux, qui ne sont pas sans mérite, sont moins recherchés que ceux de son frère ».

On le compte néanmoins parmi les meilleurs peintres de second ordre de l'Ecole française. Il avait surtout un talent « académique », et ses dessins faits à la pierre noire relevée de blanc, sur papier bleu ou gris, donnaient l'impression d'une main correcte et sûre d'elle-même.

D'après les avis de la plupart des gens compétents, les meilleurs ouvrages de Louis de Boullongne le Jeune, sont ceux qu'il a peints pour la chapelle du Palais de Versailles, dans la Tribune de Gauche et surtout « l'Annonciation » dans le tableau d'autel, et « l'Assomption » dans le petit dôme. D'autres préfèrent sa « Présentation de Jésus-Christ au Temple », à l'église Notre-Dame de Paris, qui a été excellemment gravée par P. Drevet. On cite encore avec éloges « Auguste fermant le temple de Janus », « le Centenier », « la Samaritaine », « Bacchus, Vénus et les Grâces » (plafond), l' « Hémorroïsse », etc., etc.

Quelque opinion que puisse avoir de lui la critique contemporaine, Louis de Boullongne fut donc, de son temps, très à la mode et très recherché. Son talent fut prisé, non seulement par le Roi et le monde des Beaux-Arts, mais encore par le grand public et en particulier, dit Siret, « par les opulents de l'époque qui l'employèrent à décorer leurs palais ».

Aussi bien la fortune lui était arrivée avant même les honneurs et il avait beaucoup accru ce qu'il avait hérité de son père et de son frère, et aussi du brave Potier d'étain son beau-père. Au Catalogue de ses œuvres (voir APPENDICE n° IV) nous rappelons quelques-uns des prix que lui furent payés ses travaux et par les exemples que nous citons, on peut voir qu'ils étaient appréciés à un taux considérable, et que malgré les « modérations » que les représentants du Roi apportaient souvent aux prétentions de l'artiste, ils lui valaient encore des sommes importantes.

Nous connaissons deux portraits de Louis de Boullongne par les gravures qui en ont été faites, car les originaux en ont disparu ou du moins nous ne savons ce qu'ils sont devenus.

Un troisième portrait de Boullongne le Jeune, peint par Pierre Gobert, est indiqué dans l'Inventaire des Collections de l'Académie de l'an II, sous le n° 332. Entré à l'Académie le 31 décembre 1701, ce tableau a disparu en 1793 [1].

---

1. André FONTAINE : *Les Collections de l'Académie...* Paris, 1910, in-8, p. 138 et 172. — Un petit portrait se trouve également dans d'ARGENVILLE : *His. des Peintres*, etc. — On a signalé encore au Musée de Versailles un autre portrait de Louis de Boullongne, par P. Lebouteux. Mais cette attribution était une erreur dont M. Marc Furcy-Raynaud a fait justice dans le *Bulletin de la Société de l'Histoire de l'Art Français*, 1913, p. 56, 57.

Le plus ancien des deux portraits gravés que nous possédons a été peint par l'artiste lui-même, probablement de 1700 à 1705, et reproduit au burin par François Chéreau pour son morceau de réception à l'Académie en 1718. Louis de Boullongne s'est représenté presque de face, à mi-corps, légèrement tourné à droite, dans un médaillon ovale encadré.

Une ample perruque Louis XIV couvre sa tête ; la chemisette en dentelle, dénouée, est recouverte d'un vêtement de velours à bordure brodée, lequel cache la main gauche. La droite, sortant de la manchette, tient un porte-crayon double et s'appuie sur un portefeuille d'où sortent des papiers. Sur le soubassement en saillie sont placés pêle-mêle un gros livre, une palette et son couteau, une poignée de pinceaux et une grande feuille à moitié déroulée sur laquelle on n'aperçoit que le dessin d'une jambe ou d'un pied. La face grassouillette et souriante, exprimant une tranquille bienveillance, est celle d'un homme en pleine maturité, et malgré le titre de Recteur qui lui est donné dans la légende — titre qu'il n'obtint qu'en 1717 — nous sommes convaincus que la peinture originale est au moins de dix ans antérieure à la gravure.

De cette gravure nous connaissons trois états ou mieux trois tirages anciens, qui ne se différencient, d'ailleurs, que par la légende du soubassement [1].

Dans le premier et le plus ancien, cette légende est ainsi libellée sur trois lignes :

Louis de Boullongne,

Peintre ordinaire du Roy et Recteur de

l'Académie Royale de Peinture et Sculpture.

Dans le second tirage, on a ajouté après le nom et avant la mention : « Peintre ordinaire du Roy », le titre d' « Escuyer », ce qui nous semble indiquer que ce tirage fut fait

---

1. Ces trois états existent au Cabinet des Estampes, Série Iconographique. — C'est ce portrait qui a servi de modèle à celui que donne Charles Blanc, dans son *Histoire des Peintres*, en tête de la Biographie de Louis de Boullongne.

fort peu après le précédent, puisque Louis de Boullongne, reçut dès le 2 juin de l'année 1718 la qualité de Conseiller du Roi lui donnant droit à ce titre d'Ecuyer qu'il prend désormais dans les actes publics, tels que l'acte de mariage de son fils Jean, en novembre 1719.

Enfin, un troisième tirage de ce même portrait eut lieu postérieurement à 1722, puisqu'il porte l'inscription suivante :

Louis de Boullongne,

Chevalier de l'Ordre de St-Michel, Ecuyer Secrétaire du

Roy, Peintre de Sa Majesté, Directeur et

Recteur de l'Académie Royale de Peinture et Sculpture.

C'est seulement, en effet, en cette année 1722, que Louis de Boullongne fut nommé Directeur et Chevalier des Ordres du Roi.

Dans ces trois tirages, l'armoirie est toujours celle qui sera consacrée par les Lettres de noblesse de 1724 ; de gueules à la tour, etc., mais, dans le troisième, on a retouché le cartouche sur lequel repose l'ovale dans lequel sont les pièces de l'écu, pour cercler cet ovale du Collier de Saint-Michel.

Le second portrait de Louis de Boullongne, le Jeune, fut « peint par Hyacinthe Rigaud, écuyer, chevalier de l'Ordre de Saint-Michel » en 1730 et « gravé par Lépicié en 1736 » [1].

Louis de Boullongne est représenté en demi-figure dans un encadrement d'architecture. Le visage, beaucoup plus âgé que celui du premier portrait, et la perruque Régence qui recouvre la tête donnent raison à la date de 1730. La face est légèrement tournée à droite ; le col est ouvert et l'ample vêtement, aux manches à grands revers, est déboutonné et laisse voir la fine dentelle de la chemisette. De l'échancrure de ce vêtement sort le Cordon de Saint-Michel dont la croix tombe sur les replis du grand manteau que re-

---

1. *Mémoires inédits*, etc., publiés par Dussieux, tome II, p. 197, et *Procès-Verbaux*, V, p. 197, etc. — Cette gravure est au Cabinet des Estampes, Série Iconographique; le 2 mars 1737, Jean de Boullongne, fils de Louis, en offrit cinquante exemplaires à l'Académie Royale de Peinture.

61

tient la main droite et qui se répand sur le soubassement
de l'architecture du tableau, laquelle est carrée avec sommet légèrement arrondi; de larges pilastres se voient derrière le personnage; à droite un grand rideau à glands d'or,
tombant jusque sur le soubassement, forme l'encadrement.

Ici plus de palette ni de pinceaux ; la famille d'artistes
est entrée dans la noblesse. Nous en avons un témoignage
formel dans le cartouche surmonté d'une couronne à sept
perles qui dans un rond cerné du Cordon de Saint-Michel,
porte les armoiries, et dans les quatre lignes qui suivent,
inscrites dans une sorte de grand cartouche en bas-relief
plaqué sur le soubassement :

Louis de Boullongne,
Ecuyer, Chevalier de l'Ordre de Saint-Michel,
Premier Peintre du Roy, Directeur et Recteur
de l'Académie Royale de Peinture et Sculpture.

Ces deux portraits de Louis de Boullongne nous permettent de nous rendre compte de sa figure et de sa physionomie. Ils ne détonnent pas avec ce que nous savons de sa vie
et de son caractère.

Comme son frère Bon, Louis de Boullongne avait beaucoup d'activité et d' « entregent », une bonhomie pleine de
politesse ; mais plus que son frère il savait se plier aux circonstances et montrer de la souplesse. Ambitieux, il savait
se faire valoir et s'attacher toujours à plaire aux Grands,
tout en montrant de la bienveillance aux petits.

Nous avons parlé tout à l'heure des écussons qui se trouvent au bas des portraits gravés des Boullongne. Il nous
faut à ce propos faire dès à présent une remarque intéressante.

Le portrait de Louis de Boullongne le Jeune, gravé par
François Chéreau en 1718, lui donne pour armes : une tour
d'argent sur fond de gueules, au chef d'azur chargé de trois
étoiles d'or. Ces armes sont celles qu'il reçut tant lors de sa
nomination comme Chevalier de l'Ordre de Saint-Michel en
1722, que lors de son anoblissement en 1724.

Le portrait gravé par Lépicié en 1736, lui attribue au contraire un écu d'argent, à une bande de sable accompagnée de trois lionceaux de sinople, langués et onglés de gueules et couronnés d'or à l'antique, posés deux en chef et l'autre en pointe.

Nous expliquerons, dans un de nos prochains chapitres (Chap. VIII), ce qu'étaient ces armoiries si vite et si étrangement substituées à celles que les Boullongne venaient de recevoir de la bienveillance du Roi. Mais nous devons dire dès maintenant qu'elles constituaient un échelon de plus dans la marche ascensionnelle de cette famille de gens heureux.

Quoi qu'il en soit, d'ailleurs, l'ambitieux petit-fils du modeste bourgeois de la paroisse Saint-Jean-en-Grève pouvait s'en aller en paix.

Arrivés par les Beaux-Arts, les Boullongne allaient continuer à s'élever par la Finance jusqu'au moment prochain où des circonstances favorables leur permettraient de rejeter leur casque d'anoblis de fraîche date, pour surmonter leur écusson, du cimier des gentilshommes de vieille race.

CHAPITRE V

Jean de Boullongne, fils de Louis.

Comme nous venons de le voir, la descendance du premier Louis de Boullongne et de Marie Regnoton s'élevait
rapidement et suivait la marche normale : du travail à la
richesse — en passant par les Arts — et de la richesse à
la noblesse.

Mais avec Jean de Boullongne, l'aîné des fils de Louis III
de Boullongne, Premier Peintre du Roi, cette famille devait faire un bond extraordinaire et arriver d'emblée aux
honneurs suprêmes et à l'illustration.

Ce Jean de Boullongne était né, nous l'avons dit, à Paris, sur la paroisse Saint-Eustache, le 13 octobre 1690. Nous
ne savons rien de sa jeunesse. Il est probable, qu'aidé par
les relations de son père, il essayait de se pousser dans les
emplois de finance ou de judicature comme beaucoup de
jeunes gens de bonne famille de son temps. Une pièce des
Archives Nationales (Y, 4.215) nous apprend que, dès 1711,
il était Conseiller du Roi et titulaire de la charge de Trésorier Général Payeur des rentes de l'Hôtel-de-Ville, qu'avait
possédée son grand oncle maternel, Jean-Marie Bacquet,

mais dont la veuve conservait, d'ailleurs, les émoluments. C'était peu de chose assurément; mais bientôt un mariage avantageux vint lui permettre toutes les ambitions.

Il avait alors vingt-neuf ans ; c'était un bel homme et un séduisant cavalier, très soigné de sa personne, un « damoiseau », comme l'appellera plus tard un pamphlétaire. Aussi ne devons-nous pas nous étonner qu'il ait tout à fait séduit une très riche héritière, Mlle Charlotte-Catherine de Beaufort, fille de Claude-Pierre de Beaufort, avocat au Parlement, puis l'un des Fermiers généraux du Roi.

M. de Beaufort appartenait à une famille noble ; mais, pauvre, il avait préféré les finances à d'autres carrières plus en rapport avec sa naissance [1].

Il ne faut pas croire, en effet, que la « finance », comme on disait alors, ne fût peuplée que de gens de rien ; les folliculaires du temps sont toujours disposés à représenter les traitants comme sortis de la boue ; cela est empreint d'une grande exagération. S'il y eut, parmi les financiers, beaucoup de parvenus issus des plus basses classes, il y eut aussi parmi eux, et en grand nombre, des gens de bonne famille et même des gentilshommes. Et à peu près à cette époque Duclos pouvait écrire dans ses Mémoires secrets, en parlant des emplois de finances : « On y trouve aujourd'hui plus de gentilshommes que de roturiers ».

Cela était vrai surtout des Fermes Générales, cette grande administration, d'abord établit par Sully, puis réorganisée par Colbert et devenue sous Louis XV une société de particuliers chargée de percevoir les taxes et impôts par suite d'un bail passé avec le roi et moyennant le paiement annuel d'une somme fixée par le Conseil Royal à la signature de chaque bail ordinairement fait pour six ans. Nous n'avons pas ici à apprécier les abus de tout genre auxquels donnait lieu cette perception, que beaucoup d'historiens impartiaux ont cependant considérée comme la seule forme s'adaptant aux conditions économiques de l'ancien régime. Mais nous devons constater que ces Fermes, étant arrivées, pour ainsi dire, avec toutes leurs ramifications et l'armée de leurs 300.000 employés, à concentrer la fortune

---

1. Voir à la Bibl. Nat. Manuscrits Fonds Franç., 26.724 (*Pièces originales*, 240), p. 68.

publique et à avoir partout une influence prépondérante, il n'y avait personne qui n'eût intérêt à y acquérir ou à y entretenir quelques intelligences. On comprend donc que beaucoup de jeunes hommes de bonne famille fussent poussés à y entrer et que des gens comme M. de Beaufort, appartenant à la noblesse pauvre, n'aient pas craint de fouler aux pieds certains préjugés, respectables du reste, pour arriver à la fortune.

Le futur beau-père de Jean de Boullongne n'avait pas eu, d'ailleurs, à se repentir de la résolution qu'il avait prise. D'abord Directeur des Affaires extraordinaires à la fin du règne de Louis XIV, il fut intéressé dans un grand nombre de « traites » sous le Ministère de M. de Chamillart, devint Sous-Fermier des Aides et fut enfin nommé en 1721 Fermier-Général et continué dans le bail de 1726. C'était un très habile et honnête homme d'affaires. Devenu puissamment riche, il n'en resta pas moins fort économe et l'on prétend qu'il ne donna que de modestes petites dots à ses trois filles, dont l'aînée, Jeanne-Marthe, avait épousé un Roslin [1], aussi des Fermes Générales, très opulent personnage, et la seconde, Elisabeth-Nicole de Beaufort [2], un Nicolas-Robert Watelet, écuyer, Conseiller du Roi, Payeur des rentes de la ville, appartenant à une famille des mieux apparentées dans la finance [3]. Il ne nous semble pas douteux que ce personnage est le même qui fut, en 1726, le parrain de Jean-Nicolas — remarquez ce prénom — fils de Jean de Boullongne. Nicolas Watelet eut deux fils : Gaspard-Nicolas Watelet de Valogny, maréchal de camp, et Claude-Henry Watelet, membre de l'Académie française et « Amateur » de l'Académie de peinture, lequel écrivit la biographie de Louis de Boullongne (publiée par Lépicié) en 1751.

---

1. Ce gendre de M. de Beaufort devint Fermier Général dès l'année 1726, au lieu et place de M. de Saint-Valéry. Il garda ces fonctions jusqu'en 1752. Il appartenait à une bonne famille de bourgeoisie qui s'éleva bientôt à la noblesse sous les noms de Roslin d'Ivry, Roslin de Faurolles, etc. Leur château d'Hénonville était fameux pour ses belles chasses. Le fils de Roslin, gendre de M. de Beaufort, connu sous le nom de baron d'Ivry, épousa Mlle Richard, fille du Receveur Général, déjà apparenté de près aux Boullongne.

2. Elisabeth-Nicole de Beaufort fut la marraine d'Elisabeth-Louise, fille de Jean de Boullongne.

3. H. Thirion : *La Vie privée des financiers au XVIIIe siècle*. Paris, 1895. 1 vol. in-8, p. 79.

Ce fut donc, de toutes façons, une bonne fortune pour Jean de Boullongne d'épouser la troisième demoiselle de Beaufort, bien que la conduite privée de son beau-père, lequel mourut en 1736 [1], lui ait parfois causé quelque souci [2].

Le contrat fut signé le 2 avril 1719 devant Maître Mahault, notaire à Paris, et le mariage célébré le 17 avril suivant. Outre le titre de ses fonctions, le marié est qualifié dans son contrat d' « écuyer », ce qui peut paraître un peu prématuré, puisque ce titre était encore personnel à son père (v. plus haut, p. 50), et que les lettres d'anoblissement qui créèrent la noblesse héréditaire des Boullongne ne furent signées qu'en 1724. Mais alors comme plus tard, les gens riches et influents avaient des grâces particulières en matière d'état-civil. Il est possible d'ailleurs, que le titre de Conseiller du Roi, joint à l'office de Trésorier général payeur des rentes de l'Hôtel-de-Ville, autorisât à prendre la qualité d'écuyer.

Quoi qu'il en soit, ce riche mariage avec l'héritière d'une famille influente, joint à la faveur persistante dont son père jouissait auprès du Roi, puis du Régent, permit immédiatement à Jean de Boullongne d'occuper des situations dans lesquelles il put donner la mesure de sa véritable valeur. Il aurait pu facilement se ménager la survivance de son beau-père aux Fermes Générales, mais il avait déjà de plus hautes visées.

D'abord Premier Commis des Finances, en octobre 1724 [3] — ce qui lui donnait, avec la direction du Trésor Royal, des relations personnelles avec tout ce qu'il y avait de plus élevé à la Cour — il fut, moins d'un an après, pourvu d'une charge de Conseiller au Parlement de Metz (le 16 septembre

---

1. Et non en 1739, comme le prétend l'auteur de la *Vie privée des financiers*. Il y a, en effet, aux Pièces originales du Cabinet des titres (tome 24, Fonds Franç 26.725), une invitation à des messes qui ont eu lieu le mercredi 30 mai 1736, pour le repos de l'âme de « Monsieur de Beaufort, avocat au Parlement, l'un des Fermiers Généraux du Roy, en l'église des Dames Religieuses Capucines, place de Louis-le-Grand », et il ne peut s'agir dans cette pièce que de notre Beaufort.

2. Certains nouvellistes font de lui un vieux voluptueux qui laissa en mourant sept veuves illégitimes qu'il entretenait honorablement. Nous savons, d'autre part, que la vieillesse de Beaufort fut loin d'être édifiante ; mais, bien qu'on ne prête qu'aux riches, les auteurs des Nouvelles à la main nous semblent ici exagérer un peu, suivant leur habitude

3. A la place du « vieux » Couturier, sous lequel il avait longtemps travaillé. (MOUFLE D'ARGENVILLE : *Vie Privée de Louis XV...* 1781, tom. I, p. 293).

1725) à laquelle il fut reçu le 30 août 1726. Puis le 21 mars 1737, il devint Intendant des Ordres du Roi.

Désormais toutes les ambitions s'ouvraient devant lui et, intelligent comme il l'était, il ne pouvait laisser échapper la fortune qui venait à lui.

Premier Commis de M. Orry, Contrôleur Général des Finances, il marchait dans le sillon de son chef, ce qui le mettait naturellement en conflit avec les adversaires du Secrétaire d'Etat. Parmi ces adversaires était le marquis d'Argenson, qui nous a laissé de curieux *Mémoires* et un *Journal* publiés par M. Rathery pour la « Société de l'Histoire de France. » (Paris, Renouard, in-8, 1860 et suiv.). Mordant, rancunier, le marquis ne ménageait pas ceux qui se mettaient en travers de son chemin [1]. Il avait une autre raison encore d'en vouloir à Jean de Boullongne, c'est la haine et l'envie que portaient d'instinct tous les gentilshommes de race ou plus simplement les gens arrivés, à tous les financiers en passe d'arriver à leur tour.

Ces mauvaises dispositions du marquis d'Argenson pour notre Premier Commis des Finances nous vaudront au moins de curieux renseignements sur les circonstances qui ont précédé et accompagné son élévation.

Dès la mort de M. d'Angervillers, Secrétaire d'Etat à la Guerre, nous voyons le conflit s'accentuer entre le Marquis d'une part, et M. Orry et son Premier Commis d'autre part. En effet, d'Argenson se livra à cette occasion, à mille intrigues qu'il nous raconte à la date du 16 février 1740, pour faire nommer son ami M. de Breteuil. Mais il trouvait devant lui M. Orry qui, non content de sa situation de Contrôleur Général, « tracassait ouvertement pour avoir cette place et garder encore la sienne des finances, pour la faire passer à son frère par la suite, ou la remettre à M. Trudaine » [2].

Etant allé alors chez M. de Breteuil, continue d'Argenson, pour lui donner des conseils sur la marche à suivre, Boullongne « est venu nous interrompre ; il a passé dans

<hr>

1. A la page 178 du tome II, il écrit lui-même : « De plus en plus, je composerai ces Mémoires-ci dans le goût du Journal de l'Estoile : naïveté caustique, détails instructifs et anecdotes ».

2. *Mémoires*, etc., tome II, p. 423.

un arrière-cabinet avec M. de Breteuil, et lui a tenu cent discours faux, des vœux pour lui, des offres de démarches, des assurances de l'amitié de son doux maître, M. Orry... »; si bien que, connaissant le dessous des cartes de toutes ces manifestations d'amitié, Breteuil lui dit en sortant de là : « Tous ces gens de Cour ou plutôt de basse-cour n'ont que des faussetés à vous conter. » Néanmoins Orry resta sur le carreau et Breteuil fut nommé.

Cet échec de son protecteur n'empêcha pas la fortune de Jean de Boullongne de poursuivre sa marche ascendante.

M. Fagon, Intendant des Finances, étant mort en mai 1744, cette place importante et lucrative lui fut donnée le 21 du même mois [1].

« Sa place d'Intendant » — écrit Barbier dans son *Journal* en parlant de Fagon — « a été donnée à M. Boullongne, Premier Commis des Finances, homme fort riche, fort bien en Cour. C'est une grande fortune pour lui qu'une pareille place de distinction, et en même temps cela doit faire un meilleur Intendant des Finances qu'un simple Maître des requêtes qui, après avoir été Conseiller au Parlement, aurait cette place par crédit » [2].

Quoi qu'en dise, d'ailleurs, notre avocat parisien, une place de Conseiller au Parlement s'amalgamait très bien avec les charges financières, et Jean de Boullongne lui-même en était la preuve ; il était, en effet, Conseiller au Parlement de Metz depuis 1725. Il renonça à cette charge peu après sa nomination à celle d'Intendant des Finances, et reçut des lettres de Conseiller honoraire le 25 août 1745.

S'il faut en croire le Chevalier de Mouhy, sorte de journaliste policier bien placé pour observer les choses, M. Orry voulait cette place d'Intendant des Finances pour un de ses neveux, et il fut quelque peu marri quand son courrier de Lille lui apporta à Bercy où il travaillait avec son premier commis Jean de Boullongne, que celui-ci venait d'être

---

1. Intendant des Finances, Conseiller au Conseil royal, Conseiller d'Etat, ce Fagon était fils du premier médecin de Louis XIV, ce qui ne l'empêcha pas de mourir à 65 ans, « après avoir été taillé de la pierre ». C'était un homme distingué qui avait refusé plusieurs fois le poste de Contrôleur-Général.

2. *Journal historique et anecdotique du règne de Louis XV*, par E.-J.-F. BARBIER, avocat au Parlement, publié par M. A. de la Villegille, pour la *Société de l'Histoire de France*. Paris, 1849. 4 vol. in-8. Tome II, p. 394 et 395.

nommé. Il fit néanmoins contre mauvaise fortune bon cœur, embrassa son subordonné, en manière de félicitation, et le ramena dans son carrosse à Paris [1].

A la fin de l'année 1745 survint un événement qui aurait pu avoir des effets déplorables sur la carrière de Jean de Boullongne et dont il se tira grâce à sa souplesse, à son habileté, et aux grandes influences personnelles qu'il avait su se ménager.

Au mois de novembre de cette année, les frères Pâris, dont la puissance financière augmentait chaque jour depuis la mort du Cardinal de Fleury, pendant le règne duquel ils étaient tombés en disgrâce, se brouillèrent avec le Contrôleur Général Orry, à la suite du refus énergique que celui-ci opposa à une demande de supplément que réclamait Pâris-Duvernay sur le marché de l'entreprise des vivres des armées de Flandre et d'Allemagne.

Depuis plusieurs mois déjà, on parlait d'un changement de Ministres. Dès le 5 mai 1745, M. de Marville, Lieutenant-Général de Police, écrit à M. de Maurepas qu'on fait courir le bruit du remplacement d'Orry au Contrôle Général par M. de Boullongne [2]. Le duc de Luynes enregistre ce bruit deux mois plus tard. Mais, comme nous venons de le dire, c'est seulement à la fin du mois de novembre que les Pâris rompent définitivement avec M. Orry.

Les puissants financiers avaient su mettre dans leur jeu Mme de Pompadour.

La favorite, à peine devenue maîtresse en titre en cette même année 1745 (22 avril), avait déjà eu à se plaindre personnellement du Contrôleur Général. Ayant sollicité Orry à propos d'un emploi qu'elle voulait pour son mari « putatif », Le Normand d'Étioles, elle avait, non seulement été reçue avec la plus blessante mauvaise grâce, mais avait subi de dédaigneuses rebuffades qu'elle ne pouvait oublier.

Le Ministre avait repoussé sa demande par une fin de

<hr>

1. Paul d'Estrée : *Un journaliste policier*, dans *Revue d'histoire littéraire de la France*. Paris, 1897, p. 224.

2. V. les *Lettres de M. de Marville... au Ministre Maurepas* (1742-47), publ. par A. de Boislisle. Paris, 1903-05. 3 vol. in-8. Tome II, p. 67, 197, 198. — V. aussi sur toute cette affaire les *Mémoires de Luynes*, t. VII, p. 119, 127, 136.

non recevoir absolue. Il avait, dit-on, conclu la conversation par la phrase suivante : « Si vous êtes favorite en titre comme on le dit, Madame, et comme le bruit en court, vous n'avez pas besoin de moi ; si vous ne l'êtes pas, vous n'aurez pas l'emploi. » Ce sont là des impertinences qu'une femme ne pardonne pas.

Philibert Orry s'aliénait, d'ailleurs, tout le monde. Honnête et appliqué — bien qu'on l'accusât avec quelque raison de « népotisme » [1] — mais raide et grincheux, vrai paysan du Danube, il accueillait fort mal tous les solliciteurs, et quand on lui reprochait sa dureté et son peu de courtoisie : « Comment voulez-vous — répondait-il — que je ne marque pas d'humeur ? Sur vingt personnes qui me font des demandes, il y en a dix-neuf qui me prennent pour un imbécile ou pour un fripon ! »

On comprend qu'avec de pareilles dispositions d'esprit, M. Orry — qui était d'ailleurs au Ministère depuis quinze ans et qui avait eu le temps de se faire beaucoup d'ennemis — ait été peu apte à durer encore dans les fonctions qu'il occupait, sous le règne, désormais incontesté, de Mme de Pompadour. Cette toute-puissante maîtresse ne demandait qu'à gaspiller les finances royales à son profit et au profit des siens ; il aurait fallu de plus s'incliner sous la domination financière des Pâris, amis de la favorite, qui n'aspiraient qu'à s'enrichir, sans toutefois tuer la poule aux œufs d'or. C'en était trop pour l'honnête Orry.

Unis pour perdre le Contrôleur Général, la Pompadour et les Pâris réussirent donc à le faire tomber en disgrâce et voulurent lui donner pour successeur M. de Boullongne, qui avait eu le talent, sans se brouiller avec son Chef, de rester l'ami des puissants financiers et de la favorite.

« Les principaux aspirants à la place de M. Orry — écrit Marville à Maurepas le 4 décembre 1745 (*op. cit.*, p. 198) sont MM. de Boullongne et Trudaine. Ce dernier a toute la dureté d'âme que l'on peut désirer dans un Contrôleur Général, qu'aucune pitié ne doit arrêter, qui doit d'un œil sec établir partout l'empire de la misère. Il a de l'industrie ; mais il en faut beaucoup dans les circonstances présentes. Il a, de plus, un grand appétit pour s'enrichir : ce

---

1. *Mém. du duc de Luynes* (Paris, 1865), tome VII, p. 119.

qui fait penser qu'il ne négligera pas les intérêts de l'Etat,
parce qu'ils se trouveront toujours inséparables des siens,
et qu'il ne pourra accumuler de l'argent dans ses coffres
qu'en proportion de ce qu'il en fera entrer dans les coffres
du Roi.

» M. de Boullongne, au rapport de tout le monde, n'a
presque aucune de toutes ces qualités. Il est ferme,
mais il n'est point dur. Il est inexorable ; mais ce n'est que
quand on lui demande quelque chose d'injuste. Il a de l'esprit ; mais il pèse trop ce qu'il dit et ce qu'il fait. Il a la réputation d'entendre la finance ; mais il n'a d'autre attention que de réussir dans cette partie. »

On nous pardonnera cette longue citation. Quel que soit
le scepticisme — pour ne pas dire le cynisme — avec lequel le Lieutenant de Police apprécie les deux candidats, il
nous semble que le jugement qu'il porte sur Jean de Boullongne est tout à l'avantage de celui-ci et fait l'éloge de sa
conduite et de son caractère.

Quoi qu'il en soit, ce ne fut ni lui, ni Trudaine, qui furent choisis.

Pour succéder à M. Orry, dit Barbier dans son *Journal* [1],
on a parlé de beaucoup de gens : « M. de Boullongne, Intendant des Finances, qui a été toute sa vie Premier Commis des finances, par conséquent au fait de la matière ; M.
Trudaine, autre Intendant des finances, grand travailleur ;
M. Maigret, Intendant de Besançon, beau-frère des sieurs
Pâris. Rien de tout cela. Le Roi a nommé, le 12 de ce mois
(décembre 1745) M. Machault d'Arnouville, Intendant de
Hainault, fils de M. Machault, Conseiller d'Etat... »

C'était, pour Jean de Boullongne, une belle occasion
manquée ; mais il eut le talent de prendre cet échec avec
une bonne grâce si parfaite qu'il resta dans les meilleurs
termes avec tout le monde, y compris la toute-puissante favorite.

Jean de Boullongne était, d'ailleurs, tout l'opposé de son
ancien chef, et ses manières ne rappelaient en rien celles
du Ministre disgracié. Souple, habile, suffisamment dissi-
mulé pour vivre dans un temps où régnaient l'intrigue et

---

1. Tome II, p. 472 ; — voir aussi les *Mémoires du Marquis d'*ARGENSON, tome IV,
p. 196.

l'arbitraire ; en un mot parfait homme de Cour, il tenait de son père cette grâce légère, élégante, spirituelle qui est à proprement parler, le caractère de la Société du XVIIIe siècle; avec cela travailleur, entreprenant, mêlé à tout et faisant sa besogne sans bruit et sans embarras, il avait, mieux que personne, l'art d'être bien avec tout le monde.

Ses ennemis, ne sachant que dire, lui reprochaient trop d'élégance et de distinction : « M. de Boulogne, dit un pamphlet contemporain [1], M. de Boulogne étoit un damoiseau fort occupé à sa toilette, soigneux de sa perruque, élégant dans ses vêtemens et sans aucunes vues. » Ce jugement est beaucoup trop sévère. Si Jean de Boullongne était un « arriviste » aimant l'argent et les honneurs, c'était aussi « un homme habile, expérimenté, dont l'urbanité, non moins que la prudence, étaient renommées » [2].

Cette appréciation d'un historien sérieux et impartial est confirmée encore par M. P. Clément, qui dans son ouvrage sur M. de Silhouette [3], dit que M. de Boullongne, son prédécesseur au Contrôle général, « avait la réputation d'un financier habile, prudent, avisé. »

Là est la vérité. Aussi personne — j'entends parmi les gens désintéressés, comme Barbier, par exemple — n'avait-il été étonné de voir sa candidature très sérieusement posée à la plus haute situation des finances. Et cet échec, en montrant à Jean de Boullongne ce qu'il pouvait espérer, donna un but précis à ses ambitions. Resté à son poste de Premier Commis, il n'eut plus qu'une pensée, ce fut de franchir le dernier degré qui le séparait encore de la charge de Secrétaire d'Etat et de monter enfin aux honneurs suprêmes.

Pour arriver à ce but, la protection de la marquise de Pompadour était l'un des principaux atouts qu'il fallait avoir dans son jeu. Jean de Boullongne — qui d'ailleurs avait toujours eu les meilleures relations avec la favorite —

---

1. *Vie privée de Louis XV*, 1781, tome III, p. 175.

2. ALBERT BABEAU : *Mémoires de la Société académique de l'Aube*, tome XV, an. 1876, p. 8.

3. P. CLÉMENT et ALFRED LEMOINE : *M. de Silhouette, Bouret, les derniers Fermiers Généraux. Etude sur les Financiers du XVIIIe siècle*. Paris, 1872, in-12, p. 35.

se garda bien de le négliger. Connaissant la faiblesse du Roi et l'empire qu'exerçait sur lui sa maîtresse, il mit son crédit à son service, et en 1748, lors d'une des crises qu'eut à subir le pouvoir de la marquise menacé par les influences liguées contre elle, il prit nettement son parti [1].

Cette attitude devait trouver quelques années plus tard sa récompense.

Une autre manière de plaire à la favorite, c'était de favoriser le luxe des belles choses qu'elle avait mis à la mode. Jean de Boullongne se garda bien d'y manquer. Il avait, du reste — on peut dire dans le sang — le goût des arts, et il lui fut facile de se laisser aller à ce penchant auquel lui permettait de se livrer de plus en plus sa fortune qui augmentait chaque jour.

Revenus de ses charges, parts dans les Fermes données à ses parents ou à ses amis, rentes sur l'Hôtel-de-Ville, loyers de maisons [2], de terres, etc., tout cela venait s'accumuler dans ses coffres et en faisait tous les jours un personnage plus important et plus envié.

La première chose à entreprendre, pour un homme riche qui entend faire grande figure dans le monde, est de se donner le luxe d'une belle installation, d'une maison somptueuse, peuplée d'un nombreux domestique [3] et ornée de tous les raffinements du confort et de l'art. Jean de Boullongne n'y manqua pas. Vers 1731, il avait acquis l'un des grands

---

1. C'est ce qui fait dire aux Biographes de la Marquise (EDM. et J. DE CONCOURT : *Madame de Pompadour*. Nouv. édit. Paris, 1878, in-18, p. 45), que dans cette crise la favorite avait encore pour elle Boullongne « dans le Ministère ».

Ajoutons ici que c'est précisément en cette année 1748 que la Pompadour commença la construction de son château de Bellevue à la décoration duquel travailla un peintre de plafond appelé Boulongne (ED. et J. DE GONCOURT ; *op. cit.*, p. 123). Nous ignorons quel est cet artiste dont nous n'avons trouvé aucune autre trace.

2. Parmi ces maisons, nous en citerons une que Boullongne possédait déjà vers 1740, rue Saint-Honoré, vis-à-vis l'Hôtel de Noailles (c'est-à-dire au n° 320 ou 324 actuel). Il avait donné à bail cette maison entière à un principal locataire, le sieur Denis de la Noue, marchand de vin, qui en habitait le rez-de-chaussée, à l'enseigne de la Croix de Lorraine. C'est dans cette maison qu'habitait, vers 1750, Mlle Sallé, la célèbre danseuse (EMILE DACIER : *Une danseuse de l'opéra sous Louis XV : Mlle Sallé*. Paris, Plon, 1909, in-18, p. 279, 314).

3. Le testament de Catherine de Beaufort, dont nous parlerons plus loin, indique qu'elle avait, pour son service particulier, au moins trois femmes de chambre, un maître d'hôtel, un cocher, un valet de chambre et deux laquais. Son mari, dans son testament, fait des libéralités à une douzaine de serviteurs.

hôtels construits par Mansard autour de la Place Vendôme, celui qui fait aujourd'hui l'un des coins de la place et de la rue de la Paix. Il ne négligea rien pour en faire une superbe demeure.

Il en fit, notamment, décorer le salon par Nicolas Lancret. Cette décoration, l'une des plus importantes que nous ait laissées le charmant artiste [1], fut exécutée sur les boiseries du salon d'un très beau style Louis XV. Elle se composait de cinq panneaux en hauteur représentant des personnages de la Comédie italienne encadrés de fins treillage d'or, de guirlandes et de couronnes, de trois dessus de portes et d'un dessus de glace ornés de scènes pastorales à deux figures, enfin de trois portes à deux battants, plus simplement décorées [2].

Pour compléter sa somptueuse installation de Paris, il fallait à Jean de Boullongne une maison de campagne. Il aurait pu certainement se donner le luxe d'une grande terre domaniale, mais soit qu'il ne se crût pas encore assez « arrivé » pour jouer au grand seigneur terrien, soit plutôt qu'il pensât plus propice à ses vues ambitieuses de ne pas s'éloigner de la Cour et de Paris, il préféra planter sa tente champêtre dans ce que nous appellerions aujourd'hui la grande banlieue parisienne. C'est sur les coteaux qui dominent la Seine, entre Auteuil et Passy, qu'il créa une maison de plaisance et de repos, dans le voisinage d'autres grands financiers tels que Samuel Bernard, La Popelinière et Ber-

---

1. Cette décoration est mentionnée par M. BOCHER, dans sa monographie de *Nicolas Lancret* (Paris, 1877, in-4°, p. 91, 92) et décrite dans l'*Eloge de Lancret*, de BALLOT DE SOVOT (1743), réimprimée par M. J. GUIFFREY.

2. Cette belle décoration fut vendue le 28 mai 1896 à la Galerie Georges Petit. Voici comment le *Journal des Débats* du 29 mai rendait compte de cette vente :

« La mise à prix de 200.000 francs, pour l'ensemble n'ayant pas été couverte, les douze pièces et les deux glaces ont été adjugées séparément et ont donné un chiffre total de 190.650 francs. Il est regrettable qu'aucun amateur ne se soit trouvé pour prendre le tout et éviter la dispersion d'un ensemble décoratif si remarquable et si complet. Quelques fragments nous en seront heureusement conservés ; le Musée des arts décoratifs a pu acquérir deux panneaux, *la Pèlerine* et *la Femme au parasol* (15.000 fr. chacun) et deux portes ornées de très belles ferrures (1.800 et 1.550 francs). Les autres panneaux ont été achetés par M. Féral : *la Danseuse*, 23.000 fr.; *Gille*, 20.000 fr.; et par M. Braun : *le Turc*, 20.000 fr. Les dessus de portes ont été vendus : *la Balançoire*, à M. Braun, 25.000 fr.; *l'Oiseau mis en cage* et *le Joueur de cornemuse*, à M. Féral, 23.000 fr. et 20.000 fr. ; *le Sommeil de la bergère*, à M. Bamberger, 20.000 fr. Les deux glaces ont été payées 2.700 et 300 fr. »

tin. Il y pouvait, avec ses enfants, fuir le mouvement de la grande ville, jouir en paix de la verdure et des fleurs, recevoir ses amis et se délasser en famille de ses fatigues professionnelles et mondaines, sans perdre contact un seul instant avec les choses et les gens desquels dépendait sa fortune.

Dès l'année 1734, il avait acheté, à l'endroit que nous venons d'indiquer, une grande demeure rurale appelée le Château de la Tuilerie, composée d'une maison, cour, jardin, enclos et avenues, le tout fermé de murs et de haies vives, contenant en totalité 19 arpents et demi plus 7 perches et demie. Sa femme et lui affectionnaient cette résidence, car ils ne cessèrent jusqu'à leur mort de l'embellir, de l'améliorer et de l'arrondir par des ventes et des échanges [1]. Ce château de la Tuilerie a subsisté presque intact jusqu'à nous. C'était exactement, en effet, le grand couvent de l'Assomption que tous les hommes de notre génération ont encore connu. Mais, au temps des Boullongne, le parc allait jusqu'à la Seine et bordait la route de Paris à Versailles. L'ambitieux Premier Commis des Finances était ainsi à cheval entre les deux points où se préparait sa haute fortune [2].

Il ne suffisait pas d'avoir de belles maisons, vastes, confortables, meublées par les plus habiles ouvriers et décorées par les meilleurs artistes. Les tableaux, les statues, les livres surtout devaient compléter ces installations fastueuses que la marquise de Pompadour avait mises à la mode. Les tableaux ne devaient pas manquer à Jean de Boullongne, fils, neveu et petits-fils de peintres fameux. Comme

---

1. Le tabellionnage d'Auteuil (*Archives Nat.* ZZ') fournit, de 1737 à 1748, de nombreux actes d'acquisition et d'échange faits par Jean de Boullongne autour de sa propriété, aux lieux dits : les Grandes Glizières, le Bollan Mouton, les Tourberannes, la Guette, le Trou à Pelard, les Portes du Bois, les Normands (anciennement les Ormes), etc. (Cfr. *Bull. Soc. histor. d'Auteuil-Passy*, t. V).

2. Lors du décès de Jean de Boullongne, la Tuilerie, après diverses péripéties, échut enfin en partage (en 1771) à sa fille Marguerite-Claude, veuve du Baron de la Bove, qui la reprit pour la somme de 81.200 livres. Mais elle ne la garda pas longtemps, et par contrat du 18 octobre 1774, elle la vendit à Laurent Grimod de la Reynière, écuyer, l'un des Fermiers Généraux du Roi et l'un des Administrateurs généraux des Postes, plus connu comme gastronome et joyeux vivant. (Renseignements communiqués par M. Edouard TABARIÉS DE GRANDSAIGNES, membre de la *Société historique d'Auteuil et de Passy*).

nous le verrons par les épaves que son fils possédait encore au moment de la Révolution, l'Hôtel de la place Vendôme devait être orné, non seulement de nombreuses peintures des trois Boullongne, mais encore de tableaux provenant de leurs amis, de leurs élèves, dont plusieurs comptaient parmi les plus grands artistes du règne de Louis XIV [1].

Quant aux livres, nous ignorons si Jean de Boullongne les lisait — s'il en avait le goût, il n'en avait guère le temps — mais nous savons qu'il en possédait, et de fort beaux. Aussi est-il classé parmi les bibliophiles les plus distingués de son temps. « La plupart de ses livres — dit un des historiens de ces Bibliophiles [2] — frappés à ses armes, sont aujourd'hui très recherchés à cause du choix des éditions et de la richesse des ornements. Il avait aussi quelques manuscrits d'un grand intérêt ».

Nous pouvons citer un de ces manuscrits, superbe calligraphie de Doré, qui fut offert à M. de Boullongne en 1747 et qui est passé en vente de nos jours. On nous pardonnera d'en faire ici une description qui donnera une idée du luxe de ces chefs-d'œuvre,... qu'on regardait, mais qu'on n'ouvrait pas.

Ce manuscrit sur papier, intitulé : Prières de la Messe, est un grand in-8 de 21 feuillets. Il est écrit en grosse bâtarde, d'une grande beauté, par ledit Doré dont une lettre de dédicace adressée « à M. de Boullongne, Conseiller d'Etat ordinaire, Intendant des Finances et des Ordres du Roy, Conseiller honoraire au Parlement de Metz » — est jointe au volume. Cette dédicace, en douze vers, nous témoigne que Doré était aussi mauvais poète qu'excellent calligraphe. On ne peut avoir tous les talents. Le titre « Les Prières de la Messe, 1747 » est enfermé dans un cartouche, à la plume, à l'encre de Chine, sur le dessus duquel est couchée une femme personnifiant l'Eglise, environnée de nuages et tenant de la main gauche une croix et un livre ouvert. Au bas du cartouche, on lit : « Composées par M. Pélisson ». Le défenseur de Fouquet était, comme on le sait,

---

1. On lit dans le catalogue de la vente Coypel sous le n° 21 : Copie d'un « Pastel de l'illustre Mlle Rosalba qui avait été fait pour le Comte de Morville, et qui appartient à M. de Boullongne, Intendant des Finances ».

2. JOANNIS GUIGARD : *Nouvel armorial des Bibliophiles*. Paris, 1890, in-8. Tome II, 2° partie, p. 80.

depuis sa conversion en 1670, un fougueux champion du catholicisme. Le texte de ses Prières est encadré dans un double filet d'or. Le volume est encore orné d'un en-tête, d'une initiale et d'un cul-de-lampe, également à la plume, et tous ces dessins sont attribués à C.-Nicolas Cochin, le père.

D'une conservation admirable, ce beau manuscrit est habillé d'une reliure portant sur les plats les armes de Jean de Boullongne. Cette reliure, chef-d'œuvre d'ornementation et de dorure, est un maroquin rouge, avec larges dentelles à petits fers, tranches dorées, et doublée de moire bleue. Elle porte le nom de son auteur, le fameux Derome, sur une petite étiquette gravée, collée en bas du feuillet blanc qui suit le texte, étiquette ainsi libellée : « Relié par J. A. de Rome, rue S. Jaque » [1].

Les armes des Boullongne, plaquées sur cette reliure, étaient conformes à l'ex-libris donné par Joannis Guigard, dans son *Armorial des Bibliophiles*, c'est-à-dire d'argent à la bande de sable accompagnée de 3 lionceaux de sinople couronnée d'or, 2 en chef, 1 en pointe. Cette particularité est à noter ici et nous y reviendrons.

A côté des livres possédés par son mari et par elle, Catherine de Beaufort cite dans son testament, des collections de médailles et de monnaies, de gravures et de dessins, sans parler des tableaux de famille et autres et de douze grandes tentures en tapisserie des Gobelins.

Comme tous les financiers de son temps — et on peut dire de tous les temps — Jean de Boullongne aimait à jouer au Mécène et à se faire un cortège de savants, de lettrés ou d'artistes — de tout ce qu'on appelait alors les « gens à talent » — qu'il s'attachait par ses libéralités ouvertes ou cachées. Nous ne savons si c'est à une libéralité de ce genre ou à un sentiment de malade reconnaissant que nous devons le beau portrait que peignit Hyacinthe Rigaud en 1740 et que grava G.-P. Schmidt en 1742 « aux dépens de M. de Boullongne ». Ce portrait était, en effet, celui de J.-B. Silva,

---

1. Ce chef-d'œuvre de goût et de patience fut sans doute vendu à la mort du fils de Jean de Boullongne en 1787, et passa dans la collection Vander-Helle, d'où il vint dans la Bibliothèque d'Ambroise-Firmin Didot. C'est au catalogue de cette Bibliothèque, fait en juin 1882 par le libraire A. Labitte, que j'emprunte les détails qui précèdent.

écuyer, docteur régent de la Faculté de médecine et Université de Paris, médecin consultant du Roi, et ordinaire de S. A. S. Monseigneur le Prince de Condé.

De même, en 1756, il fit graver par J.-N. Tardieu le portrait de son oncle Bon, peint par lui-même, et le distribua libéralement aux membres de l'Académie Royale de Peinture et de Sculpture.

Il était, bien entendu, Membre-Honoraire-Amateur de cette Compagnie où il avait été admis en 1734 ; et en 1756, il devint aussi Amateur-Honoraire de l'Académie de Peinture de Marseille.

Parmi les artistes qu'il protégea, on peut citer tout spécialement Joseph Vernet qui devint ensuite le « client » de son fils et des Boullongne de Préninville. Ce peintre fut plus d'une fois — et notamment en 1767 — l'hôte du château de la Chapelle-Godefroy, dont nous parlerons plus tard, et il en fit un tableau considéré comme une rareté exceptionnelle dans son œuvre où le paysage français du Nord ne tient aucune place [1].

Mais Jean de Boullongne ne se contentait pas de ses protégés « académiques ». Il avait encore d'autres « clients » d'espèce plus légère : gens de lettres besogneux, poètes faméliques, qui payaient ses libéralités de l'encens de leurs vers et de leur prose. Parmi ceux qui fréquentèrent le plus assidûment sa maison, on peut citer Piron. Nous devons même nous demander si ce n'est pas chez lui que le spirituel bourguignon travailla comme copiste en arrivant à Paris en 1749 [2]. C'est cette année-là même que Boullongne épouse Mlle de Beaufort, et il était déjà Trésorier Général, receveur payeur des rentes de l'Hôtel-de-Ville. Le « financier » chez qui, d'après ses biographes, Piron débarquant de sa province, gagne son pain en faisant des copies, nous semble pouvoir être identifié très vraisemblablement avec notre Jean de Boullongne, à qui il avait sans doute été présenté par M. Tannevot dont nous allons bientôt parler.

---

1. Joseph Vernet exposa encore au Salon de 1765 deux vues des environs de Nogent-sur-Seine, provenant de ce séjour à la Chapelle Godefroy et faites pour Jean de Boullongne. — V. *Les Vernet*, par Léon LAGRANGE. Paris, 1864, in-8, passim.

2. D'après certains biographes, Piron entra d'abord comme copiste chez le chevalier de Belle-Isle. Mais on peut se demander si ce qu'il gagnait chez ce gentilhomme suffisait à assurer sa vie et nous sommes portés à penser qu'il était en même temps au service du Chevalier et de M. de Boullongne.

Quoi qu'il en soit, d'ailleurs, de cette hypothèse, ce qui est certain, c'est que nous trouvons dans les œuvres complètes de Piron [1], plusieurs pièces de vers dédiées à Catherine de Beaufort, qu'il célèbre sous le nom poétique de la « Belle Uranie ».

La première épître qu'il adresse à « Mme de Boullongne, qui se plaignait de l'insomnie, et ne pouvait s'endormir qu'un livre à la main, en lui envoyant une Lanterne de nuit et de chevet », dut être écrite après 1743.

Voici, en effet, les derniers vers de cette pièce :

> « Attendant les effets du pavot,
> Gardez-vous au moins d'un Voltaire,
> D'un Montesquieu, d'un Tannevot,
> De tel autre qui peut trop plaire :
> C'est moins remède que venin ;
> Morphée étant, quand on l'appelle
> Avec tels appeaux à la main,
> Un vrai chien de Jean de Nivelle.
> De Nivelle [2], plutôt lisez
> Les vers anathématisés :
> Lisez quelque pièce nouvelle,
> Qu'a fait réussir la Clairon ;
> Quelque semblable bagatelle,
> Que vend Duchesne au quarteron ;
> Quelqu'essai d'une Muse obscure,
> Débutante dans le *Mercure ;*
> Ou bien quelqu'autre rogaton :
> Vous dormirez, je vous l'assure » [3].

Or, parmi les personnages nommés dans ces vers, Voltaire et Montesquieu étaient alors en pleine gloire, et Nivelle de la Chaussée avait commencé à produire depuis 1732. Mais Mlle Clairon ne débuta à la Comédie Française qu'en 1743. Quant à Tannevot, sur lequel nous nous arrêterons un instant tout à l'heure, à cette date de 1743, il avait déjà publié son *Recueil de Poésies diverses* et deux *Tragédies.* Son nom, placé ici, ne peut donc que confirmer la fixation de cette épître à une date postérieure à l'année 1743. Nous ajouterons qu'elle est antérieure à 1753, puisque c'est cette année-là que le fils de M. et de Mme de Boul-

---

1. *Œuvres complètes* d'Alexis Piron, publ. par Rigoley de Juvigny, Paris, 1776, 9 vol. in-12.
2. Nivelle de la Chaussée, de l'Académie Française.
3. *Œuvres citées*, tome VIII, p. 32-34.

longne se maria et que, comme nous le verrons bientôt, à partir de ce mariage, Piron distingue, dans ses envois de vers, la belle-mère et la belle-fille, en les désignant respec- tivement par « Madame de Boullongne, la mère », et « Ma- dame de Boullongne, la jeune ».

Pour en revenir à Tannevot, cet illustre inconnu — dont Piron, comme nous venons de le voir, fait rimer le nom avec pavot, ce qui, de la part du caustique bourguignon, peut paraître une épigramme — cet illustre inconnu, dis-je, fut mêlé de très près à la vie de Jean de Boullongne dont il fut le commis pendant près de soixante ans. Né à Versailles en 1692, d'un père qui avait été longtemps architecte du Roi [1], Alexandre Tannevot était un parfait honnête homme et un excellent citoyen. En dehors de ses occupations pro- fessionnelles qu'il remplissait avec perfection, M. Tannevot se piquait de littérature et de philosophie chrétienne. C'est probablement ce qui l'avait fait honorer du titre et des fonctions de Censeur Royal [2]. C'était, en effet, un croyant militant, ce qui ne l'empêcha pas de conserver les relations les plus cordiales et les plus affectueuses avec le sceptique et cynique bourguignon. Cela fait, d'ailleurs, leur éloge à tous deux. Et lorsque Piron se fut converti en 1765, et eut para- phrasé le *De Profundis*, Tannevot lui envoya sa chanson intitulée : le *Philosophisme*, avec une lettre de félicitation sur sa conversion et son pieux poème [3].

---

1. Nous possédons une lettre de Jean de Boullongne datée de Paris le 13 décem- bre 1755, et adressée au marquis de Marigny, dans laquelle il recommande chau- dement au surintendant le père Tannevot, alors parvenu à un âge très avancé qui le mettait « dans le cas que pour jouir des récompenses, il ne faut pas les atten- dre beaucoup. »

2. On a de lui : *Poésies diverses*, 1738, in-12. Nouvelle édition en 1766, 2 vol. in- 12. C'est dans ces Poésies que se trouvent les deux chansons intitulées : Le *Philo- sophisme* et l'*Esprit*, les seules pièces supportables du recueil; — *Séthos*, tragédie, 1739, in-8 ; — *Adam et Eve*, tragédie, 1742, in-8 ; — *Les Décrets divins*, ode sur la Convalescence du Roy, 1747, in-8; — *Lettres à M. Kinglin*, Préteur de Stras- bourg, sur le livre d'estampes qu'il a fait graver à l'occasion du séjour du Roy à Strasbourg, 1744, in-4° ; — *Lettre à M. D...*, sur celles qui ont été publiées récem- ment concernant la peinture, la sculpture, l'architecture, 1748, in-12 de 15 pages (Collect. Deloynes, t. III, Bibl. Nat.-Estampes). Mariette a ajouté au-dessous de ce titre : « La Réponse à cette lettre se trouve à la fin de la seconde édition de la lettre sur la peinture, etc., à M. X.... » — *La Parque vaincue*, divertissement re- présenté chez le duc de Richelieu à Versailles, pour la convalescence du duc de Fronsac (1757); — *A MM. les Docteurs de la Maison et Société de Sorbonne*, épître en vers, 1764, in-4° ; — Quelques pièces dans les journaux, etc.

3. Parues dans le *Mercure* en avril 1765 avec une lettre que l'on peut qualifier

Cette lettre de Tannevot est d'un brave homme qui prend au sérieux les choses sérieuses [1]. La réponse de Piron publiée à la suite [2], pourrait peut-être prêter à certaines interprétations ironiques. Quoi qu'il en soit, d'ailleurs, Tannevot, mort en 1773, la même année que Piron [3], resta son ami jusqu'au dernier jour, et cette persévérance d'affection cordiale entre deux hommes et deux esprits si différents est une raison de penser que cette affection remontait à une époque lointaine où tous deux s'étaient connus au début de la vie, l'un petit commis chez un gros financier, l'autre employé comme copiste dans les mêmes bureaux ; et on pourrait croire qu'à l'amitié du poète pour son vieux camarade, il se mêlait un peu de reconnaissance.

Piron resta, d'ailleurs, toute sa vie, l'ami et le commensal des Boullongne, comme en témoignent ses œuvres elles-mêmes. Nous trouvons, dans ces œuvres, une seconde pièce de vers, qualifiée épigramme, qu'il adressa, peu après celle que nous citons plus haut, « à Madame de Boullongne, en lui envoyant une lanterne ». Décidément les lanternes jouaient un grand rôle dans les relations de Piron avec la femme de son protecteur. Il est vrai que cette fois il s'agissait de la lanterne de Diogène.

La brièveté de ce joli badinage, si louangeur pour la « Belle Uranie », nous engage à le reproduire ici :

> « Si le vieux Grec, que le Cynique on nomme,
> En plein midi, la lanterne à la main,
> Couroit Paris, criant : Je cherche un homme !
> On lui diroit : Ami, passez chemin :
> Longtemps ici vous chercheriez en vain.
> Mais s'il crioit : Je cherche la sagesse,
> Un esprit juste, une âme sans faiblesse,
> Soit homme ou femme, il ne m'importe pas :
> Lors d'Uranie, en lui donnant l'adresse,
> On lui pourroit épargner bien des pas » [4].

---

d' « édifiante » de l'auteur, les *Odes et Paraphrases sur les sept Psaumes de la Pénitence* sont reproduites dans les *Œuvres complètes* de 1776 ; tome VIII, p. 270 et suiv.

1. *Id., ib.*, p. 297, 298.

2. *Id., ib.*, p. 299, 300.

3. V. le *Nécrologe des hommes célèbres de France*, 1775, p. 66.

4. *Œuvres compl.* de Piron, 1776, tome VIII, p. 366.

Nous trouvons dans les mêmes œuvres (tome IX, p. 147), une dernière Epître adressée cette fois « à Madame de Boullongne la mère », ce qui la place à une date postérieure à l'année 1753, époque du mariage de son fils. C'est « en lui envoyant des chandeliers, faits de plumes peintes, qui représentaient des fleurs » que le poète lui écrit ces vers. Et nous pouvons les dater d'une manière beaucoup plus précise, par suite de cette phrase que Piron ajoute à sa dédicace : « C'étoit l'année qui suivit celle où l'on avoit porté sa vaisselle à la Monnaie ».

Or, l'année où l'on porta sa vaisselle à la Monnaie est l'année 1759. Le 26 octobre furent publiées des Lettres Patentes du Roi, par lesquelles Louis XV « en ordonnant que sa vaisselle sera portée à l'Hôtel des Monnaies de Paris pour y être convertie en espèces, fixe le prix de celle qui y sera portée volontairement par les Particuliers, jusques et compris le 31 décembre suivant » [1].

Ces Lettres furent enregistrées à la Cour des Monnaies le 5 novembre. S'il faut en croire la *Gazette de France*, la vaisselle du Roi et celle de la famille royale avaient été remises à l'Hôtel des Monnaies plusieurs jours avant cet enregistrement. « L'empressement du public à suivre un si grand exemple — ajoute naïvement la *Gazette* — a prévenu leur publication. Les Princes du sang, les Ministres et les Seigneurs de la Cour se sont hâtés de donner cette preuve de leur zèle pour l'Etat. L'Archevêque de Paris, les principaux de la Ville et les particuliers ont montré la même ardeur. Depuis ce temps, le concours est si grand à l'Hôtel des Monnaies que les officiers chargés de délivrer les reconnaissances ont peine à y suffire ».

Ceci est la note officielle.

La vérité est que l'enthousiasme du public fut beaucoup moins grand et nous en avons la preuve dans deux autres Lettres Patentes qui prorogèrent le délai du 31 décembre, d'abord au 1er mars, puis au 1er mai 1760, et qui édictèrent en même temps des peines sévères contre les « spéculateurs » et ceux qui essayaient de leur vendre leur argenterie. Cela vint ouvrir les yeux aux « particuliers » les plus

---

1. V. le *Traité des Monnoies et de la Jurisdiction de la Cour des Monnoies...* par ABOT DE BAZINGHEN, conseiller-commissaire en la Cour des Monnoies de Paris. Paris (Guillyn), 1764. 2 vol. in-8. Tome II, p. 899, 700.

récalcitrants. Il fallut donc envoyer tous les objets d'or ou d'argent à la Monnaie où le prix fixé — au-dessous de la valeur réelle, cela va sans dire — devait être payé par les Directeurs un quart comptant, « et les trois autres quarts en reconnaissances signées d'eux (les Directeurs des Monnaies) et de leurs Contrôleurs ». Le Roi ordonnait, en outre, que ces reconnaissances seraient admises dans tous les emprunts, comme argent comptant, en attendant le remboursement qui en serait fait par préférence à toutes autres dettes, « dans l'année qui suivra immédiatement la paix » avec un intérêt annuel de cinq pour cent.

Si l'on en croit le *Journal* de Barbier (t. VII, p. 206) ces reconnaissances, quand on voulait les réaliser, perdaient quinze pour cent, et cette fâcheuse opération qui causa beaucoup de mécontentement, produisit à peine à l'Etat dix ou douze millions.

M. de Boullongne n'avait pas dû être le dernier à s'exécuter, d'autant plus que, comme nous le verrons bientôt, nommé Contrôleur Général en 1757, il venait précisément de tomber en disgrâce au mois de mars 1759. Il devait donc, moins que personne, songer à résister à la volonté royale. Argenterie et orfèvrerie d'art prirent donc immédiatement le chemin de la Monnaie pour aider à combler le vide du Trésor épuisé par les dépenses de la favorite et par les désastres de la guerre de Sept Ans.

C'est dans ces tristes circonstances que Piron envoya à Mme de Boullongne des chandeliers de plumes pour remplacer ses candélabres d'argent. Il faut bien que les poètes rient de tout. Ce souvenir fait, d'ailleurs, l'éloge de Piron qui n'abandonnait pas ses amis tombés dans la disgrâce.

L'envoi était accompagné des vers qui suivent, où l'allusion à cette disgrâce est transparente.

> Adorable et sage Uranie,
> Tel est, tel fut l'ordre fatal,
> Qu'ici-bas tout change et varie,
> Tantôt en bien, tantôt en mal.
> Selon ce décret général,
> Après santé vient maladie ;
> Après sombre Hiver, gai Printemps ;
> Après joli temps, triste pluie ;
> Après celle-ci, le beau temps :

Fayence, après argenterie ;
Bref, en mille et mille façons,
Grands et Petits, nous subissons
La Loi qui tout range et dérange.
Vous aviez chandelier de poids :
Ceux-ci sont plus légers cent fois ;
Mais vous ne perdez rien au change.
Le Dieu jetant la poudre aux yeux,
Plutus, le plus mince des Dieux,
Le frivole Dieu des richesses,
Avoit fabriqué les premiers :
La plus brillante des Déesses,
Flore, a fabriqué ces derniers,
De tous les temps. Chez vous, naguère,
Du sein des métaux enchanteurs,
Naissoit, tous les soirs, la lumière :
Elle y naîtra du sein des fleurs.
Est-il un plus beau sein au monde ?
L'astre lumineux entre tous,
L'astre qui sort du sein de l'onde,
Le soleil, en sera jaloux,
Et, quel métal si beau, si rare,
Pour la grâce, et pour les couleurs,
L'oseroit disputer aux fleurs ?
Que l'œil en juge, et les compare :
La rose a bien un autre éclat,
Sur le sein d'une jeune fille,
Que l'or qui s'étale et qui brille
Sur la poitrine d'un Prélat » [1].

Nous verrons plus tard que les relations de Piron et des Boullongne se continuèrent jusqu'à la fin. Pour le moment, nous ne voulons pas anticiper sur les événements. Aussi bien nous avons à nous occuper de circonstances qui viennent se placer ici — c'est-à-dire dans les dernières années de la première moitié du XVIIIe siècle — et qui vont modifier sensiblement la situation mondaine et sociale des Boullongne en donnant à leur rapide fortune de parvenus la consécration d'une origine ancienne et d'une identification avec une vieille famille de noblesse militaire.

Nous croyons cependant qu'on nous pardonnera de citer encore ici une anecdote qui se place, par sa date, à l'époque de la vie de M. de Boullongne où nous sommes, c'est-à-dire

----

1. *OEuvres complètes ;* éd. de 1776, tome IX, p. 147.

vers 1740 ; cette anecdote indique que si Jean de Boullongne était fastueux, ami des belles choses et des beaux esprits, cela ne l'empêchait pas d'être quelquefois assez mal « embouché » et de ne pas craindre, comme beaucoup d'hommes du monde de son temps, d'employer des termes grossiers et d'appeler les choses par leur nom.

En ce temps-là, les curés de Paris avaient l'habitude de choisir les marguilliers de leurs églises parmi les gens les plus distingués de leur paroisse, par leur naissance, leur état ou leur fortune. Personne n'aurait osé se refuser à remplir ces fonctions que la religion, aussi bien que les préjugés mondains, rendaient très honorables. Un jour donc, quelques années après que Jean de Boullongne eut acheté l'hôtel situé au coin de la place Vendôme, de la rue de la Paix et de la rue Neuve des Petits-Champs, le curé de Saint-Roch vint chez son opulent paroissien pour le prier d'accepter ce titre de marguillier. Bien qu'il fût introduit au milieu d'une nombreuse et brillante société, il n'en fit pas moins hautement sa demande : « — Moi, Marguillier ! Monsieur le Curé, — répondit le financier qui crut se débarrasser de la corvée en interloquant le curé devant ses hôtes, — moi, Marguillier!... mais j'aimerais autant être cocu!... »

— Monsieur, — répliqua sans se démonter le brave ecclésiastique — l'un n'empêche pas l'autre ! »[1].

On devine de quel côté furent les rieurs, d'autant plus que Mme de Boullongne était une des plus jolies femmes de Paris et se laissait volontiers courtiser. Quant à son mari, il rit jaune.

Le propos, colporté un peu partout par les bons amis de la maison, parvint jusqu'au Roi. Louis XV s'amusa de la bonne réplique du curé, mais n'en fut pas moins irrité de

---

1. Cette anecdote nous a été conservée par un ancien Officier aux Gardes Françaises dans *Paris, Versailles et les Provinces au XVIIIe siècle*. Paris, 1817, 3 vol. in-8. Tome I, p. 355. — L'auteur de *la Vie privée des Financiers au XVIIIe siècle*, qui cite aussi cette anecdote (p. 190), dit à ce propos que Boullongne était le « parent et le camarade des folies » de M. de Martainville. « Camarade de folies », nous n'en savons rien; M. Thirion n'en fournit aucun commencement de preuves. Quant à sa parenté avec les Martainville, c'est encore une de ces confusions dont l'auteur est prodigue quand il parle des Boullongne. M. de Martainville était le beau-père d'un arrière-cousin de Jean, ce qui n'en faisait nullement un parent ni un allié.

l'impertinence du financier, et M. de Boullongne fut obligé de faire agir les puissantes influences dont il disposait pour ne pas être révoqué de sa place d'Intendant des Finances.

On verra d'ailleurs, dans les chapitres suivants, que cette petite maladresse n'eut aucun fâcheux effet sur sa carrière.

CHAPITRE VI

Les Boullongne du Beauvaisis,
dits Boullongne=Tavernier.

A peu près à l'époque où nos documents commencent à parler de Louis de Boullongne, premier du nom, époux de Marie Regnoton, — c'est-à-dire tout à fait dans les premières années du XVIIe siècle, — une autre famille portant le même nom, précédé de celui de Tavernier, et dont les membres s'intitulaient : Tavernier, sieurs de Boullongne, commençait à émerger de l'obscurité des petites fonctions de finance ou de judicature qu'elle occupait au Comté de Clermont-en-Beauvaisis.

D'après les traditions de famille, ces Tavernier de Boullongne venaient du Nord [1] et prétendaient se rattacher à des hobereaux du même nom de Boullongne, possessionnés en Flandre française et en Artois. Un cadet de ces Boullongne, forcé de quitter sa province, par suite de la ruine de sa maison, pour aller chercher sa vie ailleurs, était venu s'établir en Beauvaisis où il avait pris le nom de guerre de Tavernier que ses descendants avaient gardé même quand une meilleure fortune leur permit d'y ajouter celui de Boullongne, et qu'ils conservèrent comme nom distinctif, même après qu'ils eurent repris, comme nous le verrons, leurs re-

---

1. Où M. Thirion a-t-il vu (*op. cit.*, p. 183) que les Tavernier de Boullongne étaient bretons ?

lations de famille avec les autres branches de leur famille, restées uniquement Boullongne [1].

Un Charles Tavernier, issu de ce Boullongne venu se réfugier en Beauvaisis, vivait au commencement du XVIIe siècle à Clermont où il était Conseiller du Roi et Lieutenant particulier de l'Election.

Il épousa à Senlis, le 11 septembre 1628, en la paroisse Saint-Agnan de cette ville, Demoiselle Geneviève Truyart, fille de Mr Jean Truyart, Intendant du don d'Octroi de la Ville et Receveur de l'Evêché de Senlis, et de Marie Simone de Vésigné (ou Vézinier), tante de Jeanne Vézinier, mère de Jean des Marets, Receveur général du Taillon à Soissons. C'est l'Evêque de Senlis, Nicolas Sanguin lui-même, qui donnait la bénédiction nuptiale aux jeunes époux, témoignant ainsi de la considération dont jouissaient les deux familles [2].

De Charles Tavernier de Boullongne, mort en 1650 et de Geneviève Truyart, qui lui survécut jusqu'au 9 juillet 1679, jour où elle mourut âgée d'environ 71 ans, vinrent sept enfants, deux filles et cinq fils, parmi lesquels un Artus Tavernier, sieur de Boullongne et un autre Tavernier qui assistèrent comme cousins, le 8 avril 1687, au mariage de Bon de Boullongne et d'Anne Lourdet.

C'est la première trace documentaire que nous constatons de relations entre les Boullongne de Paris et ceux du Beauvaisis. Et cette indication est importante. En effet, si les relations n'étaient pas depuis longtemps établies entre les deux familles, quelles raisons pouvaient avoir alors les Boullongne de Paris, déjà arrivés à une belle situation, pour aller chercher dans un coin du Beauvaisis des arrière-

---

1. D'après une autre tradition — celle-là ne reposant sur aucun document, et d'ailleurs absolument démentie par les faits, — les Tavernier ne seraient Boullongne que par les femmes. Une Geneviève de Boullongne, fille de Louis et de Marie Regnoton, aurait épousé en premières noces un sieur Tavernier et en aurait eu un fils, nommé Charles, qui aurait ajouté à son nom celui de Boullongne. Elle se serait ensuite remariée avec un sieur de Mésange (voir plus haut, p. 2). Tout cela est absolument fantaisiste ; le malheur veut même que ce Charles n'est précisément jamais qualifié « de Boullongne » et que ce sont seulement ses fils qui relèvent le nom.

2. Extrait des *Registres aux mariages de la paroisse de Saint-Agnan de Senlis*, délivré sur papier le 14 février 1732, par le sieur Germain, prêtre, licencié en lois, curé de l'église Saint-Agnan de Senlis.

cousins dans des positions plus que modestes, afin de les assister à un mariage. On est moins disposé, en général, à mêler à ces cérémonies familiales des « petits parents » qui ne sont pas plus « décoratifs ».

En 1687, le fils aîné de Charles et de Geneviève Truyart, Philippe Tavernier de Boullongne, était seulement Conseiller du Roi, Elu en l'Election et Receveur des Gabelles et des Tailles à Clermont. Il avait fait un très modeste mariage en épousant, en 1668, la fille d'un sieur Rigault, lieutenant au grenier à sel de Clermont. Ses enfants vivaient honorablement d'humbles charges locales et avaient fait des mariages assortis à leur condition. Artus, celui-là même qui assiste au mariage de Bon de Boullongne, simple receveur des Tailles en l'Election de Clermont avec le titre de Conseiller du Roi, avait épousé une demoiselle Marguerite Genest et leur fils unique était moine.

Rien dans tout cela n'était de nature à leur valoir des avances par leurs cousins de Paris si les relations n'avaient pas été établies et la parenté reconnue depuis longtemps. Il faut, en effet, attendre encore quelques années pour qu'un autre petit-fils de Charles et de Geneviève Truyart commence à faire parler un peu de lui dans le monde de la finance.

Ce petit-fils s'appelait Guillaume, et était né à Clermont en 1663. Nous ne savons à la suite de quelles circonstances il eut l'occasion de quitter le Beauvaisis pour entrer au service de M. de Bouville, Intendant d'Orléans, dont il resta le secrétaire pendant vingt et un ans.

L'auteur de la *Vie privée des Financiers au XVIIIe siècle* qui se contente facilement d'à peu près, et a presque toujours la main malheureuse en ce qui concerne les Boullongne, fait de ce Guillaume [1] le même Tavernier de Boullongne qui s'était, dit-il, « acquis une certaine illustration comme ingénieur » et à qui on « devait les plans de la machine à eau du Pont-Neuf ». Il ajoute qu'il avait commencé par être intendant du duc de Lorge, puis qu'il avait occupé une recette du tabac à Angers, où « suivant l'expression du

---

1. Il s'agit certainement de lui, en effet, puisqu'il lui donne bien deux fils qu'il appelle seulement Boullongne de Magnanville et Boullongne de Préninville, confondant les deux frères en un seul. Mais ce qu'il en dit ensuite prouve bien qu'il vise les deux fils du Guillaume dont nous parlons ici (*op. cit.*, p. 188-191).

temps, il avait *manqué* ». Il aurait été alors recueilli par son puissant parent Jean pour se « tenir à la disposition de M. de Beaufort, Fermier Général, quand il se fatiguerait de sa place, ce qui se produisit effectivement en 1737 ».

Il y a dans tout cela à peu près autant d'erreurs que de mots.

Remarquons d'abord que Guillaume n'a jamais été Fermier Général [1]; c'est son fils de Préninville qui, nous le verrons, eut ce poste en 1759, vingt ans après la mort de M. de Beaufort. Quand ce dernier renonça à sa charge en 1737, ce fut au profit d'un sieur Brissart et point du tout en faveur de Guillaume de Boullongne-Tavernier qui avait alors 74 ans, s'il n'était pas mort [2]. C'eût été bien tard pour entrer dans la carrière.

Il est, par contre, possible et même probable, qu'il s'agit bien de lui dans trois factums de l'année 1719 que possède la Bibliothèque Nationale [3], factums ayant trait aux bois et aux revenus du duché de Lorges. Mais ce n'est pas du tout comme intendant du duc de Lorges qu'il agit, mais

---

1. Nous ne nous attarderons pas non plus à réfuter ici l'auteur d'un manuscrit moderne (dit le Manuscrit Caraman), récemment entré à la Bibliothèque Nationale (*Nouv. acq. F. Fr.* 20.535) qui affirme que Guillaume de Boullongne quitta Orléans et fut appelé à Paris par Jean de Boullongne, depuis Contrôleur Général, pour être Fermier Général (de 1715 à 1718), avant M. de Beaufort. Jean de Boullongne n'était, en 1715, qu'un jeune homme de vingt-cinq ans, intelligent et ambitieux, mais qui ne pouvait avoir la prétention d'attirer à Paris son cousin Guillaume pour en faire un Fermier Général. Le mariage qui fit sa fortune n'eut lieu qu'en 1719 et il ne devint Premier Commis des Finances qu'en octobre 1724.

2. Il mourut avant 1743, puisque sa femme était veuve quand elle mourut elle-même le 11 octobre de cette année. M. Thirion le fait mourir au bout d'un an d'exercice de la charge qu'il n'a jamais eue, soit, je suppose, en 1738, puisque d'après lui il aurait succédé à Beaufort en 1737.

3. Voici les titres de ces factums :

Mémoire pour le sieur de Boulogne, fermier général du duché de Lorge... contre Messire Guy de Durfort, duc de Lorges. (Signé : Gonthier). — Paris, imp. de veuve Guillery (1719), in-folio. — B. N., f° Fm., 1988.

Mémoire pour le sieur de Boulogne, fermier du Duché de Lorge et acquéreur d'une partie de la forêt de Quintin... contre Monsieur le duc de Lorge... (Signé : Gonthier). — (s. l.), 1719, in-fol. — B. N., f° Fm., 1917.

Supplément de mémoire pour le sieur de Boulogne contre Monsieur le duc de Lorge. (Signé : Gonthier). — (s. l. n. d.), in-fol. — B. N., f° Fm., 1989.

C'est très probablement le titre de « fermier général du Duché de Lorges », donné ici à Guillaume de Boullongne, qui a été cause de l'erreur commise par M. Thirion et par l'auteur du Manuscrit Caraman.

comme son adversaire dans un procès qu'il poursuit, à titre de « fermier général du duché de Lorges » et d' « acquéreur d'une partie de la forêt de Quintin ». Les grands seigneurs de ce temps — et en général beaucoup de particuliers — avaient l'habitude de mettre en ferme les revenus de leurs biens, comme le Roi y mettait ses impôts, et il était assez naturel que Guillaume, débutant dans la finance, et demeurant à Orléans, se fût rendu adjudicataire des revenus du Duché de Lorges situé à quelques lieues de cette ville. Cette location ne l'empêchait pas, d'ailleurs, de s'intituler « écuyer » et de devenir un an après Conseiller Secrétaire du Roi, Maison, Couronne de France et de ses finances, Contrôleur de la Chancellerie de la Cour des Comptes de Dôle, ce qui, comme nous l'avons fait observer ailleurs à propos d'un autre Boullongne (v. p. 48), lui conférait la noblesse [1].

Quant à l'ingénieur auquel on devait, outre les plans de la machine à eau du Pont-Neuf, une autre machine à remonter les bateaux contre le courant, il s'appelait François Tavernier de Boullongne, s'intitulait avocat au Parlement et était « intéressé dans les affaires du Roi ». Il n'avait donc rien à voir avec Guillaume, dont il était seulement le cousin [2].

Guillaume de Boullongne-Tavernier était donc entré, comme nous l'avons dit, au service de M. de Bouville, Intendant d'Orléans, dont il devint le premier secrétaire. Grâce à ce puissant protecteur, il fit un riche mariage en épousant (en 1695) demoiselle Marie-Madeleine du Val dont il eut des enfants que nous verrons plus tard réussir brillamment dans le monde de la Finance. Mais, au moment où les

---

1. Guillaume avait cessé, en 1708, d'être secrétaire de M. de Bouville et il avait alors occupé le poste de Directeur des Gabelles à Orléans, qu'il avait encore en 1712, comme nous l'apprend une réclamation adressée au Contrôleur Général le 14 avril de cette année. (V. *Correspondance des Contrôleurs généraux avec les Intendants de Province* : Imp. Nat., 1897, 3 vol. in-fol., tome III, 675), publ. par M. de Boislisle (1680-1745).

2. Nous n'avons trouvé aucune trace du Boullongne-Tavernier que M. Thirion (*op. cit.*), accuse d'avoir « manqué » dans une recette des tabacs à Angers. Il y avait bien un Louis-François Tavernier de Boullongne, écuyer (fils de Pierre-Léonard), demeurant à Angers en 1774, mais nous ne connaissons aucun fait à sa charge. (V. pour la filiation de tous ces Boullongne-Tavernier, notre Appendice nº VI).

Boullongne-Tavernier assistent à Paris au mariage de Bon, en 1687, le Guillaume dont nous parlons était à peine arrivé à Orléans, puisqu'il est né à Clermont le 27 février 1663 et qu'il n'avait alors que vingt-quatre ans. Ce n'est qu'en 1695 que ce Guillaume fit un mariage avantageux qui lui mit tout à fait le pied à l'étrier.

Les relations avec les Boullongne-Tavernier ne peuvent donc s'expliquer d'aucune façon par des motifs intéressés, et si les Boullongne de Paris, déjà arrivés à la fortune et à l'illustration par les Arts, avaient des rapports avec leurs cousins et homonymes du Beauvaisis, c'est évidemment qu'ils les reconnaissaient depuis longtemps pour leurs parents et que les rapports n'avaient sans doute jamais cessé entre les deux branches depuis que leurs auteurs avaient quitté, peut-être ensemble, leur lieu d'origine.

La fortune de Guillaume de Boullongne-Tavernier et de ses enfants, que nous verrons plus tard devenir de très gros personnages, vint surtout de l'aide que leur fournirent leurs cousins de Paris, heureux de donner leur appui à des « petits parents » intelligents, actifs et qui ne demandaient qu'à faire leur chemin dans le monde.

Dans tous les cas, ces relations familiales prirent un caractère tout à fait intime avec Jean de Boullongne, fils de Louis, le fameux peintre.

Il faut notamment voir la main du riche cousin de Paris dans le mariage que fit le 18 juin 1748, le fils aîné de Guillaume de Boullongne-Tavernier et de Madeleine du Val.

Ce jeune homme, dont le nom était Guillaume-Pierre, avait eu une jeunesse quelque peu aventureuse. Il avait commencé sa fortune, avec son frère dont nous parlerons tout à l'heure, comme simple munitionnaire de l'armée du Maréchal de Saxe. Puis il était allé aux Colonies où il avait eu d'une négresse de la Guadeloupe, le 25 décembre 1745, un fils connu sous le nom du Chevalier de Saint-Georges, qui joua un certain rôle au XVIIIe siècle, mais sur lequel les détails précis font défaut[1]. Beaucoup de biographes at-

---

1. On sait seulement qu'amené en France à l'âge de 13 ans, il y reçut une éducation très soignée et se fit remarquer surtout par son habileté aux exercices physiques. Son père le fit entrer dans les Mousquetaires, puis il devint écuyer de la marquise de Montesson, épouse secrète du duc d'Orléans, et enfin capitaine des

tribuent la paternité de Saint-Georges à d'autres Boullongne, et notamment au frère de Guillaume-Pierre, dit Boullongne de Préninville, dont nous allons parler. C'est, comme on le voit, une erreur [1].

Cette équipée de jeunesse n'empêcha pas Guillaume-Pierre de Boullongne-Tavernier de devenir Secrétaire du Roi et Audiencier au Parlement de Metz et d'épouser en 1748 une orpheline, Mlle Perrette-Catherine de Ravenel, fille d'un Receveur général qui lui apportait une grosse fortune et le faisait devenir le beau-frère du marquis de Sinéty, lequel avait épousé sa sœur Marie-Anne. Or, l'orpheline avait pour tuteur honoraire Jean-Marie Richard, écuyer, Receveur Général à Tours, fils de Jean-Pierre Richard, également de son vivant Receveur Général à Tours, et de Marie-Anne de Boullongne, dernière fille du grand peintre Louis III de Boullongne et de Marguerite Bacquet. Il nous paraît donc de toute évidence que cette union fut l'œuvre des Boullongne de Paris dont tous les survivants à ce moment assistent au contrat avec le Maréchal et le Comte de Maillebois ; entre autres : « dame Marguerite Bacquet » que nous venons de rappeler, indiquée ici comme « cousine des deux côtés », Jean de Boullongne, le futur Contrôleur-Général, sa femme Catherine de Beaufort, et son fils, Jean-Nicolas de Boullongne, tous qualifiés de « cousins ». Deux ans après ce mariage, le 4 janvier 1750, Guillaume-Pierre devenait Trésorier-Général alternatif des Colonies Françai-

gardes du duc de Chartres, fils de ce prince et le futur Philippe-Egalité, dont il devint bientôt l'ami et le confident. Il prit une part active aux intrigues du Palais-Royal au commencement de la Révolution. Il alla même remplir, au nom de son maître, une mission auprès des émigrés installés à Tournai, et échoua complètement. En 1792, il leva un corps de Chasseurs à cheval qu'il conduisit, comme colonel, à l'armée du Nord contre les Prussiens. Il y montra une grande bravoure, et lors de la défection de Dumouriez, son général, il se fit son dénonciateur. Revenu ensuite à Paris, il y fut arrêté comme suspect et ne dut la vie qu'au 9 thermidor. Il mourut à 54 ans le 12 juin 1799. C'était un assez bon musicien : il composa des concertos qui eurent de la vogue et fit jouer plusieurs opéras et opéras-comiques beaucoup moins appréciés du public. (V. la *Correspondance de Grimm* et la notice historique placée en tête du *Traité de l'art des armes*, par La Boissière fils). Roger de Beauvoir l'a pris pour héros d'un roman qui eut du succès.

1. Cette erreur a été commise notamment par un historien de premier mérite, M. Alfred Chuquet, membre de l'Institut, dans la publication des *Souvenirs du baron de Fenilly*, Paris, 1908, 1 vol. in-8, p. 215, note. M. Chuquet se trompe aussi en faisant de Boullongne de Préninville le patron de Piron (v. plus haut, p. 76 et suiv.)

ses d'Amérique. On voit que son équipée aux Antilles lui avait rapporté quelque chose de plus substantiel que la paternité du Chevalier de Saint-Georges.

L'année même où il établissait ainsi avantageusement le frère aîné, Jean de Boullongne mariait aussi le cadet. Ce cadet, appelé Philippe-Guillaume [1] et né en 1712, portait le surnom de Préninville, dont il nous a été impossible de retrouver l'origine [2].

Le comte Dufort de Cheverny, qui fut de ses intimes amis, nous fait dans ses *Mémoires* (I, 232, 233), le portrait qui suit de Boullongne de Préninville :

« M. de Boullongne de Préninville joignait à de l'esprit la meilleure éducation ; il aurait été de la plus belle figure possible si, au collège, un couteau placé sur une planche élevée ne lui était pas tombé sur l'œil gauche, de telle manière qu'on ne put le lui conserver. Fort riche, honorable, délicat en amitié, gai, mais timide par son incommodité, il avait une tête telle qu'il aurait pu gouverner un royaume ; son cœur s'ouvrait à l'amitié, mais il fallait faire des frais pour l'obtenir... Nos caractères sympathisaient. Il m'a témoigné jusqu'à la fin de ses jours une amitié sans réserve, quoiqu'il eût vingt ans juste de plus que moi ».

Bien que ce portrait date d'une époque postérieure, puisque le comte Dufort de Cheverny ne se lia avec Préninville qu'à partir de l'année 1759 [3], à l'époque où il devint Fermier-Général aux lieu et place de M. de la Borde, le père, — il justifie la fortune du protégé de Jean de Boullongne.

Après avoir été receveur des Traites et Gabelles, Préninville n'était, d'ailleurs, que Receveur-Général des Finances de la Généralité de Poitiers, quand il se maria, comme nous

---

1. Nous connaissons un troisième fils de Guillaume et de Marie-Madeleine du Val dont nous savons seulement qu'il s'appelait Pierre-Guillaume, qu'au moment du mariage de son aîné et de son cadet, en 1748, il était Receveur général des Gabelles à Montargis et qu'il vivait encore en 1783 (Testament de P.-G. de Préninville). Ce Pierre-Guillaume paraît être resté célibataire.

Ces trois frères, comme leur père, portaient pour armoiries, jusqu'au Pacte de famille, dont nous parlerons plus loin : de gueules, à une tour d'argent, au chef d'azur, chargé de trois grappes de raisins d'or.

2. Le Dictionnaire des Postes ne donne aucun lieu habité de ce nom. Ce doit être quelque lieu-dit d'une paroisse où les Boullongne-Tavernier étaient possessionnés.

3. A l'occasion du mariage de M. Amelot avec Mlle Le Gendre, belle-sœur de Dufort, mariage qui eut lieu chez Jean de Boullongne, le contrôleur général, dont elle était la petite-nièce par Marie-Elisabeth Roslin, sa mère (v. p. 63).

venons de le dire, le 18 octobre 1748. (Contrat du 11 octobre).

Il épousait demoiselle Marguerite-Félicienne Joques de Martainville, fille mineure d'Isaac Joques de Martainville, négociant à Cadix et de feu dame Marguerite Dillon [1]. La future apportait cent mille livres de dot. Elle avait plusieurs sœurs cadettes dont Mesdames de la Frette [2], Chicoyneau de la Vallette, de Cepoy [3] et Peilhon [4].

L'aînée des demoiselles de Martainville, écrit le même Dufort de Cheverny (*Mémoires*, I, 232) — était « belle, jolie, charmante » et « faisait beaucoup de bruit à Paris ». Et quelque temps après, il dit encore (p. 236) : « Mme de Préninville était charmante de figure, quoiqu'un peu grasse; son caractère de bonté et de bonhomie attachait tout ce qui la connaissait. Elle sympathisait avec ma femme, qui aimait à rendre à sa paresse tous les soins de l'amitié. Elle souffrait qu'on la plaisantât sur ce défaut, mais, accoutumée à des adorations, elle prenait tous les soins comme une chose qui lui était due, quoique d'une manière dont on ne pouvait être choqué. Confiante, causante, on l'aimait, lorsqu'on la connaissait, à ne pouvoir s'en détacher, parce que sa bonté était un aimant qui attirait à elle ».

Préninville trouvait donc dans cette union tout ce qu'il pouvait souhaiter : une femme aimable, une alliance honorable et une grosse dot.

De son côté, lui-même avait une fortune s'élevant déjà à 514.050 livres. C'était, au point de vue de l'argent, une belle entrée en ménage [5].

---

1. On croit lire Ardisson dans certains documents.

2 Angélique-Michelle-Rosalie Joques de Martainville, mariée à Jean-Jacques de la Fretté, administrateur des postes.

3. Elisabeth-Amaranthe Joques de Martainville, mariée à Guillaume-François Bouvier ae la Motte, marquis de Cépoy (né en 1742), devint veuve en 1774 avec une fille et un garçon. Elle épousa, en seconde noces, Jean-Baptiste de Castera (ou Castéja), maréchal de camp et « riche de deux cent mille livres de rente à Saint-Domingue ». Leur fille fut Mme de Buffon, maîtresse du duc d'Orléans.

4. Cette Mme Peilhon, sœur de Mme de Preninville, est citée par Dufort de Cheverny (*Mémoires*, I, 438) ; elle eut deux filles : l'aînée épousa M. de Rochegude, officier, ancien page du Roi, très riche, habitant Avignon ; la seconde, un M. Hachin, d'Orléans, ancien colon à Saint-Domingue. Mme Peilhon, après avoir marié sa seconde fille, épousa elle-même M. Chabanon-Dessalines, frère de l'Académicien.

5. Nous sommes loin cependant des dix millions de fortune que lui attribue

Philippe-Guillaume, qui demeurait alors rue Saint-Honoré — (il se fixa plus tard à l'Hôtel de Caumont, rue Richelieu, paroisse Saint-Roch, entre la rue Feydeau et la rue
Saint-Marc), — avait déjà perdu son père et sa mère. Il fut
assisté à son mariage par « haut et puissant seigneur Paul
Gallucci de l'Hôpital, marquis de l'Hôpital, Lieutenant-Général des armées du Roi, Inspecteur général de la cavalerie et des dragons, ambassadeur extraordinaire de Sa Majesté Sicilienne et Chevalier de l'Ordre de Saint-Janvier »,
son cousin ; ainsi que par son autre cousin « Messire Jean
de Boullongne, Chevalier, Conseiller d'Etat, Intendant des
Finances et des Ordres du Roi », puis par Guillaume-Pierre de Boullongne-Tavernier, écuyer, son frère et dame Ca-
therine-Perrette de Ravenel, sa belle-sœur ; et Pierre-Guillaume, écuyer, son second frère, Receveur général des Gabelles ; par dame Marguerite Bacquet, veuve de Louis de
Boullongne, premier peintre du Roi, Chevalier de Saint-Michel, indiquée ici comme « grande tante » ; par le marquis
de Béthune, maréchal de Camp et Mestre de Camp de Cavalerie, et la marquise de Béthune, cousins, etc., etc.

Cette union fut féconde. Le 7 septembre 1749 naquit, et
le 9 fut baptisé à l'église Saint-Eustache, Jean-Baptiste, fils
de « Messire Philippe-Guillaume Tavernier-Boullongne de
Préninville, écuyer, receveur général des finances de la
Généralité de Poitiers et de dame Marguerite-Félicienne Joques de Martinville, son épouse, demeurant rue de Richelieu ».

Cet enfant, qui devait avoir quelque quarante ans plus
tard une fin si lamentable, fut tenu sur les fonts par d'illustres personnages, alors au sommet de la faveur. Il eut,
en effet, pour parrain « Très haut et très puissant seigneur
Mgr Jean-Baptiste de Machault, Ministre d'Etat, Conseiller
ordinaire au Conseil Royal, Contrôleur Général des Finan-

M. Thirion. L'auteur de la *Vie privée des Financiers au XVIII⁰ siècle*, dit (p. 188),
en parlant de Boullongne de Préninville, qu'il fit entrer « un bon nombre d'atouts
dans son jeu en s'alliant aux Lenormand de Martainville, de la famille d'Etioles,
par cela même parents de Mme de Pompadour ». Et il rapporte un certain nombre
de « cancans » sur les Martainville, « cancans » tirés des folliculaires du temps.
Comme les anecdotes qu'il raconte se passent vingt-cinq ans après le mariage de
Philippe-Guillaume, il est inutile d'insister sur les confusions et les erreurs de
tout genre commises, en ce qui concerne les Boullongne, par l'auteur de ce livre,
d'ailleurs plein de recherches et d'une lecture agréable.

ces, représenté par M⁰ Guillaume-Pierre Tavernier de Boullongne, écuyer, oncle paternel ». Quant à sa marraine, ce fut « Très haute et très puissante dame Madame Jeanne, marquise de Pompadour, représentée par dame Elisabeth Joques, veuve de M⁰ Abel-Jean-Baptiste Guillard, Chevalier, sgr. Vicomte d'Anoy, grande tante maternelle ».

Ce « marrainage » de la Marquise de Pompadour n'est pas fait pour nous surprendre. La grande favorite avait, en effet, toujours protégé les Boullongne de Paris et il n'est pas étonnant qu'elle ait reporté une partie de sa bienveillance sur leurs parents du Beauvaisis, au moment où les deux branches longtemps séparées se préparaient à sceller leur reconnaissance par un acte authentique [1].

Nous avons déjà dit que, grâce à cette faveur, Philippe-Guillaume devint Fermier-Général en 1759, pendant que son cousin Jean de Boullongne occupait le poste de Contrôleur Général, et cet acte de « népotisme » qui lui a été reproché, prouve au moins l'excellence des relations reprises alors — en supposant qu'elles aient jamais été interrompues — entre les deux branches de la famille des Boullongne.

Nous verrons aux derniers chapitres de cet ouvrage ce que devinrent ces Boullongne-Tavernier. Mais, pour le moment, il nous faut parler de la famille-souche dont les Boullongne de Paris et ceux du Beauvaisis descendaient ; Jean de Boullongne l'avait retrouvée et il voulait consacrer la reconnaissance de leur origine commune par des actes authentiques.

---

1. D'après les *Mémoires de Luynes* (t XI, p. 288) il y aurait une autre raison encore à la protection de Mme de Pompadour. Un M. de Martainville aurait épousé une tante de Le Normand d'Etioles, mari de la marquise. On trouve sa signature : Le Normand de Martainville, sur l'acte de mariage de la favorite en 1741 (JAL : *Pompadour*). De plus, une dame ou demoiselle de Martainville fut gouvernante de Mlle Alexandrine, fille que Mme de Pompadour avait eue avant sa séparation (D'ARGENSON, t. VI, p. 66 et 395).

CHAPITRE VII

Les Boullongne de Beaurepaire.

Originaires de la Flandre Française et fixés d'abord en Artois. — Incendie de
leur manoir par les Impériaux. — Ils viennent s'établir en Ponthieu et quit-
tent l'épée pour la robe. — Nicolas de Boullongne, conseiller d'Etat. — Son fils
Adrien, mayeur d'Abbeville. — Confirmation de leur noblesse en 1700. — Louis
de Boullongne revient à Arras. — Son fils, Antoine-Joseph, reprend des relations suivies avec les Boullongne de Paris.

Au moment où nous la retrouvons, cette famille habitait
Arras ; mais elle venait primitivement de la Flandre Française. C'était une de ces vieilles races de noblesse militaire,
plus riche en beaux coups de lance qu'en écus, et dont l'origine se perd dans celles même de sa province. Nous ne
chercherons pas ici d'où sortaient, à l'époque la plus lointaine, ces Boullongne. Cela importe peu à notre histoire,
et nous renvoyons, pour ce que nous en savons, à notre Appendice VII.

Nous dirons seulement que ceux qui nous occupent
étaient issus de Jean de Boullongne, écuyer, sgr. du Molinet, originaires du Boulonnais où cette terre était située,
et petit-fils d'un autre Jean qui avait eu au moins trois fils.
Ce Jean, deuxième du nom, qui vivait au XVIe siècle, avait
eu lui-même plusieurs enfants, dont des fils qui fondèrent
des branches nouvelles. Un d'entre eux, nommé Claude,
s'était établi dans le Tournaisis où il avait épousé une demoiselle Magdeleine d'Aubermont, dame de Flines, qui lui
avait donné plusieurs enfants.

Claude de Boullongne ne suivait pas la bannière de France. Capitaine de 300 reîtres, il servait en cette qualité l'Empereur sous Alexandre Farnèse, prince de Parme. Mais il
renonça aux armes dès l'année 1605, et retiré à Tournai, il
y décéda dans un âge très avancé et y fut inhumé dans
l'Eglise des Récollets. L'historien du Cambrésis, Le Carpen-

tier [1], fait mention de lui et de son épitaphe où il est qualifié de noble homme et d'écuyer. On y voyait ses armoiries et celles de sa femme. Nous leur connaissons neuf enfants.

Pierre de Boulongne, écuyer, un de leurs fils puînés, prit aussi du service d'abord dans le régiment d'Isembourg, puis dans les armées du Roi de France. On sait qu'à cette époque, et surtout parmi la noblesse des pays frontières, il n'était pas rare de voir des membres d'une même famille ou le même individu, prendre successivement parti dans des camps différents. Cela ne choquait aucune susceptibilité. L'idée de patrie se confondait alors avec la fidélité au Prince auquel on avait donné sa foi et prêté son serment d'allégeance. Pierre de Boullongne pouvait d'autant plus normalement prendre du service en France que le Roi de France était désormais le maître incontesté du pays d'origine de sa famille [2].

D'ailleurs il fallait vivre : Les Boullongne étaient de pauvres hobereaux sans fortune ; dans un pays que deux grandes puissances se disputaient sans cesse, le métier des armes était le seul que pût prendre un petit gentilhomme, et on offrait son épée à qui la payait. Ce n'était pas toujours, d'ailleurs, un métier avantageux, et Pierre de Boullongne en fit bientôt l'expérience. Ayant eu le malheur d'être fait prisonnier, il fut mis à rançon comme c'était l'usage alors, et la somme qu'il lui fallut solder pour se racheter acheva de ruiner sa fortune, déjà bien médiocre. Cependant, un mariage avantageux lui permit de réparer dans une certaine mesure ce désastre. Il épousa, en effet, une demoiselle Claude de Dalles, laquelle avait quelque bien aux environs de Thérouanne, ce qui mit son mari en état d'acheter — sur le grand chemin de Montreuil à Hesdin — la terre et seigneurie de Beaurepaire, qui devait rester longtemps à leur descendance.

---

1. *Histoire de Cambrai et du Cambrésis*, avec l'histoire généalogique des familles. Leyde, 1664, 2 vol. in-4°.

2. Ce n'est pourtant que le traité d'Aix-la-Chapelle, en 1668, qui reconnut définitivement la possession de la Flandre Wallonne à la France. Jusque-là les Flamands étaient restés énergiquement partisans de l'Empire et de l'Espagne. Et ils ne devinrent les sujets les plus fidèles du Roi que par suite de la sage administration des Intendants de Louis XIV. (Cfr. ALBERT CROQUEZ : *La Flandre Wallonne et les pays de l'intendance de Lille sous Louis XIV*, et Henri COCHIN : *Une ténébreuse affaire*).

Malheureusement le manoir de Beaurepaire était situé tout à fait à la frontière des Pays-Bas Autrichiens et exposé, par conséquent, à tous les hasards des guerres continuelles entre la France et l'Empire. Lors de la grande incursion des Impériaux en 1636, Pierre de Boullongne fut surpris dans son manoir qu'il tentait de défendre et l'ennemi étant parvenu à y mettre le feu, il fut enveloppé dans les flammes et périt misérablement dans l'incendie qui consuma sa maison, son mobilier et ses archives.

Il laissait un fils, appelé Nicolas, qui continua la descendance.

Nicolas de Boullongne, qualifié écuyer comme ses ancêtres, dégoûté du métier des armes qui avait si mal réussi à sa famille, se décida pour les fonctions publiques. Les charges de judicature étaient, à cette époque, aussi bien le refuge des petits gentilshommes d'épée ruinés par la guerre, que le premier échelon vers les honneurs, des bourgeois enrichis désireux de s'élever à la noblesse. L'héritier du seigneur de Beaurepaire avait, d'ailleurs, fait un mariage qui lui facilitait cette carrière. Avant la catastrophe arrivée à son père, et dès le 25 janvier 1632, il avait épousé damoiselle Marie de Heu, fille de N..., écuyer, seigneur de Conty, Lieutenant-Général en la Sénéchaussée de Ponthieu. Il était déjà, depuis quelques années, fixé à Abbeville, où il occupait, depuis 1630, la charge de Procureur du Roi, en la même Sénéchaussée et Siège Présidial.

Après la mort tragique de son père et la destruction du château familial, Nicolas demeura plus résolu que jamais à persévérer dans la voie où il était entré. Il conserva, cependant, la seigneurie de Beaurepaire dont il continua à porter le nom ; mais il en déserta complètement le séjour, et abandonnant son manoir dévasté à quelque fermier, il resta dans le Ponthieu et conserva sa charge. Il exerça, d'ailleurs, son office pendant plus de trente ans avec tant de zèle, de régularité et d'intelligence, qu'après avoir été fait Maître des Requêtes de la Reine, il devint enfin Conseiller d'Etat vers l'an 1660.

De son mariage avec Marie de Heu, Nicolas de Boullongne avait eu plusieurs enfants dont le puîné, Adrien de Boullongne, qualifié, comme son père, d'écuyer et de seigneur de Beaurepaire, lui succéda en 1660 dans son office de Procureur du Roi en la Sénéchaussée de Ponthieu et siège Présidial d'Abbeville, et y joignit le titre de Conseiller au même siège. Il fut aussi Mayeur d'Abbeville et se conduisit avec beaucoup de distinction dans l'exercice de ces différentes charges, ainsi qu'en témoignent les lettres de rétablissement de noblesse qui lui furent octroyées un peu plus tard. Adrien de Boullongne, comme tous les nobles de province, ne pouvait échapper, en effet, aux persécutions des Traitants qui entreprenaient à forfait de remplir les coffres vides du « Grand Roi » — sans oublier de faire leur propre fortune — en obligeant à chaque génération les modestes gentilshommes à faire et refaire leurs preuves, sous peine d'être soumis à la Taille et d'être, de plus, frappés d'amendes formidables comme usurpateurs de noblesse.

Fort heureusement pour lui, et malgré l'incendie du château de Beaurepaire et la perte des archives qu'il contenait, en 1636, Adrien de Boullongne put se mettre en règle. Il obtint au mois de novembre 1700 — il y avait alors quarante ans qu'il était Procureur du Roi — des Lettres Patentes confirmant sa noblesse et relatant ses services et ceux de ses ancêtres, lesdites Lettres Patentes enregistrées le 9 décembre suivant et reçues par Charles d'Hozier, Généalogiste du Roi et Garde de l'Armorial Général de France [1]. Le certificat d'enregistrement porte que la famille du sieur Adrien de Boullongne, rétablie dans sa noblesse, en tant que de besoin, usera des armoiries que ses auteurs ont portées de temps immémorial, savoir : un écu d'argent à une bande de sable, accompagnée de trois lions de sinople, armés et lampassés de gueules, couronnés d'or, posés 2 en chef et 1 en pointe. Cet écu timbré d'un casque de profil, orné de ses lambrequins de sable, d'argent et de sinople [2].

---

1. Nous reparlons à notre Appendice n° VIII de ces Lettres Patentes qui contiennent en partie l'histoire de la famille des Boullongne telle que nous venons de la raconter.

2. RIETSTAP, qui donne bien ces armes dans son *Armorial Général* (2e édit., I, p. 268), place les Boullongne de Beaurepaire dans le Tournaisis où ils avaient vécu en effet, comme nous le disons plus haut. Mais il ajoute que cette famille fut « anoblie » en 1701. Ainsi que nous venons de le voir, c'est une erreur : les Boullongne furent, non pas anoblis, mais confirmés dans leur noblesse en 1700, et non en 1701.

Les Boullongne de Beaurepaire pouvaient se croire désormais en règle avec le fisc royal. Mais c'était compter sans l'avidité des Traitants, fermiers de la Recherche contre les usurpateurs de noblesse.

Adrien de Boullongne, mort en 1709, avait eu, outre trois fils dont nous parlerons tout à l'heure, deux filles.

L'aînée de ces filles, Marie-Marguerite, avait épousé M. Louis Danzel ou d'Anzel, chevalier, seigneur de Boismont, et la seconde, Jeanne, M. Charles-Clément du Vault, chevalier, seigneur de Monthiers.

Des trois fils, le puîné, Jean-Baptiste de Boullongne, écuyer sgr. de Vignemont, fut Mousquetaire du Roi, passa en qualité de Lieutenant dans le régiment Colonel-Général des dragons et fut blessé à la bataille de Steinkerke.

Le dernier, Charles de Boullongne, écuyer, sgr. de Sussoie, Cornette dans le même régiment que son frère, était décédé avant l'année 1700.

Quant à l'aîné, Louis de Boullongne, écuyer, sgr. de Beaurepaire, il était revenu se fixer à Arras, et c'est ce retour à son pays d'origine qui lui valut d'être de nouveau inquiété sur sa noblesse. L'Artois, pays d'Etat assez récemment annexé à la Couronne, avait en effet conservé un régime particulier. Louis de Boullongne se vit donc obligé de solliciter encore une Maintenue, qu'il obtint par sentence des Elus Provinciaux d'Artois du 15 mars 1720, et en exécution de laquelle ses titres furent inscrits sur le registre de l'Election et ses armoiries peintes sur le Registre des Nobles le 30 du même mois.

Sur l'appel des Traitants, le Conseil Provincial d'Artois confirma la sentence des Elus par un décret du 11 février 1723 qui « fut rendu en grande connoissance de cause, après une très ample information de la part du Sr Procureur Général, et sur la production d'un grand nombre de titres et pièces rapportées par lui, lesquelles justifient de sa filiation et de la qualité d'écuyer donnée à lui et à ses auteurs dans leurs extraits baptistaires, contrats de mariage, actes de partages, sentences, arrêts et autres pièces ». La sentence des Elus Provinciaux et l'Arrêt du Conseil souverain d'Artois, déclarent Louis de Boullongne noble et issu de noble génération.

On pouvait croire que, cette fois, c'était bien fini ; mais
rien n'arrêtait l'avidité des Traitants quand ils savaient
avoir affaire à de pauvres hobereaux, peu aptes à se défendre contre leurs « chicaneries », soit parce qu'ils conservaient mal leurs titres, soit parce qu'ils étaient trop besogneux pour faire valoir ces titres traînés, devant des juri-
dictions successives, souvent complices des manœuvres de
leurs adversaires.

Vers 1740 — le Roi ayant besoin d'argent — une nouvelle exigence fiscale était née à propos des Francs-Fiefs
possédés par des roturiers, et une nouvelle bande de Fermiers d'impôts s'était créée pour exploiter cette nouvelle
machine à pressurer le contribuable.

Louis de Boullongne était, d'ailleurs, mort à cette époque, mais de son second mariage, contracté le 15 septembre
1708 avec damoiselle Anne-Jeanne Dauvin, il avait eu, le
20 août 1717, un fils, Antoine-Joseph de Boullongne,
écuyer, devenu seigneur de Beaurepaire [1].

C'est à celui-ci que s'adressèrent les fermiers des Francs-
Fiefs, pour lui faire payer les droits nouvellement créés, et
ils engagèrent des poursuites contre lui à propos de sa terre
de Barnaville, située dans la Coutume d'Amiens. Pour justifier cette nouvelle attaque, faite au préjudice de titres aussi respectables et aussi authentiques que les reconnaissances et maintenues de noblesse obtenues par les Boullongne
de Beaurepaire en 1700, en 1720 et en 1723, les Traitants
eurent recours à des subtilités juridiques. Ils prétendirent
que les sentences des Elus et du Conseil souverain d'Artois,
rendues au profit du père d'Antoine-Joseph de Boullongne,
en 1720 et 1723, n'étaient pas suffisantes pour faire reconnaître aux Boullongne, dans une autre province du Royaume, leur qualité de nobles — l'Artois, province nouvellement réunie à la Couronne, ayant une juridiction particu-
lière qui ne s'appliquait qu'à ses ressortissants.

____

1. Quelque temps avant la naissance de leur fils, le 3 septembre 1716, Louis de
Boullongne et sa femme s'étaient rendus d'Arras à Abbeville, où, « logés en l'hô-
tellerie du Bois de Vincennes », ils avaient contracté, moyennant constitution
d'une rente de 666 l. 13 s. 4 d., un emprunt de 16.000 livres qui leur avaient été
prêtées par M. Charles Depont, prêtre, curé de Notre-Dame du Châtel. Cet emprunt
nous donne la preuve que la famille, en changeant de résidence, était restée beso-
gneuse.

Il fallut donc prouver que la compétence des tribunaux visés avait toujours été reconnue en cette matière par les Edits Impériaux, aux tribunaux d'Artois, et que la connaissance des litiges concernant l'état des nobles de la Province avait toujours été attribuée, en première instance, à l'Election, et en appel au Conseil Provincial. Il fallut démontrer que depuis l'annexion à la France, cette attribution et les autres privilèges du Conseil d'Artois avaient été confirmés par des Lettres Patentes du Roi datées du 16 décembre 1651 et par un Arrêté du Conseil d'Etat du 2 mars 1695 ; et qu'en vertu de tout cela, les juges de l'Election et le Conseil Provincial d'Artois n'avaient jamais discontinué de connaître de toutes les affaires qui regardaient la noblesse.

Cette fois, et pour en finir, Antoine-Joseph de Boullongne avait directement porté l'affaire au Conseil du Roi. Dans sa requête, il avait rappelé les malheurs et les services de ses ancêtres ; puis, après avoir discuté la question de droit rapportée plus haut, il avait ajouté que, puisque les Fermiers des Francs-Fiefs l'attaquaient de nouveau dans sa noblesse, il voulait, pour éviter la continuation de ces persécutions et se mettre désormais à l'abri de toute injuste recherche, recourir directement à l'autorité royale pour obtenir de Sa Majesté pleine et entière confirmation de son état, en tant que de besoin.

La requête dont nous extrayons ces détails fut accueillie favorablement et des Lettres Patentes conformes, signées le 14 novembre 1743, mirent fin aux persécutions dont la famille de Boullongne était la victime depuis un demi-siècle. Maintenu dans sa noblesse en Artois et inscrit dans le Catalogue des Gentilshommes de la Province de Picardie, Antoine-Joseph de Boullongne put enfin espérer vivre à l'abri de nouvelles revendications.

Néanmoins, un retour offensif des Traitants était toujours possible ; il voyait autour de lui des familles dont la situation nobiliaire était aussi solide que la sienne, en butte à des réclamations réitérées, obligées de se ruiner en procès pour rester gentilshommes, et préférant parfois renoncer à la lutte et redevenir roturiers plutôt que de mourir de faim. C'était, depuis Colbert, le régime habituel de la noblesse de province, sans relations à la Cour ni dans les Parlements, et livrée à l'arbitraire des Traitants parvenus.

C'est dans ces circonstances, — et probablement au cours des séjours qu'il dut faire à Paris pour l'obtention des Lettres-Patentes dont nous venons de parler, — qu'Antoine-Joseph de Boullongne entra de nouveau en relations avec les Boullongne de Paris. Nous disons : de nouveau, car nous avons la preuve que le hasard, ou plus vraisemblablement les recherches que MM. de Beaurepaire avaient été obligés de faire dans ce qui leur restait de papiers et dans leurs traditions de famille, les avaient déjà remis sur la trace d'une origine commune avec leurs homonymes parisiens. Nous voyons, en effet, dès l'année 1736, le portrait de Louis de Boullongne, père de Jean, mort en 1733 (v. plus haut, p. 62), porter, au lieu de la tour d'argent sur fond de gueules, écu donné dans les lettres d'anoblissement de 1724, et gravées sur le premier portrait exécuté en 1718, les armoiries des Boullongne de Beaurepaire, à la bande accompagnée de 3 lions. C'est pour nous la preuve que dès cette époque et peut-être même dans les derniers temps de la vie de Louis de Boullongne, le fil de la tradition s'était renoué entre les deux branches des Boullongne, et qu'une reprise de rapports familiaux avait eu lieu entre Jean et ses homonymes d'Artois.

Cette reprise de relations était un coup de fortune pour les Beaurepaire auxquels elle donnait des appuis puissants devant les mettre désormais à l'abri des Traitants, et d'autre part elle donnait satisfaction à la légitime ambition des Boullongne de Paris et de ceux du Beauvaisis, en leur permettant de renouer officiellement des traditions avec la vieille race dont ils prétendaient descendre.

Il ne s'agissait donc plus que de donner à cette reconnaissance de parenté la consécration de sérieuses recherches et d'actes authentiques. C'est ce à quoi s'employa immédiatement le zèle des Boullongne, et surtout de Jean. Ce dernier fit faire en 1750 une enquête en forme juridique à Arras, et bientôt la question fut assez élucidée pour qu'on pût procéder à l'élaboration d'un solennel Pacte de famille.

CHAPITRE VIII

Pacte de famille de 1751.

Pacte de famille fait en 1751 entre les trois branches des Boullongne. — Après enquête, ils reconstituent leur filiation ancienne, et se reconnaissent comme parents. — Les Beaurepaire sont reconnus comme les aînés. — Les Boullongne-Tavernier et les Boullongne de Paris, puînés et cadets, sont autorisés par brevet à reprendre les armoiries familiales. — Discussion de ce Pacte de famille. — Est-il basé sur des titres sérieux et sur des vraisemblances suffisantes ? — Examen des critiques qui en ont été faites.

Le 8 décembre 1751, les représentants des trois branches des Boullongne se réunirent en l'hôtel qu'habitait, dans la rue Neuve-des-Petits-Champs, au coin de la Place Vendôme (paroisse Saint-Roch), Messire Jean de Boullongne, Conseiller d'Etat, Intendant des Finances et des Ordres du Roi, représentant la branche puînée des Boullongne de Paris.

A côté de lui étaient présents :

Antoine-Joseph de Boullongne, écuyer, seigneur de Beaurepaire « demeurant ordinairement en la ville d'Arras, de présent à Paris, logé à l'hôtel d'Espagne, rue Dauphine ».

Puis les représentants de l'autre branche, celle qui portait le surnom de Tavernier. Il y avait là les trois frères, fils de Guillaume et de Marie-Madeleine du Val : Pierre-Guillaume de Boullongne-Tavernier, écuyer ; Guillaume-Pierre, écuyer, conseiller du Roi, Trésorier Général des Colonies Françaises de l'Amérique, demeurant tous deux dans la même maison, place des Victoires ; enfin, Philippe-Guillaume de Boullongne de Préninville, écuyer, Receveur Général des Finances de la Généralité de Poitiers, demeurant rue de Richelieu. Le rameau des Boullongne-Tavernier, resté à Clermont, n'était pas représenté ; cette abstention s'explique par le grand âge de son chef Louis-Charles Tavernier de Boullongne de Longrois, qui, né en 1671, avait alors quatre-vingts ans et n'avait pas de fils pour le remplacer. Nous comprenons moins l'absence de la branche établie en basse-Normandie, dont nous parlons ailleurs. Cette branche était alors représentée par Pierre-Léonard de Boullongne-Tavernier, qui vivait à Falaise, et il faut tenir compte des difficultés des voyages à cette époque : Pierre-Léonard ne jugea probablement pas possible de déléguer à cette réunion familiale son fils Henri-François, qui n'avait encore que dix-neuf ans.

Quoi qu'il en soit, les Boullongne sus-mentionnés étant ainsi réunis, dans les conditions que nous venons d'indiquer, le seigneur de Beaurepaire commença par déclarer — ou du moins l'acte que nous suivons le lui fait dire — que le but principal de sa venue à Paris était d'arranger et de régler les intérêts de famille qu'il pouvait avoir avec MM. de Boullongne de Paris ; « qu'il n'y a jamais eu aucune difficulté dans la famille des Boullongne par rapport à la branche de MM. Tavernier de Boullongne, et que des trois branches... la leur est constamment la cadette et s'est toujours reconnue pour telle ; mais que le fait n'a pas toujours été aussi clair entre la branche de M. l'Intendant des Finances et celle d'Arras ; qu'au mois de mai de l'année dernière mil sept cent cinquante, mond. sieur l'Intendant des Finances, voulant éclaircir quelle était la cadette ou l'aînée des deux lignes, a constaté son degré précis de parenté avec l'exposant, par rapport à certaines prétentions de famille, a fait faire dans la ville d'Arras une enquête en forme juridique, dans laquelle ont été entendus nombre de témoins notables; mais que, quoy qu'ils soient tous entrés dans un grand détail sur la généalogie des trois branches et sur leur commune origine, dont ils étaient très bien instruits, aucun n'a pu dire précisément quelle étoit la première ou la deuxième des deux branches : que cette incertitude a déterminé l'Exposant à venir en cette ville pour y travailler luy-même à vérifier le fait avec Messieurs de Boullongne de Paris : que par la communication réciproque qui s'est faite des titres et des pièces, et par les conférences tenues ensemble, il est enfin demeuré constaté entre eux que la branche du sieur de Beaurepaire est l'aînée des trois ».

Cette certitude acquise d'une origine commune et de l'ordre des trois branches, M. de Beaurepaire, reconnu comme aîné et chef de la famille, requiert ses cadets de reprendre les armoiries « que luy et ses ancêtres ont toujours portées, comme étant les anciennes armes de la famille des Boullongne ». Les représentants des deux branches de Paris et du Beauvaisis adhèrent à cette « réquisition » et promettent solennellement « de regarder à l'avenir et traiter led. Sieur de Beaurepaire comme l'aîné de la famille et comme chef de la branche aînée, qui en cette qualité, doit jouir de tous les droits et privilèges qui y sont attachés ».

Ce curieux Pacte de famille, fait par devant notaire, en forme de sous-seings privés, fut immédiatement exécuté, en ce qui concerne le port des armoiries.

Avant que les relations de parenté aient été reprises entre les Boullongne de Paris et ceux d'Artois, et lors des lettres d'anoblissement données en 1724, à Louis de Boullongne, premier peintre du Roi et Chevalier des Ordres, — le père de Jean de Boullongne, Conseiller d'Etat et Intendant des finances, — le Juge d'armes de France, d'Hozier, avait délivré au nouvel anobli — ou que l'on croyait tel — un brevet d'armoiries daté du 21 novembre 1724. Ces armoiries étaient, à peu de chose près, les mêmes que celles qui avaient été attribuées par le même d'Hozier à Bon de Boullongne, frère aîné de Louis, dans l'armorial fiscal de 1696. Ces dernières étaient blasonnées : d'azur à une tour d'argent maçonnée de sable, au chef d'argent chargé de trois étoiles de gueules.

Lors de l'anoblissement de 1724, la tour est d'argent sur fond de gueules et le chef d'azur chargé de trois étoiles d'or.

Cet écu avait été porté de 1724 à 1736 par les Boullongne de Paris ; puis en 1736, ils avaient repris les armes anciennes (v. plus haut, p. 62). Quant aux Boullongne-Tavernier, les armes dont ils décoraient leurs cachets étaient des plus flottantes et des plus fantaisistes.

C'était Louis-Charles Tavernier de Boullongne de Longrois auquel ledit armorial de 1696 attribuait pour écu : de sinople à l'épée d'or en pal, tandis que le même armorial donnait à son frère Philippe-Eloi : coupé d'or à 3 raisins

tigés au naturel et de gueules à la tour d'argent ; et enfin
à son cousin-germain Guillaume, établi à Orléans, les armes suivantes[e]: d'azur, à une fasce d'argent, chargéé d'un
losange de sable. Enfin des cachets de famille que nous possédons montrent que d'autres Boullongne-Tavernier avaient
pris la Tour au chef étoilé de leurs cousins de Paris. Tout
cela prouve seulement que ces Boullongne attachaient encore peu d'importance à ces questions et qu'ils avaient comme tant d'autres, été « blasonnés », et surtout taxés d'office.

Mais aussitôt le Pacte de famille que nous venons de rela-
ter, conclu et signé, les Boullongne des deux branches cadettes adressèrent une requête au Juge d'armes de France
pour se faire autoriser régulièrement à reprendre les armoiries que venait de leur reconnaître l'aîné de leur famille,
et dont ceux de Paris se servaient déjà au moins depuis 1736
(v. p. 103); c'est-à-dire : « un écu d'argent à une bande
de sable accompagnée de trois lionceaux de sinople, langués
et onglés de gueules et couronnés d'or à l'antique, posés
deux en chef et l'autre en pointe ; cet écu timbré d'un casque à demi-ouvert, orné de ses lambrequins d'or, de sable,
d'argent et de sinople ; le casque sommé d'une main droite d'argent, fermée, et l'écu supporté par deux lions d'argent, langués et onglés de gueules ».

Nous possédons la requête adressée au Juge d'armes par
Jean de Boullongne, en date à Paris du samedi 27 janvier
1753. Cette Requête est suivie d'un nouveau Brevet, annu-
lant celui de 1724, et autorisant Jean de Boullongne et ses
descendants à reprendre les armoiries que nous venons de
décrire et dont sa famille était en possession depuis plus de
deux siècles.

M. Louis de Grandmaison, qui s'occupe spécialement de
cette question dans son *Essai d'armorial des Artistes français* (Paris, 1904), ne s'explique pas — et cela n'a pas lieu
de nous étonner — la diversité d'armoiries qu'il voit prendre par les Boullongne. Louis de Boullongne, le Jeune, re-
marque-t-il, portait de gueules à une tour d'argent, au chef
d'azur chargé de 3 étoiles d'or (alias d'argent), tandis que
son frère Bon porte déjà, dans l'Armorial Général de 1696 :
d'azur à une tour d'argent maçonnée le sable, au chef d'ar-

gent chargé de 3 étoiles de gueules[1]. Il nous semble évident que lorsque d'Hozier taxa l'aîné des Boullongne, il lui attribua un écu à tort et à travers, comme c'était l'usage — en échange de ses vingt livres — et que lors des lettres d'anoblissement données au cadet, celui-ci vit le même intérêt que le Juge d'armes à garder les pièces de l'écu donné à son frère, en modifiant seulement quelques « émaux ».

Sauf dans les grandes familles de vieille noblesse — et encore ? — la fixité des armoiries était chose rare. La diversité des écus portés par des gens appartenant à la même famille fut surtout fréquente au moment de la confection de l'Armorial purement fiscal de 1696 dans lequel d'Hozier attribuait des armes de fantaisie aux contribuables dont il ne connaissait pas l'écu familial. C'est ainsi, pour ne pas sortir de notre sujet, que nous voyons les Boullongne-Tavernier, qui avaient cependant repris bien auparavant — et au moins en 1687 — des relations de famille avec les Boullongne de Paris, être affublés d'armoiries tout autres que celles de Bon de Boullongne, l'aîné des peintres (v. plus haut, p. 108).

Le Pacte de famille que nous venons de raconter mit fin à toutes ces fantaisies héraldiques, puisque les représentants des trois branches prirent l'engagement formel de porter désormais l'écu de la branche reconnue comme l'aînée, celle des Boullongne de Beaurepaire.

La descendance commune s'établissait par Jean de Boullongne[2], sgr. du Molinet au XVIe siècle, lequel, ainsi que nous l'avons vu plus haut, eut plusieurs fils qui formèrent différentes branches, comme l'indique une généalogie écrite en 1739 et qui, par conséquent, n'a pas été faite pour les besoins de la cause, au moins en ce qui concerne les Boullongne de Beaurepaire Quoi de plus vraisemblable que de voir deux de ses fils, chassés de leur pays par la pauvreté,

---

1. *Armorial* : Paris, tome II, p. 926-927 ; et *Blasons coloriés* : Paris, tome I, p. 546 (aux Manuscrits de la Bibliothèque Nationale).

2. Remarquons ce même prénom de Jean donné — pour la première fois chez les Boullongne de Paris — au fils du grand peintre Louis, fils lui-même et petit-fils d'autres Louis. Ne peut-on reconnaître ici la trace, dès 1690, année de la naissance du futur Contrôleur Général, d'une préoccupation des Boullongne de Paris relativement à l'origine artésienne de leur famille, presqu'au même moment où nous constatons, en 1687, la présence d'un Boullongne du Beauvaisis au mariage de Bon Boullongne ?

venir chercher fortune à Paris et dans l'Ile-de-France, et leurs enfants perdre provisoirement tout contact avec ceux de leurs parents restés en Flandre, et dont Claude, l'ancêtre direct des Beaurepaire, avait toute sa vie servi contre la France et habitait à Tournai, alors en pays ennemi ?

Il faut bien avouer, d'ailleurs, que ces hypothèses ne suffisent pas à donner une certitude absolue et que la pièce principale nous fait défaut.

En l'absence de l'enquête juridique dont il a été question plus haut et qu'il a été impossible de retrouver, on peut donc se demander quelle est la valeur probante, au point de vue de l'origine des Boullongne, du Pacte de famille dont nous venons de parler. La consécration que lui a donnée d'Hozier par son enregistrement de la nouvelle généalogie des Boullongne le 27 janvier 1753, n'est pas suffisante pour la faire accepter sans discussion, car on sait ce que vaut, en pareille matière, quand elle n'est pas appuyée sur les documents produits, la signature souvent vénale des généalogistes officiels. Mais à défaut du document précis et positif que nous aurait fourni cette enquête, nous croyons qu'il faut chercher la solution de la question, comme disent les avocats, dans les conditions accessoires de la cause.

Si ce Pacte de famille avait été le résultat d'une rencontre — fortuite ou cherchée, et par conséquent intéressée — entre M. de Boullongne de Beaurepaire et son riche et influent cousin de Paris, le futur Contrôleur Général, rencontre arrivée seulement en 1749 ou 1750, je serais porté à considérer l'acte intervenu entre eux comme un marché passé entre le hobereau quémandant un appui auprès des puissants du jour, et le financier cherchant des aïeux.

Mais il y a autre chose.

Et d'abord les relations reprises au moins dès la seconde moitié du XVIIe siècle entre les Boullongne de Paris et les Boullongne-Tavernier du Beauvaisis, comme nous le voyons par le mariage du peintre Bon Boullongne alors qu'il ne pouvait y avoir aucun intérêt sérieux ni pour les uns ni pour les autres à se reconnaître comme parents. Or, ces Boullongne-Tavernier sont indiqués, dans le Pacte de famille, comme ayant eu précédemment et toujours, des rapports avec les Boullongne de Beaurepaire, rapports, d'ailleurs, absolument vraisemblables. Il ne faut pas oublier, en effet, que les Boullongne de Beaurepaire ont été fixés à Abbeville pendant plus d'un siècle, et qu'ils y ont occupé des charges analogues à celles qu'exerçaient les Boullongne-Tavernier à Clermont en Beauvaisis. Il faut encore remarquer que le Beauvaisis et le Ponthieu sont des provinces presque voisines, que les routes qui menaient d'Abbeville à Paris passaient par Beauvais ou par Clermont. Et nous avons vu plus haut que leurs affaires avaient dû nécessairement faire venir plusieurs fois les Beaurepaire dans la grande ville.

Ce qui serait invraisemblable, c'est que deux familles du même nom, dont l'une au moins se croyait, par tradition, issue des mêmes ancêtres que l'autre, se soient ignorées, vivant à quelques lieues de distance, quand leurs membres occupaient des offices analogues pouvant même amener entre elles des rapprochements professionnels. Leur intérêt commun était de se reconnaître comme parents, de s'avouer du même « estoc ». Le fait qu'on ne trouve pas de preuves de ces rencontres et de ces rapports ne prouve rien, étant donné la perte des papiers et la dispersion des membres de cette famille ; mais nous en avons un souvenir précis dans le Pacte de famille lui-même, quand il nous dit « qu'il n'y a *jamais* eu aucune difficulté dans la famille des Boullongne par rapport à la branche de Messieurs Tavernier de Boullongne » et que cette branche « s'est *toujours* reconnue » comme cadette. Est-ce que ces deux mots que nous soulignons n'impliquent pas des relations anciennement reprises, sinon toujours maintenues entre les Boullongne du Ponthieu et d'Artois et ceux du Beauvaisis ?

Nous sommes donc convaincus que ce sont les Boullongne-Tavernier qui servirent, pour ainsi dire, de « pont » entre ceux de Paris et les Beaurepaire. Que ces derniers aient eu intérêt à faciliter cette reconnaissance pour se procurer des appuis, et que les Boullongne « de finance » de leur côté, aient été bien aises de se donner le luxe d'une origine de vraie noblesse, nous sommes loin de le contester. Mais cela n'infirme en aucune façon les preuves morales que nous donnons ici de la légitimité de ces prétentions. Et Jean de Boullongne, fils, neveu et petit-fils de peintres n'avait, pas plus que ses cousins de Boullongne-Tavernier, à s'émouvoir des sarcasmes de d'Argenson et de sa monnaie, les petits folliculaires, quand ils consacraient par un acte authentique, des souvenirs toujours maintenus et des prétentions absolument légitimes.

Les moqueries ne manquèrent pas, en effet, de se donner carrière à propos de cette reconnaissance de parenté. Nous en trouvons l'écho dans les Mémoires et les pamphlets du temps. Nous n'en citerons ici qu'un exemple, dans les *Mémoires* de Dufort de Cheverny, lequel, bien que devenu l'ami et l'allié des Boullongne (v. plus haut, p. 94), nous semble laisser percer ici un scepticisme désobligeant :

« Dès que M. de Boullongne (Jean) commença à prendre son vol, écrit-il (I, p. 231), il résolut de s'appuyer sur des parents du même nom. Dans ce but, il fit venir de Caen un M. Boullongne, d'une bonne noblesse du pays, qui y vivoit bourgeoisement. M. de Beaufort étant venu à mourir, on donna sa place de fermier général à ce M. de Boullongne; mais il n'y fut pas un an, que la mort l'enleva. Il avoit deux fils, qui se trouvèrent chacun avec 5.000 livres de rente sur le pavé de Paris. M. de Boulogne les plaça dans les vivres de l'armée du Maréchal de Saxe. Ce fut là la source de leur fortune. Après une seule campagne, ils eurent chacun 100.000 livres. L'aîné devint Trésorier de l'Extraordinaire des Guerres en 1758, et fut remplacé par son neveu Jean-Baptiste Boulogne de Préninville. Le second, Boulogne de Préninville, prit une charge de receveur général à Poitiers, et fut ensuite Fermier Général ».

Nous ne relèverons pas l'erreur de Dufort à propos du successeur de M. de Beaufort (v. plus haut, p. 90). Nous retiendrons seulement de cette citation que, malgré tout, Dufort de Cheverny est obligé d'avouer que le Boullongne que Jean fit venir de Caen (?) — qu'il vise ici Paul-Léonard ou un des Boullongne-Tavernier de Clermont — était « d'une famille noble du pays, qui y vivoit bourgeoisement ».

L'auteur d'un manuscrit moderne (il est daté de 1898) récemment entré à la Bibliothèque Nationale (Fond Fr. nouv. acq. 20,535) est beaucoup plus sévère pour les Boullongne.

D'après lui, la noblesse des Boullongne-Tavernier ne remonte qu'à l'office de Secrétaire du Roi, de Guillaume (en 1721) et de Pierre-Léonard (en 1734). Il estime les Boullongne de Beaurepaire « d'assez mince noblesse » et il ignore leurs lettres de confirmation de 1700. Quant au Pacte de famille de 1750, « il est regrettable — dit-il — de voir l'autorité du Juge d'armes compromise par une aussi grossière imposture. Il ne comptait probablement pas — ajoute-t-il — que l'ascendance du financier deviendrait un jour facile à vérifier par l'examen des actes de l'Etat-Civil et des Paroisses ; et d'ailleurs, combien sont rares ceux qui savent résister aux instances d'un Contrôleur Général ! »

Je laisse de côté l'insinuation désobligeante, mais je ne puis m'empêcher de demander en quoi la filiation des Boullongne de Paris, depuis la naissance en 1609 de Louis, IIe du nom, d'un père qui appartenait « à une bonne famille de la province de Picardie » d'où il venait, peut faire obstacle à une commune origine avec les Boullongne de Beaurepaire au XVIe siècle.

Enfin, continue le manuscrit en question, « M. de Belval *(sic)*, dans son *Nobiliaire du Ponthieu*, n'a fait que reproduire la généalogie complaisamment fabriquée par d'Hozier. Cet auteur — continue-t-il — qui se pique volontiers de redresser les erreurs des autres, aurait peut-être pu ne pas laisser passer une aussi bonne occasion de montrer son exactitude et son impartialité ».

Si l'auteur du manuscrit en question s'était donné la peine de lire avec quelque attention l'article BOULLONGNE dans le *Nobiliaire de Ponthieu et de Vimeu*, du marquis de Belleval (2e édition, Paris, 1876, in-4°), il y aurait vu que cet auteur qui, d'ailleurs, n'a jamais passé pour vénal et qui connaissait bien son Ponthieu, n'a nullement copié d'Hozier. Il y aurait en même temps constaté qu'il commet une erreur tout à fait ridicule en faisant de Jean de Boullongne, le Contrôleur Général — qu'il appelle Jean-Nicolas — le fils de Louis de Boullongne, écuyer, sgr. de Beaurepaire et de Jeanne Dauvin de Noyelles. Il n'en est pas moins intéressant pour nous de voir que, comme Laîné [1], Le Gor-

---

1. *Archives généalogiques et historiques de la Noblesse de France*, Paris, 1844, tome IX.

gue [1] et bien d'autres, il ne met nullement en doute l'ancienneté de la noblesse des Boullongne d'Artois et de Picardie et qu'il admet sans hésitation leur origine commune avec celle des Boullongne de Paris. Il en est de même de La Chesnaye-des-Bois qui affirme cette communauté d'origine dans son *Dictionnaire de la Noblesse* (3ᵉ édition).

Comme on le voit, le Pacte de famille de 1751 n'étonna pas tout le monde et le Manuscrit dont nous nous occupons semble avoir montré quelque parti pris de trouver entachée de fraude une reconnaissance de parenté comme il y en a tant d'exemples dans notre histoire nobiliaire ; les erreurs que commet au sujet des Boullongne, le manuscrit Carignan ne sont pas faites pour donner créance à ses affirmations [2].

La famille d'artistes qui nous occupe n'est pas la seule, d'ailleurs, qui rétablit à cette époque ses titres anciens à la noblesse. Nous n'en citerons qu'un exemple caractéristique, celui du fameux sculpteur en cire du temps de Louis XIV, Antoine Benoist, dont, dit M. J. Guiffrey [3] « une fastueuse généalogie, peut-être un peu accommodée pour les circonstances, établissait que l'artiste sortait d'une noble famille remontant au temps de Charles VII et énumérait tous les degrés de cette parenté ».

Et combien pourrait-on citer d'exemples analogues d'anciennes maisons chevaleresques se rattachant ainsi, aux XVIIᵉ et XVIIIᵉ siècles, à des familles de parlementaires ou de financiers ? Les Armoriaux en sont pleins, et si beaucoup de ces rattachements n'ont d'autre raison d'être qu'une vanité intéressée [4], un grand nombre sont basés sur des titres sérieux et consacrent des prétentions légitimes.

Nous pensons que le Pacte de famille des Boullongne doit être classé dans cette seconde catégorie.

Quoi qu'il en soit, d'ailleurs, et même si ce Pacte de fa-

---

1. *Nobiliaire de Ponthieu*, I, 230.

2. C'est ainsi, par exemple, qu'il fait du Contrôleur Général le petit-fils de Bon Boullongne.

Op. laud., p. 3. — Cfr. *Société de l'Histoire de l'Art français*, tome I.

4. J'en ai moi-même signalé un exemple. V. *le Mausolée des Puget*, dans *Bull. de la Soc. Hist. de Paris*. (Cfr. TALLEMANT DES RÉAUX : *Historiettes* (Edit. de 1840), VIII, p. 131.

mille était seulement le résultat d'un amour-propre compréhensible, mais injustifié, il n'en serait pas moins un curieux épisode de la vie de la famille d'artistes et de financiers dont nous écrivons l'histoire, et à ce titre, une intéressante contribution à l'étude des mœurs au XVIIIe siècle.

CHAPITRE IX

Jean de Boullongne, Contrôleur=Général.

Le Pacte de famille dont nous venons de parler et la consécration nobiliaire qu'il donnait à la fortune de Jean de
Boullongne ne pouvait que l'aider à s'élever plus haut encore.

Intendant des Finances et Premier Commis du Trésor
Royal, ce qui faisait de lui le Ministre des Finances du Roi
et de sa Maison, Boullongne visait, nous l'avons vu, à devenir Contrôleur Général, c'est-à-dire Secrétaire d'Etat aux
Finances. Cette ambition avouée redoubla naturellement
les haines et les jalousies qu'avait déjà soulevées sa rapide
élévation. Les Mémoires contemporains nous permettent
de suivre pas à pas les dernières circonstances qui précédèrent sa nomination.

Les affaires du Roi empiraient, d'ailleurs, de plus en
plus, et il fallait, pour empêcher une catastrophe, faire des
prodiges d'intrigue et d'habileté. Jean de Boullongne, com-

me Premier Commis du Trésor Royal, avait sa grande part de soucis et d'embarras ; d'autant plus que c'était lui qui devait fournir directement de l'argent pour les prodigalités de la favorite.

Au commencement de 1752, les caisses étaient vides. A la date du 14 janvier, d'Argenson écrit (VII, p. 69) qu'on fait un gros emprunt forcé en secret aux Fermiers généraux, et que « l'on voit que le ministère de la finance fait flèche de tout bois, ne sachant où prendre de l'argent pour pousser l'illusion quelques jours de plus... » Monsieur de Boullongne, ajoute-t-il, « déclare à tous ses amis qu'il ne sait où donner de la tête pour les payements les plus pressés. Madame de Pompadour prétend ménager les finances du Roy en lui faisant passer le moins de temps qu'elle peut à Versailles, et retournant peu de jours après aux campagnes qu'il quitte, pour en consommer les provisions ».

Un an après, le gouffre s'était encore agrandi : « La tête tourne au sieur Boullongne — écrit d'Argenson le 6 février 1753 (VII, p. 400) — qui a le département du Trésor Royal, soit de vanité, soit d'embarras. L'on a encore retardé les payements plus qu'ils ne l'étaient ; on n'a soin que des rentes sur la Ville ».

On courait décidément à la faillite.

Le lendemain 7 février 1753, d'Argenson écrit encore (VII, p. 402) : « Un homme qui arrive de la Cour m'a dit que le Garde des Sceaux se trouvait dans le plus grand embarras, étant absolument au bout de ses pièces pour fournir de l'argent à ces trois objets : prêt du soldat, rentes sur la Ville et voyages du Roy et autres dépenses de la Cour. Ses ressources sont épuisées ; lui et M. de Boullongne ne savent plus où donner de la tête et on est à la veille de voir manquer ces objets... Le paresseux et indolent ministère des finances recule ce moment de faillite tant qu'il peut. Le défaut de plans généraux est le grand mal de notre gouvernement ».

Et pendant ce temps, les Anglais construisaient quarante vaisseaux avec lesquels ils se préparaient à anéantir la puissance coloniale de la France. Ce qui ne les empêchait pas d'avoir amorti depuis la paix plus de deux cents millions (monnaie française) et de payer régulièrement tout ce qu'ils devaient.

En France, au contraire, tout allait de mal en pis.

Le 3 mai 1753, le blé renchérit aux environs de Paris. La situation devint de plus en plus grave (*op. cit.*, VIII, p. 5).

Au même moment, l'affaire des « Sacrements », soulevée par le fanatisme anti-janséniste de M. Christophe de Beaumont, archevêque de Paris, amenait la suspension de la justice et la dispersion du Parlement. Mais il fallait le rappeler (en 1754) sans qu'il cédât et sans pouvoir éviter une sentence d'exil contre l'Archevêque (1755).

Au mois d'octobre de cette même année 1753, qui vit commencer la lutte contre le Parlement, M. de Boullongne, s'il faut en croire d'Argenson (VIII, p. 135), avertissait ses amis à la Cour, de se hâter de toucher leurs pensions et leurs appointements, « qu'il prévoyait bien de l'embarras pour l'année prochaine, et que l'on ne pouvait toujours faire avancer les Receveurs et Fermiers Généraux, que le Royaume s'épuisait… etc. »

On comprend que, dans ces conditions, le Contrôleur Général, M. de Machault, créature de la Pompadour, n'eut qu'une idée, c'était de passer les finances à quelque autre et de devenir Chancelier. Au commencement de 1754, le malheureux Ministre des Finances en était réduit à soutenir les dépenses au moyen d'une contrebande cachée. Il en tira, dit-on (VIII, p. 199), « plus de dix millions de profit, ce qui a pour résultat — ajoute d'Argenson — de ruiner nos manufactures ».

Dans sa haine contre eux, d'Argenson va jusqu'à assurer que les frères Pâris, et derrière eux Boullongne, applaudissaient à la ruine du pays, espérant que cette situation les rendrait maîtres de disposer du Ministère des Finances, comptant ensuite sur leur habileté, sur la protection de la Pompadour et surtout sur leur argent pour se tirer d'affaire, une fois arrivés au pouvoir. Un peu plus, il les accuserait d'être les auteurs conscients de la crise due à l'incurie du Roi et aux prodigalités de la favorite.

Ils s'étaient rendus absolument maîtres, écrit-il le 31 mars 1753 (VII, p. 436), « de tout l'argent de la place… Montmartel, ajoute-t-il, possède à lui seul plus de cent millions, et Boullongne de très gros biens ; il a part, lui et sa famille, à huit places de fermiers généraux ; tout le crédit est renfermé dans eux seuls. Tantôt il fait trembler le ministère de la finance, tantôt il le tire de ses détresses. Avec cela il file la corde et annonce la faillite générale du royaume ou la banqueroute royale. Quoi de plus dangereux que de tels gens avec d'autres personnages aussi ignorants que nos robins qui sont aujourd'hui à la tête des finances ? Avec ces moyens, les deux amis que je dis comptent que, dans quelques mois, M. Boulogne deviendra Contrôleur-Général, et que l'on fera un pont d'or à M. le Chancelier pour se retirer à sa campagne. Alors le Garde des Sceaux restera à la Cour comme Chancelier et Ministre. Montmartel connaît son frère Duverney, comme un fou, et lui abandonne peu de choses pour satisfaire son travail chimérique.

» Ces gens-là ont le projet de faire bien d'autres changements dans le ministère, comme un Rouillé dont on est mécontent dans la marine ; mon frère surtout est menacé de disgrâce dans son département de la guerre ; pour M. de Saint-Contest, le parti dont je parle s'en embarrasse peu, et laissera M. le Prince de Conti s'en charger sous le nom de M. des Issarts, comme nous l'avons dit ».

Ce dernier alinéa nous montre le bout de l'oreille et nous explique l'acharnement avec lequel d'Argenson maltraite M. de Boullongne et ceux qu'il croit ses amis, dans son *Journal*, et même ailleurs. Il les considère comme les ennemis de son frère et de lui-même et cela devient une véritable obsession. Reprenant l'idée qu'il a émise le 31 mars 1753, il y revient encore le 3 mai presque dans les mêmes termes (VIII, p. 5) :

« Je sais, écrit-il, que M. de Boullongne, Intendant des Finances, a son plan tout fait pour forcer le Roi dans quelques mois à le nommer Contrôleur-Général ; il est de concert avec les Pâris pour cette vue. Ces gens-là se sont rendus maîtres de ce qu'on appelle la place et par leurs propres richesses et par celles de leur famille, de leurs amis et des financiers qui dépendent d'eux ; ainsi ils retardent, ils resserrent ou ils délient le crédit du Roy à leur fantaisie pour faire manquer le Trésor Royal, ou pour y donner des expédients selon leurs intérêts. Voilà le cul-de-sac où l'on s'est jeté par une confiance aveugle et stupide ».

Au commencement de l'année 1754, la poire paraissait mûre à Boullongne et à ses amis, et cependant la haine perspicace d'Argenson lui faisait croire qu'ils ne la cueilleraient pas encore. « L'on assure — écrit-il le 2 janvier de cette année (tome VIII, p. 199) — « que le sieur Boulongne va être incessamment Contrôleur Général des Finances. Il se fait faire une belle généalogie pour montrer au Roi que, quoique fils d'un peintre, il vient d'une ancienne noblesse de Picardie. Je sais cependant des intrigues de Cour qui s'opposent à le placer dans ce ministère, et je pense que tout autre y parviendra que lui. Il se prépare à accroître le crédit du Roi pour fournir aux dépenses de Cour et pour accabler le peuple davantage ».

L'avènement prochain de ce parvenu, allié aux Pâris qu'il détestait, et protégé de Mme de Pompadour, son ennemie déclarée, enrageait le pauvre marquis d'Argenson. Aussi daubait-il tant qu'il le pouvait, la plume à la main, dans sa colère solitaire, contre ce « fils d'un peintre, puis Commis, ensuite Intendant des Finances, avançant toujours par la force de son argent » et qu'il croyait maintenant assuré d'être incessamment Secrétaire d'Etat.

La généalogie que venait de se faire dresser M. de Boullongne, à la suite de son Pacte de famille de 1750, avait surtout le don d'exciter la verve du marquis. Il en reparle encore le 8 février 1754 (VIII, p. 219) : « Il vient de faire faire sa généalogie, écrit-il, dans laquelle il prétend descendre des Comtes de Boulogne, et avoir même des droits à la Couronne ».

Cette fois nous croyons que le bouillant marquis, dans sa haine aveugle pour Boullongne et ses amis, perd un peu la mesure. Au moins, malgré toutes nos recherches, n'avons-nous trouvé nulle part aucune trace de l'impertinente et ridicule prétention qu'il attribue à l'ami des Pâris.

Cependant la lutte avec le Parlement continuait. Le lit de justice tenu le 13 déc. 1756, pour exiger qu'on fît le silence sur la Bulle *Unigenitus* et pour réformer la Compagnie frondeuse, avait seulement envenimé les choses. Cet acte d'énergie, sorte de coup d'Etat qui aurait dû faire reculer les Parlementaires, n'avait eu d'autre résultat que d'amener la démission de 180 conseillers, « revenants de Pontoise ». Des avocats refusèrent de plaider devant ceux qui étaient restés à leur poste et le Châtelet lui-même ferma ses portes. Il fallut l'attentat de Damiens, arrivé quelques jours plus tard, le 5 janvier 1757, pour donner au Roi un regain momentané de popularité et amener une accalmie. Néanmoins tout craquait et on sentait la Révolution prochaine. Elle ne fut retardée que de quelques années par les violences de Maupeou contre les Parlements.

A l'extérieur, la situation n'était pas meilleure. L'Angleterre profitait de la faiblesse de notre marine pour poursuivre sa politique d'agression et de traîtrise. Sur ses injonctions, nous avions lâchement abandonné Dupleix dans l'Inde en 1754. Le 28 mai de la même année, l'assassinat, en pleine paix, par les Anglais, d'un officier français, Jumonville, en Amérique, inaugurait la série d'actes de banditisme qui devait se terminer par la perte de nos colonies. En 1755, l'Angleterre recommençait traîtreusement les hostilités : le même jour, sans déclaration de guerre, l'amiral Boscawen capturait deux vaisseaux de ligne et les Anglais couraient sus à nos bâtiments marchands, faisaient pour 30 millions de prises et capturaient 10.000 matelots qu'ils enrôlaient de force sur leurs navires.

Louis XV, dont l'incroyable apathie en ce moment confinait à la lâcheté, au lieu de répondre coup pour coup, faisait semblant de ne rien voir, espérant par sa patience lasser l'adversaire. Il réussit seulement à le rendre plus insolent encore, et il lui fallut enfin, après avoir supporté pendant six mois la guerre malgré lui, la déclarer officiellement le 13 janvier 1756. Cette lutte qui commençait dans ces conditions déplorables, devait s'appeler dans l'histoire la Guerre de Sept Ans et se terminer pour nous par le désastreux traité de Paris du 10 février 1763, digne résultat d'un règne qui devait s'achever au milieu des malédictions de tout un peuple.

Ces malheureux événements n'empêchaient pas les ambitions de poursuivre leur but et Jean de Boullongne, poussé par un parti puissant, convoitait toujours le poste de Contrôleur général que la haine de ses ennemis ne devait pas l'empêcher d'atteindre.

En 1754, lorsque M. de Machault avait quitté le Contrôle général pour prendre la Marine, les influences contraires l'avaient encore emporté [1]. Il en avait été de même lorsque M. de Séchelles, successeur de M. de Machault, avait été remplacé le 17 mai 1756, par son propre beau-frère Peirenc de Moras. Ce dernier Ministre, très impopulaire, dura à peine quelques mois [2]. Il tomba rapidement en disgrâce, et le 25 août 1757, le Roi signa enfin la nomination de Boullongne au poste de Contrôleur Général et Ordinaire au Conseil des Finances. Il fut présenté en cette qualité le même jour à la Cour et sa femme eut le même honneur le 2 octobre suivant. (*Mém. de Luynes*, XVI, 200). Son fils, dont nous parlerons plus tard, et qui avait rang au Conseil d'Etat depuis le 5 mars précédent (*Mém. de Luynes*, XV, 432), était pourvu en même temps, à sa place, de la charge d'Intendant des Finances dont il avait la survivance [3]. Le nouveau Contrôleur Général se démit également, au mois de décembre suivant, de la charge d'Intendant des Ordres du Roi pour prendre celle de Grand Trésorier des mêmes Ordres, dont le marquis de Paulmy était alors titulaire, le 17 septembre 1758 ; il prêta le serment de cette charge le 25 du même mois.

L'élévation de M. de Boullongne au poste de Secrétaire d'Etat fut bien accueillie par l'opinion. Le personnage était sympathique et sa grande expérience des affaires parut

---

1. Jean de Boullongne s'était trouvé en conflit avec M. de Machault, cette année 1754, à propos d'un projet relatif au paiement des dettes du clergé. (*Mém. de Luynes*, Paris, 1865, tome XIII, p. 439).

2. Comme on prétendait que son père avait été barbier au Vigan, on chantait :

> « On a dans le Ministère
> « Peirenc de qui le père
> « Faisait le poil céans,
> « Proprement, proprement ;
> « Et Moras va rasant
> « Doucement, doucement ».

(Cf. *Vie Privée de Louis XV*, III, p. 393).

3. Il y avait six Intendants des Finances. Ils avaient rang de Conseiller d'Etat 25.000 livres de fixe, plus un casuel variant de cinq à dix mille livres. Mais la charge exigeait deux cent mille livres de « finance ».

d'un heureux augure. Il eut, comme nous dirions de nos jours, « une bonne presse ». Nous avons vu plus haut ce que pensait de lui le Lieutenant Général de Police, Marville, écho bien renseigné de l'opinion publique. Le duc de Luynes, parlant de lui quelques semaines avant son élévation à propos d'une affaire de préséance (*Mémoires*, XVI, p. 292), dit textuellement qu'il « a beaucoup d'amis et mérite d'en avoir ». Ce témoignage d'un grand seigneur, alors fort peu mêlé aux intrigues de la Cour, est tout à la louange de Boullongne.

Les pamphlétaires eux-mêmes, qui seuls représentaient alors notre « quatrième pouvoir » d'aujourd'hui, firent au nouveau Contrôleur Général un favorable accueil.

Les couplets suivants qu'on chanta partout dans les rues à la nouvelle de sa nomination, en sont le témoignage :

> Des financiers, les suppôts
> Ont brouillé la besogne.
> Qui pourra par ses travaux
> En démêler le chaos ?
> Boullongne, Boullongne, Boullongne.
>
> Qui du gendre cordial
> Du Bon roi de Pologne
> Peut, sans emplir l'hôpital,
> Remplir le Trésor Royal ?
> Boullongne, Boullongne, Boullongne.
>
> Au vainqueur de Cumberland,
> Ce duc à rouge trogne,
> Qui fournira l'argent
> Qui manque jusqu'à présent ?
> Boullongne, Boullongne, Boullongne.
>
> Comme on veut dans un emploi
> On taille, on tranche, on rogne
> Qui rendra tout à son Roi
> Sans rien retenir pour soi ?
> Boullongne, Boullongne, Boullongne.
>
> Ainsi buvons à longs traits
> Le nectar de Bourgogne,
> Nos désirs sont satisfaits,
> Chantons tous : Vive à jamais
> Boullongne, Boullongne, Boullongne.

Ce ne sont pas seulement les pamphlétaires qui célébrè-
rent l'élévation de Jean de Boullongne au Contrôle Général.

Parmi les hommes de lettres avec lesquels il était depuis
longtemps en relations se trouvait Jean-Baptiste-Louis Gresset. Il l'avait accueilli avec la plus grande bienveillance au
Château de la Tuilerie qu'il avait acheté l'année même
(1734) où le jeune poète picard publiait son premier ouvrage resté son chef-d'œuvre. Aussi, quand M. de Boullongne
parvint au sommet des honneurs, Gresset, — bien qu'il fût
alors Académicien, retiré à Amiens et au comble de la réputation — crut donner à la fois satisfaction à sa gratitude
et à ses intérêts bien entendus en adressant au financier qui
lui avait prêté son amicale protection, une longue épître de
cent cinquante-quatre vers, imprimés plus tard, l'année
même de la mort du poète, dans un recueil intitulé : *Almanach littéraire* ou *Etrennes d'Apollon* (Paris, 1777, in-12,
p. 71).

Voici quelques vers de cette épître « adressée à M. de
Boullongne, au moment de sa nomination au Contrôle Général » :

> Puissent mon hommage et mes vers
> Vous être heureusement offerts,
> Loin du bruit de la galerie,
> Loin du chaos des supplians,
> Quand vous viendrez quelques instants
> Respirer à la Thuilerie.
> C'est dans ce séjour enchanteur,
> Palais de Flore et de Minerve,
> Que le premier fruit de ma verve
> Reçut le prix le plus flatteur
> Des suffrages dont je conserve
> Un souvenir cher à mon cœur.
> C'est dans ces beaux lieux que j'espère
> Aller quelque jour vous offrir
> Le pur encens d'un solitaire,
> Avec les fruits de mon loisir...

Ces vers ne sont certainement pas des meilleurs qu'ait
écrits l'auteur de *Vert-Vert*. Nous avons pensé néanmoins
qu'il était intéressant de les rappeler ici comme une preuve
des relations, dont nous avons déjà parlé (p. 78) de Jean de
Boullongne avec les « gens à talent » et en même temps
comme témoignage de la sympathie avec laquelle fut accueillie son élévation.

La haute situation qu'obtenait enfin Jean de Boullongne, malgré le bon accueil qui lui était fait — si elle donnait satisfaction à l'ambition légitime de l'homme privé — n'était pas, pour l'homme public, sans fâcheuses compensations.

Nous venons de voir dans quel état se trouvaient les finances de la France à ce moment du règne de Louis XV, « le Bien-aimé ». Et cependant les besoins devenaient de plus en plus grands.

Il fallait, d'abord, de l'argent pour soutenir la guerre contre les Anglais qui ne cessaient d'insulter nos côtes. Peu de semaines après l'élévation de Jean de Boullongne, ils ravageaient les îles de Ré et d'Aix appartenant alors au comte d'Argental, à qui, pour toute consolation, Voltaire écrivait de Lausanne, le 5 janvier 1758 : « Et vous, pourquoi avez-vous une maison dans une maudite île ? C'est l'affaire de M. de Boullongne de vous la payer. Son père l'auroit peinte : il a peint le plafond de la Comédie » [1].

Le caustique écrivain se serait bien gardé de manquer l'occasion de faire une épigramme. Mais les déboires de M. d'Argental, comme seigneur des îles de Ré et d'Aix, n'étaient qu'un bien petit côté de la question. En effet, la caisse était vide, ou à peu près, et il fallait cependant, en dehors même des dépenses de la guerre, faire face aux nécessités les plus pressantes. Les fantaisies de la favorite mettaient le comble au désarroi des finances.

En 1758, sur un budget de recettes de 500 millions environ, il n'y avait de disponibles, pour les besoins du Gouvernement et de la Guerre, s'élevant ensemble à 357 millions, que 139 millions, ce qui faisait un déficit annuel de 217 millions. Le reste était mangé par les aliénations faites d'avance, par les dépenses du Roi et de sa famille, le paiement des rentes, des traitements, etc. Et encore, sur ces dépenses obligatoires, quelques-unes et non des moins respectables, étaient souvent fort négligées.

Ainsi on en arrivait à un tel état de pénurie qu'on était parfois dans l'impossibilité de payer sa modeste pension de cent mille livres à la pauvre reine délaissée, Marie Lecksins-

---

1. *Œuvres de* Voltaire (Edit. Garnier), tome 39, p. 350.

ka. Avant même d'être élevé à la première place, Jean de Boullongne avait eu, comme Premier Commis, chargé du Trésor Royal, à s'occuper de cette pénible situation.

Au mois de décembre 1753, il avait reçu la visite — et ce n'était pas la première — de M. de Bonneval, Trésorier de la Reine, lequel venait, de la part de sa souveraine, lui dire qu'elle n'avait pas touché son mois et qu'elle n'avait plus un sol.

Ce n'est pas que la bonne Reine fût dépensière; loin de là. Habituée dès l'enfance à la médiocrité de la petite Cour de Pologne, elle avait passé, avant d'être appelée inopinément au trône de France, par la gêne et la pauvreté, partageant la vie errante de son père Stanislas, chassé de son royaume. Très simple de goûts, d'ailleurs, elle avait peu de besoins. Mais les charges d'une Reine de France étaient considérables à cette époque de luxe effréné et de plaisir à outrance et le budget de Marie était loin d'être suffisant. L'équilibre demeurait difficile à établir entre les recettes et les dépenses. L'entretien régulier du mobilier, du linge, des équipages, de la table ; les gages des officiers et des domestiques, les gratifications, les étrennes, le « Cavagnole » ou jeu officiel de la Reine, enfin les pauvres auxquels la bonne princesse consacrait la moitié des sommes destinées à ses dépenses personnelles, absorbaient et au delà toutes les ressources. La pension de cent mille livres, même régulièrement payée, était insuffisante ; on peut s'en rendre compte bien facilement en la comparant seulement aux sommes folles dépensées par la maîtresse en titre pour ses toilettes et ses fantaisies.

Aidée par le dévouement du Surintendant de sa Maison, le fameux Président Hénault, dont l'esprit méthodique aussi bien que la haute intelligence lui étaient d'un grand secours dans ces crises pour ainsi dire périodiques, la Reine s'était jusque-là toujours tirée d'affaire ; néanmoins le Roi avait dû déjà solder par deux fois ses dettes, depuis vingt-cinq ans qu'elle était mariée.

Pour le moment, la pauvre Princesse était dans les plus cruels embarras. Son trésorier, M. de Bonneval, n'avait plus un sou ; il essayait partout de faire de l'argent sans y réussir. « Parlez au Contrôleur Général, mon cher Président », — écrivait la bonne Reine au Surintendant de sa Maison en réclamant son mois de décembre 1753 — « dites-lui que si ce n'était que pour moi je m'en passerais ; mais bien des gens sont payés sur cela, qui en ont bien besoin. De plus, je paie sur cela mes petites dettes tous les mois, afin d'éviter cette dépense au Roi. Vous savez que je n'ai nulle fantaisie et que jamais je n'achète rien pour moi. Enfin, mon cher Président, je vous recommande cette affaire »[1].

M. de Boullongne trouva enfin l'argent nécessaire pour donner satisfaction à l'excellente Princesse qui en fut au comble de la joie. « On ne peut être plus sensible » — écrivait-elle à son « cher Président » — « à tout ce que vous avez fait et à la vivacité avec laquelle M. de Boullongne s'y est porté. J'ai encore une affaire à voir, c'est pour mon confesseur. Vous savez qu'un religieux n'a rien du tout : il vit ici uniquement avec ce qu'on lui donne... Il n'a exactement pas de quoi vivre. Parlez-en, je vous prie, à M. de Boullongne ».

Les choses traînèrent ainsi pendant deux années. Enfin, sur le conseil d'Hénault, la Reine se décide à dresser le bilan de ce qu'elle doit et qu'il lui serait impossible de payer à la longue, sur ses ressources ordinaires. Elle en est « honteuse à mourir ». Est-ce cette humble attitude de la pauvre délaissée qui toucha Louis XV ? Ou lui-même eut-il quelque honte de voir sa femme si pauvre quand il se montrait si généreux pour ses maîtresses ? Toujours est-il qu'il se décida à nettoyer encore une fois cette situation lamentable et M. de Boullongne reçut des ordres en conséquence. Il s'ingénia à trouver immédiatement de l'argent et cette pénible liquidation put avoir lieu dès 1756 par le versement à Marie Lecksinska d'une somme de 120.000 livres destinées à solder ses dettes.

La Reine sut le meilleur gré à Jean de Boullongne de sa bonne volonté et du zèle qu'il montrait à la servir en toute circonstance. Aussi pouvons-nous être certain que son faible appui lui fut tout acquis lorsqu'il fut sérieusement ques-

---

1. *Lucien* Perey : *le Président Hénault et Madame du Deffand*, Paris (Calmann-Lévy), 1893, in-8, p. 349.

tion de lui pour le Contrôle Général, et qu'elle fut très sa-tisfaite de sa nomination.

Malheureusement pour Boullongne, il ne dépendait pas de la Reine qu'il restât longtemps en charge. A cette époque, plus qu'à toute autre, la Roche Tarpéienne était près du Capitole. On arrivait par la faveur et par l'intrigue ; une autre intrigue vous renversait. Comme ses prédécesseurs, Jean de Boullongne en fit l'expérience et il ne conserva pas longtemps la haute situation qu'il occupait.

Sa présence au Ministère, pas plus que celle de tout autre, ne pouvait rétablir les finances sur un pied normal. Et le mal paraissait sans remède.

Comme trente-cinq ans auparavant, lors de la débâcle du système de Law, il était impossible de plus rien demander à l'impôt sans courir le risque de provoquer l'émeute. Plus encore qu'à cette époque néfaste, la matière imposable, pressurée jusqu'aux moelles, était épuisée. Quant à la voie des emprunts, elle était également impraticable : le crédit était mort, la situation ne pouvant plus offrir aucune garantie aux prêteurs éventuels. On en était donc réduit aux palliatifs et aux expédients, ressource aussi précaire que dangereuse, et il ne semblait pas possible d'éviter une catastrophe financière.

Il eût fallu pour cela des réformes radicales qu'on ne pouvait demander à un Prince apathique, insouciant, tout à ses plaisirs, à qui on a pu attribuer sans invraisemblance ce mot de monstrueux égoïsme : « Cela ne durera pas bien longtemps ; mais du moins autant que moi. Après moi, le déluge ! »

Le rôle du Contrôleur Général était donc à peu près impossible : placé d'une part, devant les prodigalités insensées de la Cour et les détestables principes économiques qui prévalaient alors, et d'autre part en face des nécessités d'une guerre dont les événements se déroulaient de la manière la plus fâcheuse et qui devait se terminer par le désastreux Traité de Paris du 10 février 1763 — il lui fallait pourvoir à tout avec des ressources insuffisantes, des impôts qui rentraient mal, un pays anémié par les abus de tout genre légués par Louis XIV et les exigences de plus en plus grandes d'une opinion fatiguée et frondeuse. Le Roi

était toujours dans la situation d'un négociant menacé
d'une faillite imminente. Et son Secrétaire d'Etat aux Finances avait pour premier devoir de dissimuler la situation
à tous — même à son chef de file, le premier Ministre, et
au Ministre des Affaires Etrangères — pour conserver quelque crédit et ne pas laisser tout s'effondrer. Après le désastre de Crevelt, le 23 juin 1758, désastre qui amena une
panique à la Cour, il fallut que M. de Bernis, Ministre des
Affaires Etrangères, obtînt un ordre exprès du Roi à M. de
Boullongne pour avoir communication de l'état réel des
finances [1]. Epouvanté de ce qu'il apprenait ainsi, le Ministre alla trouver la Pompadour, exigeant la paix à tout prix,
avec une énergie à laquelle on n'était pas habitué. Il n'obtint pas gain de cause sur ce point à ce moment, mais son
intervention amena tout au moins un resserrement des dépenses et quelques mesures d'économie.

Cette intervention eut encore d'autres résultats : elle
brouilla Bernis avec la favorite et lui fit donner sa démission à la fin du mois de septembre suivant. En même temps
il conseillait au Roi de prendre pour le remplacer, le comte
de Choiseul, ambassadeur à Vienne, qui croyait à la pos-
sibilité de continuer la guerre. La retraite de Bernis fut
officiellement annoncée le 9 novembre ; le 30 du même mois
il était nommé Cardinal et le 13 décembre, il partait pour
son château de Vic-sur-Aisne où l'irascible favorite le faisait exiler. Sans avoir sur la situation de M. de Boullongne
un effet aussi immédiat, les événements de l'année 1758
n'en furent pas moins la cause prochaine de sa chute.

L'avocat Barbier nous donne, dans son *Journal*, le récit
et les motifs immédiats de cette disgrâce (IV, p. 308).

« Dimanche 4 (mars 1759) — écrit-il — changement dans
le Ministère. Ce jour, à huit heures et demie du matin, M.
le comte de Saint-Florentin s'est rendu chez M. de Boullongne, Contrôleur Général, pour lui annoncer que le Roi étoit
content de ses services (en avait assez), et c'est M. de Silhouette, Maître des Requêtes, qui a été nommé Contrôleur
Général des finances. Sur ce changement, les uns disent
que M. de Boullongne demandait depuis longtemps à se
retirer, par la difficulté de remplir cette grande place dans

---

les circonstances présentes ; d'autres, qu'il a eu des propos vifs avec M. le Maréchal de Belle-Isle qui lui demandait quatre millions tout à la fois pour le commencement de la campagne, que M. de Boullongne lui a fait entendre que tous les fonds de la campagne étaient préparés et arrangés, qu'il lui donnerait des sommes à mesures, mais qu'il ne pouvait pas lui donner à présent quatre millions à la fois ; de plus, que M. de Boullongne, en travaillant avec le Roi, s'est opposé fortement au projet de mettre dans le public des billets de confiance, projet soutenu par M. de Silhouette, comme devant répandre, au contraire, beaucoup de méfiance dans le public et faire resserrer l'argent ».

Si les renseignements de Barbier sont exacts — et il n'y a aucune raison d'en suspecter l'impartialité — les motifs de la retraite de Jean de Boullongne étaient donc très honorables, et son successeur éphémère — il ne resta que sept mois contrôleur général [1] — n'était pas homme à le faire oublier. Ce successeur fut, en effet, M. de Silhouette, dont parle ici Barbier, le promoteur de l'expédient des billets de confiance dont, avec grande raison, Boullongne n'avait pas voulu. Silhouette était, d'ailleurs, un homme assez médiocre, « un timide, pour ne pas dire un imbécile », disent de lui les historiens de Mme de Pompadour [2]. Avec lui, la favorite pouvait espérer toutes les faiblesses, tous les compromis.

Quant à Boullongne, il fut, suivant l'usage, exilé à vingt-cinq lieues de Paris [3]. Il conserva néanmoins, comme l'avait fait son prédécesseur Orry, sa charge de Grand Trésorier de l'Ordre du Saint-Esprit.

C'est au temps où il était Contrôleur Général ou sur le point de le devenir qu'Hyacinthe Rigaud fit le portrait de

---

1. Il fut remplacé le 21 octobre de cette même année 1759, par Bertin, autre créature de la Pompadour, qui, lui, dura jusqu'au 12 septembre 1763, où il fut remplacé par Laverdy.

2. *Edm. et Jules* DE GONCOURT : *Madame de Pompadour*, p. 257.

3. M. THIRION (*op. cit.*), dit, en parlant de cette disgrâce, qu'on pria « poliment » Jean de Boullongne « d'aller voir à sa terre de Provins s'il saurait mieux gérer ses biens que ceux de l'État ». Or, il y a là une double erreur : Jean de Boullongne n'eut jamais de terre à Provins et il n'acheta celle de la Chapelle-Godefroy, près de Nogent-sur-Seine, qu'en 1761, comme nous le verrons tout à l'heure.

Jean de Boullongne, dont la gravure fut terminée par J.-G. Wille, graveur du Roi, en 1758 [1].

Jean de Boullongne est représenté le corps un peu tourné à gauche et la tête presque de face dans un encadrement carré au sommet légèrement arrondi. C'est beaucoup le même arrangement que celui du portrait de son père par le même peintre, portrait que nous avons décrit plus haut. Le fond du tableau est formé, à gauche, par des pilastres, et à droite, par un grand rideau d'une riche étoffe brochée.

Le personnage, en perruque poudrée, est vêtu d'un ample manteau duquel sortent les dentelles de la gorgerette et de la manchette. La main droite est seule visible. Elle est appuyée sur un livre posé debout sur une table à côté d'une sonnette, d'un encrier dans lequel trempe une plume d'oie, et de papiers épars.

Sur le soubassement en saillie qui termine le cadre, on lit ces mots sur trois lignes :

Jean de Boullongne,
Contrôleur Général des Finances, Commandeur
et Grand Trésorier des Ordres du Roi.

Au milieu de ce soubassement, et coupant l'inscription, dans un rond creux, un cartouche surmonté d'une couronne de marquis et portant, entouré du Cordon des Ordres du Roi, l'écu repris définitivement par tous les Boullongne, depuis le Pacte de famille de 1751, et portant 3 lionceaux.

On nous permettra peut-être d'examiner ici une accusation qui a été portée par un récent historien sur la gestion de Jean de Boullongne.

L'auteur d'un livre que nous avons déjà eu l'occasion de citer et que nous citerons encore : *La Vie privée des financiers au XVIIIe siècle*, élève des doutes concernant l'intégrité de Jean de Boullongne comme Contrôleur Géné-

---

1. *Mémoires et Journal de J.-G. Wille*, graveur du Roi, publ. par G. Duplessis. Paris, 1857, 2 vol. in-8, p. 120. La gravure de ce portrait coûta 1330 livres, plus l'imprimeur. Elle est fort rare. Le Cabinet des Estampes en possède trois états différents dont un magnifique tirage avant toute lettre que nous reproduisons. (*Œuvres de J.-G. Wille*, tome II, E. c. 17 b.)

ral ; et la seule preuve qu'il prétend en fournir, c'est qu'il était riche et qu'il avait richement doté ses filles. Mais il oublie que Jean avait reçu de son père une belle fortune, grossie du legs de son oncle Bon; qu'avant d'arriver au Ministère, il avait été Premier Commis pendant trente-trois ans (depuis octobre 1724) et Intendant des Finances pendant treize ans. Il semble ignorer dans tous les cas, que ce n'est pas avec les gains illicites qu'il aurait pu faire au service du Roi comme Secrétaire d'Etat — car c'est là ce dont il l'accuse — qu'il aurait pu doter ses filles, attendu qu'il ne fut Contrôleur-Général que du 25 août 1757 au 4 mars 1759, et que ses quatre filles furent respectivement mariées en 1736, 1737, 1743 et 1746. L'accusation ne tient pas non plus debout si on l'appliquait à son fils Jean-Nicolas, puisqu'il épousa Mlle Feydeau de Brou en 1753, c'est-à-dire quatre ans avant l'élévation de son père.

La vérité est que Jean de Boullongne ne sortit ni plus riche ni plus pauvre du Ministère des Finances où il passa dix-huit mois. Même en supposant — ce que nous ignorons — que les appointements de cette grande charge fussent encore, comme au temps de Philibert Orry, de 110.000 livres, ce n'est pas les 180.000 livres, à peu de chose près, qu'aurait touchées M. de Boullongne pendant son court séjour au Ministère qui firent sa fortune. Entré riche au pouvoir, riche il en sortit ; mais il faudrait quelque preuve pour prétendre qu'il y augmenta sa fortune par des malversations. Il n'eut même pas la chance de toucher le pot-de-vin de cent mille écus que recevait le Contrôleur Général en exercice, à chaque renouvellement du bail des Fermes, puisque ce renouvellement s'était fait pour six ans, comme à l'ordinaire, en 1755.

Le même auteur accuse encore Jean de Boullongne de s'être livré à un « népotisme » effréné. Il lui reproche d'avoir « employé son crédit à peupler les Fermes et les Recettes Générales de ses parents et amis ». Ceci est plus spécieux, mais n'est pas plus exact, en ce qui concerne tout au moins Boullongne considéré comme Contrôleur Général.

Il est certain que Jean avait, tant parmi ses parents que parmi ses alliés, bon nombre de gens nantis de charges de finance, soit dans les Recettes, soit dans les Fermes. Il est non moins certain que, comme tous les hommes en place de tous les temps, il chercha toujours, soit avant, soit pendant son Ministère, à être utile aux siens ; mais on ne saurait lui reprocher d'avoir fait un usage scandaleux de son influence, pendant les dix-huit mois qu'il fut au pouvoir. Il suffit, pour s'en convaincre, de voir à quelles dates les Boullongne ou leurs alliés obtinrent les situations qui firent leur fortune ou l'augmentèrent. Les seuls qui reçurent des charges nouvelles pendant le court Ministère de Jean de Boullongne [1], furent Henri-François de Boullongne-Tavernier, fils de Pierre et de Catherine de Rabodanges, lequel eut la charge de Maître des Requêtes en 1757 — mais il était déjà depuis deux ans Conseiller au Grand Conseil — et Philippe-Guillaume Boullongne de Préninville qui, Receveur Général des Finances depuis 1749, devint Fermier Général en 1759.

On voit que les actes de népotisme reprochés à Jean de Boullongne, Contrôleur Général, se réduisent à peu de chose, si l'on veut être de bonne foi. Les Boullongne appartenaient au monde de la Finance depuis un demi-siècle. Tous ceux qui devaient y faire figure y étaient entrés avec eux au cours de cette période ; il est certain que le crédit et la grosse situation de leur parent Jean, Premier Commis des Finances depuis 1724, les aida à gravir les divers échelons de la carrière. Mais ce qui prouve bien que ce n'est pas à son influence seulement qu'ils durent leur fortune, c'est que plusieurs d'entre eux continuèrent leur ascension après sa chute en 1759. C'est ainsi que nous voyons Guillaume-Pierre de Boullongne-Tavernier, jusque-là Trésorier Général alternatif des Colonies françaises d'Amérique, devenir Trésorier Général de l'Extraordinaire des Guerres en 1761, en pleine disgrâce de son parent.

Je ne pense pas non plus qu'on puisse faire un crime à Jean de Boullongne d'avoir profité de sa haute situation pour faire entrer son fils à l'Académie Royale de Peinture et de Sculpture, afin d'assurer, pour une génération encore, la présence des Boullongne dans cette illustre Compa-

---

1. Et il faut remarquer que comme nous ne connaissons pas le jour exact de ces nominations, elles peuvent être antérieures au 25 août 1757 ou postérieures au 4 mars 1759.

gnie. Nous voyons, en effet, dans les *Procès-Verbaux* (t.
VII, p. 48), que, dans la séance du 1ᵉʳ octobre 1757, son al-
lié Watelet, Associé Libre, posa la candidature du jeune
Conseiller d'Etat et Intendant des Finances.

Watelet expliqua que le fils de Jean de Boullongne « désireroit par l'estime qu'il fait de la Compagnie et par l'affection qu'il porte à ses membres, d'être admis à ses Assemblées ; que M. de Boullongne, son père, Amateur-Honoraire, par les grandes occupations que luy donne la charge de
Contrôleur-Général des Finances dont le Roy l'a chargé, se
trouvant privé du plaisir d'assister à ses Assemblées aussi
souvent qu'il le désireroit, et souhaitant ne point perdre de
vue la Compagnie, il s' y trouveroit en quelque sorte présent en la personne de Monsieur son fils ».

L'Académie ne pouvait refuser une faveur demandée en
pareils termes, et émanant d'un aussi puissant personnage ; aussi s'empressa-t-elle de répondre que « pénétrée de
reconnoissance de ces témoignages d'affection, conservant
d'ailleurs, chèrement, la mémoire des ancêtres de MM. de
Boullongne, qui ont dirigé et illustré l'Académie, et voulant donner toutes les preuves d'attachement qui peuvent
dépendre d'Elle ; l'Académie, du Consentement de Monsieur le Marquis de Marigny, Directeur et Ordonnateur Général des Bâtimens du Roy (présent à la séance), a ordonné
que M. de Boullongne le fils, Conseiller d'Etat et Intendant
des Finances, seroit invité à assister à toutes ses Assemblées, sans cependant que cet exemple pût tirer à conséquence, pour quelque personne que ce soit. A cet effet, Elle
a prié M. de Silvestre, directeur, et M. Watelet et M. Ber-
geret, Associés libres, de vouloir bien se charger de faire
part à M. de Boullongne le fils du résulat de la délibéra-
tion » .

On ne peut reprocher bien sévèrement à Jean de Boullongne cet acte de « népotisme » qui profita, d'ailleurs, autant à l'Académie qu'à celui qui en était l'objet. Le père et
le fils surent, en effet, bon gré à l'Académie de cet honneur
inusité et ils rendirent les meilleurs services à la Compagnie
qui avait été le berceau de la fortune de leur famille et à
laquelle les rattachait une tradition séculaire.

Revenons au Contrôleur Général déchu et exilé.

N'ayant pas encore de terre à la distance voulue de Paris
et ne pouvant rester à sa maison de Passy, il alla demander
asile à un de ses cousins, de la branche du Beauvaisis, dont
nous avons parlé plus haut, lequel était alors fonctionnaire
à Falaise en Basse-Normandie et possédait près de cette
ville une petite terre appelée le Hameau-Fleuri, sur la paroisse de Neuvy-au-Houlme.

Ce modeste domaine avait été acheté en février 1719 par
Pierre-Léonard Tavernier « sieur de Boullongne », alors
Receveur au Grenier à sel de Falaise, à Claude-Jean-Jac-
ques Fortin, écuyer, sieur de Prays, demeurant à Falaise,
en même temps que la ferme de la Houssaye, paroisse de la
Hoguette, le tout moyennant 970 livres de rente viagère [1].

C'était alors un simple manoir-ferme, arrière-fief rele-
vant de la seigneurie de Neufvy, qui elle-même faisait partie du marquisat de Rabodanges. Il est probable que Pierre
de Boullongne-Tavernier avait aménagé dans son nouveau
domaine rural un logis seigneurial où il pouvait venir à la
campagne ; il y avait même construit une chapelle dédiée
à saint Pierre qui fut consacrée en 1745 en présence de la
Marquise, de la Comtesse et du Chevalier d'Aubigny, de
M. et Mlle de Pont, de M. Guittot et d'autres notabilités du
pays [2]. Mais c'était encore bien peu de chose néanmoins,
et d'après la tradition du pays, c'est seulement lorsque son
riche cousin disgracié vint lui demander un asile au Hameau-Fleuri que Pierre de Boullongne-Tavernier y fit faire
des travaux considérables et qu'il y créa un véritable lo-

---

1. Pierre-Léonard avait épousé vers 1730 une fille de la grande Maison de Rabodanges, dont le château s'élève encore non loin de Falaise, sur les coteaux qui dominent le Val d'Orne. Outre le Hameau-Fleuri et sa dépendance, la Houssaye, il
possédait les seigneuries de Laurière, de la Grande et de la Petite-Beauce, etc. —
Son fils aîné, Henry-François, né le 25 février 1732, est qualifié de Chevalier, seigneur de Fontaine-Labbé et autres lieux, et occupa successivement les charges de
substitut du Procureur Général au Parlement de Paris en 1752, Conseiller au
Grand Conseil le 4 janvier 1755, Maître des Requêtes en 1757, Président au Grand
Conseil le 17 septembre 1762, enfin Intendant du Commerce. Il écartelait ses armes de celles des Rabodanges et de la Ferté Senectaire. Le 3 juin 1764, Leurs Majestés et la famille royale signèrent à son contrat de mariage avec Mlle Langlois,
fille d'un Intendant des Finances. Tous deux moururent prématurément — et
sans laisser d'enfants — trois ans après, en 1764, lui le 24 mai, elle le 13 septembre, et cette carrière qui promettait d'être si brillante, s'interrompit brusque-
ment à 35 ans. (V. notre APPENDICE VI).

2. Communication de M. Guiboust, secrétaire de la mairie de Neuvy-au-Houlme,
en 1909.

gis seigneurial dont le château actuel n'est que le développement [1].

Nous ignorons combien de temps dura cet exil en Basse-Normandie. Mais, deux ans après sa disgrâce, nous voyons Jean de Boullongne acheter près de Nogent-sur-Seine, en Champagne, un grand domaine qui fut sa dernière « folie ».

Le château de la Chapelle-Godefroy était, sans doute, une très vieille connaissance pour M. de Boullongne. Il avait appartenu, en effet, à son ancien chef, Philibert Orry, le Contrôleur Général dont il avait été le Premier Commis, et il est vraisemblable qu'il y avait fait des séjours.

Philibert Orry, né à Troyes d'une famille originaire de Paris, avait fait de la Chapelle un magnifique domaine, et lorsqu'il y était mort en 1746, il l'avait légué à son frère Orry de Fulvy, Intendant des Finances et Directeur de la Compagnie des Indes. Ce frère, joueur effréné — on raconte qu'il perdit en une seule séance, au biribi, dans un tripot de Paris, 20.000 louis (480.000 l., au moins 600.000 fr. de notre monnaie) — laissa une fortune très amoindrie à son fils qui vendit la terre de la Chapelle à Bouret de Valroche, frère du fameux fermier général, de qui elle fut acquise, en 1761, par Jean de Boullongne. Cette terre comprenait, outre la seigneurie de la Chapelle Godefroy, celles de Fontaine, de Mâcon et de Marnay, et enfin la Châtellenie de Nogent-sur-Seine avec titre de Comté.

Le château, dont la construction avait été achevée par Philibert Orry vers 1740, était d'une architecture assez ordinaire, mais grand et confortable, et décoré à l'intérieur d'une manière tout à fait somptueuse [2]. Il n'y manquait rien : théâtre, orangerie, vastes communs en faisaient une demeure des plus agréables.

M. de Boullongne, bien que vieilli — il avait alors soixan-

---

1. Le Hameau-Fleuri fut, avec la Houssaye, vendu le 11 septembre 1774, par Louis-François de Boullongne-Tavernier, écuyer, demeurant à Angers, paroisse Saint-Mauville, à Louis le Bourgeois, négociant à Falaise, y demeurant. (Renseignements pris dans le chartrier du baron de Caix de Chaulieu, actuellement propriétaire du château du Hameau-Fleuri).

2. Il n'en reste plus qu'un pavillon. Le village de la Chapelle avait, avant la révolution, 27 feux et 70 communiants ; c'est aujourd'hui un hameau de la Commune de Saint-Aubin.

te et onze ans bien sonnés — et désabusé du monde et de la
Cour, avait néanmoins conservé un goût très vif pour les
arts. Il mit donc tous ses soins à embellir encore sa nouvelle résidence. Il la compléta aussi en faisant construire
l'église et la cure de la petite paroisse de la Chapelle-Godefroy. Ce nouveau seigneur avait besoin d'un patronage
ecclésiastique.

Le vieux Contrôleur Général disgracié sut, d'ailleurs, se
faire aimer de ses nouveaux vassaux. C'est lui qui établit
à Nogent-sur-Seine, en 1763, une manufacture de bas au
métier, laquelle fut un véritable bienfait pour le pays [1]. Lui
et plus tard, son fils, soutinrent également de leur argent
le collège de cette petite ville [2].

C'est à la Chapelle-Godefroy que Jean de Boullongne eut
le chagrin de perdre, au mois de juin 1763, sa femme Charlotte-Catherine de Beaufort, la « belle Uranie » de Piron,
à l'âge de soixante-trois ans. Il lui survécut encore près de
six ans. Il mourut, en effet, à Paris, le 21 février 1769, âgé
de 79 ans, ainsi que nous l'apprennent la *Gazette de France*
du 27 février, et sa lettre de faire part mortuaire que nous
avons retrouvée au Cabinet des Titres de la Bibliothèque
Nationale (P. O., tome 452 ; dossier *Boullongne*, p. 21) et
dont voici le libellé :

*Vous êtes prié d'assister au Convoi de Haut et Puissant
Seigneur Jean de Boullongne, Chevalier, Comte de Nogent-
sur-Seine, Seigneur de Masnay, Mâcon, La Chapelle-Godefroy et autres lieux, Commandeur des Ordres du Roy, ancien Contrôleur Général de ses Finances, (Honoraire-Ama-
teur de ses Académies de Peinture et de Sculpture)* [3], *décédé en son Hôtel rue Saint-Honoré ; Qui se fera jeudi 23ᵉ février 1769, à sept heures du soir, en l'église de Saint-Roch,
sa paroisse.*

*Et au Transport qui se fera ensuite en sa Terre de la Cha-
pelle-Godefroy, près Nogent-sur-Seine.*

---

1. Beaucoup de renseignements que nous donnons ici et dans le chapitre suivant sur la Chapelle-Godefroy nous ont été fournis par la Notice publiée par M. Albert BABEAU, membre de l'Institut, dans les *Mémoires de la Société Académique de
l'Aube* (1876), sous le titre : *Le Château de la Chapelle-Godefroy.*

2. V. COURTALON et AUFAUVRE : *Histoire de Nogent*, p. 202, 249, etc.

3. Cette phrase entre parenthèses est, dans l'original que nous copions, ajoutée
à la main en interligne.

Le *Mercure de France*, qui annonce aussi cette mort (avril
1769, 1ᵉʳ vol., p. 212), ajoute quelques lignes d'éloge :
« L'application — dit-il — l'intégrité et le zèle avec lesquels
il a rempli les emplois et les places qui lui avoient été confiées, et son amour pour les lettres et les arts font naître de
justes regrets de sa perte. »

Les *Procès-Verbaux de l'Académie* (VII, 371, 373, 376,
378 et VIII, 4) nous donnent quelques détails sur la fin de
Jean de Boullongne.

Tombé dangereusement malade en octobre 1767, il alla
de mal en pis jusqu'à la fin de décembre. Une apparence de
mieux se manifesta au commencement de janvier 1768 et
il put faire remercier la Compagnie par M. Wattelet de l'intérêt qu'elle montrait à sa conservation en faisant prendre
plusieurs fois officiellement de ses nouvelles. Mais ce mieux
ne dura pas et à l'ouverture de sa séance du 25 février, l'A-
cadémie reçut l'avis public de la mort de son Membre-Honoraire-Amateur.

CHAPITRE X

Descendance de Jean de Boullongne et de Catherine de Beaufort.

Ils eurent quatre filles et un fils. — Les filles mariées à M. de Caze, baron de la Bove, aux marquis de l'Hôpital, de Dromesnil et de Béthune. — Le fils, Jean-Nicolas de Boullongne, comte de Nogent à la mort de son père, baron de Marigny-le-Châtel, seigneur de Montereau, etc. — Il est successivement Conseiller au Parlement de Paris, Intendant des Finances, Premier Commis en survivance de son père, puis Conseiller d'Etat et Conseiller au Conseil Royal. — Marié à Louise Feydeau de Brou, fille du futur Garde des Sceaux. — Vers adressés par Piron à sa femme. — Jean-Nicolas, Membre honoraire de l'Académie de Peinture. — Il embellit la Chapelle-Godefroy. — Sa bibliothèque, son médaillier, ses tableaux et ses objets d'art. — Son fils unique Paul-Esprit-Charles de Boullongne, émigre et disparaît à la Révolution. — Vente de la Chapelle-Godefroy. — Inventaire publié par M. Albert Babeau. — Arcade du XVIe siècle provenant de ce château.

De l'union de Jean de Boullongne et de Charlotte-Catherine de Beaufort étaient venus quatre filles et un fils, lesquels, grâce à la grande fortune de leur père, contractèrent tous des mariages avantageux qui firent décidément entrer les Boullongne dans la plus haute aristocratie de race ou de finance.

L'aînée des filles, Marguerite-Claude, née le 27 janvier 1720, bien que légèrement infirme [1], fut mariée le 13 novembre 1737 à Gaspard-Henry de Caze, écuyer, baron de la Bove en Laonnais, et autres terres, d'abord Maître des requêtes ordinaires de l'Hôtel du Roi et Conseiller au Parlement de Paris par provision du 17 août 1731, puis Intendant du Commerce, Maître des Requêtes de l'Hôtel-de-Ville, enfin Intendant de la Généralité de Pau et Auch. Il passa ensuite à l'Intendance de Champagne et c'est dans sa généralité, à Langres, qu'il mourut prématurément, à peine âgé

---

1. Elle était boiteuse, si nous en croyons une note des *Dossiers bleus* (tome 120), du *Cabinet des Titres* (Dossier 2.993, p. 13).

de quarante ans, le 4 novembre 1750. Sa femme lui survécut longtemps, car elle mourut, à Paris, seulement le 21 février 1792.

La famille de Caze [1] était de noblesse et originaire du Languedoc ; plusieurs de ses membres avaient porté l'épée. Mais le père de Gaspard-Henry, comme beaucoup de modestes gentilshommes de ce temps, dégoûtés de la pauvreté aristocratique, s'était fait homme de finance. Après avoir occupé diverses fonctions, il obtint enfin la charge de Fermier-Général au bail de 1724. Il avait épousé Mlle Watelet, fort riche elle-même, sœur de Nicolas-Robert Watelet, Receveur Général des Finances, et de Watelet de Valogny [2], et tante du membre de l'Académie Royale de Peinture et Sculpture. Les trois filles issues de cette union furent mariées à M. de Rouillé d'Orfeuil, parent du Ministre Rouillé et plus tard Intendant de Champagne, au comte de Forbin et au comte de Nogaret. Quant aux fils, l'aîné, Gaspard-Henry, est celui qui nous occupe ici et qui épousa Mlle de Boullongne ; le cadet Nicolas-Robert, né en 1718, Secrétaire du Cabinet du Roi, puis Trésorier Général des Postes et Relais et Fermier Général, épousa d'abord en 1747 Mlle Lescamotier ; puis, devenu veuf, en 1759, Mlle Brunet d'Evry, dont la conduite privée donna lieu aux plus justes reproches. Nicolas de Caze n'était pas, du reste, plus raisonnable que sa seconde femme : bien que Fermier Général après son père, il mena une vie tellement dissipée qu'il était complètement ruiné en 1755, et que quelques années plus tard, il fit une faillite retentissante qui lui valut d'être rayé des Fermes en 1763. Le troisième frère, Jean-Louis de Caze, connu sous le nom de Caze de Villambre, d'abord lieutenant aux Gardes françaises, acheta une charge de Maître des Requêtes ; mais lui aussi fut un franc débauché, mêlé à une quantité d'affaires scandaleuses, notamment à l'occasion de ses liaisons avec la Dugazon, de la Comédie Italienne, et avec la Monginet « aussi sotte que jolie », qu'il avait enlevée à M. de Chennevières [3].

---

1. Cfr. Article de CAZE, dans l'*Armorial Général de France*, Registre V, t. VIII. — Armes de cette famille : d'azur à un chevron d'or accompagné en chef de deux losanges du même et en pointe d'un lion aussi d'or.

2. Cfr., plus haut, pages 6 et 63.

3. CHEVERNY : *Mémoires*, etc. — THIRION, 299, 347, 466, 469.

Le gendre de Jean de Boullongne était le plus raisonnable des trois frères de Caze. Amateur d'objets d'art suivant la tradition des « multi-millionnaires » de ce temps, il vivait tantôt à sa belle terre de la Bove, paroisse de Sissonnière, près de Laon, érigée en baronnie en 1740, et tantôt à Paris où il avait acheté à M. de Sainte-Amaranthe, Fermier Général (de 1756 à 1769), et moyennant la somme de 350.000 livres, le magnifique hôtel de Jonquières, au faubourg Saint-Honoré [1]. Sa vie régulière ne mit pas Gaspard-Henry de Caze à l'abri des pamphlétaires, ennemis des financiers, et du plus redoutable d'entre eux, puisque son Journal a passé à la postérité, le marquis d'Argenson, lequel n'est pas plus tendre pour les enfants de Jean de Boullongne que pour leur père. Voici en quels termes il s'exprime sur le compte de Gaspard-Henry de Caze peu de temps après son mariage à la date de septembre 1739 (II, p. 269) :

« Il y a au Conseil un petit Monsieur de la Bove, fils de M. Caze, fermier général, et gendre de M. Boullongne, Premier Commis du Contrôleur Général pour le département du Trésor Royal, riche à millions, accrédité par l'influence que peuvent créer son agiotage et sa souplesse, et par son hypocrisie en morale comme en dévotion. Il a donné sa fille aînée à M. de l'Hôpital [2] et la cadette à ce petit Maître des Requêtes. On assure qu'il aura bientôt les plus belles Intendances. Je trouve qu'il ressemble à ces petits écoliers polissons dont on voit tant dans les collèges, et qu'on nomme *malice* par excellence : petit ragot, de petits yeux, un air de malignité soutenue de peu d'esprit, et entremêlé d'air sérieux dans les actes de quelque bon sens ; pâle au reste et des trous aux joues ».

La seconde fille de Jean de Boullongne, Louise-Charlotte-Elisabeth, née le 14 mai 1721 et baptisée le 15 à Saint-Eustache (ses parents demeuraient alors rue des Fossés-Montmartre), épousa en 1736 Paul-François de Galluccio ou Galluccy, marquis de l'Hôpital, né le 13 janvier 1697, Chevalier des Ordres du Roi, de Saint-Janvier, etc., Premier

---

1. Nous n'avons pu identifier cet hôtel. Le Comte d'Aucourt, dans son travail si consciencieux (*Les anciens Hôtels de Paris*, Paris, 1890), ne le cite pas.

2. D'Argenson se trompe ; Mme de la Bove était l'aînée ; mais il n'y regarde pas de si près et cela ne fait rien à l'affaire : il s'agit avant tout de traîner dans la boue les Boullongne.

Ecuyer de Madame, Lieutenant-Général des armées du Roi en 1745, Inspecteur général de la cavalerie et des Dragons. Il prit part à la guerre de la Succession d'Espagne et à celle de la Succession de Pologne, mais il se fit remarquer surtout par ses services diplomatiques. Ambassadeur extraordinaire à Naples en 1740, il y resta onze ans et fut ensuite envoyé de 1756 à 1761 avec le même titre en Russie où il ébrécha sa fortune par le faste qu'il déploya [1].

« D'une belle figure — écrit le comte Dufort de Cheverny dans ses *Mémoires* (I, 145) — aimable, âgé de soixante-cinq ans, il fut nommé, et il accepta de s'expatrier à deux mille lieues, dans un âge où l'on doit être dégoûté des voyages. Mais il était encore très actif, puisqu'il avait conservé son Inspection de cavalerie. Il aimait la décoration, ayant déjà le Cordon bleu d'un côté, le Cordon rouge de Saint-Janvier en sautoir, et encore un autre ordre ; et l'on s'imaginait qu'il serait le seul homme sans prétention, capable de ramener l'Impératrice à des procédés amicaux. Il reçut donc tous les compliments. Sa femme, dame de Mesdames, et ses enfants ne quittèrent pas le service, et l'on regarda cette acceptation comme un dévouement ».

Il fut rappelé seulement lors de l'avènement au pouvoir du duc de Choiseul « pour avoir voulu lui donner des conseils » (CHEVERNY, *Mémoires*, I, p. 242). Ce rappel ne pouvait, du reste, que lui plaire, car sa santé était fort éprouvée par le climat de Russie.

Cela n'abrégea pas beaucoup sa vie, d'ailleurs, car il mourut dans son château de Châteauneuf-sur-Cher, en Berry, dans sa quatre-vingtième année, le 30 janvier 1776. Sa femme l'avait précédé dans la tombe, au même lieu, le 15 octobre 1767, âgée de quarante-six ans seulement.

Ils laissaient deux filles : l'aînée, Marie-Elisabeth-Charlotte-Pauline, née le 14 août 1737, mariée le 8 mai 1754 à Arnoult-Louis-Marie-Stanislas, marquis de Lostanges, Maître de Camp du Régiment des Cuirassiers, reçu en survivance de Premier écuyer de Madame ; la seconde, Char-

---

1. V. *Recueil des Instructions données aux Ambassadeurs de France depuis les Traités de Westphalie jusqu'à la Révolution* (publié sous les auspices de la Commission des Archives Diplomatiques au Ministère des Affaires Etrangères) :

Naples et Parme, publ. par Joseph REINACH (1893) ;

Russie, publ. par Alfred RAMBAUD, 2 vol. (1890).

lotte-Elisabeth, née le 19 mai 1739, mariée le 4 juin 1755, à François-Martial de Montiers, vicomte de Mérinville (fils du marquis), brigadier de Cavalerie et Capitaine-sous-Lieutenant de la Compagnie des Gendarmes de la Garde du Roi, puis Maréchal de Camp.

Le Roi, la Reine et la famille Royale avaient signé aux contrats des deux sœurs qui avaient été mariées, l'une par l'Archevêque de Paris, l'autre par le Nonce du Pape.

Le rancunier marquis d'Argenson, qui ne manque jamais une occasion de vilipender les Boullongne, nous conte, à la date du 20 juin 1739 (II, p. 179), que lors de la nomination de deux dames de compagnie pour « Madame seconde » — on appelait ainsi Mme Anne-Henriette de France, seconde fille du Roi, — Jean de Boullongne se servit d'arguments « sonnants et trébuchants » et donna — il ne dit pas à qui — de l' « argent afin d'obtenir cette grâce pour sa fille » la marquise de l'Hôpital. Il omet d'ajouter que le marquis, lequel fit une très brillante carrière diplomatique, était Premier écuyer de la princesse, ce qui rendait assez naturelle la faveur faite à sa femme.

Jeanne-Edmée, la troisième fille de Jean de Boullongne et de Charlotte de Beaufort, née le 10 novembre 1723 et morte à vingt-quatre ans [1], en février 1747, avait épousé, au mois d'août 1743, Charles-François-Gabriel de Hallencourt, alors qualifié comte, et depuis marquis de Drosmesnil, vicomte et châtelain de Franlay, Capitaine-lieutenant des Chevau-légers d'Anjou, etc., mort aussi prématurément que sa femme le 27 décembre 1749, Maréchal de camp des armées du Roi.

De ce mariage étaient également nées deux filles ; N..., mariée le 11 décembre 1762, à Emmanuel-Marie-Louis, marquis de Noailles, né le 12 novembre 1743, Gouverneur de Vannes, Ministre plénipotentiaire en Basse-Allemagne,

---

1. Le fait suivant, rapporté par le duc de Luynes (*Mémoires*, XI, 11), à la date du 27 janvier 1751 — quelle que soit son étrangeté, pour ne pas dire plus — semble indiquer que Jeanne-Edmée de Boullongne ne passait pas pour bien saine ni bien vigoureuse : « A l'occasion de Mme de Beauvilliers (morte de la petite vérole), dit le duc — on contoit il y a quelques jours un fait bien extraordinaire. Mme de Drosmesnil, morte depuis peu de temps, étoit née avec la petite vérole ; les boutons suppurèrent et séchèrent suivant le cours ordinaire ; et elle ne l'a pas eue depuis ; mais ce qui est singulier, c'est que Mme de Boulogne n'eut point la petite vérole pendant sa grossesse, ni en accouchant d'un enfant qui l'avoit, ni ne la gagna pas ».

puis Ambassadeur aux Pays-Bas et en Angleterre, etc. [1], et Adélaïde-Elisabeth, née en 1746, qui épousa, le 2 janvier 1763, Louis-Antonin, marquis de Belsunce, né en 1740. Elle mourut à Bagnères, à 24 ans, le 4 octobre 1770.

La quatrième et dernière des demoiselles de Boullongne, Marie-Edmée, née à Paris — rue et porte Montmartre — le 25 juillet 1725, fut baptisée le 26 à Saint-Eustache et tenue sur les fonts par Edme-Joseph Roslin, sieur de Fouvol, conseiller du Roi, receveur des tailles de l'élection d'Alençon, et par Marie-Anne de Boullongne sa tante, femme de Jean-Pierre Richard, conseiller du Roi, payeur des rentes à l'Hôtel-de-Ville de Paris.

S'il faut en croire le duc de Luynes (*Mémoires*, VII, 119), il avait été question, lors du voyage de la Cour à Fontainebleau au mois de novembre 1745, du mariage de Marie-Edmée de Boullongne avec le fils du marquis d'Argenson, le même qui se montre dans ses Mémoires, si sévère et si injuste pour les Boullongne et tout ce qui les touche. Le fait est assez curieux à constater, et on peut même se demander si le dépit de la non-réalisation de cette union ne fut pas la cause de la haine du célèbre mémorialiste pour les Boullongne.

Ce projet paraît, d'ailleurs, avoir été presque aussitôt abandonné que conçu, et le bruit courut immédiatement que la jeune fille épousait le richissime Pâris de Montmartel, veuf depuis peu et qui venait de perdre son fils unique en septembre 1745 (*Mém. de Luynes*, II, 190). Mais ce financier préféra allier ses millions aux « quartiers » de Mlle de Béthune, d'une branche cadette de cette noble maison (*id.*, VII, 215, 236, 237). On prétendit, d'ailleurs, que le marquis de Béthune s'opposa tout d'abord très énergiquement à l'union de sa sœur avec le célèbre traitant et que ce fut ce dernier, qui, pour amadouer son futur beau-frère et lui faire accepter son propre mariage, lui proposa d'épouser Mlle de Boullongne.

Les choses s'arrangèrent ainsi, et Marie-Edmée fut mariée, par contrat du 27 février 1746, passé devant d'Aoust,

---

1. Le marquis de Noailles, alors officier aux gardes, était le neveu de l'Archevêque de Paris, chez qui il allait beaucoup à Conflans où sa femme, dit BARBIER (*Journal*, décembre 1754, tome IV, p. 57), tenait « grande compagnie ».

conseiller du Roi, notaire à Paris — à Haut et Puissant Seigneur Armand de Béthune, chevalier, marquis de Béthune, chevalier des Ordres du Roi, né le 20 juillet 1711, Guidon des Gendarmes Ecossais et Chambellan de Monseigneur le duc d'Orléans, Premier Prince du sang, plus tard Maréchal de Camp des armées du Roi, Mestre de Camp général de la Cavalerie.

Il suffit de comparer la modestie relative des actes de baptême des filles de Jean de Boullongne et la splendeur des titres portés par ceux qu'elles épousent, pour mesurer le chemin parcouru en moins de vingt ans par la famille de Boullongne dans la voie de la fortune et des honneurs.

Le poète attitré de la famille de Boullongne, l'honnête et prolixe Tannevot, ne manqua pas de faire, au sujet de ce grand mariage de la dernière fille de son patron — il était, nous l'avons vu, secrétaire de Jean de Boullongne — une « Idylle en forme d'Epithalame ». Cette pièce, de près de cent vers, se trouve aux manuscrits de la Bibliothèque Nationale [1]. Elle est d'une telle médiocrité que nous en ferons grâce au lecteur. L'auteur ne manque pas d'y rappeler le souvenir de la Belle Uranie célébrée par son ami Piron. Minerve — car cet Epithalame est un dialogue des dieux — déclare, en parlant de l'épousée,

> « Que dans cette Nimphe si chère,
> « On ne me distingue pas moins,
> « Qu'on me reconnaît dans sa mère ».

Et Mars, le dieu de la guerre et des combats, s'exprime ainsi à propos de l'époux :

> « Du favory d'un Roy fameux,
> « Le pur sang coule dans ses veines ;
> « Et de mes ardeurs souveraines
> « Enflamme son cœur belliqueux.
> « Sully, la gloire de son maître,
> « Brûla d'un zèle vertueux ;
> « Ce héros se verra renaître
> « Dans un de ses dignes neveux ».

L'union de Marie-Edmée, bien que tout à fait « arrangée », comme nous dirions aujourd'hui, ne fut, d'ailleurs,

---

1. *Recueil de chansons, vaudevilles, sonnets,* etc., *avec des remarques curieuses,* vol. 34. — F. Français, 12.649, p. 227-31.

pas plus mal assortie qu'une autre. Mais, comme sa sœur la marquise de Drosmesnil, la nouvelle marquise de Béthune ne jouit pas longtemps de sa nouvelle situation. Elle mourut, en effet, chez sa belle-sœur, Mme Pâris de Montmartel, au château de Brunoy [1], le 3 juillet 1753, dans sa vingt-huitième année, laissant deux filles en bas âge : Catherine-Pauline, née le 2 juin 1752, mariée en mai 1770, à J.-B. Antonin de Colbert, comte de Seignelay, brigadier des armées du Roi, Colonel du Régiment de Champagne ; et Armande-Jeanne-Claude, dite Mlle de Béthune-Chabris, née le 29 juin 1753, mariée le 5 octobre 1772, à Félicité-Jean-Etienne-Louis, comte de Durfort.

Enfin, le fils unique et cinquième enfant du Contrôleur Général, Jean-Nicolas de Boullongne, vint au monde à Versailles le 11 novembre 1726 et fut baptisé le 13 en l'église Royale et Paroissiale de Notre-Dame de cette ville, ayant pour parrain son oncle M° Nicolas-Robert Wattelet, écuyer, Conseiller du Roi, payeur des rentes de l'Hôtel-de-Ville de Paris, et pour marraine sa cousine, Demoiselle Marie-Anne Richard, fille de Jean-Pierre Richard, conseiller du Roi, aussi payeur des rentes de l'Hôtel-de-Ville et de Marie-Anne de Boullongne.

D'abord pourvu d'une charge de Conseiller au Parlement de Paris et Commissaire aux Requêtes du Palais le 30 juillet 1745, Jean-Nicolas de Boullongne devint Maître des Requêtes le 24 janvier 1750, puis Intendant des Finances et Premier Commis en survivance de son père le 16 avril 1753. Il entra en possession de cette charge en se démettant de celle de Maître des Requêtes lors de l'élévation de son père au Contrôle Général le 25 août 1757 [2].

---

1. Moins de deux ans après, le 22 avril 1755, Armand, marquis de Béthune, se remaria dans la chapelle du château de Brunoy à Louise-Thérèse Crozat de Thiers, fille d'Antoine-Louis Crozat de Thiers, brigadier et lecteur du Cabinet de Sa Majestée et de Marie-Louise-Augustine de Laval-Montmorency. Le 19 avril le Roi et la Reine avaient signé au contrat à Versailles.

2. De cette charge d'Intendant des Finances ressortissaient les affaires suivantes : Les Octrois et autres revenus des villes et communautés d'habitants, et leurs dettes ; les hôpitaux, hôtel-Dieu et maisons de Charité de tout le royaume ; la Ferme des Postes et Messageries ; celle des Octrois municipaux ; les anciens Dons gratuits et les Droits réservés; la Régie des Greffes, des Hypothèques, des sols pour livre, et droits y joints; la Régie des droits réunis; la Régie des Droits de la Flandre maritime ; les Droits rétablis dans Paris ; les Droits sur les Papiers et Cartons; le Marc d'or; les Ligues Suisses; les Titres des Gages des Receveurs mu-

Avant même d'être Intendant des Finances en survivance de son père, et n'étant encore que Maître des Requêtes, Jean-Nicolas de Boullongne avait été l'objet d'une faveur spéciale du Roi qui l'avait nommé par Lettres-Patentes du 22 septembre 1753 pour former, avec dix-neuf autres Maîtres des Requêtes, une Chambre des Vacations et la Chambre Royale de justice, établie dans le Couvent des Grands-Augustins de Paris, par d'autres Lettres-Patentes du 11 novembre précédent.

L'année même où il obtint la survivance de son père, Jean-Nicolas de Boullongne fit un mariage qui lui donna l'appui d'une famille dont le chef jouissait d'une haute réputation et d'une grande influence. Il épousa, en effet, le 9 mai 1753, Louise-Julie Feydeau de Brou, quatrième enfant de Paul-Esprit Feydeau, seigneur de Brou au Perche et autres terres, Conseiller d'Etat ordinaire et au Conseil Royal des Finances, ainsi qu'au Conseil Royal du commerce, l'un des dix Conseillers d'Etat commis pour assister au sceau tenu par le Roi. La mère de la mariée était Anne-Marie Le Jay, fille de Claude-Joseph, baron de Tilly, capitaine aux gardes, et de Anne-Marie Pajot. Quelques années après le mariage de sa fille, le 26 octobre 1762, M. Feydeau de Brou, alors doyen du Conseil d'Etat, devait être nommé Garde des Sceaux à l'âge de quatre-vingts ans.

« M. de Brou, dit l'avocat Barbier en annonçant cette nomination dans son *Journal* (IV, p. 443), a perdu un fils unique, Intendant de Rouen, mort de la petite vérole à trente-deux ans, il y a environ six mois, dont il a un petit fils de cinq ans. Il a trois filles mariées [1], dont l'une à M. de Boullongne, Intendant des Finances, que cela illustrera toujours ». Le Roi avait, bien entendu, donné son approbation à ce mariage, et Leurs Majestés et la famille Royale avaient signé au contrat le 29 avril précédent (1753).

---

nicipaux; les Parlements et les Chambres des Comptes; les Bureaux des Finances, les distributions des remèdes qui se font par ordre du Roi dans les provinces. Cette grande administration financière se complétait par six Intendants des Provinces dont les bureaux comprenaient différents services et dont chacun était sous la direction d'un chef particulier ; Jean-Nicolas de Boullongne avait ses bureaux d'Intendant des Finances dans la maison même où il habitait, c'est-à-dire rue Saint-Honoré, vis-à-vis des Jacobins.

1. Une de ces filles, Henriette-Flore Feydeau, avait épousé en 1752 François-Bernard de Sassenay, vicomte de Châlon, président à mortier au Parlement de Bourgogne. Elle mourut à Dijon, à 34 ans, en 1770.

Cette petite Mme de Boullongne « la jeune », comme l'appelle Piron, était très jeune, en effet, quand elle se maria et paraît avoir été parfois traitée un peu en enfant gâté. Témoin ce jour où, nous ne savons pourquoi, on l'empêcha d'aller au bal, et où le poète familier de la maison lui envoyait comme fiche de consolation, et par un gracieux calembour, un « bal » en figures d'émail, pour étrennes, avec ces vers [1] :

> « Eglé, bornez-vous à ce bal.
> Ce bal seul doit être le vôtre :
> Et pendant tout ce carnaval,
> Croyez-nous, n'en courez point d'autre.
> Tout autre n'est qu'un passe-temps,
> Bruyant, ridicule et fantasque,
> Et bon seulement pour les gens,
> Dont le visage gagne au masque :
> Mais vous, jeune et charmante Eglé,
> Vous, des Beautés le vrai modèle,
> Eussiez-vous un masque moulé,
> Sur le beau visage de celle
> Qui remporta la pomme d'or :
> Ce masque cacheroit encor,
> Quelque chose de plus beau qu'elle » [2].

« Eglé » paraissait cependant avoir quelque goût pour des occupations plus sérieuses, puisque nous trouvons une autre petite pièce adressée encore par Piron [3] « à Mme de Boullongne la Jeune, qui s'amusait à peindre » :

> « A la Peinture, Eglé, fatiguez vos beaux yeux,
> Egalez Rose-Alba, peignez même encor mieux !
> Faites respirer la nature,
> Sous vos crayons délicieux :
> Peignez les bois, les prés et la verdure,
> Et par votre art ingénieux
> Faites briller au gré des curieux,
> De vos pinceaux charmants la savante imposture.
> Sans peine et plus exactement,
> J'en ferai juger nos Apelles,

---

1. J'ai vainement cherché dans tous les dictionnaires anciens et modernes ce mot « bal » et n'ai rien trouvé, sauf certaines indications qui permettent d'en faire le synonyme de notre « balle » féminin actuel, au sens possible de « petit ballon ». Comme il s'agit presque certainement ici d'un bijou (« en figures d'émail »), il est probable que ce bijou reproduisait un ou plusieurs petits ballons à suspendre, soit en collier, soit en broche.

2. *Œuvres complètes d'Alexis* PIRON, éd. de 1776, tome IX, p. 76.

3. *Id., ib.*, p. 68.

> Je sais un peintre habile, et qui, dans un moment,
> Peindra mille choses plus belles.
> Jeune Eglé, voulez-vous savoir
> Quel est ce peintre inimitable ?
> Voyez ? Ce n'est point une Fable
> Mettez-vous devant un miroir ».

Une troisième fois, Piron exerça sa Muse à célébrer « Madame de Boullongne la Jeune ». Cette fois, il ne l'appelle plus Eglé, mais Daphné — probablement pour les besoins de son hexamètre qui serait faux avec Eglé — et il lui envoie un serre-papier en jaspe figurant « un coussin sur lequel est un petit chien, fait d'une perle, avec un collier et des pendans d'oreille de diamants ». La richesse de ce présent nous confirme une fois de plus dans cette opinion que Piron était abondamment payé de retour et qu'il devait ou avait dû être l'objet de sérieuses libéralités de la part de Jean de Boullongne et des siens. On nous permettra de citer encore la petite pièce qui accompagnait ce précieux serre-papier :

> « Les Oracles de la Sibylle,
> Qu'une flamme céleste embrase si souvent,
> Les écrits précieux de cette femme habile,
> Qui conduisit là-bas, et qui marchoit devant
> Le pieux héros de Virgile,
> Sont des écrits perdus que pleure le savant.
> Le remède eût été facile :
> C'est faute de ce meuble utile,
> Qu'autant en emporte le vent.
> Réparons de si grands dommages.
> Belle Daphné, voici de quoi les éviter.
> Ce jaspe sauvera vos écrits de l'outrage
> Des vents, qui par malheur pourroient les emporter.
> Ne perdons, s'il se peut, pas un de vos ouvrages,
> Pour n'avoir désormais plus rien à regretter » [1].

La flatterie contenue dans ces derniers vers nous semble quelque peu ridicule. En effet, les écrits de Mme de Boullongne « la jeune », s'il y en eut, ont été emportés par l'oubli — pire que le vent — auquel aucun serre-papier ne peut remédier. Nous avons cependant — sans parler de celle dont il sera question plus loin — une lettre signée d'elle

---

1. Piron : *Op. cit.*, tome IX, p. 128.

« Feydeau de Boullongne » [1], bien tournée et bien écrite, et qui, de plus, constitue à son actif une bonne action. Par cette lettre, en effet, elle recommandait chaudement à un gros personnage une dame de T..., laquelle se trouvait dans une très malheureuse situation. Nous avouons préférer beaucoup la « petite » Mme de Boullongne dans ce rôle de femme « sensible », comme on disait alors, que dans celui de bas-bleu.

En héritant de son père la terre de la Chapelle-Godefroy, Jean-Nicolas de Boullongne hérita de son goût pour ce domaine et continua à l'embellir. Il y dépensa, dit Grosley [2], « des millions ». Il avait, du reste, l'intelligence des arts et l'amour des belles choses, et comme son père l'avait été, il était Membre Honoraire de l'Académie de Peinture et de Sculpture, depuis le 30 décembre 1777, après avoir été nommé, comme nous l'avons vu plus haut, Associé libre le 1er octobre 1757 [3]. Sa fortune, d'ailleurs, lui permettait les dépenses de luxe.

Suivant l'usage du temps, il avait été avantagé par ses parents. Nous avons les testaments de son père et de sa mère (Arch. Nat., Y, 69, fol. 60 et Y, 70, fol. 172), le premier fait à Paris le 21 mai 1768 et le second à la Chapelle-Godefroy le 5 juin 1763 [4]. Ces testaments, bien qu'écrits à cinq ans d'intervalle, ont été évidemment concertés entre les deux époux, et le mari a confirmé les dispositions prises par la femme. Tous deux, après différents legs aux paroisses et aux pauvres de leurs domiciles, tant à Nogent qu'à Paris et à Auteuil, ainsi qu'à leurs domestiques (v. p. 73) et autres personnes de leur entourage, — laissent à leur fils, « à titre de prélegs et avant partage » du reste de leur succession, tout ce qui peut leur appartenir dans la Châtellenie de Nogent-sur-Seine et les seigneuries qui en dépendent, érigées

---

1. Cette lettre, datée de Paris, le 8 décembre (sans année) fait partie de mes papiers.

2. *Mémoires sur les Troyens illustres*, tome II, p. 262.

3. *Procès-Verbaux de l'Académie*, t. VII, p. 48 ; t. VIII, p. 313.

4. Au testament de Jean de Boullongne sont ajoutés trois codicilles des 11 et 17 décembre 1768 et du 1er février 1769. Ces documents et le Testament de Charlotte de Beaufort seront prochainement publiés.

pour eux « en titre et dignité de Comté ». Ce legs est fait à charge de substitution de mâle en mâle à l'aîné des Boullongne. Jean-Nicolas est, en outre, avantagé « hors part » des maisons de la rue Saint-Honoré acquises de Mlle d'Ussé le 20 novembre 1755, ainsi que de tous les livres, tapisseries des Gobelins, médailles, gravures, dessins, tableaux de famille et autres peintures, sauf les dessins de son père Louis, que Jean de Boullongne laisse à son neveu, l'abbé Richard de Saint-Nom.

On voit par ce testament que le nouveau Comte de Nogent devait être fort riche. Outre ce qu'il tenait des Boullongne et des Feydeau, il avait encore des places lucratives et la faveur royale ne se lassait pas de les augmenter.

Il avait été nommé Conseiller d'Etat de semestre et présenté au Roi en cette qualité au mois de janvier 1765. Deux ans après il obtenait (18 septembre 1767) les entrées de la Chambre du Roi et était fait (16 novembre) Conseiller au Conseil Royal. En mars 1770, c'est lui sans doute que nous trouvons désigné dans la *Gazette de France* comme Commissaire pour le Roi à l'Assemblée Générale du Clergé. Le 15 février 1771, il était appelé à l'un des quatre nouveaux offices d'Intendant des Finances, créés par l'édit du mois de janvier de cette année. Puis, le 3 août 1778, il était fait membre du Conseil des prises près l'Amirauté de France. En 1781, il obtenait la place de surnuméraire au Conseil du Commerce et était présenté au Roi en cette qualité le 24 juin. Enfin, en janvier 1784, il était Commis par arrêté du Conseil pour les affaires du Commerce de l'Inde.

Tout cela se traduisait pour le Comte de Nogent par de grasses prébendes qui lui permettaient de satisfaire son goût pour le luxe. A Paris, dans son bel hôtel de la rue Saint-Honoré, il donnait des fêtes somptueuses. Nous avons trouvé aux Archives Nationales (Y 15.112) au milieu des Mémoires d'un menuisier s'élevant à plus de 4.000 livres pour l'année 1785, la trace d'un repas offert cette année, pour lequel on construisit à l'hôtel des annexes provisoires et qui fut suivi d'illuminations.

A la campagne, il se plaisait à embellir et à agrandir le beau domaine de la Chapelle-Godefroy qui devint bientôt considérable et lui permit d'ajouter à son titre comtal, celui de baron de Marigny-le-Châtel, seigneur de Montereau-Faut-Yonne et autres lieux.

A l'imitation de l'ancien Contrôleur Général, son fils aimait aussi les livres et il augmenta beaucoup la riche bibliothèque qu'il avait trouvée dans la succession paternelle.

Comme celui de son père, son Ex-libris est publié dans le *Nouvel Armorial du Bibliophile* de Joannis Guigard. Le fer porte les mêmes armes, mais arrangées d'une manière un peu différente que dans celui de son père dont nous avons parlé plus haut. Chose assez bizarre, nous ignorons le sort de cette bibliothèque dont le fer armorié permet de retrouver quelques rares épaves dans le commerce de la bibliophilie. On n'en rencontre pas trace dans l'inventaire fait lors de la saisie révolutionnaire du mobilier de la Chapelle-Godefroy dont nous parlons plus loin, et on n'en connaît aucun catalogue de vente au moment de la mort de Jean-Nicolas. Furent-ils achetés en bloc par des libraires, à ce moment-là ou plus tard ? Furent-ils enlevés ou pillés au château de la Chapelle-Godefroy au commencement de la Révolution et avant la saisie régulière ? Nous l'ignorons complètement et nous sommes ici réduits aux conjectures.

Il n'en est pas de même en ce qui concerne les objets d'art, médailles, meubles de prix, bijoux et autres objets précieux laissés par Jean-Nicolas de Boullongne, tant en son hôtel de la rue Saint-Honoré (près la rue de la Sourdière) qu'à sa terre de la Chapelle-Godefroy, lorsqu'il mourut à Paris le 7 janvier 1787.

De ceux conservés à Paris, nous possédons un catalogue dressé par Cochin pour la vente qui en fut faite le lundi 19 novembre de la même année [1].

---

1. Nous donnons ici le titre complet de ce catalogue rarissime, que MM. Pannier possédaient dans leur riche collection, et qui se trouve, d'ailleurs, au Cabinet des Estampes de la Bibliothèque Nationale (Y d. 185) :

« Catalogue de tableaux, pastels, dessins encadrés et en feuilles, Œuvres et Recueils d'Estampes des Graveurs les plus célèbres ; Suite considérable de Monnoies et Médailles de France et des Pays étrangers, en or, argent, billon et cuivre ; Bustes et Vases de marbre, Figures et bustes de bronze ; Porcelaines du Japon et de la Chine et autres ; Laque, riches Meubles de Marqueterie ; Pendules, Bijoux et autres Effets précieux, après le décès de M. de Boullongne, Conseiller d'Etat, etc.

« Dont la vente se fera le lundi 19 novembre 1787, quatre heures précises de relevée, et jours suivants, en son Hôtel, rue Saint-Honoré, vis-à-vis les Jacobins ; par Messieurs, etc. In-8. **M.DCC.LXXXVII** ».

Dans ses Mémoires [1], à la date du 18 novembre, le graveur J.-B. Wille raconte qu'il a été « à l'exposition des tableaux, estampes, médailles, dont la collection est considérable, et autres objets délaissés par feu M. de Boullongne, Conseiller d'Etat, et qui doivent être vendus demain et jours suivants. Je tâcherai, ajoute-t-il, de me procurer quelques articles des médailles d'or et d'argent, s'il y a moyen, pour en augmenter ma petite collection ». Il acheta, en effet, quelques lots.

Les meubles et objets précieux qui ornaient le château de la Chapelle-Godefroy, paraissent avoir échappé, au moins partiellement, à cette dispersion de 1787, puisque nous les retrouverons tout à l'heure lors de la ruine totale de ce beau domaine par la main des Vandales révolutionnaires. Pour ceux-là, tout étonnement serait superflu : leurs procédés sont connus et ils ont agi presque partout de la même manière.

Mais comment expliquer cette vente de l'année 1787, si rapidement faite et d'une manière si complète, d'après l'en-tête même du Catalogue de Cochin ? Cette dispersion sacrilège de tant de belles choses est d'autant plus surprenante que de l'union de Jean-Nicolas de Boullongne et de Louise-Julie Feydeau, il n'avait survécu qu'un enfant dont rien ne nous permet de croire qu'il ait eu besoin de procéder à cette réalisation immédiate des richesses mobilières de son père.

Les *Procès-Verbaux de l'Académie* (IX, 306, 307) nous apprennent que Jean-Nicolas de Boullongne fut, comme son père, transporté pour être inhumé à sa terre de la Chapel-le-Godefroy. En notifiant sa mort à la Compagnie le samedi 27 janvier 1787, le Secrétaire de l'Académie le qualifie : Chevalier, Comte de Nogent, baron de Marigny-le-Châtel, Seigneur de Montereau-Faut-Yonne, La Chapelle, Marnai, Macon, Saint-Germain-Laval et autres lieux, Conseiller d'Etat Ordinaire, Conseiller au Conseil Royal des Finances et au Conseil Royal du Commerce, Commissaire du Roi de

---

1. *Mémoires*, p. 160, 162, 163. — Parmi les tableaux de cette vente se trouvaient deux vues de Naples (dont la *Gondole italienne*, gravée par Duret et aujourd'hui au Musée d'Avignon), peintes par Joseph Vernet, avec lequel Jean-Nicolas de Boullongne avait, après son père, conservé les meilleures relations. (LÉON LAGRANGE : *Les Vernet*, p. 473).

la Compagnie des Indes. On se demande encore une fois comment la veuve et l'unique héritier d'un aussi important personnage pouvaient être obligés de mettre immédiatement après sa mort les meubles d'une de ses résidences à l'encan.

Aux titres que nous venons d'énumérer aurait dû s'ajouter, dans les lettres de faire-part, celui de Membre-Honoraire-Amateur de l'Académie Royale de Peinture et de Sculpture. Mais par une inadvertance qui se produisait pour la seconde fois — on a vu plus haut que la mention de ce titre avait été ajoutée à la main dans la lettre de faire part de son père Jean — cette qualité fut omise sur les « billets du convoi » de Jean-Nicolas de Boullongne. Cette fois, l'Académie fit entendre une courtoise protestation, et sur la réclamation du secrétaire, Mme de Boullongne lui envoya son fils porter ses excuses. En même temps, elle lui écrivait une lettre dans laquelle elle mettait sur le compte d'un oubli du marquis de Mesmes, son beau-frère [1], et sur « la consternation générale qui régnoit dans la maison » le fait qu'elle n'avait pas été consultée « sur les objets les plus chers à M. de Boullongne. Je n'ignorois pas — continuait-elle — l'amitié que l'Académie lui témoignoit ; la qualité d'Honoraire étoit à ses yeux la plus précieuse, et c'étoit parmi les membres de l'Académie qu'il m'a souvent assuré qu'il retrouvoit de véritables amis. Je dois, Monsieur, toute réparation à cet oubli involontaire, et je la dépose avec sensibilité entre vos mains, pour vous prier de la faire agréer à l'Académie entière. Daignez, etc. » (Signé) : De Brou de Boullongne.

La signataire de cette lettre si pleine de la « sensibilité » alors à la mode avait, comme nous l'avons vu, épousé Jean-Nicolas de Boullongne en 1753. Longtemps elle avait fait attendre à son mari un héritier de son nom. Enfin, après cinq ans d'union, le 26 octobre 1758, elle avait eu un premier fils, qui seul survécut à ses parents [2]. Une pièce de vers, insérée dans le *Mercure de France* de janvier 1759 (to-

---

1. Sa sœur aînée, Anne-Marie-Henriette Feydeau, avait épousé, en 1749, Joseph, chevalier, puis marquis de Mesmes, maréchal des camps et armées du Roi.

2. Un second fils, Jean-Marie-Henri-Fortuné, né le 5 février 1763, mourut l'année suivante, le 28 juillet 1764.

me I, p. 46), nous montre avec quelle impatience cet enfant fut désiré. Cette pièce de vers, de l'abbé de Lattaignant, est intitulée : *Le fruit désiré, fable allégorique*. Elle est dédiée « à M. de Boullongne, Intendant des Finances, sur la naissance de Monsieur son fils... » Fort médiocre d'ailleurs, cette fable n'a d'autre intérêt que de nous fournir la preuve des inquiétudes de la famille de Boullongne. Elle se termine ainsi :

> « Vous ne désiriez qu'être Père,
> « Et le destin vous donne un fils ;
> « Vous n'avez plus de vœux à faire... »

Ce fils si désiré reçut les prénoms de Paul-Esprit-Charles, en souvenir de son grand-père maternel, M. Esprit Feydeau de Brou. Il fut Gouverneur de Troyes et Grand Bailli de Nogent-sur-Seine. Il prit le titre de Comte de Nogent après la mort de son père en 1787 et émigra à la Révolution.

C'est tout ce que nous savons de lui.

Aux termes de la loi, le château et le domaine de la Chapelle-Godefroy devaient être vendus comme biens d'émigré. Le mobilier et les objets d'art devaient nécessairement faire partie de cette liquidation.

Un excellent historien, originaire de Troyes, M. Albert Babeau, membre de l'Institut, a retrouvé aux Archives de l'Aube (série G, carton 4, Q. 7), l'inventaire fait à cette occasion, par les agents du département et nous a donné la substance de cet inventaire et la description de toutes les richesses qu'abritait encore la Chapelle-Godefroy, dans une intéressante notice publiée dans les *Mémoires de la Société Académique de l'Aube* [1].

Il résulte du document publié par M. Babeau, que le château de la Chapelle, rempli d'un luxueux mobilier au milieu duquel se trouvaient beaucoup d'objets d'art, contenait, par contre, au moment de sa saisie comme bien d'émigré, fort peu de souvenirs de la famille de Boullongne. On n'y voyait guère que le buste — on ne dit pas en quelle matière — de Louis III de Boullongne, et quelques tableaux de chevalet de son frère et de lui.

---

1. *Le Château de la Chapelle-Godefroy*, dans *Mémoires*, etc. In-8, Troyes, année 1876, p. 1 à 25.

Ces tableaux allèrent presque tous au Musée de la ville de Troyes (voir nos APPENDICES) où ils sont encore avec les objets d'art réservés de la vente, tels que des peintures de Natoire, de Drouet, de Watteau, de Desportes [1] et d'autres encore, qui décoraient les appartements. Parmi ces appartements on cite la chambre de la petite Mme de Boullongne « la jeune » de Piron, devenue alors « la douairière de Boullongne ». Cette chambre était une des plus belles du château ; on y voyait notamment le portrait du père d' « Eglé », le Garde des Sceaux Feydeau de Brou.

Il n'est pas fait mention d'Archives dans cet Inventaire ; elles avaient sans doute été détruites auparavant ou encore mises à l'abri par Paul-Esprit de Boullongne avant son départ. Quant à la bibliothèque, ce qui en restait était fort peu de chose. Mais, en revanche, on signale beaucoup de musique. Le dernier Boullongne paraît avoir bien plus aimé la musique que la lecture.

Le château de la Chapelle-Godefroy possédait, d'ailleurs, un véritable théâtre et tous ses accessoires : décors, costumes, etc. On y jouait beaucoup l'Opéra-comique et la Pastorale — ainsi qu'en peut faire juger la musique inventoriée — et l'on abordait même parfois la féerie et l'opéra.

L'ouragan révolutionnaire passa et bientôt tout cela ne fut plus qu'un souvenir.

Mis en vente le 4 vendémiaire an IV (26 septembre 1795), le château et ses dépendances immédiates furent adjugés 4 millions 112 mille livres en assignats, ou en argent 287.840 livres (l'assignat de 100 l. ne valait alors que 7 livres argent !), à Alexis Breton, de Nogent. Plusieurs autres ventes achevèrent le morcellement du domaine qui, en totalité, produisit une somme de 840.000 livres en argent [2].

Quant au mobilier, il monta à 86.000 livres (argent), déduction faite de ce qui fut retiré par le département et

---

1. Un tableau de Desportes fils, aujourd'hui au Musée de Troyes, représente l'Obélisque et la grande avenue de la Chapelle. Il existe aussi une gravure dessinée par Bettini, donnant la « Vue de la Chapelle et Ménagerie, à la Chapelle près Nogent-sur-Seine, à M. de Boulogne ».

2. V. Inventaire général des Richesses d'Art de la France : *Archives du Musée des Monuments français*, gr. in-8, Paris (Plon), 1883. Tomes I, p. 272 ; III, p. 211, 212, 228, 284, 312.

transporté à Troyes ou même à Paris. Ce prix, payé sur place, en province, à la campagne, en pleine Terreur révolutionnaire, nous donne une idée de ce que devait contenir de belles choses le château de la Chapelle-Godefroy.

Le château fut démoli ; il n'en reste plus qu'un Pavillon.

Alexandre Lenoir, le créateur du Musée des Monuments Français, avait été assez heureux pour sauver de la destruction un beau morceau d'architecture provenant de la Chapelle-Godefroy. C'était, nous dit-il lui-même (*Musée des Monuments français*, Paris, an X, in-8, tome III, p. 156-157), le « fragment d'un monument d'architecture d'ordre composite, orné de colonnes, de quatre niches garnies de leurs figures, sculptées en marbre blanc, représentant Bacchus enfant, Diane, Vénus pudique et Cérès ; de frises, de bas-reliefs et d'allégories relatives à la chasse, faisant allusion à Diane de Poitiers, dont on remarque les chiffres dans plusieurs endroits. Ce beau monument, exécuté sur les dessins de Philibert de Lorme, servait originairement de clôture à la Cour qui précède l'église paroissiale de Nogent-sur-Seine, qui fut restaurée en partie par les ordres de Henri II, à la sollicitation de Diane de Poitiers... »

La gravure au trait (d'après un dessin de Percier) qui accompagne ce texte, nous montre que ce qui restait de ce monument était seulement le côté gauche d'un portique accompagnant une porte en plein-cintre surmontée d'un attique, et à droite de laquelle devait être une autre partie faisant pendant à ce que nous voyons ici.

Dans tous les cas, ce fragment d'architecture était très intéressant. Jean-Nicolas de Boullongne l'avait demandé, vers 1786, aux habitants de Nogent, et l'avait obtenu en échange d'une grande grille. Après la vente révolutionnaire de la Chapelle-Godefroy, Alexandre Lenoir passant là « par hazard », nous dit-il, admira « dans ce lieu charmant la composition, la finesse du travail et la couleur argentée de ce précieux monument... » Il le demanda à l'acquéreur du château, M. Audrianne, qui le lui abandonna gracieusement et qui lui proposa, en outre, plusieurs autres objets curieux, lesquels ornaient le parc et auxquels Lenoir fut obligé de renoncer, faute d'argent.

Il se contenta donc d'enlever le beau portique qu'il fit transporter à son Musée où il était catalogué sous le n° 544.

Malheureusement ce « précieux monument » devait être la victime des barbares. A la dispersion du Musée des Monuments français, il fut, nous ne savons pourquoi — peut-être parut-il trop encombrant ! — transporté au Mont-Valérien ; là, en 1840, on le transforma en moellons et il fut utilisé (??) dans la construction du fort (V. BERTY : *Grands Architectes...*, et COURAJOD : *Journal d'Alexandre Lenoir*, I, p. 189).

La gravure que nous citons plus haut est donc le seul souvenir qui nous reste de ce monument, sottement détruit par des Vandales dont la race n'a malheureusement pas disparu.

CHAPITRE XI

Les enfants de Guillaume de Boullongne=Tavernier et de Marguerite du Val.

Nous aurions terminé cette étude déjà trop longue sans doute au gré du lecteur, si nous ne devions montrer ce que devinrent les Boullongne originaires du Beauvaisis, que ceux de Paris avaient aidés à arriver et associés à leur fortune. Nous avons parlé plus haut des trois fils de Guillaume de Boullongne-Tavernier et de Marie-Madeleine du Val et nous les avons vus prendre part au Pacte de famille qui réunissait de nouveau et mettait à leur rang familial, les trois branches des Boullongne d'Artois, de Paris et de Clermont.

Cette solennelle reconnaissance de parenté ne pouvait avoir qu'une heureuse influence sur la branche des Boullongne établie en Beauvaisis, comme sur les autres rameaux de la maison. Leurs richesses, d'ailleurs, augmentaient avec le nombre de leurs charges et des offices avantageux qu'ils remplissaient.

Nous avons vu le chef de la branche de Paris, Jean de Boullongne, devenir Contrôleur-Général, c'est-à-dire Secrétaire d'Etat aux Finances. De son côté, le Guillaume dont nous parlons, avait été enrichi par des charges considérables — notamment celle de Trésorier de l'Extraordinaire des Guerres depuis 1758 — et tandis qu'un rameau des Boullongne-Tavernier continuait sa vie honorable dans le Beauvaisis, occupant des offices divers et s'alliant aux meilleures familles du pays [1], les rejetons de Guillaume et de Madeleine du Val devenaient de gros personnages : les uns se transformaient en riches financiers, les autres faisaient de brillantes alliances dans la plus haute aristocratie. Car alors, comme toujours, l'argent conduisait à la noblesse et aux honneurs.

Nous avons vu plus haut que le fils aîné de Guillaume et de Madeleine du Val — Guillaume-Pierre de Boullongne-Tavernier — avait épousé Catherine de Ravenel, d'une famille de petite noblesse, mais de grosse finance, dont une sœur, Marie-Anne de Ravenel, fut mariée au marquis de Sinety.

La fille de ce Guillaume-Pierre devait faire une alliance bien plus flatteuse encore.

Cette fille — Catherine-Jeanne de Boullongne-Tavernier — épousa, en effet, par contrat du 29 décembre 1765, contrat auquel signèrent le Roi, la Reine et la famille royale — Mathieu — Paul-Louis de Montmorency-Laval, vicomte de Laval, puis comte de Montmorency, deuxième fils du maréchal-duc de Laval-Montmorency.

Le mariage fut béni le 3 janvier 1766 et la nouvelle vi-

---

1. Voir pour cette branche, notre Appendice n° VI. — Il est à remarquer d'ailleurs, que malgré les splendeurs de leur nouvelle fortune, les Boullongne-Tavernier de Paris conservaient toujours des intérêts dans le Beauvaisis (où continuaient à résider un de leurs rameaux) et ne négligeaient jamais les affaires qu'ils y avaient. C'est ainsi que nous voyons en 1763 (acte du 24 novembre) les trois frères Pierre-Guillaume, Guillaume-Pierre et Philippe-Guillaume plaider contre un nommé Claude Allou, vigneron, demeurant à Espoileux, paroisse de Cambronne, à propos d'une rente créée le 29 novembre 1699, au profit de Claude Allou et de Marianne Dumont, père et mère dudit vigneron, par M. Antoine de Cullembourg, oncle des demandeurs, héritier non seulement des Cullembourg, mais de Marie-Geneviève Tavernier de Boullongne, femme de Etienne Legras, procureur ès sièges royaux de Clermont. Cet Antoine de Cullembourg avait épousé Anne-Marie Ansel ou Anselme, dont il avait eu, en 1742, un fils nommé Louis-Antoine. Claude Allou est condamné à passer « titre nouvel » de ladite rente de 15 livres et à solder cinq années d'arriéré.

Le jugement est rendu par François-Pierre Chardon, conseiller du Roi, Président, Lieutenant général civil et criminel au Bailliage et comté de Clermont, dont le frère Etienne avait épousé une Boullongne en 1747 (voir notre Appendice VI).

(Original en parchemin en notre possession).

Un autre « titre nouvel » de la même rente fut donné le 8 février 1789 au profit d'Agnès de Boullongne-Tavernier, veuve d'Etienne Chardon du Havet, que nous venons de citer ; et cette rente existait encore au profit de leurs héritiers Chardon, en 1838.

comtesse de Laval fut présentée à Leurs Majestés le 28 février suivant [1].

Le vicomte de Laval, colonel du Régiment d'Auvergne-Infanterie, était premier gentilhomme de la Chambre de Monsieur, frère du Roi, en survivance de son père. Le 15 septembre 1766 — quelques mois après son mariage — il obtint le Gouvernement des ville et château de Compiègne et la Capitainerie des chasses de cette résidence royale. Il fut comme tel, présenté au Roi le 6 octobre suivant.

L'ambition — très naturelle d'ailleurs — de la nouvelle vicomtesse de Laval et des siens, leur causa, en 1780, une « petite et fâcheuse aventure », ainsi que l'avoue lui-même son père, dans une curieuse correspondance que nous possédons, correspondance dans laquelle il explique ce qui s'est passé à une personne d'Orléans, laquelle, à distance, avait exagéré les choses et avait cru à une disgrâce de la maison de Laval.

Le duc de Laval étant premier gentilhomme de la Chambre de Monsieur, frère du Roi, et son fils le vicomte ayant cette charge en survivance, la jeune vicomtesse désira s'attacher aussi à Madame.

Elle en parla à son beau-père qui se flattait des bontés de Monsieur et de Madame et qui se chargea « de faire sur cet objet toutes les démarches nécessaires. Il en fit parler à Monsieur qui fit réponse que la chose dépendait absolument de Madame... » M. de Laval s'adressa donc à la princesse et lui demanda son agrément qu'elle « luy fit espérer de semaine en semaine ». Le duc crut la chose faite; il le dit à sa belle-fille et « luy indiqua le 17 ou 18 décembre (1779) pour être présentée à Monsieur et Madame et faire ses remerciements ». Mais, quand il s'agit d'organiser cette présentation et que M. de Laval en parla à Monsieur, ce Prince « parut n'être point instruit de la grâce accordée et blessé de ne le pas savoir... Vous jugez — continue M. de Boullongne — de l'étonnement et de l'embarras de M. le

---

1. Le faire-part de ce mariage conservé à la Bibliothèque Nationale (P. O. 452. *Dossier Boullongne*, page 23) est ainsi conçu :

M.

Monsieur et Madame de Boullongne sont venus pour avoir l'honneur de vous faire-part du mariage de Mademoiselle de Boullongne, leur fille, avec Monsieur le Vicomte de Laval.

duc de Laval qui croyait l'affaire consommée de l'agrément de Monsieur et de Madame et qui en avait fait part à toute sa famille depuis le 24 mars. Il observa très respectueusement à Monsieur, qu'il ne devait pas s'attendre à un pareil dégoust et que s'il refusait son attache (?) à cette grâce pour sa belle-fille, il serait obligé de donner sa démission de sa charge de premier gentilhomme, ce qu'il a fait ; mon gendre en a fait autant, ne pouvant pas ne pas partager au dégoust de... (illisible) donné à son beau-père et à sa femme. Mais Messieurs de Laval et ma fille continuent d'aller à la Cour. Ils n'ont plus l'honneur d'être attachés à Monsieur ; cet incident est devenu une suite nécessaire du premier quiproquo. Dans le fait il y a eu de la Cabale, et d'être fille de finance ne peut être la raison première. Ma fille y va (à la Cour) depuis quatorze ans avec agrément. Les filles de Messieurs de Saucy (?) et de Pange (?), trésoriers comme moy, y ont été admises dans les services et bien d'autres. C'est une malice : il faut se soumettre et il n'était point question de tabouret : les femmes ne peuvent l'avoir que par leur mary; et le mary ayant droit, la femme ne peut éprouver de difficultés... »

Malgré les consolations que se donne M. de Boullongne en disant que sa fille et son gendre vont toujours à la Cour et que ce dernier continue à « avoir l'honneur de chasser avec le Roi toutes les semaines et de souper avec Sa Majesté », on voit qu'il lui est difficile de cacher son dépit. Il tient beaucoup, d'ailleurs, à expliquer à son correspondant orléanais, de la manière la plus favorable, cet échec désagréable, afin « qu'il ne reste pas établi dans votre ville — lui écrit-il — que par suite de cette tournure d'affaire fâcheuse, la maison de Laval étoit dans la disgrâce... »

Entrée dans une maison dont l'illustration allait de pair avec la noblesse, la vicomtesse de Laval-Montmorency en prit, d'ailleurs, les intérêts en toute circonstance avec une chaleur qui lui fait honneur. Quelques années après l'incident que nous venons de raconter, le refus de donner le grade de colonel à son fils Mathieu-Jean-Félicité, vicomte, puis duc de Montmorency-Laval lui fournit une nouvelle occasion de montrer avec quelle ardeur elle défendait les privilèges de sa nouvelle famille. « Elle s'avisa un jour, dit l'auteur des *Souvenirs de la Marquise de Créquy* (édit. Garnier, Paris, in-8, t. II, p. 63), de singer sa défunte cousine de Luxembourg, et voilà qu'elle écrivit le billet suivant au Maréchal de Ségur, qui était pour lors ministre de la Guerre, et qui ne voulait pas confier le commandement d'un régiment au fils de Mme la Vicomtesse : « Je ne sais, Monsei- « gneur, si vous avez lu l'histoire de notre Maison ; vous y « verriez qu'il était plus facile autrefois, à un Montmo- « rency, d'avoir l'épée de Connétable, que d'obtenir au- « jourd'hui des épaulettes de Colonel, etc. » Le Maréchal de Ségur lui répondit fort à propos qu'il avait lu l'histoire de France, et qu'il en concluait que Messieurs de Montmorency avaient toujours été traités *suivant leur mérite*. On se moqua joliment de cette outrécuidante personne, avec sa rabâcherie de Connétable et son histoire des Montmorency, par M. des Ormeaux ou par M. du Chêne ; je ne sais plus lequel des deux, mais je sais bien que c'est la plus ennuyeuse histoire du monde ».

Bien que tirée de Mémoires apocryphes — mais écrits la plupart du temps d'après des documents ou des souvenirs authentiques — cette anecdote du malicieux Courchamps, contée pour ridiculiser Mme de Laval, nous paraît au contraire, faire honneur à son caractère et au souci qu'elle montrait de la prospérité de sa maison. La société frivole au milieu de laquelle elle vivait, pouvait en rire — elle riait de tout, jusqu'à la guillotine inclusivement — mais cela montrait, n'en déplaise aux moqueurs, que celle qui agissait ainsi avait du cœur et du sens commun.

Le père de cette personne si châtouilleuse sur l'honneur des Montmorency, continuait d'ailleurs à grandir en fortune et en considération. Il était, comme nous l'avons vu, depuis 1758, Trésorier de l'Extraordinaire des Guerres, poste auquel il fut maintenu en 1778 [1]. Quelque temps avant le mariage de sa fille, en 1765, il avait obtenu la charge de Trésorier Commandeur de l'Ordre de St-Louis, dont il devait conserver l'exercice jusqu'en 1779.

Enfin, le 1er janvier 1767, il était nommé par arrêté du

---

1. C'est en cette qualité, qu'il donna, en 1761, concurremment avec MM. de Montmartel et de la Borde, sa soumission pour la construction d'un vaisseau de 30 canons qu'ils offrirent au Roi, qui le nomma *le Citoyen*. (*Gazette de France*).

Conseil d'État, l'un des quinze secrétaires de la Caisse d'Escompte de Paris (*Gazette de France*).

Jusqu'au mariage de sa fille, Guillaume-Pierre de Boullongne-Tavernier demeurait avec son frère, place des Victoires, paroisse Saint-Eustache. Mais peu après cet événement, c'est-à-dire vers 1766 ou 1767, il acheta un grand hôtel au faubourg Saint-Germain, où il alla s'installer « rue du Bacq, vis-à-vis la grille des Jacobins »[1]. Il continua à mener dans cette nouvelle résidence, la vie luxeuse des « multi-millionnaires » de son temps[2].

Guillaume-Pierre de Boullongne-Tavernier avait, bien entendu, en dehors de son hôtel de Paris, une terre seigneuriale à propos de laquelle il venait d'obtenir peu de temps avant le mariage de sa fille, la solution favorable d'une affaire qui lui tenait au cœur et qui ne pouvait manquer de rehausser sa situation.

Nous ne savons à quelle époque et dans quelles circonstances il était devenu propriétaire de ce domaine et marquisat de Busancy, composé de la seigneurie de Busancy[3] et de celle de Barharicourt. Il possédait, en outre, dans la même région et dans le voisinage, les fiefs ou seigneuries de Baricourt, Remonville, Authe, Autruche, Nouart, Bayonville, le Fay et les Petites-Armoises. Il avait, dans ces différentes seigneuries, haute, moyenne et basse justice. L'exercice des justices se faisait dans chaque localité. Aussi, était-il « très difficile de trouver dans d'aussy petits endroits, assez de sujets, soit pour y rendre la justice, soit pour défendre les intérêts des parties... » M. de Boullongne voulut donc obtenir que l'exercice de ces justices se fît en un seul endroit et par les mêmes juges et officiers[4].

---

1. Au numéro 46 ou 48. Cet hôtel appartint ensuite à Chaptal ; puis à Louis Veuillot (*Comte d'Aucourt, op. cit.*)

2. Une liste officielle des abonnés de l'Opéra en 1778, le qualifie « ancien trésorier général, commandeur de Saint-Louis ». Il s'agit bien de lui, puisqu'il est indiqué comme « demeurant rue du Bac. « Il occupait un quart de loge de dix places du troisième rang (côté de la Reine), et son frère de Préninville, fermier général, un quart de loge de six places du second rang (côté du Roi). (*Bulletin de la Société de l'Histoire de Paris et de l'Ile-de-France*, 1891, pages 151 et 156).

3. Busancy, aujourd'hui chef-lieu de canton des Ardennes, arrondissement de Vouziers. Toutes les localités citées ici se trouvent entre Vouziers et Stenay (Meuse).

4. Nous extrayons tout ce que nous disons de cette affaire d'un dossier faisant partie de nos papiers et ayant trait à cette demande.

L'endroit choisi était tout indiqué, c'était Busancy « fort gros bourg qui est placé au centre de ces différentes seigneuries qui sont toutes à portée de Busancy, la plus éloignée n'est distante que d'environ deux lieues. De tous les villages voisins on se rend à Busancy ; on aurait la facilité d'y trouver en même temps et la justice et tous les officiers nécessaires ».

M. de Boullongne demandait donc la réunion de ces différentes justices à celle de Busancy « et que l'exercice de ces justices se fasse au bourg de Busancy, où elles démeureraient toutes transférées ».

Il y avait bien à cela une petite difficulté, c'est que ces seigneuries dépendaient, en appel, de trois bailliages différents : Busancy, Barharicourt, Baricourt, Nouart, Remonville et le Fay du Bailliage de Sainte-Menehould ; Authe, Autruche et Bayonville de celui de Rethel, et les Petites-Armoises de celui de Reims.

Mais le mémoire que nous analysons, allait au-devant de l'objection, en disant que rien ne serait modifié au ressort d'appel des dites justices, qui seraient réunies seulement pour la juridiction de première instance.

M. de Boullongne demandait donc des Lettres-Patentes d'union de ces diverses justices à celle de Busancy, et leur translation dans ce bourg.

Sans mettre en doute les raisons d'intérêt public qui militaient en faveur de la requête présentée au Roi par Guillaume-Pierre de Boullongne-Tavernier, il n'est pas difficile de deviner quel intérêt particulier il pouvait avoir en demandant ce changement au Statut judiciaire des diverses seigneuries, composant son domaine de Busancy. Ce domaine, même sans les additions des autres terres dont il était maintenant propriétaire, avait jadis été un marquisat, érigé au mois de septembre 1658 en faveur de Nicolas d'Anglure, comte de Bourlemont, lieutenant général des armées du Roi, à la famille duquel il appartenait de temps immémorial. En centralisant les justices hautes, moyennes et basses de dix seigneuries diverses, il lui donnait une importance beaucoup plus considérable, et nous sommes convaincus qu'il nourrissait l'arrière-pensée d'obtenir de nouveau en sa faveur, l'érection du marquisat de Busancy.

Cette ambition était, à tout prendre, des plus légitimes et n'aurait en rien choqué les habitudes de l'époque. L'exemple de son cousin l'ancien Contrôleur-Général, lequel venait d'acquérir en 1761 le domaine de la Chapelle-Godefroy, ce qui l'autorisait à sé qualifier du comte de Nogent-sur-Seine, était bien fait, d'ailleurs, pour justifier les espérances de Guillaume-Pierre de Boullongne-Tavernier.

Quoi qu'il en soit, la demande faite au moins dès l'année 1763, fut suivie avec zèle par M. Quinette, Intendant de M. de Boullongne, d'accord avec un M. Paponet, secrétaire du Roi, chargé par la chancellerie de suivre cette affaire, et qui y mit toute la bienveillance désirable, comme en témoigne le curieux dossier que nous résumons. Le Vice-chancelier, sollicité dès le commencement de 1764 par M. de Boullongne, avait promis une rapide expédition des lettres patentes. Une lettre du 10 février de cette année, adressée par M. Quinette à M. Paponet, nous montre même que le Trésorier général n'entendait pas lésiner sur les dépenses à faire pour mener promptement l'affaire à bien.

Bref, tout était bientôt en règle, et le Vice-Chancelier donnait à Versailles, son « Bon » en vue de la confection des lettres-patentes, qui étaient signées le 17 septembre 1764.

La promptitude avec laquelle la solution avait été obtenue nous semble une nouvelle preuve du crédit dont jouissaient encore les Boullongne-Tavernier, malgré la disgrâce de leur cousin le Contrôleur-Général.

Malheureusement pour nos financiers, on arrivait au moment où l'opinion publique, de plus en plus ameutée contre les énormes fortunes des Traitants de toute qualité et de plus en plus exaspérée par les odieux modes de perception des impôts dont ils étaient les agents intéressés, allait forcer le Roi et ses ministres à la réforme radicale des procédés fiscaux qui avaient permis à ces fortunes de s'élever si rapidement.

Vers 1770, commence ce qu'on peut appeler la débâcle des manieurs d'argent. A partir de cette époque, jusqu'à la Révolution, les catastrophes succèdent aux catastrophes. Banqueroutes et suicides se comptent, les premières par milliers, les seconds par centaines, parmi les financiers en apparence les plus solides. Les Receveurs et les Fermiers-

Généraux sont atteints comme les gens de moindre importance.

Dès le ministère de l'abbé Terray, les persécutions commencent. Avec l'avènement de Necker, le 29 juin 1777, le mouvement se précipite. Le nouveau Directeur des Finances Royales [1] supprime les six Intendants des Finances, Conseillers d'Etat, puis cinquante offices de contrôleurs et receveurs des Domaines ; il réduit à douze les quarante-huit Receveurs généraux qui centralisent à Paris la Recette des provinces ; enfin, en 1780, il opère une refonte complète des Fermes générales, en divisant les services de ce grand monopole entre trois sociétés différentes, et en réduisant les titulaires de soixante à quarante.

On peut imaginer quel désarroi ces modifications profondes à l'état de choses existant, apportèrent dans la situation de ces familles de finance, toutes liées entre elles par mille ramifications de parenté ou d'intérêt. Il n'y en eut aucune qui ne fut gravement frappée. Plusieurs succombèrent, et celles qui résistèrent aux réformes de Necker et de son successeur Joly de Fleury (24 mai 1781 - mars 1783), ne firent plus que végéter jusqu'à la suppression définitive de leurs charges.

Guillaume-Pierre de Boullongne-Tavernier fut parmi ceux qui ne purent tenir. Dès 1774 il s'était trouvé par suite de l'infidélité d'un employé [2], dans l'impossibilité de faire face à ses engagements vis-à-vis du Trésor Royal, et l'abbé Terray avait dû s'adresser à la banque de Necker qui avait prêté au Roi plusieurs millions. Il était donc dans une situation particulièrement délicate vis-à-vis du financier genevois qui le lui fit bien voir dès son arrivée au pouvoir. Il prit immédiatement des mesures qui compromettaient de plus en plus la situation de M. de Boullongne, surtout comme Trésorier de l'Extraordinaire des Guerres, et Guillau-

---

1. A cause du Protestantisme qu'il professait, Necker n'avait pas le titre de Ministre Secrétaire d'Etat, ni l'entrée au Conseil, ce qui eût été contraire aux Constitutions du Royaume.

2. Il est probable que les difficultés qui assaillirent alors Guillaume-Pierre de Boullongne vinrent, au moins en partie, de la faillite d'un sieur Jadart de Beauchamp, Trésorier particulier de l'Extraordinaire des Guerres à Humingue, et par conséquent son commis, lequel abusa de sa confiance et lui fit perdre des sommes considérables. Le dossier de cette affaire est aux Archives Nationales (V⁷, 39).

me fut très heureux de pouvoir traiter de cette charge avec son frère de Préninville qui la désirait pour son fils. Ce fut le premier sacrifice qu'il fut obligé de faire, mais ce n'était que le commencement.

Non content d'émettre des exigences qui le ruinaient, Necker ne ménageait pas les avanies au malheureux Boullongne.

On raconte que celui-ci avait obtenu une dernière audience dans laquelle il s'efforçait d'amener le Directeur Général à rapporter une décision qui consommait sa ruine. « Tandis qu'il tâchait d'éveiller quelque souvenir de justice dans son âme, on annonça que le dîner était servi. Necker invita Boullongne à dîner ; celui-ci refusa en alléguant que sa santé le condamnait à être au lait pour toute nourriture. « Eh bien ! lui dit le Contrôleur-Général [1], pourquoi insister sur le rétablissement de votre charge ? On n'a pas besoin de fortune pour vivre de lait ». Il est impossible d'être plus cruel.

Il est probable que la terre de Busancy fut le second sacrifice que Guillaume-Pierre de Boullongne dut faire à la mauvaise fortune ; il n'était plus question pour lui de garder des châteaux et de jouer au marquis ! Mais il conserva, au moins pour un temps, dans la même région, les forges de Rimaucourt [2], comme nous le voyons dans une lettre adressée par lui de Paris, le 10 mai 1781 [3], à M. Rouillé d'Orfeuil, Intendant de Champagne à Châlons et quelque peu son allié [4], lettre dans laquelle il lui recommande le père de son maître de forges de Rimaucourt et qui commence ainsi : « Malgré les disgrâces dont je suis environné et qui se dis-

---

1. Il est inutile de faire remarquer que l'auteur de la *Vie Privée des Financiers au XVIIIe siècle*, auquel nous empruntons cette citation (p. 458), se trompe en donnant à Necker le titre de Contrôleur-Général (voir la note précédente). Il commet une autre erreur en attribuant cette anecdote à Boullongne de Préninville, qui comme nous le verrons plus loin, plus heureux que son frère, tint debout jusqu'à la Révolution.

2. Aujourd'hui dans la Haute-Marne, arrondissement de Chaumont, canton d'Andelot.

3. Cette lettre fait partie de mes papiers ainsi que les Requêtes dont il sera question ci-après.

4. On a vu plus haut (p. 138) que M. Rouillé d'Orfeuil avait épousé une sœur de Gaspard-Henry de Caze, marié lui-même à Marguerite-Claude de Boullongne, fille aînée du Contrôleur-Général.

siperont, j'espère, permettez que j'aie recours à vos bontés ordinaires et à votre justice ».

Entre temps il s'efforçait de mettre de l'ordre dans ses affaires, vendait son bel hôtel de la rue du Bac pour s'installer dans la Chaussée d'Antin, puis revoyait de vieux comptes et tâchait d'en tirer quelque argent.

C'est ainsi que le 5 février 1782, il adressait une requête au Ministre concernant un récépissé du Trésor Royal de 180.079 livres 5 sols 2 deniers « du fonds des contrats à 3 % sur les cuirs, de la création de 1760 », délivré le 5 janvier 1762 à lui Boullongne, « alors Trésorier de l'Extraordinaire des Guerres ». Ce récépissé devait être converti dans l'année, à peine de nullité. S'il ne l'a pas été, c'est par la faute du sieur Eschallard, son caissier, « qui lui a causé une perte immense ».

N'est-ce pas là l'employé infidèle, dont nous avons déjà constaté plus haut les méfaits ?

M. de Boullongne supplie donc le Ministre, d'ordonner le remboursement de cette somme. « Il espère de la justice de Monseigneur qu'il voudra bien ne pas ajouter à ses malheurs en se servant de la rigueur des règles ».

Le Contrôleur-Général eut égard à cette prière, puisqu'il apostilla la requête en ces termes : « bon pour 180.000 livres seulement et pour tout — en contrats à quatre pour cent — dont la jouissance du 1er janvier dernier ».

La même année, le 4 juin, autre requête encore relative à une somme de 43.000 livres que M. de Boullongne aurait dû payer en vertu d'un édit de février 1770, pour « supplément de finances » à l'office de Secrétaire du Roi, audiencier au Parlement de Metz dont il avait été pourvu dès 1748. L'Edit en question avait ordonné que le prix de ces offices serait — rétroactivement — porté à 80.000 livres, et « ordonné que les propriétaires seraient tenus de fournir le supplément de finance nécessaire ». Après vingt-deux ans !

C'était le triomphe de l'abus et l'arbitraire dans toute sa beauté ! Le malheureux « audiencier », ruiné, demandait à être autorisé à porter ce supplément de 43.000 francs aux revenus casuels, ce que lui accorda Joly de Fleury.

Cette négociation est la dernière trace que nous trouvions de Guillaume-Pierre de Boullongne-Tavernier, qui vivait alors auprès de son frère, dans une maison de la Chaussée d'Antin [1]. Nous ne savons ce qu'il devint, non plus que sa femme Catherine de Ravenel, dans les années qui précédèrent et suivirent 1789. Il est probable qu'ils finirent obscurément leur existence dans un coin ignoré, vivant de quelques épaves de leur splendeur passée, et abandonnés de tous, comme il convient aux pauvres gens [2]!

1. Dufort de Cheverny nous dit dans ses *Mémoires* (I, 471) qu'il avait là une « très belle maison » à côté de son frère Préninville. Il est probable que ce dernier n'abandonna pas son frère malheureux et qu'il le soutint tant qu'il vécut.

2. Nous ne pensons pas qu'il s'agisse de lui, dans un « Catalogue d'objets précieux, tels que tableaux, etc., qui composaient le Cabinet de feu le Citoyen T. de B. (Tavernier de Boullongne), par F.-F. Regnaut (Paris, in-8), dont la vente eut lieu le 30 août 1796 (13 fructidor an IV). Il nous paraît beaucoup plus vraisemblable que ces objets provenaient de la succession de son neveu de Préninville ; mais comment avaient-ils échappé aux saisies révolutionnaires, puisque les biens de Boullongne de Préninville, exécuté deux ans plus tôt, étaient confisqués ?

CHAPITRE XII

Les Boullongne de Magnanville.

Ce cadet de Guillaume-Pierre de Boullongne-Tavernier,
appelé Philippe-Guillaume et connu sous le nom de Boullongne de Préninville, était, comme nous l'avons vu plus haut
(page 94), Receveur général des Finances.

En cette qualité, il avait loué au Président de Barentin,
moyennant 2.000 livres, une « ancienne maison » appelée
la Malmaison, près Rueil, « avec un fort grand jardin et des
eaux naturelles dont on a fait un usage agréable » [1]. M. de
Séchelles ayant eu besoin de repos en 1756, Boullongne, en
bon courtisan, la lui prêta obligeamment. Ce fut sans doute
un utile « prêté-rendu ».

Trois ans après, au moment où il quitta cette place de
Receveur-Général pour devenir Fermier-Général, en 1759,

---

1. *Mém. de Luynes*, XV, 47.

il loua encore le beau château de la Chevrette près de Montmorency. Il y voyait, aussi bien qu'à Paris où il demeurait
alors rue d'Anjou, la meilleure compagnie. On y jouait la
comédie, et on y passait, dit un de ses commensaux [1] « des
jours délicieux ».

Cela n'empêcha pas Préninville, à mesure qu'il prenait
de l'âge, de se lasser des environs immédiats de Paris et
surtout des maisons louées, et de désirer faire un établissement définitif dans une région assez éloignée pour écar-
ter les importuns et assez rapprochée cependant pour y attirer ses amis. Il commença donc à chercher une terre, résolu de mettre à cette acquisition, s'il le fallait, jusqu'à
concurrence de 1.500.000 livres. Son ami Dufort de Cheverny, Introducteur des ambassadeurs, à qui nous empruntons ces détails, lui avait déjà, du reste, donné l'exemple,
en achetant en 1764 le domaine comté de Cheverny, en
Blaisois, pour remplacer la terre de Saint-Leu-Taverny,
dont il s'était défait.

Après avoir longtemps hésité pour fixer son choix, Préninville crut enfin avoir trouvé ce qu'il cherchait et acquit
au mois de janvier 1767, de Charles-Pierre Savalette de Magnanville et de sa femme Marie-Emilie Joly de Choin, la
belle terre seigneuriale de Magnanville, près de Mantes, sur
la route de Rouen et à onze lieues de Paris, avec toutes ses
dépendances et appartenances.

La *Gazette de Hollande* prétend que Boullongne de Préninville paya ce magnifique domaine treize cents mille livres. Mais il y a là une exagération, car le contrat d'achat
ne porte que huit cent mille livres et cent mille livres pour
l'ameublement du château. C'est déjà une somme énorme
pour cette époque [2].

---

1. DUFORT DE CHEVERNY : *Mémoires*, I, page 237.

2. Nous devons ce renseignement ainsi que plusieurs autres dont nous nous
servons ici à M. E. Graves, Correspondant du Ministère de l'Instruction Publique
à Mantes et Membre de la *Commission des Antiquités et des Arts de Seine-et-Oise*,
qui met au service des historiens, avec la plus grande obligeance, sa précieuse
connaissance de la région qu'il habite. M. Graves possède notamment une partie
de l'ancien chartrier de Magnanville, dont le surplus est demeuré au château aujourd'hui possédé par M. le comte de Gramont. M. Graves a dépouillé ce chartrier et en a donné une courte notice dans le tome XXIII (Versailles, 1903), des volumes de la *Commission des Antiquités et des Arts du Département de Seine-et-
Oise* (p. 92 à 101), sous ce titre : le *Château de Magnanville*.

Avant cette acquisition, Philippe-Guillaume Boullongne de Préninville se qualifiait de seigneur de Boinvillers et autres lieux. Lorsqu'il entra en possession de Magnanville, le 11 février 1767, il prit les titres de son nouveau domaine ; dans un acte de 1786, nous le voyons s'intituler : chevalier, seigneur de Magnanville, Beaurepaire, Buchelay, Favrieux, Mesnil-Aubourg, Vert, Auffreville, Mantes-la-Ville, Jouy et Soindres.

Le revenu de ces divers fiefs justifiait l'importance du domaine, car Magnanville rapportait vingt-neuf mille quatre-vingt-six livres neuf sols, sur lesquels il y avait cinq cent cinquante-sept livres quatre sols de charges.

Magnanville était d'ailleurs, une merveille. Le château, situé sur une montagne au-dessus de Mantes, avait la forme d'un carré long, flanqué de pavillons et élevé de deux étages avec un attique. « Sa façade sur la cour a dix-neuf croisées et est décorée de corps et avant-corps ; celui du milieu offre un grand ordre d'architecture ionique faisant les deux étages, terminé par un fronton et une calotte, avec une terrasse au-dessus. Du côté du jardin, la façade plus simple n'est ornée que d'un attique, de pilastres et de vases. Tout l'édifice est construit en belles pierres de taille et d'un appareil recherché, surtout dans les escaliers et dans les voussures plates et à compartiments. L'intérieur du château renferme dans son rez-de-chaussée quatre grands appartements de maîtres. La décoration du salon boisé consiste en huit trophées relatifs aux Arts et à l'Agriculture, et en quatre dessus de porte peints par Oudry. D'un côté est la salle à manger, que MM. Brunetti ont décorée d'ornements et d'architecture. De l'autre est le salon de musique, où M. Boucher a peint les Quatre Saisons. On voit des ouvrages de M. Challe dans un cabinet d'assemblée qui suit. Vingt-deux appartements complets sont la distribution du premier et du second étage. La chapelle, placée de la manière la plus commode, est ornée d'un ordre dorique en pilastres.

» A l'extrémité d'un vaste parterre, on découvre une grande pièce d'eau terminée par une terrasse ornée de groupes de figures. La rivière de Seine se présente en face, et sur les côtés Rosny et la ville de Mantes. Le parc qui peut contenir 200 arpents, y compris les potagers et avenues, est planté en quinconces, en bosquets, et en allées auxquelles de beaux points de vue servent de perspective ».

Cette description [1] est complétée par beaucoup d'autres. Les contemporains ne tarissent pas, en effet, d'éloges et de témoignages d'admiration pour les magnificences de Magnanville.

Le comte Dufort de Cheverny, qui fut souvent l'hôte de son ami Préninville dans son nouveau domaine, écrit dans ses *Mémoires* (I, 354) :

« Le château, des plus magnifiques, avait en bas sept salons, plus beaux les uns que les autres, et au moins cinquante appartements tous bien meublés. Ceux du grand château étaient composés d'une antichambre, une chambre à coucher, un salon, des cabinets, et tous les logements nécessaires pour les domestiques ».

Un autre contemporain, le baron de Frénilly, dont les *Souvenirs* ont été publiés récemment [2], décrit avec la même admiration Magnanville :

« Parlons enfin — dit-il (pages 215 et 216) — de Magnanville où j'allai finir le temps de villégiature (en 1797). C'était, il y a environ quatre-vingts ans, un modeste château dans une situation admirable sur la hauteur qui domine Mantes, du côté gauche de la Seine. M. de Savalette [3] l'acheta et voulut le réparer. Mais son architecte s'y prit si bien que le château acheva de tomber. Il fallut en construire un autre, et peu après cet autre devint un manoir royal en étendue, en magnificence et en décorations intérieures. De superbes jardins français s'étendaient autour, et une avenue d'une lieue partit des portes de Mantes pour arriver aux grilles du château ».

On comprend que Savalette le père se soit ruiné ou à peu près à construire et à orner ce palais digne d'un souverain. Il y avait dépensé, dit-on, plus de trois millions, sur les six qu'il avait mangés pendant les dernières années de sa vie.

---

1. Citée par M. H. Thirion, *op. cit.*, p. 317.

2. Par M. Arthur Chuquet, membre de l'Institut, Paris (Plon), 1908, 1 vol. in-8.

3. Une inadvertance ou une simple faute d'impression, fait dire à l'auteur, dans tout le passage cité, Lavalette pour Savalette.

Ce Savalette était de la plus basse extraction, ce qui ne l'empêcha pas de marier ses filles au marquis de Courteilles-Pernon et au comte de Revel-Broglie. L'aïeul de ces nobles dames était un pauvre homme qui vendait dans les rues de Paris du vinaigre dans une brouette. Le fils de ce « camelot » était entré chez un procureur, puis avait pu acheter sur ses gains une petite étude qu'il avait dirigée si habilement qu'il y avait fait fortune. Le fils du procureur sut si bien faire fructifier les écus paternels dans d'heureuses spéculations, qu'en peu de temps il gagna beaucoup d'argent, entra dans les finances, se maria avantageusement et devint enfin Fermier général en 1724. C'est lui qui créa Magnanville. Mais il vit trop grand, alla trop vite et se cassa le cou. Obligé de renoncer aux Fermes en 1752, il mourut en 1755, garde du Trésor Royal.

Son fils Charles-Pierre de Savalette, avait été Maître des Requêtes en 1738, Intendant de Touraine en 1745, démissionnaire en 1756 pour prendre l'office de Garde du Trésor Royal, vacant par la mort de son père.

Les prodigalités du père obligèrent le fils à restreindre ses dépenses et probablement à fermer Magnanville. Mais cela ne l'empêchait pas d'ailleurs, de continuer à bien vivre, lui et les siens. Nous le voyons, en effet, en 1763, lors de la destitution de M. d'Epinay comme Fermier général, succéder à M. de Préninville comme locataire du beau château de la Chevrette et y mener une existence de plaisir avec ses deux charmantes filles et son aimable nièce la marquise de Gléon. On y jouait la comédie avec passion et on y donnait des pièces de M. de Savalette lui-même ou de son fils, Savalette de Buchelay, lequel était en même temps grand amateur d'objets d'art [1].

Cependant il fallut se résigner à sacrifier Magnanville, et c'est alors que ce beau domaine fut, comme nous l'avons vu, acheté en 1767 par Boullongne de Préninville.

Mais Magnanville demandait malheureusement un train de prince, et notre Boullongne, bien qu'il eût acheté la folie créée par un autre, fut obligé à des dépenses excessi-

---

1. *Dernières années de Madame d'Epinay*, par Lucien PEREY et Gaston MAUGRAS. Paris, 1883, in-8, pages 302 et suiv. ; Cfr. THIRION : *op. cit.*, page 328, et *Correspondance de Grimm*, avril 1771.

ves. Sa fastueuse hospitalité, et surtout ses représentations théâtrales, faisaient courir tout le monde de la Cour et de la Finance.

L'Empereur Joseph II lui-même, lors de son voyage en France au printemps de 1777, honora de sa visite « la charmante maison » de Magnanville. Cachant son incognito sous le masque du Comte de Falckenstein et quittant Paris le 31 mai pour se rendre en Normandie, il visita en passant la belle résidence de M. de Boullongne. « Il y rencontra », — dit l'ouvrage auquel nous empruntons cette anecdote [1] — « le célèbre Jeliotte (fameux chanteur alors âgé de 67 ans) qu'il pria de chanter. Ce virtuose s'étant placé au clavecin, chanta, à ce qu'on assure, comme au temps où sa voix ravissait toute la France. M. le Comte de Falckenstein l'en remercia dans les termes les plus obligeans ». Il n'était pas besoin, d'ailleurs, de la présence d'une tête couronnée à Magnanville pour y provoquer des fêtes luxueuses.

Le baron de Frénilly, hôte de Magnanville, un peu plus tard, nous dépeint ainsi la vie qu'on y menait :

« ... Si grand était le nombre des appartements de maître et le nombre des amis qui venaient les occuper, que M. de Boullongne avait fait faire en carton un relief du château qui montrait les portes de tous les appartements du premier et du second avec leurs numéros, et chaque matin, son intendant venait ficher au-dessus de chaque porte le nom de l'ami, de sorte qu'à son lever le maître du château voyait d'un coup d'œil, les visites qu'il avait à rendre. J'ai encore vu ce relief dans le cabinet de M. de Vindé. Les appartements étaient si complets que j'avais au second une grande chambre à coucher à deux fenêtres avec alcôve, deux garde-robes, une chambre de domestique et un très joli cabinet. La salle de comédie était au second sous un petit dôme au milieu du château, et afin que rien ne manquât dans ce séjour de satrape, M. de Boullongne avait fait une collection de tous les costumes imaginables... » [2].

---

1. *Anecdotes intéressantes et historiques de l'illustre voyageur*, dédiées à la Reine (par le Chevalier DU COUDRAY), 3e édit. Paris, 1777, in-12, p. 100.

2. Comme ses cousins de Nogent, d'ailleurs, Préninville aimait les arts et protégeait les artistes. Joseph Vernet était aussi un des habitués de sa maison. Il lui commandait des tableaux qu'il lui payait royalement. (V. LA GRANGE : *Les Vernet et la Peinture au XVIIIe siècle*. Paris, 1864, in-8, p. 357, 369, 401, etc.)

Non content de continuer ainsi la vie somptueuse de son prédécesseur, M. de Boullongne avait entrepris de mettre le parc de Magnanville au goût du jour. Il avait donc bouleversé les beaux jardins français créés par Savalette, saccagé ses arbres déjà grands et planté un jardin anglais qu'il n'eut pas le temps de voir grandir.

Il n'est pas surprenant, en effet, que le nouveau propriétaire de Magnanville n'ait pu soutenir bien longtemps un pareil train de vie qui ébréchait chaque année sa fortune. Cependant, et malgré les exagérations de son luxe, il ne parvint pas à s'y ruiner ; mais il eut très certainement des moments de gêne et d'embarras. On pourrait en voir une preuve dans une lettre datée de Magnanville le 18 octobre 1778, adressée par M. de Boullongne à un M. Aubert « Maison de M. le Clerc, rue de Grammont, à Paris », dans laquelle il se plaint d'être venu inutilement l'attendre à Magnanville ; et d'avoir reçu sa « dépêche en commandement sous la date du 15 ». Il ajoute : « J'écris à Me Bosquillon et je le prie de fournir les six billets demandés afin de me mettre à l'abri de l'exécution ». La suite de la lettre semble indiquer qu'il s'agissait d'une garantie donnée par un tiers audit Aubert. Mais cela n'indique pas moins une gêne qui fait quelque peu contraste avec le luxe de Magnanville.

Comme nous l'avons dit plus haut (p. 93), Philippe-Guillaume de Boullongne avait eu de Mlle de Martainville, un seul fils né en 1749 et appelé Jean-Baptiste par son parrain M. de Machault [1].

Jean-Baptiste de Boullongne — lequel est connu sous le nom de Boullongne de Magnanville — fut assez mal élevé. Il eut pour précepteur un nommé Jean Pechmeya (1741-1785), sorte d'aventurier de lettres, gascon plein d'esprit naturel et de talents, mais tout imbu des principes de philosophie à la mode. Venu à Paris avec une recommandation de son évêque pour le fameux abbé Raynal, le futur auteur de l'*Histoire Philosophique des Deux-Indes*, et « n'ayant pour tout bien que son habit » [2], il fut donné par l'abbé à

---

1. C'est à peu près de cette époque que date un bon portrait de Philippe-Guillaume qui, resté d'abord à Magnanville, appartient aujourd'hui à Mme la Baronne de Robillard de Magnanville, à Versailles.

2. *Mémoires du Comte* DUFORT DE CHEVERNY. Paris, 1909, tome I, pages 475-477.

M. de Préninville qui cherchait alors un précepteur pour son fils. Pechmeya, « dès qu'il se mit à cette besogne — continue Dufort de Cheverny qui l'a bien connu — déploya tout son esprit, toute son adresse et toutes les connaissances qu'il avait acquises ; il fut assez heureux pour trouver un sujet capable d'en profiter, et si, par malheur, il ne l'avait pas induit dans les principes des philosophes du jour, analysant la piété filiale comme il décomposait tous les autres sentiments, Préninville et son fils lui auraient eu une tout autre obligation. Aimable en société, plein d'esprit, de gaieté, de saillies et d'érudition, il fut recherché de tous... » Il suivait partout la famille de Boullongne et l'éducation de son élève terminée, il fut assez richement récompensé pour vivre tranquille et travailler pour lui-même. Il devint le collaborateur assidu de l'abbé Raynal, pour l'ouvrage duquel il écrivit plusieurs parties. Il finit, d'ailleurs, légèrement « toqué », et les *Mémoires* que nous venons de citer racontent l'histoire de sa mort et de sa mise dans une châsse de verre avec le corps de son ami Dubreuil, fantaisie macabre qui occupa les contemporains.

Il ne faut pas s'étonner que ce Mentor quelque peu déséquilibré n'ait pas réussi à faire un homme très raisonnable du pupille qui lui était confié, et que la grosse fortune dont il devait disposer et le luxe facile dont il était entouré prédisposait déjà à commettre des sottises.

L'entrée dans la vie de J.-B. de Boullongne de Magnanville fut cependant tout à fait normale. On se mariait jeune alors ; et il avait à peine vingt-deux ans que son père songeait à lui procurer un établissement avantageux. Préninville avait d'abord jeté les yeux, pour son fils, sur la fille d'un ami de Mme Helvétius, appelé M. Caquet, fort riche héritière, et ses ouvertures avaient été agréées par le père. Mais la jeune personne avait déjà le cœur pris par le comte de Mun-Sarlabous, qu'elle épousa peu après, en 1772. Il fallut donc chercher ailleurs.

Préninville s'adressa alors à M. de Walkiers (ou Walckiers), baron de Tronchiennes [1], Conseiller d'Etat de l'Im-

---

1. Adrien-Ange, né en 1721, vicomte de Walckiers, le 22 mai 1786, était Grand Bailli de Termonde et Chevalier de Saint-Etienne. Il mourut à Bruxelles le 10 mai 1799. Sa femme, Dieudonnée-Louise-Joséphine de Nettine, née le 6 juillet 1736, mourut le 27 juillet 1789.

pératrice-Reine et gendre, de Mathieu de Nettine, banquier de l'Impératrice à Bruxelles et de Barbe-Louise Stoupy. Outre son frère le vicomte de Nettine, Mme de Walkiers avait trois sœurs mariées à M. de la Live de Juilly, à Jean-Joseph de la Borde-Méréville, banquier de la Cour, et à M. Micault d'Harvelay, garde du Trésor Royal. Malgré son apparence étrangère, leur nièce Louise-Jeanne-Josèphe de Walkiers (née le 7 mars 1756), était donc fort bien apparentée en France et elle apportait avec cela à son mari, de grosses espérances de fortune. De plus, nous dit un contemporain qui l'a bien connue [1], elle « réunissait à la meilleure éducation, une tête belle et spirituelle et un attachement de Flamande. » Le jeune homme, de son côté, était grand, bien fait et avait de l'esprit. « Ainsi, à tous égards, c'était un des mariages les plus intéressants de Paris ».

Il eut lieu le 28 février 1773.

En même temps qu'il mariait son fils, Préninville traitait pour lui avec son frère Guillaume, alors fort gêné, de la charge de Trésorier de l'Extraordinaire des Guerres, et les nouveaux époux entrèrent ainsi en ménage avec quatre-vingt mille livres de rente et la plus belle place de la finance.

L'autre poste de Trésorier était occupé par Antoine-Jean-François Mégret de Sérilly, comme survivant de son oncle M. de Pange.

Préninville avait naturellement fourni les fonds pour son fils. Mais il y avait mis pour condition que ce dernier lui rendrait ses comptes tous les ans et il s'était réservé un huitième des bénéfices « plus pour suivre ses fonds que pour en profiter [2]. »

Une fois installé, Boullongne de Magnanville — c'est sous ce nom qu'il est connu — se livra à des dépenses exagérées, malgré sa grosse fortune. Très lié avec son camarade Sérilly, qui avait l'autre poste de Trésorier, ils faisaient naturellement les affaires de leurs charges ensemble. Ils créèrent des billets sans compter et se trouvèrent un beau jour en déficit considérable. Ils voulurent tenter des spéculations pour le combler. On leur conseilla de jouer à la lo-

---

1. DUFORT DE CHEVERNY : *Mémoires*, I, p. 386.
2. DUFORT DE CHEVERNY : *Mémoires*, I, 441.

terie de France avec une combinaison sûre, en chargeant toujours les numéros. Leurs dernières mises étaient de plus de deux cent mille livres et auraient fini par arriver à une somme énorme, lorsque La Fréte, le beau-frère de M. de Préninville, qui faisait la banque pour le gouvernement. s'aperçut par la quantité des rescriptions Boullongne qui étaient sur la place, du dérangement de ses affaires, et n'eut rien de plus pressé que d'avertir Préninville.

Celui-ci intervint immédiatement. Le déficit était de quinze cent mille livres. Le père les paya, à la condition que son fils serait tout de suite dépossédé de sa charge et qu'il partirait sans délai pour un voyage de plusieurs années, avec une pension de mille livres par mois. Il exigea, de plus, qu'il se séparât de sa femme avec laquelle il vivait en assez mauvaise intelligence — ce qu'explique suffisamment sa conduite — et qu'il laissât derrière lui ses trois enfants, le fils à son grand-père [1] et les deux filles à leur mère.

Boullongne de Magnanville n'avait pas à choisir. Il partit donc, parcourut toute l'Europe, alla jusqu'à Astracan, et ne revint, comme nous le verrons bientôt, qu'après plusieurs années d'absence.

Ceci se passait en 1782 [2].

Sérilly, moins atteint que Boullongne, essaya de lutter. Mais il ne put échapper à la ruine. Sous prétexte d'économie, M. de Biré fut chargé des deux offices. Mais bientôt tout s'écroula : les biens de Sérilly furent mis sous séquestre, il fut dépossédé et enfin déclaré en faillite en 1787 [3].

Les dispositions testamentaires de Boullongne de Préninville, qui nous ont été conservées, nous indiquent les préoccupations qui assiégeaient le pauvre père depuis le départ de son fils, et nous permettent de suivre les événements survenus jusqu'au retour de celui-ci. Ces dernières volontés sont exprimées dans un testament en date à Paris du jeudi 2 janvier 1783, et dans trois codicilles, datés respec-

---

1. Préninville donna pour précepteur à son petit-fils, un sieur Dergny, qu'il n'oublia pas dans son testament où il l'exhorte « à faire de son élève un chrétien et un homme ».

2. Puisque c'est cette année-là que le successeur de Magnanville, M. Fontaine de Biré, devint Trésorier de l'Extraordinaire des Guerres.

3. Grâce à sa femme, il se releva, car son ami Dufort de Cheverny nous dit dans ses *Mémoires* (II, 37) qu'il avait encore en 1791, quatre-vingt mille livres de rente.

tivement du 14 avril 1784, du 12 juillet et du 5 août 1787.

Dans son testament proprement dit, Boullongne de Préninville prévoit déjà la vente de son cher domaine de Magnanville, lequel, dit-il, « dans l'état présent des choses », ne convient plus ni à son fils, ni encore moins à ses petits-enfants. « Je suis donc décidé, ajoute-t-il, à leur en faire le sacrifice, à m'en priver et à le vendre de mon vivant... » S'il ne peut le faire lui-même, il veut que cette vente ait lieu aussitôt après sa mort. Il regarde cette vente « comme essentielle au bien de sa famille dans la position où elle se trouve aujourd'hui ». Il fait néanmoins de nombreuses libéralités aux paroisses de sa seigneurie, à leurs pauvres, etc. A l'occasion des legs qu'il fait à ses domestiques — au nombre de quatorze — il s'excuse que ces legs ne soient pas plus importants, « mais un événement des plus fâcheux — écrit-il — et qui diminue considérablement ma fortune, me retient et ne me permet pas de charger davantage ma succession... »

Pour assurer l'avenir de ses petits-enfants, il leur substitue — avec réversion des uns aux autres jusqu'à la troisième génération, comme la loi le permettait alors : à son petit-fils 600.000 livres, à sa sœur aînée 500.000 livres et à la cadette 400.000 livres.

En dépit de ces dispositions restrictives, le testament laisse bien voir que le père ne peut se décider à sacrifier son fils.

C'est ainsi qu'il laisse à la nomination de ce fils les lits qu'il fonde à l'Hôpital des Révérends Pères de la Charité à Paris. Bien plus, il l'institue son légataire universel pour tout ce qui restera de sa succession, après que ses legs auront été remplis. A ces clauses favorables à son fils, il joint des appels à ses bons sentiments : « Il sait — écrit-il — combien sa mère et moi avons été occupés de son bonheur ; il rendra justice aux motifs qui ont dicté mes dispositions ; j'espère qu'il les respectera, quand bien même sa légitime sur la portion de mes biens ne se trouverait pas rigoureusement remplie... » Puis, plus loin, il dit encore en parlant des mêmes dispositions testamentaires : « Je souhaite qu'elles aient l'approbation de mon fils ; il sait que je n'ai jamais rien plus aimé que sa mère et lui ; j'espère que ma mémoire ne lui sera pas indifférente ; ma sollicitude pour ses enfans n'est pas faite pour lui déplaire ; ce n'est pas mon intention ; j'en serais très fâché... »

Il semblait que Philippe-Guillaume de Boullongne ne dût avoir rien à changer à ce testament. Malheureusement, un événement survint qui modifia complètement la situation. Un codicille [1], rédigé au château de Magnanville le 12 juillet 1787, nous laisse entrevoir ce qui venait de se passer. Ce codicille débute ainsi, en effet : « Une découverte allarmante faite récemment, qui a pour principe la confiance sans bornes donnée par mon fils à un caissier infidèle, le danger auquel cette découverte expose le reste de ma fortune, l'espérance trop commune et que j'éprouve de conserver dans sa famille le fruit d'un long travail et d'une conduite soutenue, m'oblige à regret de changer mes dispositions relativement à mon fils et à ses enfans ».

Nous apprenons plus loin que Préninville avait été obligé, en mars 1785, de payer une nouvelle somme de 1.282.000 livres pour l'arrangement des affaires de son fils « et autres dépenses à sa charge ». En présence de ce fait nouveau, et « attendu les dissipations excessives de son fils, la crise encore subsistante de sa situation, son extrême facilité, les suites funestes qu'elle a occasionnées; celles qui peuvent encore en résulter contre son propre gré », le père révoque purement et simplement les principales dispositions de son testament.

Il réduit son fils à sa légitime et substitue tout le reste de sa fortune à ses petits-enfants, moitié à son petit-fils, sur l'autre moitié, trois cinquièmes à l'aînée des filles et deux cinquièmes à la cadette. Il ne veut pas, cependant, que dans aucun cas, son fils dépende de ses enfants. Il exige donc que, quel que soit le résultat de la liquidation de sa succession, Magnanville ait au moins 24.000 livres de rente. Il lui donne, en outre, 12.000 livres à prendre sur son mobilier et une somme de 50.000 écus pour lui permettre d'avantager celui ou ceux de ses enfants dont il aura lieu

---

1. Nous ne disons rien ici des deux autres codicilles joints au testament. Ils ont trait seulement à des questions secondaires : augmentation du legs à l'Hospice de la Charité, révocation d'avantages faits par le testament à la Vicomtesse de Montmorency, sa nièce et à ses enfants, legs à ses frères, aux demoiselles de Martainville, ses belles-sœurs, etc., etc.

d'être satisfait, et de conserver ainsi sur eux une certaine autorité.

Au moment où il rédigeait ce testament et ce codicille si plein de mesure et de sagesse, Préninville avait soixante-quinze ans, et son fils voyageait toujours. Les sommes énormes qu'il avait payées pour sauver l'honneur de ce fils avaient diminué sa fortune, sans l'obliger à se réduire sensiblement. Il lui restait, en effet, près de quatre millions. Il continuait donc à mener un grand train de vie, soit à Magnanville, soit à Paris, dans la superbe maison qu'il habitait maintenant rue de la Chaussée-d'Antin à côté de son frère et de son beau-frère Castéra.

Mais le luxe dont il était entouré et l'affection de ses proches ne pouvaient fermer la plaie de son cœur. N'ayant plus aucun rapport direct avec son fils, il avait pris comme intermédiaire entre eux, un vieil ami, Dufort de Cheverny qui, voyant son chagrin, essayait depuis longtemps d'obtenir le pardon de l'Enfant Prodigue.

Enfin, en 1789, M. de Préninville — il était alors dans sa 77ᵉ année et sentait ses forces décroître — se laissa fléchir et mit fin à l'exil de son fils qu'il voulait revoir avant de mourir.

Jean-Baptiste de Boullongne, qui était alors en Angleterre, guettant le pardon paternel, revint donc de ses longs voyages « complètement corrigé et amendé », s'il faut en croire son indulgent ami Dufort de Cheverny.

Son père, désireux de prendre un complet repos et voulant, en même temps, faire à son fils une nouvelle situation, lui céda alors sa place de Fermier Général. Ce fut la dernière nomination à cette charge autrefois si convoitée et qui allait bientôt devenir, pour ses titulaires, un « laissez-passer » pour l'échafaud.

Jean-Baptiste de Boullongne, bien que le dernier venu dans la Compagnie des Fermiers Généraux où il n'avait pour ainsi dire pas siégé, commença presque aussitôt à gravir avec ses collègues, le calvaire que leur préparait depuis longtemps, une opinion publique surexcitée par les folliculaires au service de haines envieuses et d'ailleurs peu justifiées en ce qui concerne les titulaires des Fermes depuis 1760. Boullongne n'était pourtant pas tout à fait ré-

fractaire aux réformes et aux idées nouvelles, puisque dès
la fin de 1789, il se fit recevoir — comme beaucoup d'hommes de son monde — au Club des Jacobins, qui venait de
se fonder le 6 novembre sous le nom d'Amis de la Constitution. Cela ne devait pas le sauver.

Nous renvoyons pour le récit de cette lamentable histoire, au livre d'un auteur dont nous avons eu souvent à rec-
tifier les inexactitudes en ce qui concerne les Boullongne,
mais qui nous semble avoir raconté la fin des Fermiers généraux, avec une parfaite impartialité.

Jean-Baptiste de Boullongne dont le goût pour les grands
voyages avait persisté et qui était peu soucieux de la vie
de bureau et des obligations des affaires, avait accepté en
rechignant la survivance de son père. Il était inscrit à peine depuis six mois sur les listes des Fermiers Généraux et
avait assisté tout au plus à deux séances, quand tout à fait
dégoûté, il chercha un moyen de se défaire de sa charge. Il
s'adressa donc à son cousin-germain Chicoyneau de la Valette [1] et lui demanda de le remplacer dans cet emploi dont
il se déferait en sa faveur. La Valette accepta, et l'affaire
fut immédiatement conclue.

Mais le jeune Boullongne voulait recouvrer une liberté
plus complète encore. Il profita donc d'une offre acceptab-
ble pour réaliser l'idée de son père de se défaire du beau domaine dont il portait le nom, et tous deux, d'accord, vendirent Magnanville à Charles-Gilbert Morel de Thorel Vindé
ou Morel de Vindé et à sa femme Renée-Elisabeth Choppin.

Le contrat fut passé le 28 mars 1791 moyennant soixante
mille livres de rentes sur la ville de Paris, plus vingt mille
francs de pot-de-vin ou trousseau donné à chacune des deux
filles de Jean-Baptiste de Boullongne.

Avec ses nouveaux propriétaires, sages, économes et même quelque peu austères, Magnanville connut des jours de
calme et même d'abandon. La Révolution était venue d'ailleurs, et tout ce que pouvaient faire les Vindé, c'était d'essayer de se faire oublier. Ils paraissent y être parvenus,
puisque dès que la sécurité fut un peu revenue, Magnanville s'ouvrit discrètement de nouveau à une aimable hos-

____

1. Fils de François-Joseph Chicoyneau, baron de la Valette, et de Michelle Jo-
gues de Martainville.

pitalité. Le baron de Frénilly, qui y revint alors (en 1797) écrit encore à ce propos :

« ... La vie devint patriarcale, mais avec élégance, bonne compagnie et bonne chère. On ne pouvait trouver à dire que la solitude que faisaient ces vastes salles autour de quinze à vingt amis, car les personnes qui se cherchent aiment que les murs les rapprochent. A cela près, l'existence y était charmante. Les matinées se passaient dans une liberté complète. Entre le déjeuner et le dîner on allait chasser ou bien on montait à cheval avec M. de Vindé qui était fou de cet exercice. Le soir après la promenade des dames, on faisait des lectures, on jouait des jeux de société, on improvisait des charades ou des proverbes. Tout le magasin de costumes était à notre disposition... »

Cette agréable existence devait bientôt finir par une catastrophe. Désespéré de la mort d'une fille chérie, M. de Vindé quitta Magnanville pour aller demeurer au château de la Celle-Saint-Cloud où il mourut en 1843. Il fit raser Magnanville, en vendit les matériaux, et de ce magnifique palais, il ne reste plus rien. Le château actuel, propriété de M. le comte de Gramont, est moderne.

Les Boullongne de Préninville, le fils aussi bien que le père, ne devaient pas voir la ruine de leur beau château.

Quelques mois après la vente de Magnanville, Philippe-Guillaume de Boullongne mourait doucement à soixante-dix-neuf ans et était enterré à Paris le 7 août 1791.

Son fils, Jean-Baptiste, continua à résider à Paris et à vivre avec un véritable luxe malgré la diminution de sa fortune. Le 2 juillet 1792, il faisait encore relier, moyennant 200 livres, par le fameux relieur Derome, neuf volumes in-folio de gravures et un volume en maroquin. Il avait conservé bon nombre de beaux tableaux [1].

Un dossier des Archives Nationales (Papiers séquestrés, T. 426) nous montre que les Walckiers demeuraient à Paris avec leurs enfants et qu'on y vivait encore sur un très grand pied. Les domestiques étaient nombreux; leur habillement coûtait, en 1790, 1244 livres 5 sols, et en 1792, 1234 livres.

---

1. Marc FURCY-RAYNAUD : *Arch. de l'Art français*, 1912, p. 258.

De septembre 1790 à février 1791, les frais d'éclairage de la maison étaient de 1220 livres, ce qui indique évidemment qu'on ne regardait guère à la dépense. Les notes des couturières, modistes, lingères, corsetières, cordonniers, parfumeurs, fourreurs, fleuristes — sans parler de celles des médecins et des apothicaires — au cours de ces premières années de la Révolution, et jusqu'au mois d'avril 1793, remplissent de nombreuses liasses et nous donnent l'idée d'une maison luxueuse.

Tout cela devait bientôt se terminer par une catastrophe.

Jean-Baptiste se trouvait encore à Paris le 3 frimaire an II (23 novembre 1793) [1], lorsque la Convention, sur la proposition de Bourdon de l'Oise, ordonna l'arrestation de tous les anciens Fermiers Généraux. Chicoyneau y était naturellement compris. Mais Jean de Boullongne ne voulut pas que son cousin souffrît de la complaisance qu'il avait eue de prendre sa charge. Il alla donc le trouver immédiatement, et après qu'ils eurent disputé entre eux de générosité, il obtint de lui qu'il lui permît de reprendre sa place. Il fut donc incarcéré avec les autres à l'ancien couvent de Port-Royal qu'on avait, en le transformant en prison, décoré du nom dérisoire de Port-Libre. C'était du reste une prison assez douce et où l'on faisait encore de l'esprit même mauvais. Sanlot, un des Fermiers Généraux emprisonnés avec lui, écrivait à leur ami commun Cheverny (*Mémoires*, II, p. 126) : « Boullongne fume deux pipes, l'une de tabac, l'autre de ne plus voyager ». Les vingt-sept Fermiers Généraux qui s'étaient laissés prendre dès le premier coup

---

1. C'est sans doute à ce moment que parut un pamphlet intitulé : « Réponse d'un enfant naturel à l'Adresse présentée à la Convention par cinquante Collatéraux de feu Messire de Boulogne, ancien Intendant des Finances, ancien Contrôleur Général, ancien Trésorier de l'Ordre du Saint-Esprit, » etc., par Auguste (s. l. n. d.) Vingt pages in-4°, divisées en deux colonnes, dont la première contient l' « Adresse à la Convention Nationale au nom d'une infinité de Pères et Mères chargés de famille et dont plusieurs sont à la veille d'être ruinés par des enfants nés hors mariage », et la seconde colonne, la réponse en regard. Cette Adresse visait une loi du 12 brumaire, appelant les enfants naturels à la succession de leurs père et mère, avec effet rétroactif. Elle est signée par des individus dont pas un prénom ne se trouve dans aucune généalogie des Boullongne. Il est probable qu'il y eut là quelque tentative de chantage, comme il s'en produit dans les temps de troubles, et que ces prétendus collatéraux de Jean de Boullongne visaient ce qui restait de fortune à son cousin Jean-Baptiste. Nous ne savons, d'ailleurs, rien de plus sur cette affaire.

de filet, à Paris et en province — avec une insouciance qui prouve à quel point ils se sentaient à l'abri de tout reproche — n'avaient aucune préoccupation sur leur sort et croyaient en être quittes, à bref délai, pour une peine pécuniaire.

C'était à leur tête qu'on en voulait.

Il faut lire dans l'ouvrage que nous avons cité plus haut, le récit des dénis de justice, des irrégularités de procédure, des actes de violence et d'arbitraire qui signalèrent cet étrange procès où n'ayant rien de sérieux à reprocher aux individus, on entendait néanmoins leur faire payer les abus du corps dont ils avaient fait partie, même ceux d'une époque à laquelle ils n'en avaient pas été membres, et l'impopularité d'un système financier dont ils avaient été les agents.

Le 5 mai 1794 (16 floréal an II) ils étaient envoyés au Tribunal Révolutionnaire. Avant même la comparution, Boullongne de Préninville, dont les yeux, comme ceux de ses compagnons, s'étaient dessillés depuis quelque temps et qui s'était procuré de l'opium, voulait s'empoisonner ; mais il dit sa résolution à Lavoisier, qui parvint à le dissuader.

Transportés le soir même à la Conciergerie, les prisonniers — ils étaient alors trente-deux — y passèrent une nuit affreuse, puis toute la journée du 17 floréal et une deuxième nuit aussi affreuse que la première. Enfin, le 18 floréal an II, à 7 heures du matin, ils comparaissaient les uns après les autres devant le Tribunal de Sang, subissaient un court interrogatoire de forme et recevaient chacun une copie de l'acte d'accusation signé de Fouquier-Tinville. Le 19 floréal au matin (8 mai 1794) les 31 victimes destinées au bourreau — l'un d'entre eux, Verdun, avait été rayé à la recommandation de Robespierre — prenaient place sur les gradins du Tribunal. L'interrogatoire fut bref ; le réquisitoire de l'accusateur public, implacable. Le jury déclara à l'unanimité, les accusés coupables.

« L'heure pressait, les charrettes attendaient la fournée des condamnés pour les conduire à la place de la Révolution ; la hâte des juges était telle que la déclaration du jury ne fut pas inscrite sur la minute du jugement, ainsi que Dobsen (Président du Tribunal Révolutionnaire) le fit cons-

tater plus tard lors du procès de Fouquier-Tinville. Coffin-
hal, se levant alors, prononça le jugement. Il déclarait les
biens des condamnés acquis à la République, et ordonnait
qu'à la diligence de l'accusateur public, l'arrêt serait exécuté dans les vingt-quatre heures.

» A la suite du prononcé de la sentence, les condamnés
furent ramenés à la Conciergerie, abandonnés au bourreau,
puis entassés sur les charrettes. Les officiers municipaux,
le sabre au poing, faisaient cabrer leurs chevaux et se
frayaient un passage au milieu des flots pressés de la popu-
lace. Les voitures suivirent lentement la route accoutumée.
Elles traversèrent le Pont au Change, le quai de la Mégisse-
rie et longèrent la rue Saint-Honoré.

» Les Fermiers Généraux, cahotés par les secousses du
pavé, se serraient les uns contre les autres et restaient si-
lencieux. Seul, Papillon d'Auteroche, voyant cette foule en
carmagnole qui les menaçait du poing, dit dédaigneusement
par allusion à la confiscation de ses biens : « Ce qui me cha-
grine, c'est d'avoir d'aussi déplaisants héritiers ».

» Lorsqu'ils atteignirent la place de la Révolution, il était
cinq heures du soir, et le soleil se couchait derrière les
grands arbres des Champs-Elysées. Ils descendirent des
charrettes, échangèrent un dernier regard d'adieu, puis se
livrèrent aux exécuteurs. Ils furent frappés dans l'ordre de
leur inscription sur l'acte d'accusation, au milieu d'un
grand silence du peuple qui, loin de les injurier à ce dernier
moment, semblait plutôt les plaindre. Trente-cinq minutes
suffirent à l'exécution. Tous, à l'exception de Boullongne,
moururent dignement, sans faiblesse et sans protestation »[1].

« Tout le monde a su, écrivit Cheverny, l'exécution bar-
bare de ces honnêtes gens. M. de Lavoisier appelé la veille
pour montrer les comptes apurés fut condamné ainsi que
les autres. Il les prépara tous à la mort. Ils firent une fin
superbe. Ce pauvre M. de Boullongne fut conduit à l'échafaud dans un état pitoyable. Riche de 50.000 écus de rente,
d'une figure agréable, grand, bien fait, spirituel et instruit,
connaissant plusieurs langues, excellent musicien et ayant

---

1. THIRION *La Vie privée des Financiers au XVIIIe siècle*, page 503.

un goût exquis », tout cela fut tranché en un instant par le couteau de la guillotine [1].

La monstrueuse iniquité de sa condamnation — puisqu'en réalité il n'avait été Fermier-Général que de nom et pendant un instant, pour ainsi dire — explique jusqu'à un certain point, sans l'excuser, la faiblesse exceptionnelle montrée par cet homme mené à l'abattoir en pleine jeunesse — il avait quarante-quatre ans — sans l'ombre d'un motif ou même d'un prétexte. Peut-être aussi le lieu où il était condamné à mourir contribua-t-il à lui enlever le courage de bien mourir.

Le malheureux demeurait, en effet, place de la Révolution (V. son acte d'accusation) et l'instrument de mort se dressait devant les fenêtres fermées de son logis, derrière lesquelles des êtres chéris, ses trois enfants adolescents, forcés d'assister à son supplice, agonisaient peut-être de désespoir impuissant.

Ces trois enfants — dont nous avons déjà parlé à l'occasion du testament de leur grand-père — étaient un fils : Auguste-Philippe-Louis-Joseph, né le 5 février 1774, et deux filles : Herminie-Félicienne-Joséphine, née le 26 mai 1775, mariée en 1792 [2] à François-Bernard, marquis de Chauvelin [3] et Juliette-Louise-Pierrette-Joséphine, née le 19 mars 1778, qui, s'étant prise plus tard de passion pour un cousin-germain de son père, Godefroid-Joseph-Ghislain de Walkiers de Gamérage, né à Mons en 1740, l'épousa d'une façon quelque peu romanesque à Bruxelles, où ils résidaient alors, aussitôt que la mort de sa mère arrivée en 1796 (thermidor an IV), lui eut rendu toute sa liberté. L'opposition de son grand-père maternel M. de Walkiers, qui avait des griefs sérieux contre son neveu, dut céder devant les instances de ses autres petits-enfants et devant l'entêtement de

---

1. *Mémoires*, II, p. 127.

2. Le même dossier des Archives Nationales cité plus haut (T. 436), contient un grand nombre de notes de fournitures faites à l'occasion de ce mariage. Il y a là des documents intéressants pour l'histoire de la mode en 1792.

3. Né en 1766, le marquis de Chauvelin, ancien Maître de la Garde-robe du Roi, prit parti pour les idées nouvelles et fut envoyé comme ambassadeur en Angleterre en 1792, puis comme Ministre à Florence après la mort du Roi. Incarcéré à son retour en France et sauvé par le 9 thermidor, il devint membre du Tribunal, puis Préfet de l'Empire et Conseiller d'Etat. Enfin, sous la Restauration, député de la Côte-d'Or, de 1816 à 1827. Il mourut en 1832.

Juliette, et le mariage se fit à Bruxelles (contrat signé chez lui la veille) le 7 frimaire an V (23 novembre 1796). De cette union vinrent un fils et une fille. Juliette de Boullongne, devenue veuve, se remaria le 12 mai 1814 à Marie-Constant-Armand, marquis de Hautpoul, né en 1780, mort en 1854, colonel en 1814, maréchal de camp en 1819, démissionnaire en 1830 ; puis gouverneur du duc de Bordeaux en 1833. Dont postérité.

Quant à Auguste de Boullongne qui fut aussi marié, il se cacha pendant la Révolution et fut porté sur la liste des émigrés de la Seine. N'ayant pas demandé sa radiation en temps utile, il fut la cause, pour ses sœurs et pour lui-même, d'ennuis et de difficultés de toutes sortes qui amoindrirent beaucoup ce qui leur restait de fortune, même après que le décret du 18 prairial an III (6 juin 1795) leur eût permis de rentrer dans une partie de leurs biens [1].

---

1. Après la vente de Magnanville en 1791, les Boullongne avaient acheté la terre du Petit-Citeaux, située près de la forêt de Marchenoir, à trois lieues de Claye et à huit lieues de Blois. Nous ignorons dans quelles conditions et sous quel nom cette acquisition fut faite, mais il est plus que probable que c'est Mme de Boullongne qui avait acheté ce domaine, peut-être après l'exécution de son mari. Ce qui est bien certain, c'est que le Petit-Citeaux échappa à la confiscation résultant de la condamnation de J.-B. de Boullongne et qu'il en est question pour la première fois en 1796, après la mort de sa veuve née de Walkiers.

Auguste de Boullongne, son fils, était alors « compris dans l'exécution établie par l'article premier de la loi du 4 fructidor an IV en faveur des défenseurs de la Patrie ». Il fut procédé à l'inventaire sommaire du mobilier appartenant aux enfants et héritiers Boullongne, mobilier conservé à Citeaux « au domicile de la citoyenne Herminie-Félicienne-Joséphine Tavernier-Boullongne, épouse du citoyen François Chauvelin ». Cet inventaire fut fait le 10 vendémiaire an V (1er octobre 1796), en exécution d'un arrêté du département de la Côte-d'Or en date du 5 vendémiaire précédent, par Pierre Roger, commissaire du Directoire Exécutif près l'administration municipale du canton de Nuits, en présence du citoyen Claude Gaspard Magnien, tuteur de Juliette « Tavernier-Boullongne », alors à Bruxelles, séquestrée volontaire dans un couvent d'où elle devait sortir six semaines après pour se marier.

La nomenclature du mobilier inventorié nous donne l'idée d'une bonne maison de campagne, installée sans luxe, mais avec tout le confort de l'époque.

Cette intervention de la justice n'était, d'ailleurs, que le commencement des tracasseries que devaient subir les pauvres descendants de Boullongne de Préninville.

Ils avaient des ennemis acharnés, les frères Caristie, qui avaient jeté leur dévolu sur le Petit-Citeaux et employaient tous les moyens pour les en déposséder. Nous ne savons sous quel prétexte ils obtinrent que le domaine fût séquestré et déclaré indivis entre l'Etat et les héritiers Boullongne, la République devant être propriétaire d'un cinquième. Toujours est-il que le 28 pluviôse an VII, les autorités compétentes ayant fait cinq lots d'égale valeur, conformément à l'arti-

La discorde se mit, enfin, dans cette famille appauvrie et elle eut pour résultat d'achever la ruine des derniers représentants de cette maison de Boullongne qui avait, pendant deux siècles, jeté quelque éclat dans les arts et dans les finances.

Qu'elles fussent issues des hobereaux artésiens auxquels elles se rattachèrent officiellement en 1751, ou qu'elles aient été seulement des parvenues du talent et de la chance, les deux branches des Boullongne qui arrivèrent aux honneurs ne purent survivre au régime qui avait permis leur rapide élévation. Comme tant d'autres, elles disparurent sans retour dans la tourmente qui emporta à la fin du XVIIIᵉ siècle, la société raffinée dans laquelle elles avaient brillé, et qui la remplaça par une autre société niveleuse et jalouse, ennemie de toute supériorité comme de tout privilège, où la masse qui gouverne n'a que trop de tendance à considérer les riches les plus honorables comme des voleurs et les artistes les plus méritants comme d'inutiles parasites.

cle 125, titre V, de la loi du 1ᵉʳ floréal an III, on tira au sort à Dijon, celui qui devait revenir à l'Etat — qui fut le deuxième — et les quatre autres lots débarrassés de toute opposition et de tout séquestre, demeurèrent aux héritiers de Boullongne. Ce lot échu à la République fut naturellement mis en vente peu après et racheté par un des héritiers.

Mais la brouille ne tarda pas à se mettre entre eux. Godefroid de Valkiers et sa femme, qui continuaient à résider à Bruxelles, faisaient bande à part contre Auguste de Boullongne qui habitait à Paris, 24, rue de la Révolution, et contre le ménage de Chauvelin, lequel paraît avoir demeuré à Citeaux même, depuis le 9 thermidor. Un homme d'affaire en résidence à Mantes, où il avait sans doute connu les splendeurs de Magnanville, et qui après avoir été le tuteur de Juliette, de 1795 à son mariage, était resté l'homme de confiance de ses frère et sœur, profita de cette situation intermédiaire entre les parties pour essayer d'aplanir les difficultés. Il fut aidé dans cette tâche honorable par un sieur Picavez, chargé de la gérance de Citeaux, et par un autre homme d'affaires en résidence à Bourges. nommé Bonnaire.

Mais ces efforts échouèrent et il fallut en venir à une licitation judiciaire. En 1803, le domaine du Petit-Citeaux, comprenant le château, les trois fermes, les bois et étangs, etc. — en tout 451 hectares 67 ares, — fut mis en vente au tribunal de Blois et adjugé le vendredi 29 juillet (10 thermidor an XI), à M. Magnien, représentant Mme de Walkiers, pour la somme de 140.350 fr.

Cette acquisition ne mit pas fin d'ailleurs, aux querelles des derniers Boullongne. Sous la Restauration, ils correspondaient encore avec des avoués de Mantes pour le règlement d'importants intérêts litigieux. Un peu plus tard, Mme de Chauvelin, toujours domiciliée à Citeaux et qui venait de perdre son mari en 1832, plaidait à son tour avec son frère Auguste au sujet de diverses propriétés des religieux de Citeaux (*Mémoire Judiciaire*, cité dans le Catalogue de la librairie Voisin, nº 14.046).

APPENDICES

Au moment de remettre à l'imprimeur les Appendices contenant le Catalogue des Œuvres des Boullongne, je crois devoir donner quelques explications préalables.

Je n'ai pas la prétention d'avoir résolu toutes les questions d'attribution et de date que peut soulever ce travail : c'est une tâche au-dessus de mes forces et que ne comportaient d'ailleurs, ni la valeur des œuvres, ni la renommée de mes personnages. Un Catalogue comme celui-là, résultat de recherches poursuivies pendant de longues années, de renseignements pris et sollicités partout et de nombreuses correspondances, ne serait jamais terminé si une vérification tatillonne ou une réponse attardée à quelque question en arrêtait indéfiniment la publication.

Le rôle que j'ai assumé est, d'ailleurs, beaucoup plus modeste.

J'ai voulu seulement réunir sur chacune des Œuvres des trois Boullongne et de leurs filles et sœurs, tout ce que m'ont fourni des recherches consciencieuses et longuement poursuivies. Si ce travail peut servir à faire retrouver certaines œuvres perdues, à donner une attribution positive à quelques autres qui dorment peut-être, ignorées, dans les collections publiques ou chez quelques amateurs, le but que je me suis proposé sera atteint.

Je n'ai pas hésité à faire, textuellement — mais en prévenant le lecteur, bien entendu — de larges emprunts aux érudits et aux critiques qui ont déjà catalogué des œuvres des Boullongne, notamment à M. F. Engerand, à MM. Jean Guiffrey et Pierre Marcel, etc. Quand une besogne est faite et bien faite, il est inutile de la refaire en la démarquant. J'ai seulement groupé d'une autre manière les renseignements ainsi recueillis.

Le Catalogue des Œuvres de chacun de nos peintres contient d'abord la liste chronologique de celles de ces œuvres — tableaux, gravures, dessins, etc., — dont j'ai pu reconstituer sûrement ou même approximativement la date d'exécution. A défaut d'une indication plus précise, je mets la date du paiement du tableau, quand elle est connue. Je catalogue ensuite, sous des rubriques spéciales — suivant la nature ou l'abondance de l'œuvre de chaque artiste — les pièces qu'il a été impossible de dater.

C'est ainsi, par exemple, que l'œuvre des quatre filles de Louis de Boullongne l'Ancien étant peu considérable — du moins ce que nous en connaissons — n'a donné lieu à aucune division.

Au contraire, celle de leur frère Louis le Jeune a reçu, non seulement des rubriques semblables à celles de son père et de son frère aîné — *sujets religieux*, *sujets mythologiques*, etc., — mais encore une division qui lui est personnelle, en sa qualité de dessinateur officiel des Médailles du Roi (v. notre page 47). Nous avons utilisé textuellement pour la description de ces dessins de médailles l'*Inventaire Général des Dessins du Musée du Louvre*, publié en 1908 par MM. Jean GUIFFREY et Pierre MARCEL.

Ces croquis de Médailles font partie de 162 dessins de Louis de Boullongne le Jeune, achetés 400 francs (!) par le Louvre, le 9 juillet 1846, de M. Defer. Tous ces dessins proviennent sans doute primitivement du legs qu'en fit Jean de Boullongne, le Contrôleur Général, à son neveu l'abbé Richard de Saint-Nom (v. plus haut, p. 152).

Au sujet de ces dessins et de quelques autres rencontrés ailleurs, je dois dire encore que je ne fais pas un article spécial des dessins qui se rapportent à un tableau dont ils constituent un projet ou une étude avant exécution, et avec lequel ils feraient ainsi double emploi. Ils sont alors indiqués sous la rubrique de l'œuvre elle-même dont ils font partie. Ces dessins ne sont numérotés que quand ils forment une œuvre à part, soit parce que le tableau n'a pas été exécuté, soit parce que nous ne l'avons pas retrouvé.

En terminant, j'appelle la bienveillance des Critiques d'art sur cet Essai dont ils connaissent mieux que personne toutes les difficultés et j'espère qu'ils voudront bien l'accueillir avec indulgence.

APPENDICE I

Essai de Catalogue raisonné des Œuvres

de

LOUIS DE BOULLONGNE,
dit LE PÈRE ou L'ANCIEN

Iº ŒUVRES DATÉES

Classées chronologiquement

1. — (Vers l'année 1629). Une **Crucifixion,** faite sur la commande du Président Boulanger, pour l'Hôtel-de-Ville de Paris (v. p. 9).

2. — (Vers 1630). Le catalogue de la librairie Claudin publiait, en octobre 1888, la mention suivante :

« 55.870. Redemptionis Captivorum (Revelatio Ordinis SS. Trinitatis)... Parisiis, 1633, pet. in-fol.

« Suite de 24 planches numérotées gravées à l'eau-forte, par Théodore Van Thulden, plus un titre, un avis au lecteur,... et une planche finale non numérotée avec une dédicace gravée au bas et signée : *Boullongne pinxit,* également gravée par Van Thulden : en tout 28 planches... »

Ce Recueil, très rare, existe en double au Cabinet des Estampes de la Bibliothèque Nationale (Rd, 90, et C. c. 57). Mais dans les deux exemplaires, la gravure indiquée comme faite d'après Boullongne, manque. Il paraît donc évident que cette gravure était une addition factice à l'exemplaire du catalogue Claudin, que nous citons ici et que nous avons vainement essayé de retrouver. Nous sommes cependant portés à croire que cette gravure était à peu près contemporaine de la série des 24 planches sur l'Ordre des Trinitaires, puisqu'elle est signée du même graveur Van Thulden; c'est pourquoi nous la mettons à cette date.

3. — (An. 1637). Planche gravée, faite à Rome, d'après l'**Enlèvement d'Hélène,** par le Guide (v. p. 15).

Pâris s'enfuyant à Troie avec la femme de Ménélas.

Haut. : 10 pouces 5 lignes, y compris 4 lignes de marge.
Largeur : 10 p. 7 l.
Dans la marge de la gravure : *Guido Raine in.*
Louis Boullogne paris. Fe. Roma, 1637. *L. Boullogne, Super. par.*
On connaît deux états de cette planche.
HEINECKEN : *Dictionn. des Artistes dont nous avons des Estampes.*
Leipzig, 1786-90. — R. DUMESNIL : *Le Peintre Graveur Français...*
I, p. 118.

4. — (Vers 1637). **Vénus et les Amours,** gravé par L. de Boullon-
gne, d'après le Titien.
Haut. : 7 pouces, y compris 5 lignes de marge.
Larg. : 9 p. 5 l.

La déesse, assise à droite sous une espèce de tente, à l'entrée de la campagne,
vient de nouer un bandeau sur les yeux d'un amour debout devant elle, appuyé
sur ses genoux. Elle écoute en même temps un Amour qui, debout derrière elle,
et appuyé sur son épaule, semble lui parler. Deux nymphes debout, à gauche,
regardant Vénus, tiennent le carquois et l'arc du premier Amour.

En marge : *Titianus inventor. L. Bo. pa*[ls], *fe Roma. Super. par.*
R. DUMESNIL : *Peintre Graveur Français,* I, 117.

5. — (An. 1641). **Le Prévot des Marchands et les Echevins de
Paris élus en 1641.**
Peinture commandée par la ville de Paris (v. p. 11).

6. — (An. 1646). **Les Enfants de Scéva,** prince des Prêtres, lesquels, voyant saint Paul invoquer le nom de Jésus pour conjurer les
démons, suivent son exemple et forcent l'esprit malin à leur répondre.
Commandé par les Maîtres Elus de la Confrérie des Orfèvres de
Paris, François de la Haye et Guillaume Langlois, pour le « May » de
Notre-Dame de Paris en 1646. Ce « May » était le dix-huitième (v.
page 11).
Donné en 1862 aux Collections du Louvre, par décision du Chapitre
de la Cathédrale de Paris. — Cf. *Nouvelles Archives de l'Art Français,*
2ᵉ série, t. II, p. 437, etc.

7. — (An. 1646). **Le Miracle de saint Paul à Ephèse** (Actes 19, v.
11 et 12), tableau peint pour l'église Notre-Dame de Paris.
Il était dans la chapelle Saint-Laurent, et PIGANIOL DE LA FORCE (*Description de Paris,* I, p. 322) nous dit positivement qu'il a été peint par
Louis de Boullongne l'Ancien en 1646. (Cf. également d'ARGENVILLE :
Voyage pittor. de Paris, 1778). Ce grand tableau est signalé comme
provenant de Notre-Dame, parmi ceux qui furent déposés d'abord au
Musée des Augustins (*Inv. des rich. d'A.,* II, p. 286). Il fut remis à
Naigeon le 13 nivôse an VI (2 janvier 1798); puis mis en réserve au
dépôt de la rue de Beaune (*Inv. des rich. d'A.,* II, p. 341). Il a dû
être vendu.
Louis de Boullongne grava lui-même ce tableau.

Dans cette gravure, le Saint est debout, au milieu, tenant un livre sous le bras droit, et de sa main gauche levée, il exorcise un possédé enchaîné au fût d'une colonne, en bas, à gauche.

Sur la terrasse, en bas, à droite : *Boullongne f.*, et, dans la marge, quatorze vers français en quatre colonnes commençant par :

« Autrefois le démon animoit le courage... »

et finissant par :

« Ce que ses saints discours dans les cœurs devoient faire... »

Ces vers sont suivis de la dédicace de ce morceau à M. Godeau, évêque de Grasse et de Vence.

Haut. de la gravure : 14 p. 6 l., y compris 10 l. de marge.

Largeur : 11 p. 2 l.

Heinecken : *Dict. des Artistes...* etc. — R. Dumesnil : *Peintre Graveur Français...* I, p. 115, 116.

Gravé également, in-8, par Tardieu.

(An. 1648). **Le Livre de Portraicture.**

Ce livre fut dessiné et gravé par Louis de Boullongne l'Ancien en 1648, comme l'indique la date inscrite sur l'un des trois états du Frontispice. Cette date est celle de la création de l'Académie Royale de Peinture et de Sculpture. Cela semblerait indiquer que Louis de Boullongne établit peut-être ces modèles de dessin pour servir aux études des élèves de cette Académie dont il devait devenir Professeur titulaire peu d'années après (v. p. 12).

Le *Livre de Portraicture* se compose de vingt-six pièces numérotées soit en haut, soit à droite, au milieu.

La hauteur des planches de 4 pouces, 4 à 6 lignes; leur largeur 6 pouces, 3 à 5 lignes.

Voici la liste de ces planches et leur description :

8. — **Frontispice.**

Un jeune homme, la tête couverte d'un bonnet fourré, et enveloppé d'un manteau, est assis au milieu, vu de profil et tourné à gauche. Il tient une tablette sur laquelle il dessine une statue placée sur un piédestal. Derrière lui, un enfant le regarde travailler. L'ensemble de la composition est placé dans un ovale en largeur entouré d'une bordure de laurier.

Sur le dé du piédestal on lit : *Livre de portraicture fait par Louis de Boullongne.*

Cette description est celle du premier état de la planche.

Un second état porte la date 1648 au-dessous de l'inscription.

Dans un troisième état, l'inscription est effacée et sa place teintée par des hachures horizontales. Les quatre angles, blancs dans les deux premiers états, sont, dans le dernier, remplis chacun par un mascaron.

Ce Frontispice existe au Cabinet des Estampes (Da. 30. b. album in-folio).

9. — II. Dessin de deux ovales, d'un nez de profil, d'une bouche de face, d'une tête de profil, de quatre bustes, de hachures et de cheveux.

10. — III. Six têtes au trait et un buste ombré.

11. — IV. Neuf yeux, quatre au trait, cinq ombrés.

12. — V. Nez, bouches et mentons, au nombre de onze, cinq seulement ombrés.

13. — VI. Neuf oreilles, dont trois ombrées.

14. — VII. Quatre avant-bras d'hommes.

15. — VIII. Deux jambes et un pied d'homme.

16. — IX. Deux bras et un buste d'enfant.

17. — X. Cinq bustes de femmes, dont trois ombrés.

18. — XI. Un pied nu, une jambe chaussée du cothurne et une tête casquée.

19. — XII. Tête, partie inférieure du corps, deux pieds et une main d'enfant.

20. — XIII. Deux têtes de la même femme, l'une au trait, l'autre ombrée.

21. — XIV. Partie antérieure du corps d'un enfant, ombré; profil, au trait, d'un autre enfant; jambe et bras d'enfant.

22. — XV. Partie antérieure du corps d'un homme; les mains jointes élevées; et un bras debout, la main ouverte.

23. — XVI. Partie antérieure du corps d'un enfant faisant des bulles de savon; buste d'un autre enfant; plus trois têtes d'autres enfants, au trait.

Un second état de cette planche porte la lettre B en bas, à gauche.

24. — XVII. Partie antérieure du corps d'une femme, les yeux levés au ciel, et deux bustes de femme, au trait.

25. — XVIII. Deux têtes d'une même femme, l'une au trait, l'autre ombrée; plus deux mains, l'une vue en dedans, ombrée; l'autre vue de dos, au trait.

26. — XIX. Tête de Madeleine, ombrée, et son trait; deux mains, l'une tenant une draperie, l'autre un poignard.

27. — XX. Têtes ombrées d'une femme et d'un enfant, et pied, au trait, chaussé du cothurne.

28. — XXI. Tête d'homme ombrée regardant à droite, et son trait.

29. — XXII. Tête d'homme coiffée d'un turban, ombrée, et trait d'une tête coiffée d'un bonnet hongrois.

30. — XXIII. Partie antérieure d'un homme vu de dos, et deux pieds.

31. — XXIV. Tête barbue, ombrée; deux autres têtes au trait; toutes regardent à gauche.

32. — XXV. Sept têtes d'animaux, dont trois seulement ombrées.

33. — XXVI. Cinq têtes de cheval, trois ombrées, deux au trait.

R. Dumesnil : *Peintre Graveur Français*, 1835, I, p. 119. — Heinecken : *Dictionn. des Artistes...*

34. — (Vers 1648). **Apollon ou le soleil levant, entouré des Heures,** plafond dans l'Hôtel de la Bazinière (plus tard Hôtel de Bouillon, quai Malaquais) (v. p. 12).

35. — (Vers 1648). **Diane montée sur un char,** autre plafond dans le même hôtel (v. p. 12).

Est-ce la même peinture que *Endymion endormi* et *Diane passant sur son char,* cité dans *Bull. de la Soc. histor. de Paris* 1902, p. 80 et 85?

Dans sa Description historique de Paris (1765, tome VIII, p. 282), PIGANIOL DE LA FORCE ne parle pas de ces peintures de Boullongne. Il dit seulement : « Il y a un Cabinet où Le Brun a peint *Apollon sur le Parnasse,* d'une excellente manière. »

35 bis. — (Vers 1648).

Nous classons sous ce numéro plusieurs copies de tableaux provenant du Cabinet de Charles Ier, roi d'Angleterre, copies faites alors par Louis de Boullongne à la demande du financier Jabach et de plusieurs personnes de la Cour. Nous parlons de ces copies à la page 14 de notre texte. On cite parmi ces reproductions :

Les Travaux d'Hercule, d'après le Guide;

Le Portrait du marquis del Vasto, d'après le Titien;

Les Pèlerins d'Emmaüs, d'après le même;

Le Parnasse, d'après Perrin del Vague; et

La Nativité, d'après le Carrache.

36. — (An. 1648). **Le Martyre de saint Simon.**

Le saint attend son supplice tandis que les bourreaux affilent une scie qui va servir à lui dépecer les membres.

Commandé par les Maîtres Elus de la Corporation des Orfèvres de Paris, Philippe Pijart et Louis Le Blond, pour leur « May » de Notre-Dame en 1648. Ce « May » était le vingtième (v. p. 12).

Ce tableau était dans la nef de l'église Notre-Dame de Paris, à main droite en entrant. Placé au Dépôt des Petits Augustins, par Alexandre Lenoir, le 26 frimaire an II (16 décembre 1793), il fut remis pour le Musée de Versailles en l'an V. Enfin, il fut transféré à Naigeon, maison de Nesle, rue de Beaune, le 12 novembre 1798, pour être vendu.

Néanmoins il fut réintégré à Notre-Dame et donné enfin au Louvre, par décision du Chapitre en 1862. — FLORENT LE COMTE; — *Gazette des Beaux-Arts;* — PIGANIOL DE LA FORCE, I, 313; — *Nouv. Arch. de l'Art Français,* 2e série, t. II, p. 438; — *Invent. des Rich. d'Art.; Arch.,* II, p. 285, 321, 356 et 413.

37. — (Vers 1649). **La Charité Romaine.**

Ce tableau (long. 4 pieds ½) fut donné par Louis de B. à l'Académie comme morceau de réception, lorsque l'Académie décida que ses membres donneraient une de leurs œuvres à la Compagnie. Boullongne, qui en avait été l'un des fondateurs le 1er février 1648, offrit alors la *Charité Romaine* qu'il avait peinte antérieurement.

Ce tableau figure sous le n° 6 dans un *Inventaire* du 7 novembre 1682 (mss. 27 des Manuscrits de la Bibl. de l'Ecole des B.-A.). D'ARGEN-

VILLE (*Abrégé de la vie... des Peintres*, IV, p. 243) nous apprend qu'il
était en la possession de Jean de Boullongne, le Contrôleur Général.
Puis, on en perd la trace après 1793 et on ne sait ce qu'il est devenu.
(A. FONTAINE : *Les Coll. de l'Académie...* 1910, p. 4, 137 et 141).

Le 5 octobre 1686, Guillet de Saint-Georges, alors historiographe de
l'Académie, lut un discours qu'il avait fait sur ce tableau. (*Procès-Verbaux....* II, p. 337).

38. Louis de Boullongne le Père grava lui-même cette *Charité Romaine* que d'Argenville cite comme une très belle œuvre.

Voici la description de cette gravure :

La fille de Cimon est assise sur une pierre à gauche, tournée à droite. Elle
semble regarder à la fois, avec des sentiments divers, très habilement exprimés,
son père à qui elle offre le sein, et son jeune enfant, qui, placé sur ses genoux,
pleure et veut aussi téter.

Au bas, à gauche, sur une pierre : *L. de Boullongne fe.*
Haut. : 8 pouces 8 lignes.
Larg. : 6 p. 9 l.
HEINECKEN : *Dict. des Artistes dont nous avons des Estampes*, 1786-
90; — HUBER : *Cabinet Brandes*, en 1794, t. II, p. 261.

39. — (An. 1649). **Le Martyre de saint Pierre,** tableau perdu, gravé
par Louis de Boullongne l'Ancien, d'après lui-même.

Le saint, la tête en bas, est attaché à la croix, que les bourreaux fichent en
terre, sur le premier plan à droite. Des soldats sont dans le fond, à gauche. En
haut, à droite, un ange apporte la palme du martyre.

Haut. de la gravure : 11 p. 1 l., y compris 4 l. de marge.
Largeur : 9 pouces.
Signé à gauche dans la marge : *L. de Boullongne in. et f.* 1649.
(DEFER : *Catal. gén. des Ventes publiques.* Paris, 1863, in-8°. Vente
R. D. (1856).

40 à 46. — (Vers 1657).
Six grands tableaux pour l'église des Dames Religieuses de l'Abbaye
de Saint-Antoine près Paris.

Deux de ces tableaux avaient pour sujets des scènes de la **Vie de
saint Antoine;**

Deux autres représentaient des circonstances de la **Vie de saint
Bernard;**

Enfin les deux derniers étaient intitulés :
Le songe de saint Joseph et une **Visitation.**
(V. p. 15).

47. — (An. 1657). **La Décollation de saint Paul,** à Rome.

Au fond, les murs de Rome dont on voit une porte et d'autres monuments.
Le corps du saint décapité est tombé sur les marches d'une maison, à droite,
où jaillissent trois sources. La tête, qui a roulé à gauche, est ramassée pieusement
par une sainte femme agenouillée. Le bourreau, debout au milieu, et vu de face,
essuie son glaive sanglant. Beaucoup de personnages contemplent la scène en

exprimant divers sentiments, habilement rendus. Des Anges apportent à travers les airs la palme et la couronne du martyre.

Ce tableau, commandé par les Maîtres Elus de la Corporation des Orfèvres de Paris, MM. Claude Crochet et François Jacob, pour leur (29e) « May » de Notre-Dame en 1657, fut saisi révolutionnairement, puis rendu à Notre-Dame et enfin donné au Louvre en 1862 par le Chapitre.

Il a été gravé à l'eau-forte, par Louis de Boullongne lui-même et au burin par Jean Langlois, puis en plus petit, format in-8°, par N. Tardieu.

La hauteur de la gravure de Boullongne est de 14 pouces 3 lignes, y compris 3 lignes de marge; largeur : 11 pouces.

A gauche, dans la marge : *L. de Boullongne in. et fecit cum pr.*

Piganiol de la Force : *op. cit.*, I, 315; — Heinecken : *Dict. des Artistes dont nous avons des Estampes...; —* Defer : *Catal. gén. des Ventes...* 1863. Vente R. D. (1856); — R. Dumesnil : *Le Peintre Graveur Français*, I, p. 116.

Au nombre des grands tableaux de Louis de Boullongne l'Ancien, provenant de Notre-Dame et déposés provisoirement au Musée des Augustins, Alexandre Lenoir indique (*Inv.*, II, 286) une Décollation de saint Jean-Baptiste.

Un exemplaire de la gravure du Cabinet des Estampes (Da. 30 b. in-fol.) qui représente le tableau décrit plus haut avec la signature du peintre, est accompagné de la note manuscrite suivante dont nous respectons l'orthographe :

« Saint Jean ayant eue la teste tranché, à chacque endroit que la teste a possé (posé) sur la terre, a sortis trois source d'eau, ce que l'on apelle les trois fontaine de saint Jean dans la ville de Rome. »

» Ce tableaux est à Notre-Dame de Paris.

» 13 pieds de haut.

» 7 pieds de large. »

Il est inutile d'insister ici sur l'erreur commise par Lenoir et par l'auteur de cette note. Il ne peut être question ici que de saint Paul, car saint Jean-Baptiste, le Précurseur, a été décapité en Palestine et non à Rome, et quant à saint Jean l'Evangéliste, il n'a pas été décapité du tout.

48. — (Vers 1658 ou 1659). **Apollon** (sous les traits du Roi) **entouré des Neuf Muses** (portraits de neuf dames de la Cour), plafond exécuté à l'hôtel de M. Jeannin de Castille, place Royale (v. p. 15).

49 et **50.** — (Vers 1660). Le **Mariage d'Hercule et d'Hébé** et **Minerve entourée de figures allégoriques des sciences,** deux plafonds peints dans l'Hôtel de M. de Bizeuil, rue Vieille du Temple (v. p. 16).

51. — (De 1660 à 1668). **Les Mystères de la Passion,** oratoire portatif peint sur la commande de M. Courtin de Tanqueux (v. p. 16).

52. — (De 1660 à 1668). **Le Martyre de saint Barthélemy,** tableau pour le même amateur (v. p. 16).

53. — (De 1660 à 1668). **La Purification,** pour les Pères Capucins du Marais, à Paris.

Est-ce ce tableau dont la gravure a été présentée à l'Académie le 13 juin 1726 (*Procès-Verbaux,* V, 9), par Drevet? Mais il l'indique comme un tableau de Notre-Dame. Nous n'avons pu vérifier.

54. — (De 1660 à 1668). **Nicolas IV dans le Caveau de saint François d'Assise.**

Le Pape, accompagné d'un Cardinal, d'un Evêque, d'un Secrétaire et du Gardien du Couvent d'Assise, est descendu dans le caveau mortuaire où est placé debout, sans appui, le corps toujours frais de saint François.

Peint pour les Pères Capucins de Caen.

Un dessin du Louvre, reproduit dans l'*Inv. Guiffrey-Marcel* (n° 1436) donne le même sujet ainsi rendu :

« Le Pape est agenouillé et regarde les stigmates des pieds du saint. A droite, une femme. Au-dessus d'elle, un ange. A gauche, un diacre agenouillé, portant un cierge. Plusieurs personnages au fond. »

Ce dessin est à la plume, lavé d'encre de Chine.
Haut. : 0,293. — Larg. : 0,213.
(Cf. REISET : *Notice des dessins...* t. II, n° 665).

55. — (De 1660 à 1668). **Les Muses,** plafond exécuté dans l'hôtel de Matignon, au faubourg Saint-Germain et appartenant aujourd'hui à la ville de Paris (v. p. 17).

C'est le seul reste de plusieurs peintures faites par Louis de Boullongne, dans cet hôtel aujourd'hui disparu.

56. — (Même époque). **La Présentation de Jésus-Christ au Temple.**

PIGANIOL DE LA FORCE (*Descript. hist. de Paris,* I, 329) cite une PRÉSENTATION de Louis de Boullongne parmi les huit grands tableaux placés à Notre-Dame de Paris, au-dessus des chaires canoniales. Cette PRÉSENTATION avait été donnée à la Cathédrale par Messire Antoine de la Porte, en commémoration de ses cinquante années de canonicat. « Elles servaient encore, — dit M. VAILLANT dans les *Nouv. Arch, de l'Art Franç.* (2ᵉ série, t. II, p. 391) — il n'y a pas longtemps (vers 1846) à la décoration du chœur. »

57. — (*Id.*). **La Fuite en Egypte.**

PIGANIOL DE LA FORCE indique ce tableau avec le précédent, placé de même façon à Notre-Dame de Paris (Cfr. VAILLANT, *loc. cit.*).

Alexandre LENOIR le cite comme déposé provisoirement au Musée des Petits Augustins (*Inv.,* II, p. 286).

58. — (De 1660 à 1668). **La Présentation de la Vierge au Temple.**

Il y a, à l'église Saint-Jacques du Haut-Pas, une copie ancienne (par Humbert), de la Présentation de Boullongne. En voici la description d'après l'*Inventaire des Rich. d'Art. Paris, Monum. Relig.*, I, p. 136) :

« La Vierge agenouillée au haut des degrés devant le Grand-Prêtre dont les Lévites soutiennent le manteau, est présentée par sainte Anne et saint Joachim. Au premier plan, divers personnages : famille de la Vierge. »

(V. plus bas, n° 60).

59. — *(Id.)*. L'Annonciation.

D'Argenville (*Voy. pittor. de Paris*, 1778) cite une Annonciation de Louis de Boullongne le Père à la Cathédrale de Paris. Comme nous allons le voir à notre numéro 60, ce ne peut être celle-ci.

60. — *(Id.)*. L'Assomption.

Ce tableau et les deux précédents (n°s 58 et 59) furent peints par Louis de Boullongne l'Ancien, pour les Religieuses de Sainte-Marie d'Orléans.

M. A. Didier, conservateur du Musée de Peinture et de Sculpture d'Orléans, consulté par moi, a bien voulu se mettre à la recherche de ces trois tableaux. Il a visité vainement les deux couvents qui portent encore le nom de Sainte-Marie et les églises possédant des peintures analogues comme sujets et comme époque; mais il n'en a trouvé aucune pouvant être l'œuvre de notre Boullongne.

61 à 67. — (De 1662 à 1668). Le Bon Pasteur.

Suite de sept tableaux faits pour Antoine-François de Bertier, évêque de Rieux en Languedoc et emportés au Palais Episcopal de cette ville (v. p. 17).

Sur une demande que j'ai pris la liberté de lui adresser, M. le Maire de Rieux (Haute-Garonne) m'a répondu que le Palais Episcopal de Rieux avait été détruit à la Révolution et qu'il n'avait jamais entendu parler des tableaux du Bon Pasteur. (Lettre du 18 sept. 1909).

Voir plus loin notre n° 84.

68. — (Même époque). Sainte Madeleine enlevée par les Anges

sur le Saint-Pilon, montagne auprès de la Sainte-Baume en Provence.

Tableau peint pour l'église de la Madeleine-la-Ville-Lévêque à Paris.

69. — *(Id.)*. La Vierge, sainte Madeleine et saint Jean aux pieds du Christ mort.

Ce tableau, aujourd'hui dans la crypte de la Madeleine, est peut-être de la même provenance.

(*Inv. des Rich. d'Art. Paris, Monum. Rel.*, I, p. 224).

70. — (1668 et années suivantes). Les Travaux d'Hercule, fresque dans la Grande Galerie du Louvre et Restauration des peintures faites dans cette Galerie par Nicolas Poussin et détruites ou détériorées par un incendie (v. p. 17).

Pour ces travaux, Louis de Boullongne reçoit :

En janvier 1669, un acompte de. . . . 400 l.
  et un autre de . . . . 2.400 l.
En novembre 1669 . . . . 440 l.
Le 5 mai 1670, pour solde. . . . . . 700 l.
Le 1er novembre 1670, de même . . . 3.990 l.
Le 20 mai 1671 . . . . 1.800 l.
En 1673 . . . . 1.920 l.
Et encore le 19 juin 1671. . . . . . 400 l.

J. GUIFFREY : *Comptes des Bâtiments...* Tome I, col. 245, 320, 406, 494, 597, et *Nouv. Archives de l'Art Français*, 1re série, 1676, p. 79 et 2e série, III, p. 16.

71. — (En 1669). L'Ascension.

Commandé par MM. de Berquan et Simon Grouard, Maîtres Elus de la Corporation des Orfèvres de Paris pour leur (41e) « May » de 1669.

Cf. Liste de FLORENT LE COMTE, réimprimée dans la *Gazette des B.-A.*, p. Em. BELLIER DE LA CHAVIGNERIE, et *Nouvelles Arch. de l'Art Fr.* 2e série, t. II, p. 442.

72. — (Vers 1670). Le Martyre de saint Denis, tableau peint pour l'église abbatiale de Montmartre.

Commande de la Reine Anne d'Autriche (v. p. 17).

73, 74, 75. — (An. 1671 et suivantes).

Travaux faits à l'appartement des Attiques du Château de Versailles. Nous ne savons pas exactement en quoi consistaient ces travaux (v. p. 18). Nous connaissons seulement le sujet de trois plafonds :

Apollon ou le soleil levant;

Flore et ses attributs;

Amours.

Louis de Boullongne dut travailler aux Attiques jusqu'à sa mort arrivée en 1674.

Il reçut pour ce travail — et sa veuve après lui — les sommes suivantes (J. GUIFFREY : *Comptes des Bâtiments,* tome I) :

(col. 510). En 1671, acompte. . . . . . . 5.100 l.
(col. 694). Le 18 novembre 1673. . . . . 800 l.
(col. 758). En 1674 . . . . 1.900 l.
(col. 827, sa veuve), 6 août 1675. . . . 600 l.
(col. 900). En 1676 . . . . 1.400 l.
(col. 962). En 1677 . . . . 1.200 l.
(col. 1047). En 1678 . . . . 250 l.
(col. 1279). En 1681 . . . . 123 l.

indiquées comme solde de 17.073 l. pour travaux audit appartement depuis 1671.

En ajoutant à ces sommes celle de 5.700 l. reçue en 1672 (*op. laud.*, col. 613) et indiquée par erreur comme versée à Bon Boullongne — alors à Rome — au lieu de Louis de Boullongne son père, on a bien exactement le total de 17.073 francs indiqué en 1681.

Peut-être l'attribution de ces 5.700 livres à Bon Boullongne vient-elle de ce que cette somme aurait été, à la demande de son père, envoyée directement par les agents du Roi au jeune pensionnaire de l'Académie de France à Rome qui en aurait alors donné quittance en son propre nom.

Mais nous croyons plutôt à une simple erreur de prénom.

Les peintures exécutées par Louis de Boullongne et ses enfants dans l'Attique de Versailles ont complètement disparu.

76. — (En 1671). Réparations de peintures au Château Royal de Vincennes.

Louis de Boullongne reçoit pour cela 139 livres.

(J. GUIFFREY : *op. laud.*, I, col. 533).

77. — (En 1672), Louis de Boullongne peignit « un bas-relief rehaussé d'or, de 5 à 6 pieds sur 4 pieds », pour la cérémonie du service solennel célébré par l'Académie de Peinture et de Sculpture à la mémoire du Chancelier Séguier, son Protecteur, le 5 mai 1672.

Procès-Verbaux de l'Académie... publ. par MONTAIGLON, tome I, p. 396.

78, 79. — (Vers 1673). **Les Arts Libéraux, Vénus et Adonis,** plafonds faits pour l'Hôtel de M. de Ménestrel (v. p. 18).

80, 81. — (Salon de 1673). **Dédale et Icare, Dalila coupant les cheveux à Samson** pour le livrer aux Philistins (v. p. 18).

J. GUIFFREY : *Collection des Livrets des anciennes expositions* depuis 1673 jusqu'en 1800. Préface générale. Exposition de 1673. (Paris, 1869, p. 30).

2° SUJETS RELIGIEUX

(Non datés)

82. — **Le Christ mort,** gravé par Louis de Boullongne l'Ancien d'après lui-même.

Haut. de la gravure : 11 p. 6 l., y compris 6 l. de marges.

Larg. : 8 p. 7 l.

Au pied du Calvaire, que l'on voit à droite, le Christ est étendu mort devant la Vierge. La Madeleine lui baise la main droite; Joseph d'Arimathie, à ses pieds, prépare l'ensevelissement; saint Jean est à droite, les mains jointes, en proie à la plus cruelle douleur, et au-dessous de lui se voient deux petits anges qui pleurent.

Sur la terrasse : *L. de Boullongne invenit et fecit cum privilegio Regis.*

Dans la marge, une inscription pieuse en trois colonnes, de chacune deux lignes.

R. DUMESNIL : *Peintre-Graveur Français...* I, p. 114.

Cette gravure paraît être la reproduction d'un dessin du Louvre, donné par MM. Guiffrey et Marcel (n° 1435 de leur *Invent.*), dont la description concorde. Ce dessin, crayon noir lavé de bistre, a 0,312 de haut, 0,233 de l. Au crayon, en bas, au milieu : *Boullongne F.*

83. — Jésus-Christ, enfant, en pasteur avec des brebis.

Ce tableau « moyen de hauteur », est indiqué par Ch. Blanc (*Trésor de la Curiosité*, I, p. 5), comme vendu 60 livres à la vente de la Comtesse de Verrue en 1737, avec le suivant qui paraît en avoir été le pendant.

84. — Saint Jean en pasteur.

Ces deux peintures n'auraient-elles pas fait partie de la série du Bon Pasteur, cataloguée plus haut (n°ˢ 61 à 67)? Il faudrait supposer alors qu'elles auraient quitté le Palais épiscopal de Rieux, bien avant la Révolution.

85. — Le Centenier aux pieds de Jésus, grand tableau exécuté pour Notre-Dame de Paris.

Mis au Dépôt des Petits Augustins, par Alex. Lenoir, le 26 frimaire an II (16 déc. 1793), puis remis à Naigeon, maison de Neslés, rue de Beaune, en 1797. Ce tableau fut vendu.

Invent. des Rich. d'Art... t. II, p. 98, 285, 345.

86. — Le Repos de la Vierge en Egypte.

Tableau enlevé au Couvent de la Merci du Marais, par ordre du Ministre Roland, le 12 décembre 1792, envoyé au Dépôt le 6 nivôse an II (décembre 1793), puis remis le 26 juillet 1794 aux commissaires des B.-A. (*Invent. des Rich. d'Art. Paris, Monum. civils*, II, p. 19, 110, 146).

Un autre « petit tableau, par Boullogne » et désigné de même, indiqué comme venant des Dames Récollettes, est déposé aux Petits Augustins (*id. ib.*, p. 276) puis remis à Naigeon le 25 brumaire an VII (15 novembre 1798) (*id. ib.*, p. 356).

Enfin, un autre tableau de même nom, toujours attribué à un Boullongne indéterminé et venant de Notre-Dame, est remis pour être vendu en 1798, le 15 novembre (*id. ib.*, p. 413).

Ce titre : Repos de la Vierge en Egypte, prête à l'équivoque et peut être remplacé par plusieurs autres désignations.

86 *bis*. — Baptême de Constantin.

Un catéchumène, barbu, suivi de deux jeunes gens, est agenouillé sur les marches d'un temple, devant un évêque nimbé et la tête nue. Deux acolytes, quelques autres personnages remplissent la scène; et l'on aperçoit en haut, à droite, le Saint-Esprit qui descend sous la forme d'une colombe.

Toile. Haut. : 1 m. 61. — L. : 2 m. 27.

Ce tableau a été donné au Musée de Bordeaux (n° 105 du Catalogue) par le Gouvernement en 1803 et attribué à Michel Corneille, peintre et graveur, né à Paris en 1642, mort en 1708.

Le *Catalogue des Tableaux*, etc. du Musée de Bordeaux, par Pierre

Lacour et Jules Delpit (nouv. édit., publ. par Oscar Gué. Bordeaux, 1862), s'exprime ainsi à ce sujet : « Ce tableau, qui peut représenter aussi bien le baptême de Clovis ou de tout autre que celui de Constantin, n'est pas du tout, quoi qu'en ait décidé le Musée Central, dans la manière de peindre de Michel Corneille. Le tableau était autrefois plus grand qu'il ne l'est aujourd'hui : la toile a été rognée à droite, et laisse voir d'une manière fort apparente les premières lettres d'une signature commençant ainsi : *L. Bou...* : ne serait-ce pas plutôt le nom de Louis Boulongne? »

M. Alaux, conservateur de ce Musée, a bien voulu m'écrire à la date du 20 septembre 1909, que l'édition du Catalogue de 1894 attribuait définitivement ce tableau à Louis de Boullongne l'Ancien.

87. — Saint Jérôme.

Tableau de la Collection du célèbre jardinier André Lenôtre.

Son inventaire, daté du 24 septembre 1700, indique que cette collection se composait de 130 tableaux.

V. Cyrille Gobillot, dans la *Revue de Paris* du 15 mars 1913, p. 298.

88. — Une Descente de Croix, attribuée à un Boullongne, que nous pensons être Louis l'Ancien, entra au Dépôt des Petits Augustins (*Inv. des Rich. d'Art. Archives...* II, p. 274).

89. — Abraham et Isaac.

Abraham debout descend un degré, portant son fils Isaac, nu, dans ses bras. A droite un groupe, femme et enfants.

Gravé par Mauduison (Paris, Tessari, 1836).

Légende : Nunc dimittis servum tuum, Domine.

Des parties fragmentaires de ce tableau avaient été gravées antérieurement (Cabinet des Estampes, Da 30 b.), par Dan. Herz et Tobias Lobeck, pour un Recueil imprimé en Allemagne de figures tirées des tableaux des plus célèbres peintres.

90. — La Vierge au Mur.

Tableau gravé à l'eau-forte, par Louis de Boullongne, d'après lui-même.

Haut. de la gravure : 5 p. 8 l. — Larg. : 7 p. 3 l.

La Vierge, assise sur une pierre à droite, en avant d'un mur occupant la plus grande partie du fond, tient, entre ses jambes, l'Enfant-Jésus, lequel prend la croix du petit saint Jean debout derrière la Vierge, à côté d'un agneau.

En bas, à droite, sur la tranche de la pierre :
L. de Boullongne in. et fe. cum privilegio Regis.
Catalogue... van den Zande, p. Guichardot, Paris, 1855, n° 649. —
R. Dumesnil : *Peintre-Graveur...* p. 113.

91. — La Vierge au Rideau.

Tableau gravé par Louis de B., d'après lui-même.

Haut. de la planche : 7 p. 3 l., y compris 7 l. de marge. Larg. : 5 p. 8 l.

Boullongne.

La Vierge tient sur sa poitrine l'Enfant-Jésus; assise à gauche, elle est tournée à droite, devant un rideau qui décore le fond de la composition.

Dans la marge à droite : *L. de Boullongne inv. et fecit cum privilegio R.*

R. DUMESNIL : *Peintre-Graveur Français*, p. 113.

92. — La Vierge à la Colonne.

Tableau gravé par Louis de B., d'après lui-même.

Haut. de la gr. : 6 p. 3 l. Larg. : 8 p. 9 l.

La Vierge, assise à gauche au pied du soubassement d'une colonne, tient sur ses genoux l'Enfant-Jésus. Celui-ci reçoit l'agneau que lui présente le petit saint Jean vu à mi-corps, accompagné de sainte Elisabeth, au bas, à droite. Saint Joseph est debout derrière la Vierge.

Sur le soubassement de la colonne : *L. de Boullongne in. pi.*

DEFER : *Catal. Gén. des Ventes...* Vente R. D. (1856). — R. DUMESNIL : *Peintre-Graveur...* p. 114.

93. — La Vierge à l'Oiseau.

Tableau gravé par Louis de B., d'après lui-même.

Haut. de la grav. : 6 p. 4 l. Larg. : 8 p. 1 l.

Assise à droite, la Vierge est accoudée sur une pierre, vue de profil et regardant à gauche. L'Enfant-Jésus, nu, debout entre ses jambes, tient par un fil une colombe qui vole en haut, à gauche. Saint Joseph derrière la Vierge. Le groupe est au bas d'une colline surmontée de trois arbres.

A droite, sur un socle carré servant d'appui à la Vierge :
De Boullongne inv. et fecit.

HEINECKEN : *Dict. des Art. dont nous avons des Estampes...* — R. DUMESNIL, *op. cit.*, III, 283. — Catal. Collect. Palla, 1873, p. 7; — *Catalogue... van den Zande*, p. GUICHARDOT, 1855, n° 650.

La gravure se trouve en deux états au Cabinet des Estampes (Da. 30. b.)

94. — Saint Pierre, à mi-corps, les deux mains appuyées sur un livre.

Gravure de Boullongne indiquée comme « pièce non décrite » dans DEFER : *Catal. Gen. des Ventes publ. depuis* 1737. Vente R. D. (1856).

95. — Une Reine ou Princesse qui s'évanouit; elle tient dans la main droite une aiguière. Servantes éplorées.

Fragment gravé signé : *De Boullongne in. et fec.*

Cabinet des Estampes.

96. — Tête d'homme et Sommet du buste d'une femme dans l'attitude de la prière.

Légende : Ego in altissimis habito. (Ecc. 24).

Fragment gravé classé au Cabinet des Estampes parmi les œuvres des Boullongne et au bas duquel on lit :
Bologne pinxit.
Steph. Gantrel excudit.
Andriot sculpsit.
Cum privilegio Regis.

96 *bis*. — **La Conversion de saint Matthieu.**

Jésus, au milieu du tableau, étend la main vers saint Matthieu.

2 m. 15 sur 3 m. 25. — Personnages grandeur nature.

Au Musée de Rouen. (Communication de M. E. Minet, conservateur du Musée de peinture et de sculpture de Rouen).

97. — Image d'une **Sainte Vierge** de la ville de Messines (?) gravée par N. Bazin. Planche en hauteur.

HEINECKEN : *Diction. des Artistes dont nous avons des Estampes...* Leipzig, 1786-90.

En dehors des tableaux qu'il a gravés d'après lui-même, Louis de Boullongne l'Ancien a produit des planches d'après d'autres artistes.

Nous avons déjà catalogué plusieurs de ces planches à notre série chronologique (n°ˢ 3 et 4). En voici une autre qui ne porte pas de date, mais qui a probablement été gravée à la même époque :

98. — **La Flagellation de saint André,** d'après Paul Véronèse.

Haut. : 6 p. 6 l., y compris 4 l. de marges. Larg. : 12 p. 6 l.

Au milieu d'une riche architecture, le saint est couché, garrotté, sur une table. Plusieurs bourreaux se préparent à le frapper de leurs massues quand les pieds de la table manquent tous à la fois, à l'étonnement des nombreux spectateurs qui ornent le tableau.

Dans la marge à gauche : *Paulle Veronaise Pain*ⁱᵗ *à Venise.*
Au milieu : *L. Boullongne, sculp.*
Il y a deux états de cette planche.
ROB. DUMESNIL : *Peintre-Graveur Français*, I, p. 117; — Cabinet des Estampes (Da, 30 b.); — *Catalogue van den Zande*, par GUICHARDOT (Paris, 1855, n° 651). — MIREUR : *Dict. des Ventes d'Art*, attribue cette gravure à Bon de Boullongne.

3° SUJETS MYTHOLOGIQUES ET DIVERS

(Non datés)

99. — **Un Flûteur.**

Petit tableau vendu 40 livres à la vente de la Comtesse de Verrue en 1737, avec le suivant, du même auteur.

CH. BLANC : *Trésor de la Curiosité.* Paris, 1867, I, p. 3.

100. — **Thalie.**

Couronnée de lierre et tenant un masque de la main gauche, elle froisse, de la main droite, un parchemin couvert de figures de géométrie, montrant sans doute combien elle fait peu de cas des sciences exactes.

Toile : H. 0ᵐ70. — L. 0ᵐ90.

Vendu à la vente de la Comtesse de Verrue (v. n° 99), ce tableau est maintenant au Musée de Niort (n° 194 du Catal. de ce Musée, de 1874). Il provient du legs Chabosseau (Communication du Conservateur, M. C. DE SAINT-MARC).

Nous acceptons l'attribution de ces tableaux à Louis de Boullongne l'Ancien, ainsi que des deux numéros suivants, bien que certains les donnent à son fils Bon.

101. — La Fête de Vénus.
Toile : H. 0ᵐ50. — L. 0ᵐ60.

Des Amours s'empressent, les uns d'élever un Mai, les autres de tresser des couronnes.

Appart. au Musée de Niort (Catalog. de 1874, n° 193).
Provenance : Legs Chabosseau.
(Comm. de M. C. DE SAINT-MARC).

102. — Le Triomphe d'Amphitrite.
Toile : H. 0ᵐ65. — L. 1ᵐ02.
Appart. au Musée de Niort (Catal. de 1874, n° 195).
Provient du Legs Chabosseau.
(Comm. de M. C. DE SAINT-MARC).

103. — Calypso, dans l'île d'Ogygie, au milieu de ses compa·gnes.
Toile : H. 1ᵐ02. — L. 2ᵐ05.
Ce tableau (non signé), d'une conservation parfaite, et qui fait partie des Collections de la ville du Mans, a été enlevé du Musée de cette ville en 1902 pour être déposé à l'Hôtel-de-Ville.

104. — Artémise, tableau gravé par Louis de B., d'après lui-même.
Diamètre de la gravure ronde : 7 p. 9 l.

Assise à gauche, près du monument qu'elle a fait élever à Mausole, Artémise, la tête penchée, paraît sur le point d'expirer. Trois femmes éplorées se trouvent auprès d'elle à droite. La composition est dans un rond entouré de lauriers.

A l'angle du bas, à gauche : *L. de Boullongne in et fe*ᵗ.
R. DUMESNIL : *Peintre-Graveur Français...* p. 118.

105. — Frontispice pour l'*Architecture de Vignole*, gravé par Langlois, in-4°.
HEINECKEN : *Dictionn. des Artistes...* etc.

APPENDICE II

Essai de Catalogue raisonné des Œuvres
de
MARIE, GENEVIÈVE
et
MADELEINE DE BOULLONGNE
Filles de Louis, dit l'Ancien

1° MARIE DE BOULLONGNE

106. — Tableaux de piété et Dessins représentant le Monastère de Port-Royal-des-Champs.
(V. ce que nous disons, p. 21).

107. — Trois Anges au tombeau de Jésus recevant les Saintes Femmes.
Ce tableau, d'abord à Saint-Roch, entra au Dépôt du Musée des Petits Augustins en avril 1794. Nous ne savons ce qu'il est devenu.
Invent. des Rich. d'Art... Arch... Tome II, p. 150 et 295.

2° GENEVIÈVE DE BOULLONGNE

Nous avons vu dans notre texte que Geneviève de B. travailla certainement avec son père au Louvre, à Versailles, etc.
Le premier tableau qui lui appartient en propre est le suivant :

108. — (An. 1669).
Un tableau où était « peint un grand vase, rempli de diverses fleurs, et un tapis de Damas... »
Cette peinture fut présentée à l'Académie, avec un tableau de sa fille Madeleine (n° 117), par Louis de Boullongne, le 7 décembre 1669, à l'appui de la demande d'admission de ses deux filles.
Procès-Verbaux de l'Académie... publ. par MONTAIGLON, I, p. 344.

109. — (Salon de 1673). **Paysage.**
J.-J. GUIFFREY : *Collection des Livrets des Anciennes Expositions*
depuis 1673. Premier livret, p. 36.

110. — (Salon de 1704). **Une pensée de la Mort** (?).
Cabinet de l'Amateur, III, p. 104.

111, 112, 113, 114. — (Salon de 1704). **Fleurs et Fruits,** quatre
tableaux exposés par Geneviève de Boullongne. Nous ignorons s'il y
a là quelque double envoi avec des peintures cataloguées plus bas.
Cabinet de l'Amateur, III, p. 104.

115. — **Une Guirlande de Fleurs,** et au milieu, l'imitation d'un
dessin représentant une Sainte Famille (22×15).
Vendu 7 livres à la vente Chiquet de Champrenard, 1768.
R. DUMESNIL : *Peintre-Graveur Français*, p. 61, et MIREUR : *Dict.
des Ventes d'Art*, Paris, 1901.

116. — **Oiseaux et Fleurs** autour d'un portrait de Colbert sur vélin,
conservé dans les Collections du Jardin des Plantes à Paris.
Cette peinture est indiquée comme faite par « la célèbre demoiselle
Boullongne ». Nous l'attribuons à Geneviève qui est certainement celle
des sœurs de Boullongne à laquelle cette épithète louangeuse s'applique probablement le mieux (v. p. 23).

3° MADELEINE DE BOULLONGNE

117. — (An. 1669).
Tableau où était représentée une « tige de pavaux (pavots) accom-
pagnée de quelque feuillage de chardon... »
Ce tableau fut présenté à l'Académie, avec le n° 108 ci-dessus, par
Louis de Boullongne, le 7 décembre 1669, à l'appui de la demande
d'admission de ses deux filles.
Procès-Verbaux, etc... I, p. 344.

118 à 125. — (Salon de 1673). **Trophées d'armes** (six tableaux de)
peints pour Versailles et un tableau de **Fruits** exposés en 1673 par
Madeleine de Boullongne.
J.-J. GUIFFREY : *Collect. des Livrets des Anciennes Expositions* depuis
1673... Préface Générale. Exposition de 1673. Paris, 1869, p. 36.
Plusieurs de ces tableaux font probablement partie des huit toiles
commandées à « Mademoiselle Boulogne », écrit Nicolas BAILLY, — à
Madeleine de Boullongne, précise PIGANIOL DE LA FORCE, pour les appartements de la Duchesse de Bourgogne à Versailles. Toutes ces toiles
sont cintrées par le haut et de même dimension, c'est-à-dire trois pieds
et demi de haut sur quatre pieds deux pouces de large. En voici la
nomenclature, d'après BAILLY (ENGERAND : *Invent. des tableaux du Roi*,
rédigé en 1709 et 1710, p. 452 et suiv.)

Un tableau représentant un Trophée d'armes composé d'un casque, d'un bouclier, d'un sabre, enrichi de pierreries, d'une écharpe blanche et bleue entrelacée et un bout de rideau.

Un tableau représentant un casque sur lequel il y a une plume blanche près d'une cuirasse et de pistolets.

Un tableau représentant des tambours, des casques et autres armes.

Un tableau représentant des timbales, des trompettes et un casque avec une plume rouge.

Un tableau représentant des trophées d'instruments de musique, entremêlés de livres et de fleurs.

Un tableau représentant des instruments et des livres d'architecture et un vase de fleurs.

Un tableau représentant des instruments de mathématiques.

Un tableau représentant une sphère, des instruments de musique sur un carreau de velours rouge auprès d'une basse de viole.

PIGANIOL DE LA FORCE (I, 177) signale ces peintures dans l'appartement de la Reine à Versailles. Paillet les indique en 1695. Actuellement, quatre d'entre elles se trouvent dans le Salon de la Reine du même Palais, et dans le grand Cabinet qui en forme la suite.

126 à 129. — Les Inventaires publiés par M. ENGERAND indiquent également quatre autres tableaux que nous plaçons d'autant plus volontiers ici qu'ils ont exactement les mêmes dimensions que les précédents et qu'ils étaient aussi cintrés en haut. Ils faisaient évidemment partie de la même série, bien qu'ils ornassent l'antichambre du Grand Appartement du Roi aux Tuileries et tout en étant parfaitement distincts de ceux que nous venons de cataloguer, comme l'indique leur description qui suit :

Un buste du Roi, peint de marbre sur fond d'or, l'esquisse d'un tableau, un dessin et des livres et une palette chargée de couleurs.

Une sphère couverte à-demi d'une draperie verte; un livre et des instruments de mathématiques.

Deux basses de viole, un luth et des livres de musique.

Une lyre, une harpe et plusieurs autres instruments de musique.

Anc. Invent. des Tuileries, dans ENGERAND : *loc. cit.* p. 453-454.

130 et 131. — (Salon de 1704). **Fruits** et **Instruments de Musique.**
Deux tableaux exposés par Madeleine de Boullongne.
(*Cabinet de l'Amateur*, III, p. 104).

4° Travaux exécutés en commun par

GENEVIÈVE et MADELEINE DE BOULLONGNE

132. — (An. 1669). **Trophées de Musique,** etc.
Ces tableaux se confondent-ils avec les peintures analogues que nous cataloguons plus haut? Nous l'ignorons (cfr. nᵒˢ 118 à 125).

133. — (Vers 1672).

Travaux divers faits avec leur père à l'Attique de Versailles (v. p.
19). Les anciennes peintures de l'Attique ont, comme on le sait, disparu.

134. — (Vers 1673).

Autres travaux également avec leur père chez M. de Menestrel (v.
p. 19).

135. — (1673 et 1675).

Travaux divers dans les Grands Appartements de Versailles.
Cfr. J.-J. Guiffrey : *Comptes des Bâtiments*, I et II (v. p. 19).
Nous n'avons pu identifier aucun de ces tableaux.

136. — (An. 1685). **Dessins d'Oiseaux** (v. p. 22).

137. — **Le Temple de Flore,** peint par les deux sœurs pour l'Orangerie de Versailles. L'original a disparu.

Heinecken (*Dict. des Artistes...* etc.) dit que cette peinture était dans
l'Orangerie de Saint-Cloud.

Gravé par Perette.

Il existe, au Cabinet des Estampes, classée aux œuvres des Boullongne, une *Perspective de Saint-Cloud*, gravée « à Paris, chez N. Langlois... », qu'on peut rapprocher du Temple de Flore.

Une autre *Perspective de Saint-Cloud* est indiquée comme gravée chez
Mariette, dans Heinecken : *Dictionnaire...* (v. p. 23).

138. — « Un amas de plusieurs dessins des figures faits d'après le
modèle et quelques-uns d'architecture », mesurant 2 pieds et demi sur
3 et demi, par Geneviève et Madeleine de Boullongne.

Cette série de dessins est indiquée comme perdue au XVIIIᵉ siècle
par M. André Fontaine : *Les Collect. de l'Académ. Roy. de Peinture
et de Sculpture.* Paris, 1910, p. 135.

APPENDICE III

Essai de Catalogue raisonné des Œuvres

de

BON DE BOULLONGNE

1° ŒUVRES DATÉES,

CLASSÉES CHRONOLOGIQUEMENT

139. — (An. 1670). **Saint Jean.**
Demi-figure. Tableau qui fit envoyer l'artiste à Rome en 1670 (v.
p. 26).

139 *bis.* — (An. 1671 à 1673).
Pendant son séjour à Rome, Bon de Boullongne fut chargé d'exécuter
plusieurs copies des Fresques des Chambres du Vatican, d'après Raphaël. Ces copies étaient destinées à être reproduites en tapisserie à
la Manufacture des Gobelins. Parmi les copies faites par Boullongne,
on connaît d'une manière certaine :

L'École d'Athènes,

La Bataille de Constantin, et

La Dispute du Saint-Sacrement.

Cette dernière copie ne fut pas reproduite en tapisserie mais les
Gobelins exécutèrent les deux premières en Haute-Lice (laine, soie et
or). On peut voir la tapisserie de l'*Ecole d'Athènes* à la Chambre des
Députés.

Voir l'*Inventaire... des Richesses d'Art de la France*. Paris, *Invent.
des Tapisseries du Garde-Meuble*, 1913, p. 95.

Nous donnons telles quelles les indications ci-dessus, mais nous
ferons observer qu'on attribue également à Louis de Boullongne le
Jeune des copies de l'Ecole d'Athènes et de la Dispute du Saint-Sacrement (v. nos numéros 333 et 334 *bis*). Nous n'entendons nullement
trancher cette question d'attribution, nous contentant de mettre les
pièces à la disposition de plus savants que nous.

140, 141, 142, 143. — (An. 1671 à 1673).
Copies des Cartons de Raphaël du Vatican, exécutées par Bon de

Boullongne pendant qu'il était pensionnaire de l'Ecole Française de Rome, pour servir de modèles aux Gobelins où ils furent d'abord conservés. Au commencement de l'année 1752, le Roi donna à M. de Fontenilles, évêque de Meaux, douze tableaux concernant les Actes des Apôtres, copiés par des pensionnaires de l'Ecole de Rome.

Onze de ces tableaux sont encore à la Cathédrale de Meaux et, parmi eux, on en attribue quatre à Bon de Boullongne, savoir :

La Mort d'Ananie,

La Conversion de saint Paul,

Saint Pierre et saint Jean guérissant un boiteux,

Saint Paul et saint Barnabé à Lystres.

Allou : *Notice... sur la Cathédrale de Meaux.* 2e édit. Meaux, 1871, p. 55, 56. — Th. Leuillier : *Notes sur quelques tableaux de la Cathédrale de Meaux,* dans *Réunion des Soc. des Beaux-Arts des Départements,* t. XII (1888), p. 132 à 151.

Ce dernier auteur attribue encore à Bon de B. un cinquième tableau, copie du Guide, également dans la Cathédrale de Meaux :

144. — Saint André conduit au supplice et se prosternant à la vue de la croix sur laquelle il doit consommer son martyre.

145, 146. — (An. 1675 ou 1676).
Ces Cartons de Raphaël ne furent pas les seules copies commandées par le Roi à Bon de Boullongne pendant son séjour en Italie.

Les Comptes mentionnent deux copies exécutées par lui lors de son retour de Rome en 1675 ou 1676 avec arrêts à Parme et Bologne, copies de **L'Aumône de saint Roch,** du Carrache (auj. au Musée de Dresde), et de **La Nativité,** du Corrège.

Voici les mentions afférentes à ces travaux :

« ... à luy (Boullongne) pour deux tableaux qu'il a faits en Lombardie, sçavoir :

» 1.000 l. pour le premier, représentant l'*Aumosne de saint Roch,* d'après Carrache, composé de 18 à 20 figures, de 15 pieds de long; et 600 l. pour l'autre tableau représentant une *Nativité,* d'après le Corrège. »

(J. Guiffrey : *Comptes des Bastiments...* pour 1679, I, col. 1230).

Il est probable que ces deux grands tableaux étaient destinés à servir de modèle pour des tapisseries.

147. — (*Id.*).
C'est également dans ce même voyage de retour que Bon de B. dut copier **L'Enlèvement d'Europe,** de Paul Véronèse.

Ce « Grand Tableau » fut vendu 150 livres à la vente de la Comtesse de Verrue en 1737 (Ch. Blanc : *Trésor de la Curiosité,* I, p. 11), en même temps que le suivant :

147 bis. — (*Id.*). **Deux Enfants.** Copie du Corrège faite au même voyage.

Vendu 100 livres à la vente de la Comtesse de Verrue (Ch. Blanc : *id.*, *ib.*, et Mireur : *Dict. des Ventes d'Art*, Paris, 1901).

148. — (7 janvier 1676).

A cette date Bon Boullongne reçoit 60 livres « pour avoir peint deux glaces de miroir pour un appartement des Attiques. »

(J. Guiffrey : *Comptes des Bâtiments*, tome I, col. 827).

149. — (An. 1677). **Le Combat d'Hercule contre les Centaures,** tableau de réception de Bon Boullongne à l'Académie.

Toile : hauteur : 156 cent. — Largeur : 184 c.

Hercule et le Centaure Pholus qui le recevait à sa table, ayant été troublés pendant le repas par d'autres Centaures, se jettent sur eux, le premier armé de sa massue, le second d'un couteau, et les accablent avec le secours de la nuée d'Ixion, qui précipite contre leurs adversaires le vent, la pluie et la foudre.

Ce tableau, exposé au Louvre dès 1796, y figure encore n° 53 du Catalogue sommaire. Charles Blanc, dans sa Notice sur Bon Boullongne dans l'*Histoire des Peintres* (Paris, V° Renouard, in-fol.), dit qu'il n'a pu le retrouver dans notre Grand Musée.

Gravé par J.-J. Flippart. (Planche à la Chalcographie du Louvre, n° 866).

Il existe de ce tableau une gravure au trait par C. Normand (Cabinet des Estampes, Da. 30. b.).

Le 7 octobre 1684 « l'Académie étant assemblée à l'ordinaire, M. de Saint-Georges a fait lecture à la Compagnie d'un Discours qu'il a faict sur l'explication allégorique du tableau que M. Boullongne l'aisné a faict pour sa réception... » (*Procès-Verbaux*... II, p. 287-288). Les mêmes Procès-Verbaux nous indiquent (t. VII, p. 192) qu'on décida, le 24 avril 1762, de faire graver ce tableau de réception.

150 et **151.** — (An. 1677).

« ... à Boulogne, peintre, pour deux tableaux qu'il a faits sous les dessins du Sr Le Brun : 250 liv. »

(J. Guiffrey : *Comptes des Bâtiments*... I, col. 1010). Nous ignorons quels sont ces deux tableaux dont nous n'avons trouvé aucune trace ailleurs.

152. — (Vers 1677). Portrait de **Guillaume de la Brunetière** du Plessis de Geste, évêque de Saintes.

Gravé in-folio par J. Langlois en 1677, d'après Bon de Boullongne : *B. Boulogne pinxit. — J. Langlois sculpsit* 1677.

153. — (An. 1678). **Jésus-Christ guérissant le paralytique** auprès de la piscine. (S. Jean, c. 5, v. 5 à 9).

Commandé par les Maîtres Elus de la Corporation des Orfèvres de Paris, François de Villers et Laurent Pillard, pour leur « May » de Notre-Dame de 1678.

Ce tableau était à gauche, dans la Nef. (Piganiol : *op. cit.*, I, 317. — Cf. *Nouv. Arch. de l'Art Fr.* 2° série, II, 443).

Cette peinture est la même qu'Alexandre Lenoir enregistre sous le nom de LA PISCINE comme provenant de Notre-Dame et mise au Museum le 26 frimaire an II (16 décembre 1793) (*Invent. des Rich. d'Art... Archives...* II, 98, 99, 146). Il revint à Notre-Dame après la Révolution et fut donné au Louvre par décision du Chapitre en 1862.

Gravé par J. Langlois; et au trait par C. Normand (Cabinet des Estampes, Da. 30 b.) Puis en petit par F. N. Tardieu (in-8). — Cf. HEINECKEN : *Dict. des Artistes dont nous avons des Estampes...*

154. — (Vers 1679). Portrait de **Paul-Jules de la Porte-Mazarini, duc de la Meilleraye,** puis **de Mazarin,** pair de France.

Gravé par Etienne Gautrel en 1679.

FLANDRIN : *Inventaire des pièces de la Collection Clairambault sur l'Ordre du Saint-Esprit,* p. 260, n° 2749.

155. — (An. 1679). **L'Histoire des Géants.**

Nous trouvons la mention de ce tableau dans les *Comptes des Bastiments* pour 1679 (J. GUIFFREY : *op. laud.,* tome I, col. 1230).

« 2 juin : à Boulogne, peintre, pour son paiement d'un tableau de l'*Histoire des Géans,* de 4 pieds en carré : 350 l. »

Il est probable qu'une gravure, eau-forte avant la lettre de Moitte, « d'après Boullongné », vendue 15 livres à la vente Pierre-Etienne Moitte en 1780, sous le titre : LES TITANS FOUDROYÉS, reproduisait tout ou partie de ce tableau.

CH. BLANC : *Trésor de la Curiosité,* II, p. 22.

156. — (An. 1679).

Travaux à Versailles, dans les appartements du Roi et de la Reine.

« ... à Boulogne et Toutin, sur leurs ouvrages de l'antichambre de l'appartement de la Reine : 1300 l. »

— Même année, 17 octobre : « ... à Boulogne sur ses ouvrages de l'appartement bas du Roy : 400 l. »

(J. GUIFFREY : *Comptes des Bâtiments,* I, col. 1156).

Ce travail de décoration, fait en collaboration avec Toutain, semble avoir duré plusieurs années, de 1678 à 1680. Au cours de cette dernière année, en effet, nous trouvons plusieurs paiements pour travaux faits dans l'appartement des Bains, appelé aussi appartement bas du Roi.

En plusieurs fois, Bon Boullongne reçoit pour ce travail 3.900 livres (J. GUIFFREY : *Comptes des Bâtiments,* I, col. 1278, 1279).

La même année encore, il reçoit avec Toutain le solde de 5.000 livres pour ouvrages « au-dessus des portes et cheminées des petits appartements du Roy et de la Reine. »

157 à **162.** — (Année 1682 et suivantes).

C'est durant ces années que Bon de Boullongne fut chargé pour la première fois, concurremment avec son frère Louis, d'importants travaux pour la chapelle du Château à Versailles. — V. plus loin nos numéros 406 et suivants.

En cette même année 1682, Bon et Louis de Boullongne eurent encore la commande collective de :

163. — Deux tableaux pour la même chapelle, lesquels leur furent payés ensemble 600 livres.

M. ENGERAND (Invent. N. BAILLY, p. 443), croit que cette ordonnance de paiement, en date du 9 août 1682 (J.-J. GUIFFREY : *Op. cit.*, t. II, col. 209), vise un tableau intitulé :

164. — **Saint Louis,** à genoux devant un autel, tenant la couronne d'épines.

Toile cintrée à oreille dans le haut.

Haut. : 4 pieds 9 p.; larg. : 4 pieds.

Cela est possible, car ce tableau est mentionné par Paillet en 1695 et il était encore en 1706 dans la chapelle de Versailles. C'est seulement le 14 juin 1710, s'il faut en croire Nicolas Bailly lui-même, qu'il fut donné par le Roi au R. P. de la Rue. On ne sait, d'ailleurs, ce que cette peinture est devenue.

La chapelle du Palais de Versailles contenait encore d'autres œuvres de Bon de Boullongne exécutées au même moment.

Un tableau intitulé :

165. — **Saint Louis exhortant les chevaliers chrétiens** à supporter les tourments que leur feront souffrir les infidèles, était dans la chapelle haute.

D'après DEFER (*Catal. des Ventes...* p. 59), il est parlé de ce tableau comme perdu par des nettoyages maladroits, dans une brochure de Picault, sur la restauration des tableaux de l'Etat en 1793. Ce Picault, restaurateur de tableaux, adressa plusieurs brochures à la Convention pour lui signaler l'abus des nettoyages que l'on faisait subir aux tableaux appartenant au Gouvernement.

166. — Nous connaissons encore : **Le Salut de l'Adoration.**

Petit tableau « très terminé » reproduisant le grand tableau du même sujet, à la chapelle de Versailles.

18 p. de h. sur 15 p. de l.

Passé à la vente de Grammont (?). — Vendu 320 l. à la vente Ch. en 1788.

(DEFER : *Catal. des Ventes publiques...* MIREUR : *Dict. des Ventes d'Art*).

Une autre série de peintures fut exécutée quelques années plus tard par Bon de Boullongne pour la chapelle du Palais de Versailles. Nous en renvoyons le Catalogue à l'époque où nous avons retrouvé la date du dernier paiement qui en fut fait.

(Voir plus loin, nos numéros 244 et suivants).

167. — (An. 1683).

Après leurs grands travaux exécutés à la chapelle de Versailles en

1682, les deux frères furent encore chargés de décorer en commun le Cabinet des Curiosités à Versailles. Ils reçurent pour ce travail, la somme de 1.500 livres. (J. Guiffrey : *op. cit.*, II, col. 335 à 447). Nous ne savons quel fut la part de chacun des frères et en quoi consistait cette décoration dont il ne reste plus trace.

168. — (Vers 1682). **Apothéose de saint Pierre Moron** ou de Mouron, instituteur des Célestins, qui fut Pape sous le nom de Célestin V. Il était représenté enlevé au ciel par les Anges.

Plafond à fresque, de forme ronde, peint dans le grand escalier du Couvent des Célestins du quartier Saint-Paul à Paris, à l'angle du quai des Célestins (auj. Caserne des Célestins). D'Argenville : *Voyage pittor. de Paris...* D'après Piganiol de la Force (*Descript. de Paris*, IV, 260), cet escalier a été bâti en 1682, bien que la construction, par suite d'un remaniement, porte la date de 1730.

Ce plafond est complètement détruit.

Lors d'une visite de la Commission du Vieux Paris à la Caserne des Célestins, un sous-officier, ancien casernier du Petit-Musc, affirma aux membres présents « que lorsqu'il prit possession du quartier (des Célestins) en 1872, le plafond peint par Bon Boullongne était encore en bon état; il rappela même quelques particularités de la composition qui se rapportaient exactement avec les descriptions connues de cette peinture. » (Lucien Lambeau : *Commission du Vieux Paris*. Procès-Verbaux, 28 mars 1901 et 7 juillet 1798. — Renseignements verbaux de M. Edgard Mareuse).

169. — (An. 1684). **Le Festin de la Noce de Psyché,** grand tableau d'après un dessin de Jules Romain, destiné à être reproduit en tapisserie à la manufacture des Gobelins.

Bon Boullongne reçut pour ce travail, en 1684 : 500 livres; en 1685 : 700 livres; et en 1686, pour solde : 450 livres. Au total : 1650 livres.

(J. Guiffrey : *Comptes des Bâtiments*, tome II, colonnes 436, 773 et 986. — Cfr. aussi *Mémoires... Dussieux*, tome I, p. 57).

Ce tableau avait pour pendant une œuvre de même dimension que faisait son jeune frère Louis de Boullongne, d'après Raphaël (v. plus loin Appendice n° IV, n° 339). Bon était, comme on peut le voir, payé plus cher que son frère cadet.

170. — (Vers 1685). **Le Mariage de sainte Catherine** (l'Enfant Jésus présentant l'anneau à sainte Catherine).

Ce tableau fut commandé à Bon Boullongne pour la chapelle de Sainte-Catherine, dans le chœur (à gauche) de l'église paroissiale de Notre-Dame de Versailles (dédiée en 1686). « Cet ouvrage — dit M. Le Roi (*Histoire de Versailles*, 3e édit. 2 vol. in-8; tome I, p. 216) — était l'un des plus estimés du peintre. »

Enlevé à la Révolution, figurant dans l'Inventaire du 15 frimaire an II, puis vendu, ce tableau est aujourd'hui au Musée de l'Ermitage à Saint-Pétersbourg. (Siret : *Dictionnaire...* Defer : *Catal. des Ventes*).

Il ne faut pas le confondre avec la peinture de son frère, reproduisant le même sujet.

Devant le Mariage de sainte Catherine de Bon de Boullongne se trouvait, dans la même chapelle, le tableau suivant :

171. — (Vers 1685). **Sainte Catherine en extase.**

Ce tableau est probablement le même que celui de la Vierge apparaissant a sainte Catherine au moment de son martyre, lequel existait dans la chapelle de Sainte-Catherine, dans le chœur de l'église paroissiale de Notre-Dame de Versailles. (Cf. J. A. Le Roi : *Histoire de Versailles*, 3e édit. s. d. 2 vol. in-8; tome I, p. 216).

Ce tableau a été vendu à la Révolution. Il est probable que c'est le même que celui qui appartient aujourd'hui au Musée Rath, à Genève.

172. — (An. 1687).

Tableaux faits pour l'église de Saint-Cyr.

Nous ignorons en quoi consistaient ces tableaux de Bon de Boullongne cités seulement, sans autre indication, dans un compte collectif reproduit par M. J. Guiffrey (t. IV, 4 et 60). — (Voir notre n° 175).

173. — (An. 1687-1688). **L'Art.**

« Une jeune femme vêtue d'une draperie blanche et d'un manteau verd, assise et appuyée sur un piédestal au pied d'une colonne, tenant un sceptre d'une main et de l'autre une masse, un ciseau et une pointe qu'elle présente à Minerve sur un nuage; au bas l'on voit un enfant ciselant un vase d'argent, la Vigilance auprès, représentée par une jeune femme coiffée avec des ailes et des perles; la Prudence est près d'elle, debout, et de l'autre costé un enfant qui soutient un nuage, sur un fond de paysage. »

(Bailly-Engerand, p. 442).

Pendant du tableau suivant. H. 1m20. — L. 1m51.

Peint comme dessus de porte à Trianon. (Piganiol de la Force : *Description de Versailles*... II, p. 221).

Actuellement au Musée de Caen auquel il fut envoyé par l'Etat en 1872.

174. — (An. 1687-1688). **La Nature et les Éléments.**
H. 1m73. — L. 1m78.

La Nature, assise sur le bord d'un ruisseau et allaitant un enfant, reçoit les présents des Quatre Eléments. L'Eau, sous la figure d'une Naïade appuyée sur une urne, lui offre des perles; la Terre, une corbeille de fleurs et de fruits; l'Air, un oiseau, et le Feu un vase enflammé.

Peints pour le Trianon (dessus de porte), puis portés à Marly et rapportés au Trianon où Piganiol de la Force les signale (*Descript. de Versailles*, II, 221). Ce numéro et le précédent furent, d'après le même auteur, agrandis et on modifia un peu le sujet. Aujourd'hui, la Nature et les Éléments est encore au Grand Trianon, sous le n° 68.

Eud. Soulié : *Notice des Peintures*, etc... *de Trianon*. Versailles, 1852; — Siret : *Dictionn*... — Jal : *Id*... — *Inventaire* Bailly-Engerand, p. 442.

Dans les *Comptes des Bâtiments* (J. Guiffrey : III, col. 89 et 286), on lit la mention suivante qui nous permet de dater les deux tableaux précédents : « 15 février 1688. « à Bon Boulogne l'aîné, peintre, pour deux tableaux qu'il a peints et livrez, représentant l'un l'Art et l'autre la Nature, qui ont été portés à Marly, 600 livres. » (col. 89).

175. — (An. 1688-1689). **Vénus et l'Amour, aiguisant ses flèches.**

« Mercure est en l'air tenant la pomme d'or, et un paysage sur le derrière; figures plus de demi-nature. »

(BAILLY-ENGERAND, p. 441).

H. 2m87. — L. 1m75.

Etait à Trianon en 1741. Se trouve actuellement au Grand-Trianon (n° 65).

On trouve dans les Comptes des Bâtiments les paiements suivants faits aux Boullongne pour des tableaux peints pour Trianon :

« Exercice 1688, 30 mai-28 nov., 300 l. à Boullongne l'aîné, à compte d'un tableau » (J. GUIFFREY, III, col. 89). — Exercice 1689, 9 octobre, 300 livres au même (*ib.*, col. 286). — Exercice 1696, 22 avril « aux sieurs Boulogne frères, peintres, parfait paiement de 3.950 livres pour 13 tableaux pour la chapelle du Château de Versailles, Trianon et l'église de Saint-Cyr, faits en 1687 et 1688. (*Ibid.*, t. IV, col. 4 et 60).

176. — (An. 1688-1689). **Flore et Junon.**

« Un tableau ovale représentant Flore et deux enfans assis auprès d'elle; l'on voit Junon assize sur son char, soutenue par des ânes... »

(N. BAILLY-ENGERAND, p. 441).

H. 1m45. — L. 1m20.

Peint pour Trianon où il se trouvait encore en 1741. (PIGANIOL DE LA FORCE, *op. cit...*) — Actuellement au Musée du Louvre.

177. — (An. 1688). **Vénus et Adonis.**

Vénus, assise et entourée d'Amours, implore Adonis qui part pour la chasse; dans le fond, un sanglier poursuivi par des chiens.

H. 1m73. — L. 1m89.

Peint pour le Salon du Grand-Trianon. Ce Salon était autrefois séparé en deux pièces : la première se nommait, sous Louis XIV : Antichambre des Jeux; la seconde : Cabinet du Sommeil.

Cfr. EUD. SOULIÉ : *Notice des Peintures et Sculptures... des Palais de Trianon.* Versailles, 1852, in-8.

Il faudrait probablement chercher la trace du paiement de ce tableau et du suivant dans les mentions suivantes des Comptes des Bâtiments :

« ... 1.100 livr. à compte sur des tableaux qu'il a faits pour la Chambre des Jeux à Trianon. »

(JAL : *Dict. crit.*, etc.)

« 30 may (1688) : à compte d'un tableau pour la Chambre des Jeux à Trianon : 500 l. »

— (Année 1689) : à compte des tableaux faits pour Trianon : 300 l.

Est-ce ce tableau qui a été vendu à la vente Hébrat pour 285 fr. sous la désignation de *Le Départ d'Adonis pour la chasse?* (MIREUR : *Dict. des Ventes d'Art*, 1901).

178. — (An. 1688). **Vénus et Mercure.**
H. 2ᵐ87. — L. 1ᵐ75.

Vénus à sa toilette se prépare à paraître devant Pâris, et Mercure, dans les airs, tient la pomme de discorde.

Salon du Grand-Trianon, sur la Cheminée. Cfr. EUD. SOULIÉ : *Notice des Peintures, etc... des Palais de Trianon,* 1852. — PIGANIOL DE LA FORCE : *Description de Versailles...* II, p. 221.

179. — (Vers 1688).
Plafond du Théâtre dans l' « Hôtel des Comédiens du Roy », rue des Fossés-Saint-Germain-des-Prés (quartier du Luxembourg).

« C'est un très bon morceau de peinture, — écrit PIGANIOL DE LA FORCE (*Description... de Paris,* VII, 206) en 1765, — mais il est si négligé et tenu si mal proprement, qu'on a aujourd'hui bien de la peine à y connoître quelque chose. »

180. — (Vers 1689). Portrait de **Pierre Dionis,** premier chirurgien de la Dauphine.
Gravé par Thomassin en 1689, in-8.

Il y a, au Cabinet des Estampes, plusieurs gravures (toutes in-8) reproduisant plus ou moins fidèlement ce portrait. Une de ces gravures est signée : *C. Friizch sc. Hamb.;* — une autre : *Jean-Gaspard Morf. fe. Graveur de Zurich,* 1694.

181 à 189. — **Les Fables de Bacchus,** série de huit tableaux commandés à Bon de Boullongne pour la décoration de la chambre n° 22 à Trianon, et dont nous reproduisons ci-après la description d'après une pièce des Archives Nationales (0¹1794).

Naissance de Bacchus.

« Premièrement, dans le tableau qui est sur la porte du costé de la cheminée sera représenté Mercure qui apporte le petit Bacchus nouveau-né pour estre nourri et élevé par les Nymphes. »

Ce tableau a été exécuté comme nous l'indique une note additionnelle du 1ᵉʳ septembre 1693, ainsi conçu : « Fort avancé. C'est la nourriture de Bacchus; il (Boullongne) pourroit le livrer la semaine prochaine. »

C'est probablement cette peinture qui passa à la vente de la Comtesse de Verrue où elle fut adjugée 1.500 livres sous le nom de NAISSANCE DE BACCHUS, avec une VÉNUS SORTANT DE LA MER du même Boullongne. — DEFER : *Catal. des Ventes...* II, 57.

Arrivée triomphale de Bacchus à Thèbes.

« Secondement, le grand tableau suivant qui est sur la cheminée représentera l'arrivée de Bacchus à Thèbes, lequel est reçu de tous les peuples avec grande joie et grande feste. »

(En marge) : « posé ».

Comme l'indique cette annotation et une autre à la fin ainsi libellée le 1ᵉʳ septembre 1693 : « posé le triomphe de Bacchus », ce tableau a été terminé. Il est d'ailleurs décrit par Nicolas Bailly (ENGERAND, p. 443) et dans le Catalogue de Meudon, comme représentant le Triomphe de Bacchus sur un char traîné par des panthères, précédé de deux Bacchantes et suivi de Silène monté sur un âne. A droite, un autel près duquel est un bélier; derrière l'autel une colonne cannelée, entourée d'une guirlande de fleurs.

D'abord à Versailles, dans le Cabinet des Tableaux, cette peinture fut ensuite transportée au Château de Meudon, dans le Cabinet Ovale où il était en 1733 et encore en 1775 dans le Salon doré de l'appartement des Marronniers, où on le trouve ainsi décrit dans l'Inventaire fait par Le Dreux, contrôleur des bâtiments du Roi au département de Meudon, dont l'original est conservé à la *Bibliothèque d'Art et d'Archéologie* (Fondation Jacques Doucet) :

« Un tableau en dessus de porte de 5 pieds 5 pouces de longueur sur 47 pouces de hauteur représentant le Triomphe de Bacchus. Dans le milieu, sur un char, est le Dieu sous la forme d'un jeune homme, tenant un thyrse à la main; le char est traîné par deux panthères; des troupes de Bacchantes le suivent et le précèdent, dansant autour du char; d'autres lui offrent des fruits et des raisins; le bonhomme Silène suit le char; sur le devant est un autel sur lequel brûlent des parfums. C'est un très beau tableau de Boulogne l'aîné. »

Il est actuellement au Musée de Caen, auquel il fut envoyé par l'Etat en 1872, et porté aux inconnus de l'Ecole Française.

H. 1^{m}28. — L. 1^{m}80.

Penthée déchiré par les Bacchantes.

« Troisièmement, dans le troisième tableau, pareille *(sic)* au-dessus de porte, sera représenté Penthée défait par les Bacchantes pour son impiété envers Bacchus. »

Alcitoë et ses sœurs.

« Le quatrième tableau, qui est un des deux vis-à-vis les croisées, représentera Alcithoë et ses sœurs travaillant pendant la feste de Bacchus et pour ce sujet par lui puni et transformé en chauve-souris, leurs toîlles et tous leurs ouvrages en lierre et en fueilles de vigne. »

Bacchus et Ariadne.

« Le cinquième, qui est aussi vis-à-vis la croisée, représentera Bacchus qui donne à Ariadne, sa femme, le régal de ses Faunes et Bacchantes après ses repas. »

Silène emmené vers Midas.

« Dans le sixième tableau, qui est pareille au-dessus de porte, sera représenté Silène pris par les paysans de Phrygie et mené tout chargé de couronne au Roy Midas. »

La statue de Bacchus promenée dans les vignes.

« Le septième tableau représentera comme l'on porte la statue de Bacchus autour des vignes avec grande solennité et réjouissance; ce tableau sera vis-à-vis celuy qui est sur la cheminée. »

Midas ramenant Silène à Bacchus.

« Le huitième tableau, qui est sur la porte à l'opposite du premier, dont j'ay parlé, représentera comme Midas ramène Silène à Bacchus, et Bacchus pour le récompenser luy dit que tout ce qu'il toucheroit seroit or. »

A la suite de cette nomenclature se trouvent diverses notes qui permettent de dater cette série de tableaux de 1689 à 1693.

Ces notes nous montrent également par le mot « surseoir », que le travail fut probablement suspendu et même arrêté.

Il n'y eut sans doute d'exécutés que les deux tableaux (numéros 181 et 182). Deux autres furent « ébauchés, prêts à retoucher. »

Le 1ᵉʳ septembre 1693, Bon de Boullongne reçut 600 livres « sur deux tableaux livrés et sur ceux-cy » (les deux ébauchés).

La série semble en être restée là.

190. — (Vers 1690). Portrait de **Claude de la Chapelle,** chancelier de l'église de Bourges.

Gravé in-8 par Etienne Gantrel en 1690, d'après Bon de Boullongne.

191. — (Vers 1690). **Saint Angilbert prenant l'habit de Saint-Benoît.**

Toile : H. 1ᵐ51. — L. 1ᵐ02.

Saint Angilbert, à genoux, revêtu du costume militaire des princes du royaume des Francs, dépose son épée, son casque et son bouclier aux pieds de Symphorien, abbé de Saint-Riquier. Celui-ci debout sous un dais devant le siège abbatial, tient élevé l'habit monastique des Bénédictins dont il se prépare à revêtir Angilbert. A gauche de l'abbé, un jeune Religieux tient un cierge allumé. Çà et là, dans l'ombre des colonnes, des serviteurs d'Angilbert.

Signé : *Boullongne inv. fec.*

Ce tableau est encastré dans la boiserie, au-dessus de l'autel de la chapelle de Saint-Angilbert, dans l'église de Saint-Riquier (Somme). Il fut commandé à Bon Boullongne par M. d'Aligre, abbé commendataire de Saint-Riquier, vers 1690, en même temps que d'autres commandes étaient faites à Jouvenet, Antoine Coypel, Hallé, Sylvestre, Antoine Paillet, etc.

Communication de M. l'abbé J. MOTTE, curé de Saint-Riquier, en 1909. (Cf. *Histoire de saint Riquier,* par l'abbé HÉNOCQUE).

192. — (Vers 1693). Portrait de **François Mauriclau** (?) gravé par Picard le Romain, en 1693, in-4°.

(HEINECKEN : *Dict. des Artistes dont nous avons des Estampes...* Leipzig, 1786-90, in-8).

193. — (An. 1694). **Le Mercure galant fouetté par les Muses,** pièce satirique dessinée et gravée par Bon Boullongne pour un Almanach de 1694.

Les deux Muses de la Peinture et de la Sculpture fouettent Mercure, pendant que celle de la Poésie prépare et lie une poignée de verges.

Au bas, cette inscription :

« Ah! Ah! Galant, vous raisonnez en ignorant. »

Cette pièce est extrêmement rare. Charles Blanc la reproduit dans son *Histoire des Peintres* (Livraison de Bon Boullongne) (voir plus haut, p. 34).

HEINECKEN *(Dict. des Artistes dont nous avons des Estampes...)* écrit : « Frontispice pour l'Almanach de 1694, Satire contre l'auteur du Mercure Galant, qui s'étoit égayé aux dépens des peintres. »

SALON DE 1699

Ce Salon, le second Salon officiel — ouvert en septembre de cette année 1699 — donna à Bon de Boullongne l'occasion de fournir la preuve de son talent souple, riche et varié. (Voir plus haut, p. 27, 28).

Il y exposa les tableaux suivants :

194. — Portrait de la **Duchesse d'Aumont** avec la fille de la duchesse d'Humières. (Cf. plus loin le n° 321).

195. — **Jephté** accourant au-devant de son père après sa victoire.

196. — **Sainte Cécile.**

197. — **Jeune fille rattrapant un oiseau envolé.**
Toile : Haut. : 12 pouces; largeur : 10 pouces. C'est sans doute ce tableau, indiqué comme « très petit », qui fut vendu 48 livres 1 sol à la vente du vicomte de Fonspertuis, en 1747, sous le titre de : *Jeune fille donnant à manger à un oiseau.* (Cfr. SIRET : *Dictionnaire...* MIREUR : *Dict. des Ventes d'Art...*)
Ne faudrait-il pas aussi le rapprocher d'une peinture du même auteur exposée au Salon de 1704? (V. plus loin, n° 236).

198. — **Soldats jouant dans un corps de garde.**

199. — **La Diseuse de bonne aventure.**

200. — **Jeune fille cherchant les puces de sa compagne.** Tableau octogone de moyenne grandeur.
Ce tableau fut vendu 400 livres à la vente de la Comtesse de Verrue en 1737, sous le titre de : Les Chercheuses de Puces. (SIRET : *Dictionnaire...* DEFER : *Catal. des Ventes...* CH. BLANC : *Trésor de la Curiosité*, I, p. 31, et MIREUR : *Dict. des Ventes d'Art*, Paris, 1901).
Y a-t-il deux tableaux différents? Le *Cabinet de l'Amateur* indique aussi : DEUX FILLES QUI CHERCHENT LEURS PUCES.

201. — **Galathée sur les eaux** (ou sur son char).
Ce tableau est au Musée de Tours.
C'est un de ceux que nous décrirons plus loin sous le titre de : TRIOMPHE DE GALATÉE. (V. n° 293).
Mais disons tout de suite que ce tableau, ainsi que le *Triomphe de Neptune* (notre numéro 204), l'*Enlèvement de Proserpine* (n° 239) et

la vache *Io* (n° 292), tous d'une même dimension (H. : 1 m. 40; larg. : 1 m. 52) paraissent avoir fait partie d'une même décoration, et proviennent tous probablement du Château de Chanteloup. « Ils sont plus curieux que beaux — écrit M. Clément de Ris (*Les Musées de Province*, 2ᵉ édit., 1872, p. 428) — traités par une main habile à composer les panneaux décoratifs... »

202. — Le Sacrifice d'Iphigénie.

203. — La Vierge.

204. — Le Triomphe de Neptune.

Ce tableau est peut-être le même que le Triomphe d'Amphitrite conservé actuellement au Musée de Tours, dont nous parlons ci-dessus (n° 201) et que nous décrirons plus loin. (V. n° 290).

N'est-ce pas aussi cette peinture qui a passé à la vente de la Comtesse de Verrue en 1737 et qui y a été vendue 400 livres sous le titre de : Neptune avec plusieurs Naïades?

Ch. Blanc : *Trésor de la Curiosité*, I, p. 3. — Mireur : *Dict. des Ventes d'Art*, 1901.

205. — Éducation de Jupiter par les Corybantes.

Pour ces douze tableaux exposés par Bon Boullongne à la Grande Galerie du Louvre en 1699, voir le *Cabinet de l'Amateur*, Paris, 1844, p. 102.

206 à 209. — (An. 1700).

Quatre tableaux pour le prince de Condé et retouches d'autres peintures de Chantilly. Le « Sr Boullongne », peintre, reçoit pour ces travaux, le 26 décembre 1700, la somme de 884 livres. Nous inclinons à penser qu'il s'agit ici de Bon Boullongne plutôt que de son frère Louis.

Cfr. Gustave Macon : *Les Arts dans la Maison de Condé*. Paris, 1903, in-4°, p. 48.

210. — (An. 1701-1702). Une Vénus.

Le 10 décembre 1710, Bon de Boullongne reçut « 400 livres pour, avec 800 qu'il avait reçus, faire le parfait payement de 1.200 livres à quoy montent deux tableaux de Flore et Vénus, qu'il a peints pour Trianon et Meudon en 1701 et 1702. » — *Inventaire des tableaux commandés et achetés par la Direction des Bâtiments du Roi*, publ. p. F. Engerand. Paris, 1900, p. 58.

Nous ne voyons pas à quel tableau, ayant pour sujet principal Vénus, rapporter ce paiement et restituer par conséquent la date de 1701-1702.

Nous sommes, au contraire, d'accord avec M. Engerand (*loc. cit.*), au sujet du tableau qui suit, et où nous sommes très enclin à retrouver la Flore du fragment de compte cité plus haut.

210 *bis*. — (An. 1701-1702). Flore, Bacchus et Cérès.

Sur une table à gauche, Bacchus presse une grappe de raisin dans une coupe que Flore tient; auprès d'elle une Cérès regarde. Dans le fond, sous une treille, un buffet dressé; en bas, dans le milieu du tableau, deux petits enfants, couchés sur un tigre, semblent demander à boire.

Ce tableau, cité dans l'Inventaire de Meudon de 1733 (n° 65), avait 4 pieds 9 pouces de haut, sur 4 pieds un pouce de large, et ornait l'antichambre de l'appartement de « feu Monseigneur ». Il se trouvait encore à Meudon en 1775.

Nous pensons que c'est ce tableau qui est visé dans le fragment de compte publié à notre n° précédent 210.

211 et **211** *bis*. — (An. 1703). **Fleurs** (Deux tableaux de) faits pour Chantilly. Payés ensemble 100 livres.

Ces tableaux font partie d'un fragment de compte cité par M. G. MACON, dans *Les Arts dans la Maison de Condée* (p. 48), relatant une somme de 1580 livres versée le 26 septembre 1703 à un « sieur Boullongne, peintre », pour des travaux à Chantilly et six tableaux dont les deux de Fleurs ici catalogués et les quatre suivants :

212, 213. — (An. 1703). **Enfants** (Deux tableaux d') faits pour Chantilly. Payés ensemble 200 livres.

214. — Portrait de **Mademoiselle de Charolais.** Payé 280 livres.

Il ne peut être question ici de la fille de Henri-Jules, Prince de Condé — Anne-Louise-Benedicte de Bourbon, devenue en 1692 la duchesse du Maine. Il faudrait admettre que ce portrait eût été fait avant cette année 1692 et payé seulement onze ou douze ans après, ce qui dépasse les bornes de la vraisemblance. La « Mademoiselle de Charolais », peinte par notre Boullongne, est donc la petite-fille d'Henry-Jules, Louise-Anne de Bourbon, laquelle avait reçu, à sa naissance en 1695, le nom de Charolais, laissé vacant chez les Condé depuis le mariage de sa tante en 1692. Louise-Anne avait sept ans en 1702 et on n'attendait souvent pas si longtemps pour « pourtraicturer » les princesses du sang.

215. — **Égyptiens** (Un tableau des), placé dans le Salon d'Isis à la Ménagerie et « autres ouvrages qu'il a faits sur l'ancienne peinture dudit Salon et sur les croisées ». Pour cet ensemble, Boullongne reçoit mille livres, ce qui, joint aux prix payés pour nos numéros 210 à 214, fait bien les 1580 livres du compte du 26 septembre 1703.

(An. 1702 et 1703). — DÉCORATION DE LA COUPOLE DE L'ÉGLISE SAINT-LOUIS DES INVALIDES.

C'est en 1702 que ce grand travail fut commandé à Bon de Boullongne, nous avons vu dans quelles circonstances (v. notre texte, p. 31).

Il fut chargé de la décoration de deux chapelles, celle de saint Jérôme et celle de saint Ambroise. Nous empruntons leur description — en l'abrégeant un peu — à M. Léon Michaux, qui l'a donnée en

1890 dans l'*Inventaire Général des Richesses d'Art de la France* (Paris, *Monuments Religieux*, t. III, p. 245 et suiv.).

Toutes ces peintures à fresque, — sauf celles des deux coupoles, — ont les mêmes dimensions, soit 7 mètres de hauteur sur 3 m. 50 de large.

CHAPELLE SAINT-JÉROME

216. — Saint Jérôme visitant les tombeaux des Martyrs dans les Catacombes de Rome.

Le saint, tête nue, est dans l'attitude de la frayeur devant les cadavres que lui montre un jeune homme. Ces cadavres sont déposés dans des tombeaux superposés. Derrière le saint, cinq hommes, dont deux portent des torches.

217. — Baptême de saint Jérôme.

Le saint agenouillé à droite, de profil, les mains jointes. Un prélat, vu de face, étend la main gauche au-dessus de la tête du néophyte et pose la main droite sur un Evangile que lui présente un diacre. Au deuxième plan, à droite, un second diacre portant la croix. Près de lui, un enfant de chœur, le cierge à la main. En arrière-plan, quatre autres enfants de chœur. Au fond, les colonnes du Temple.

218. — Ordination de saint Jérôme.

Le saint agenouillé, de profil, la main gauche sur son cœur, la droite sur un livre tenu par un diacre également à genoux. L'Evêque Paulin, assis à droite, sous un baldaquin, étend le bras droit au-dessus de saint Jérôme. A gauche, des enfants de chœur, dont l'un porte une croix. Au fond, baie plein cintre laissant apercevoir la campagne.

219. — Saint Jérôme réprimandé par Jésus-Christ à cause de son attachement aux auteurs profanes.

Saint Jérôme prosterné, de profil, et les mains jointes. A terre, près de lui, deux livres. A droite et à gauche, un ange, les yeux fixés sur le Christ assis sur des nuages, dans la partie supérieure de la composition; lequel a la main droite tendue vers le saint et tient à la main gauche une espèce de verge. Deux autres anges dans la nuée.

220. — Saint Jérôme dans le Désert, effrayé des Jugements de Dieu.

Saint Jérôme assis à droite, sous une grotte, une plume dans la main droite et un encrier dans la gauche. Il tourne la tête avec effroi vers trois anges dans le haut de la composition, dont l'un sonne de la trompette, un second montre le ciel et un autre joint les mains. Sur la table, une pile de livres. A gauche, un lion entre dans la grotte.

221. — Mort de saint Jérôme.

Le saint sur un lit, les bras allongés, la droite posée sur un crâne. Quatre religieux l'assistent. A gauche, à terre, deux livres et un encrier. En haut, un ange sonne de la trompette en montrant le ciel.

222. — Apothéose de saint Jérôme. Peinture ronde, au sommet de la coupole. Diamètre : 15 mètres.

Le saint, agenouillé sur des nuées, les bras écartés, est enlevé au ciel escorté par cinq anges dont l'un sonne de la trompette.

CHAPELLE SAINT-AMBROISE

223. — Election de saint Ambroise à l'Evêché de Milan.

Le saint, alors Préfet du Prétoire, est debout dans l'église où s'est réunie l'Assemblée qui doit élire le successeur d'Auxence. Il regarde avec étonnement un enfant dont la bouche est ouverte et les bras tendus vers lui. (C'est l'enfant qui cria : « Ambroise, évêque! ») Derrière lui, la foule où l'on remarque deux hommes et deux femmes à-demi agenouillés.

224. — Saint Ambroise et l'Empereur Théodose.

Le saint sort de l'église, revêtu de ses habits épiscopaux et s'avance vers Théodose en lui montrant le Ciel. L'Empereur pose le pied sur la première marche du temple; ses traits expriment la colère. Derrière lui, des cavaliers cuirassés et casqués. Autour de l'Evêque, quelques clercs.

Gravé par B. Picart.

225. — Conversion d'un Arien.

Saint Ambroise, debout à gauche, montre le ciel à un Arien, qui se tient devant lui, et l'exhorte à abjurer son hérésie. A la hauteur de l'oreille du saint plane un petit Ange qui semble lui dicter ses paroles. Au premier plan, une femme assise, tenant un enfant sur ses genoux. Derrière, à droite, des spectateurs. Au fond une arcade.

226. — Découverte du corps de saint Nazaire.

Saint Ambroise debout, mitré, sur le bord de la fosse où l'on vient de découvrir le corps de saint Nazaire sur lequel ses regards sont fixés. Deux hommes soulèvent le corps; un troisième présente la tête, détachée du tronc. A droite, au premier plan, deux clercs, dont l'un agenouillé. A gauche, au deuxième plan, des spectateurs.

227. — Guérison d'un possédé.

Le saint Evêque debout, à gauche, au sommet de quelques marches, le bras gauche levé vers le Ciel, étend la droite au-dessous d'un possédé qui se roule à terre. A gauche, une jeune femme assise regarde le possédé avec effroi. Derrière le saint, un enfant de chœur portant la croix. Au deuxième plan, des spectateurs; au fond, des arcades.

228. — Mort de saint Ambroise.

Le saint Evêque, revêtu de ses habits sacerdotaux, la tête ceinte d'une auréole, est étendu sur un lit, les mains jointes et les yeux levés au ciel.

Au premier plan, saint Paulin, assis à une table, une plume à la main droite, la gauche appuyée sur un manuscrit, regarde le saint. A droite, un clerc tenant une croix. Près du lit, un homme et deux femmes éplorés. L'une d'elles représente sainte Marcelline, sœur de saint Ambroise.

229. — Apothéose de saint Ambroise. Peinture au sommet de la coupole ronde. Diamètre : 5 mètres.

Le saint est transporté au Ciel sur des nuées, les bras écartés et les mains ouvertes. Il est accompagné par huit Anges dans diverses attitudes.

230. — Dans le chœur de la même église des Invalides, Bon Boullongne peignit encore à fresque un **Concert d'Anges** (H. : 5 mètres; — L. : 4 m.), ainsi décrit dans le même Inventaire, p. 257 :

Deux anges sont placés dans la pénétration (de la fenêtre), un sur le pied droit de gauche et deux sur l'autre pied droit. Les deux premiers anges sont assis sur des nuages. L'un est drapé de bleu et chante en jouant de la harpe. L'autre a une draperie rose; il pose la main droite sur son cœur et lève en l'air sa main gauche, au bout de laquelle brille une étoile. L'ange de gauche a une tunique jaune foncé; il est de profil et présente une Bible. L'un des anges de droite, à demi agenouillé sur des nuages, tient un panier de fleurs dans la main gauche, et de la main droite tend un bouquet de roses au second, qui plane au-dessus de lui. Celui-ci est vêtu d'une simple draperie rouge roulée autour des reins; celui-là est couvert d'une tunique blanche et porte deux écharpes bleues croisées sur la poitrine.

Nous avons vu dans notre texte (p. 31) que Bon de Boullongne eut terminé son travail dans la chapelle Saint-Louis des Invalides en 1704. Il n'en fut sans doute pas de même des autres artistes qui collaborèrent à cette décoration : Noël Coypel, Jouvenet, La Fosse, Corneille et son frère Louis. Nous ne pouvons, en effet, expliquer que par la lenteur de leurs travaux le retard apporté au règlement de Bon de Boullongne.

C'est seulement le 10 février 1709 qu'il encaissa enfin « 9.792 livres pour faire, avec 16.500 qu'il avoit reçus, le parfait payement de 26.292 livres pour ses fresques aux chapelles de saint Ambroise et de saint Jérôme à l'église royale des Invalides. »

Invent. des Tableaux commandés et achetés par la Direction des Bâtiments du Roi (1709-1792), rédigé et publié par FERNAND ENGERAND. Paris, 1900, in-8, p. 57.

SALON DE 1704

Le Salon de 1704 fournit à Bon de Boullongne une nouvelle occasion de produire ses œuvres devant le grand public.

Il y exposa les tableaux suivants :

231. — Moïse trouvé sur les Eaux et présenté à la fille de Pharaon.

232. — Danaë.

233. — Lucrèce.

234. — Zéphire et Flore ou le Printemps figuré par Zéphire et Flore.

Zéphire caresse Flore. Au-dessus un Amour. Au bas, un enfant couché, environné de fleurs, tenant dans sa main droite un papillon. Dans la campagne, deux nymphes portant des corbeilles de fleurs.

36 pouces de long. sur 29 p. 6 l. de large.

Vendu à la vente de Saint-Cricq.

DEFER : *Catal. des Ventes publiques...*

235. — Le Jugement de Pâris, « où, par le départ précipité de Junon, le peintre a voulu marquer le vif ressentiment de cette déesse, si fatale aux Troyens. »

236. — Une jeune fille étonnée de voir envoler son oiseau. Cfr.
notre n° 197.

237. — Enfants jouant avec des oiseaux.
Toile. — H. : 0,82. — L. : 1,38. — Figures d'environ 0,80 c.
Probablement en-dessus de porte.
Quatre enfants dans un paysage.
« La toile est savoureuse, de jolie coloration, largement massée, d'un
modèle simple et franc : si le motif est d'une composition devenue
banale depuis, l'œuvre a de l'ampleur et du ton. »
Comm. de M. Lafond, conservateur des Musées des Beaux-Arts de
Rennes.
Musée de Rennes, n° 212 du Catalogue.
Ce tableau a passé en 1745 à la vente de la Roque où il a été payé
34 francs.
Mireur : *Dict. des Ventes d'Art*, 1901.

238. — Vénus accompagnée de Bacchus et de Cérès.
N'est pas cité dans le *Cabinet de l'Amateur* (Paris, 1844, tome III,
p. 103), où tous les autres tableaux exposés par Bon de Boullongne au
Salon de 1704 sont indiqués.

239. — L'Enlèvement de Proserpine, fille de Cérès et de Jupiter
(Cfr. Claudien : « Raptus Proserpinae »).
Toile. — H. : 1 m. 40. — L. : 1 m. 52. — Fig. : 0 m. 65 c.

Sur le devant du tableau, la Fontaine Aréthuse est représentée par une Naïade
appuyée sur une urne. Au fond, à droite, Pluton descend de son char, attelé de
deux chevaux noirs, et s'élance vers Proserpine, saisie de surprise; auprès d'elle
sont trois autres Nymphes.

Non signé.
Appartient au Musée de Tours. Provient du Château de Chanteloup.
(V. plus haut notre n° 201).
L'*Inventaire des Richesses d'Art de la France* (*Province. Monuments
Civils*, t. V, p. 317), le dit de provenance inconnue.
Bon Boullongne a traité une autre fois encore le même sujet : un
autre Enlèvement de Proserpine signé de lui est conservé au Musée
de Lisieux.

239 *bis*. — Jupiter et Sémélé.

Sémélé foudroyée par Jupiter est couchée expirante sur un lit à l'antique,
tandis que le Dieu emporte Bacchus dans sa cuisse, vers l'Olympe où l'on voit
la jalouse Junon appuyée sur son paon.

Signé : *Boulongne l'aîné*, sur une des colonnes du lit où expire
Sémélé.
Acheté en 1864 à la vente de la Collection d'Espaulard par la ville
du Mans, pour son Musée où il est conservé.
(Renseignement donné en 1909, par M. H. Vallée, conservateur
du Musée du Mans).
Indiqué à l'exposition de 1704 par le *Cabinet de l'Amateur*, III,
p. 103.

240. — (An. 1704-1705). **Vénus et l'Amour.**

Vénus sur une coquille, appuyée sur la tête d'un dauphin.

Peinture ovale, pendant du suivant. H. : 0 m. 84. — L. : 0 m. 60. (Bailly-Engerand, p. 442).

241. — (An. 1704-1705). **Vénus à sa toilette.**
H. : 3 pieds; — L. : 2 pieds.

L'Amour debout auprès d'elle, tenant son arc et prenant une flèche dans son carquois.

Ovale, pendant du précédent. Mêmes dimensions. (Bailly-Engerand, p. 443).

Ces deux tableaux furent peints pour la Ménagerie de Versailles où ils sont encore signalés par Piganiol de la Force : *Descript. de Versailles*, II, p. 206.

Ils sont actuellement au Palais de Fontainebleau.

Les *Comptes des Bâtiments* (J. Guiffrey, IV, col. 1183), donnent, à la date du 11 janvier 1705, l'ordonnance de paiement de ces deux tableaux : « Au sieur Boulongne l'aîné pour deux tableaux qu'il a faits et posés à la Ménagerie du Château de Versailles, 1000 livres. »

242. — (Vers 1708). Portrait de **Charles le Goux de la Berchère,** archevêque de Narbonne (1703-1719).
Toile. H. : 1 m. 48; — Larg. : 1 m. 15; — Fig. : grandeur naturelle.

En habit de chœur, vu de trois quarts, à mi-corps, assis sur un fauteuil de velours bleu à franges d'or, le bras droit appuyé naturellement, le gauche reposant sur une table chargée de livres. Une grande draperie jaune découvre, au second plan, une colonne et une ouverture qui permet d'apercevoir au loin un panorama de la vieille ville : la Cathédrale Saint-Just et Saint-Pasteur, le Grand Séminaire, le Pont-Aqueduc qui reliait l'ancien Château-d'Eau à la haute muraille du Jardin de l'Archevêché, le moulin et la rivière avant sa canalisation.

Appartient au Musée de Narbonne.

Acquis d'une Collection locale, avec cinq autres tableaux, en 1839, pour le prix global de 525 francs.

Une copie assez médiocre, mais ancienne, de ce portrait, est dans la Sacristie de la Cathédrale Saint-Just.

(Renseignements donnés en 1909 par M. Louis Berthomieu, conservateur du Musée de Narbonne).

Ce portrait a été gravé en 1708 par B. Audran (Heinecken : *Dict. des Artistes dont nous avons des Estampes...* Leipzig, 1786-90. 4 vol. in-8).

243. — (Vers 1708). « Portrait de Madame **la Princesse de Conti,** (Pour avoir peint la moitié de la figure à un grand), et avoir nettoyé et retouché les petits enfants », Boullongne l'Aîné reçoit la somme de 320 livres dans un compte réglé après la mort d'Henri-Jules, Prince de Condé, décédé le 1er avril 1709.

Gust. Macon : *Les Arts dans la Maison de Condé.* Paris, 1913, p. 48.

(Vers 1708 et suiv.). Dans les dernières années de sa carrière active, Bon de Boullongne reçut encore un complément de commandes destinées à la Chapelle du Château de Versailles pour laquelle il avait déjà beaucoup travaillé une vingtaine d'années auparavant.

PIGANIOL DE LA FORCE (*Nouvelle description des Châteaux de Versailles et de Marly*, Paris, 1764, I, pp. 52 et s., 68 et s.), donne la description de ces peintures. (Cfr. ENGERAND : *Invent. gén. des tableaux du Roy*, p. 441).

Le paiement de cette nouvelle série de peintures, « à l'huile et sur plâtre », fut terminé à la date du 25 septembre 1710 :

« A Boulogne l'Aîné, 14.000 livres, tant par gratification à cause de la peinture qu'il a faite aux trois voûtes de la Grande tribune au-dessus du maître-autel et à six autres voûtes de la Grande tribune du côté de l'Evangile à la Chapelle du Château de Versailles que pour le soin qu'il a eu de conduire ledit ouvrage. » (*Invent. des tableaux commandés et achetés par la Direction des Bâtiments du Roi (1709-1792)*, publié par FERNAND ENGERAND. Paris, 1900, 1 vol. in-8, p. 58).

Les tableaux ainsi soldés étaient les suivants :

244. — Le Ravissement de saint Paul.
(V. PIGANIOL DE LA FORCE : *Description de Versailles*, Paris, 1764, in-12, tom. I, p. 52).

245. — Concert d'Anges Musiciens, composé de trois groupes. Un des Anges tient une banderole, sur laquelle on lit : *Domine salvum fac Regem*. (*Id., ib.*, p. 53).

246. — Saint Pierre. (*Ib.*, p. 56).

247. — Le martyre de saint André. (*Ib.*, p. 57).

248. — La Vocation de saint Philippe. (*Id., ib.*, p. 58).

249. — Saint Simon le Chananéen. (*Id., ib.*, p. 59).

250. — Une Gloire d'Anges.

251. — Saint Mathias. (*Id., ib.*, p. 68).

252. — Saint Thomas. (*Id., ib.*, p. 69).

2° ŒUVRES NON DATÉES

SUJETS RELIGIEUX

Travaux exécutés par Bon de Boullongne pour le Couvent des Augustins déchaussés du quartier Montmartre à Paris, autrement dit *les Petits-Pères*.

253. — La Vierge. Peinte pour le Réfectoire des Petits-Pères.

Ce tableau fut déposé provisoirement au Musée des Petits-Augustins, en même temps que le saint Grégoire et le saint Jean. (*Invent. des Rich. d'Art... Archives...* II, p. 257).

254. — Saint Jean au Désert (Prédication de). Peint pour le réfectoire des Petits-Pères.

Ce tableau, de taille moyenne, attribué à Bon Boullongne par Alexandre Lenoir, était bien de cet artiste, d'après d'Argenville. Par contre, Piganiol de la Force (*op. cit.*, III, p. 110), le donne, positivement, à Louis de B. le Jeune, ainsi que LA VIERGE qui lui faisait pendant, dans le réfectoire des Petits-Pères, de chaque côté d'un Christ peint par La Fosse.

Cette peinture entra au dépôt provisoire des Monuments français le 26 brumaire an II (16 novembre 1793). (*Invent...* II, 90 et 256). On ne sait ce qu'elle est devenue.

Mais elle avait été gravée par Bon Boullongne lui-même et voici la description de la gravure :

Le saint debout et de face, semble prêcher; il tend une main en avant et de l'autre, tient sa croix, sur la banderole de laquelle on lit : Pœnitentiam agite, appropinquavit enim regnum cœlorum. Sur une pierre, en bas à gauche : Boulogne Laisné pinx. et fecit...

Haut. : 17 p.; larg. : 12 p.

HEINECKEN : *Dict. des Art. dont nous avons des Estampes...* — ROBERT DUMESNIL : *Peintre Graveur français*, II.

255. — Saint Grégoire délivrant les âmes du Purgatoire. Peint pour l'église des Petits-Pères.

(V. les nᵒˢ précédents, et D'ARGENVILLE : *Voy. pittor. de Paris*).

256. — Saint Bruno dans le Désert, tableau peint pour l'église des Petits-Pères.

Original perdu, mais gravé à l'eau forte par Bon de Boullongne lui-même, et aussi par N. Bocquet (HEINECKEN : *Dictionn...* HUBER : *Catal. raisonn. du Cabinet d'Estampes de... Brandes*, Leipzig, 1794, t. II, p. 261).

La planche de Boullongne a 21 pouces 4 l. de haut et 16 pouces 6 l. de large.

Le saint est agenouillé à gauche; il tient une tête de mort posée sur un tertre. Il regarde avec recueillement la croix que deux anges tiennent en haut, à droite, au-dessus de deux autres Anges posés sur une nuée. Trois chérubins planent au milieu, près de la cime de grands arbres placés derrière le saint.

Au milieu, en bas : *Peint et gravé par Boulogne l'aîné, avec Privil. du Roy. Ce vend chez l'autheur rue Sainte-Anne Bute Saint-Roch.* Audessus de cette planche on voit l'empreinte d'une planche accessoire, sur laquelle on lit : *Ardet amans Bruno...* suivi d'une dédicace latine à Charles-François Maurin, prieur des Chartreux de Paris.

257. — Prédication de saint Jean-Baptiste.

Il ne faut pas confondre cette peinture avec celle faite pour le couvent des Petits-Pères.

Ce tableau, nous dit Piganiol de la Force (*op. cit.*, III, p. 217), fut peint par Bon de Boullongne pour Barthélemi d'Herwart, Contrôleur Général des finances, pour la chapelle de son Hôtel à Paris. Quand le roi acheta, en 1757, cet hôtel, appelé alors Hôtel d'Armenonville, pour en faire l'Hôtel Royal des Postes, ce tableau fut conservé et placé dans la chapelle neuve.

Cet Hôtel d'Armenonville, situé rue Jean-Jacques Rousseau, donnait également sur les rues Pagevin et Coq-Héron. Avant Barthélemi d'Herwart, il avait appartenu (en 1652) à M. de Nogaret d'Epernon de La Valette; c'est en 1728 qu'il devint la propriété de M. Fleuriau d'Armenonville.

Le tableau de Bon de Boullongne, dont nous parlons ici, est donc tout différent de celui des Petits-Pères.

258. — La Chananéenne.

Ce tableau de 11 sur 6, provenait des Dames Bénédictines de la Ville-Lévêque, quand il fut apporté au Musée provisoire de la rue des Petits-Augustins. Il fut mis à la réserve au début de l'an V, puis remis à Naigeon, conservateur du Musée central des Arts en décembre 1797. Au cours de cette dernière opération, la *Chananéenne* est attribuée à Boullongne le Jeune. Musée de Rennes.

(*Inventaire général des Richesses d'Art. Archives du Musée*, etc., II, p. 265, 321 et 342). (CLÉMENT DE RIS : *Musées de Province*, p. 498).

259. — L'Adoration des Mages.

Ce tableau de moyenne grandeur, était de même provenance que la *Chananéenne*. Il fut mis avec elle au Musée provisoire des Petits-Augustins. Mais il est formellement et définitivement attribué à Bon Boullongne.

(*Invent. gén. des richesses d'Art. Archives du Musée*, II, p. 265).

260. — La Visitation de la Vierge.

Ce tableau, de taille moyenne, venait, comme la *Chananéenne*, des Dames de la Ville-Lévêque. Il fut mis au Musée provisoire de la rue des Petits-Augustins.

(*Invent. gén. des Richesses d'Art. Archives du Musée*, II, p. 265).

261. — Jésus au Désert.

Ce tableau, de moyenne grandeur, venait comme la *Chananéenne*, des Dames de la Ville-Lévêque, et fut mis au Musée provisoire de la rue des Petits-Augustins.

(*Invent. gén. des Richesses d'Art. Archives du Musée*, II, p. 265).

262. — Adoration des Rois-Mages.

Fait pour les Bénédictines de la Ville-Lévêque. (D'ARGENVILLE : *Voyage pittoresque de Paris*). Mis, comme les précédents, au Musée provisoire des Petits-Augustins à la Révolution. (*Invent. gén. des Richesses d'Art... Archives du Musée*. Tome II, p. 265).

Nous ignorons ce que sont devenus ces tableaux provenant des Dames de la Ville-Lévêque.

263. — La Cène.

Toile : H. : 1 m. 50; L. : 3 m.

Le Christ au fond, avec saint Jean couché sur le giron du Sauveur. Table longue, couverte d'une draperie blanche. Les apôtres sont massés surtout vers la gauche. Peinture très foncée.

Dans l'église Notre-Dame de Versailles.

M. le Comte Clément de Ris, chargé de la description de cette église dans l'*Inventaire général des Richesses d'Art...* (Province, Monuments religieux, tome I, p. 159) s'exprime ainsi au sujet de ce tableau :

« La chapelle de la Communion (ou du Rosaire, d'après M. J. A. Le Roi : *Hist. de Versailles*, 3ᵉ Edit., tome I, p. 217), placée jusqu'en 1840 derrière le maître-autel, était décorée d'une *Cène* par Bon Boullongne, et l'on pourrait croire qu'il y a identité entre les deux tableaux. D'un autre côté, l'Inventaire du Louvre contient l'indication d'une *Cène* (école de Restout le père) donnée à Notre-Dame en 1802. L'attribution de ce tableau, d'une exécution médiocre, est délicate. »

Au bas du tableau, un écusson portant : d'azur au chevron d'or accosté de deux étoiles de même en chef et d'un épi de même en pointe.

264. — La Résurrection de Lazare, tableau peint pour le chœur de la chapelle des Pères Chartreux (quartier du Luxembourg). Il était le « premier en allant du grand autel vers la porte de l'Eglise à gauche. » Piganiol de la Force, *op. cit.*, VII, 226.

Toile. — H. : 1 m. 10. — L. : 0 m. 90.

A la Révolution, ce tableau fut déposé provisoirement au Musée des Petits Augustins, puis il fut remis, le 25 brumaire an VII (15 novembre 1798) à Naigeon, administrateur du dépôt de Nesle, pour être vendu.

Alex. Lenoir : *Invent...* tome II, p. 259, 413.

Ce tableau est sans doute le même que l'on trouve aujourd'hui au Musée de Niort (n° 170 du Catal. de 1874) et qui provient du legs Chabosseau. (Renseignement du Conservateur M. C. de Saint-Marc). D'après Piganiol de la Force (*Description... de Paris*, 1765, VII, p. 226), c'est un des meilleurs du peintre.

Gravé par J. Moyreau.

(Cf. d'Argenville : *Voyage pittoresque de Paris*, et Heinecken : *Dict.* — Huber : *Catal... des Estampes de M. Brandes.* Leipzig, 1794. T. II, p. 261).

265. — Loth et ses filles.

Toile ovale : haut. : 18 pouces; larg. : 14 pouces. (Signé).

Nous ne connaissons ce tableau que par la mention qui en est faite dans le Catalogue de la vente des tableaux de P. Remy, le 1ᵉʳ avril 1773. Il provenait du Cabinet du duc de Valentinois et fut vendu 240 livres avec une Suzanne signée de Boullongne le Jeune et qui paraît en avoir été le pendant. Revendu en 1787. (V. notre numéro 454).

(Cte Ch. de Beaumont, dans *Réunion des Soc. des B.-A. des Départements*, Paris, 1894, tome XVIII, p. 645).

266. — La Pierre exorcisée.
Toile. — H. : 1 m. 02. — L. : 2 m. 23. — Fig. : 0 m. 65.

Satan pèse de tout son poids sur un bloc de pierre, que quatre moines en froc noir essaient vainement de soulever à l'aide de leviers. Sur le seuil du Monastère du Mont-Cassin en construction, saint Benoît esquisse de la main droite un geste d'exorcisme, tandis qu'à ses côtés un moine lui montre et lui explique la situation.

Le saint et son compagnon occupent la droite du tableau, le groupe principal le centre et la gauche.

Non signé.

Appartient au Musée de Béziers.

Cette peinture, acquise par la ville en 1862, a pris en vieillissant une patine d'un blond doré.

(*Invent. des Richesses d'Art. de la France. Province, Monuments civils.* Tome VI, p. 302).

267. — Saint Benoît ressuscitant un enfant.
Toile. — Haut. : 1 m. 08 cent. — Larg. : 2 m. 35 cent.

Au milieu du tableau, S. Benoît, suivi de deux religieux, est à genoux, les bras et les yeux levés vers le ciel, l'implorant en faveur d'un enfant mort, à terre devant lui. A droite, le père et la mère de l'enfant, et une jeune fille, agenouillés dans l'attitude de la désolation et de la prière.

Appartient au Musée du Louvre (Ancienne collection).

Gravé au trait par C. Normand (Cabinet des Estampes, Da. 30. b.)

Etant donné les *mesures* et le sujet de ce tableau, je me demande s'il n'était pas destiné à servir de pendant au précédent.

268. — L'Annonciation de la Vierge.
Toile. — Haut. : 89 cent. — Larg. : 68 cent.

La Vierge, à droite, à genoux devant un prie-Dieu; à gauche, l'ange Gabriel sur un nuage, lui présentant une fleur de lis. Au-dessus, Dieu le Père assis sur des nuées, accompagné d'anges, et le Saint-Esprit sous forme d'une colombe.

Appartient au Musée du Louvre. (Ancienne collection).

269. — Jésus guérissant un possédé.
Peint pour l'église Saint-Germain-l'Auxerrois; ce tableau fut reçu le 19 frimaire an II (9 décembre 1793) par Alexandre Lenoir, garde du dépôt des Monuments français; puis déposé provisoirement au Musée de la rue des Petits-Augustins. (*Invent. génér. des Richesses d'Art. Archives des Monuments français*, tome II, p. 97, 285).

Il en fut de même du tableau suivant.

270. — Jésus prêchant le peuple d'Israël, provenant, comme le précédent, de Saint-Germain-l'Auxerrois, qui eut le même sort et subit les mêmes vicissitudes.

Piganiol de la Force (*Description...* II, 200), nous dit que ce tableau était au-dessus du Dais de la Chaire à prêcher, à Saint-Germain-l'Auxerrois.

271. — Le Mariage de la Vierge et de saint Joseph.
Peint pour l'église de l'Assomption Saint-Honoré. (*Mémoires...* pu-

bliés par Dussieux, etc., tome I, p. 83 et 427). — D'Argenville :
Voyage pittoresque de Paris. — Piganiol de la Force (*Description...
de Paris*, III, p. 24), nous dit que ce tableau « qui est fort estimé »
est dans l'Attique de l'église de l'Assomption.

272. — La Conception de la Sainte Vierge.

Peint pour l'église de l'Assomption Saint-Honoré (d'Argenville : *Voyage pittoresque de Paris*, p. 489).

273. — La Présentation de Notre-Seigneur au Temple.

Toile, 24 pouces sur 27. Peint pour l'église de l'Assomption Saint-Honoré (d'Argenville : *Voyage pittoresque de Paris*).

Est-ce le tableau vendu à la vente de la Live de Juilly en 1770, 861 francs, donné à tort à Louis de Boullongne l'aîné et considéré comme un pastiche de Rembrandt?

274. — Jésus chassant les Vendeurs du Temple.

Peint pour la chapelle des Missions.

Ce tableau, qui est une très belle œuvre, appartient à la Ville de Paris et a été retrouvé dernièrement par M. Adrien Mithouard, président du Conseil municipal, au dépôt de la ville, à Auteuil. (Cfr. plus loin notre numéro 438). — (*Journal des Débats* du 9 mars 1914).

275. — Le Lavement des pieds.

Peint pour la chapelle des Missions.

Il existe au Musée de Dijon un tableau représentant Jésus lavant les pieds des Apôtres. Serait-ce le même tableau? Voici les dimensions et la description de ce tableau que nous devons à l'obligeance de M. A. Joliet, conservateur de ce Musée : H. : 1 m. 68. — L. : 2 m. 33.

Le moment est celui où Pierre, ne pouvant souffrir cette humiliation de son Maître, lui dit tout surpris : « Quoi! Seigneur, vous me laveriez les pieds? » Les autres apôtres forment différents groupes et expriment divers sentiments.

Ce tableau tient du style italien et est, d'ailleurs, un des meilleurs ouvrages de Bon Boullongne, d'après la Notice que lui a consacrée M. Perignon, un des commissaires experts du Musée du Louvre.

Il a été offert en 1828 à la ville de Dijon par Mme de Chavagnac, fille de M. Verniquet, architecte, autrefois conseiller du Roi, originaire de Dijon.

276. — L'Assomption de la Vierge.

Grand tableau vendu 102 écus romains à la vente du cardinal Fesch, en 1816.

Defer : *Catalogue des ventes publiques...* — Mireur : *Dict. des Ventes d'Art*, 1901.

277. — Saint Pierre.

Indiqué dans le *Cabinet de l'Amateur* (Paris, 1844, in-8, tome III, p. 103).

278. — Une Madeleine.

Indiquée dans le *Cabinet de l'Amateur* (Paris, 1844, in-8, tome III, p. 103).

279. — Une Sainte Famille.

Indiquée comme un tableau de Bon Boullongne, gravé par lui-même, par Heinecken : *Dictionnaire des Artistes dont nous possédons des Estampes...* Leipzig, 1786-90, 4 vol. in-8.

280. — Suzanne.

Tableau vendu 133 livres 18 sols à la vente de la comtesse de Verrue en 1737.

Ch. Blanc : *Trésor de la Curiosité*, I, p. 11.

281. — Un saint Evêque entouré d'Anges.

Dessin sur papier gris rehaussé de blanc.

H. : 0 m. 50. — L. : 0 m. 19. — Forme cintrée.

Appartient au Musée Fabre, de la ville de Montpellier.

Don du baron Fabre en 1825.

(*Inventaire des Richesses d'Art de la France. Province*, tome I, p. 276).

282. — Moine avec des femmes et des paysans.

Sépia rehaussée de blanc.

H. : 0 m. 28. — L. : 0 m. 41. — Forme cintrée.

Appartient au Musée Fabre, de la ville de Montpellier.

Don du baron Fabre en 1825.

(*Inventaire des Richesses d'Art de la France. Province*, tome I, p. 276).

283. — Descente du Saint-Esprit sur les Apôtres.

Dessin à la plume, au bistre et à l'encre de Chine, rehaussé de blanc, sur papier de couleur.

Appartient à l'Ecole de Médecine de Montpellier. — Collection Atger.

(Renseignement de M. G. d'Albenay, conservateur du Musée Fabre, de Montpellier).

284. — Les Enfants de Jacob lui apportant des présents d'Egypte.

« Jacob est assis à droite, de face, un bâton dans la main droite. A gauche, des hommes déposent des présents à terre. L'un d'eux, debout, montre à Jacob des chariots chargés que tirent des chevaux au second plan à gauche. A sa droite deux femmes debout et deux enfants. »

Dessin ovale à la plume, lavé de bistre, rehaussé de blanc, sur papier bistre. — Gravé.

H. : 0,257. L. : 0,331. — Musée du Louvre.

(Jean Guiffrey et P. Marcel : *Invent. des dessins du Louvre, Ecole Française*, n° 1431).

285. — Saint Antoine de Padoue prouvant l'innocence de son père.

Dessin à la plume, lavé d'encre de Chine, cintré dans le haut.

H. : 0,303; L. : 0,232. — Musée du Louvre.

Gravé dans l'*Inventaire des dessins du Louvre, Ecole Française*, n° 1433.

« Le saint, debout et de profil à gauche, démontre au juge, assis sur un trône, l'innocence de son père, assis à droite, enchaîné et accompagné du personnage qu'on l'accusait d'avoir assassiné. Autour du tribunal plusieurs hommes semblent demander grâce, et le greffier est assis, une tablette et un stylet dans les mains. »

286. — Présentation de la Vierge au Temple.

Dessin au crayon noir, rehaussé de sanguine et de gouache, lavé d'encre de Chine.

H. : 0,245. — L. : 0,147.

Musée du Louvre. (Vente Pierre Crozat, 1741).

Gravé dans l'*Inventaire des dessins du Louvre*, n° 1432, par GUIFFREY et MARCEL.

« La Vierge, présentée par sainte Anne, à genoux, et par saint Joachim, est conduite au Grand-Prêtre assis à gauche, de profil, par un ange qui la tient d'une main et de l'autre lui montre le Saint-Esprit. Au premier plan, un homme agenouillé, tient un agneau. »

286 *bis*. — La Sortie de l'Arche.

H. : 4 m. — L. : 3 m.

Ce tableau de Bon Boullongne, provenant de l' « ancienne collection », est au Musée de Lyon, où il a été envoyé par l'Etat en 1799. — LALANNE : *Dict...*, et CLÉMENT DE RIS : *Les Musées de Province*, 2e édit. 1872, p. 478. — Ce dernier ouvrage indique encore (p. 500), au Musée de Rouen, une *Sortie de l'Arche*. (H. : 3,1; L. : 4,6). « Ecole de Bologne ». Nous n'avons pu vérifier le rapport qu'il peut y avoir entre ces deux tableaux.

3° ŒUVRES NON DATÉES

SUJETS MYTHOLOGIQUES

287. — Une Fête à Vénus.

Appartient au Musée de Niort.

288. — Diane au bain entourée de ses Nymphes.

Appartient au Musée de Niort.

289. — Diane recevant Adonis au moment de sa naissance.

La déesse est assise et présente l'enfant à une des nymphes qui l'accompagne. Sur le devant, à droite, des amours, plus loin, des satyres; au fond, des montagnes au bord de la mer.

Ce tableau fut vendu 610 livres à la vente du duc de La Vallière (1781) et 600 livres à la vente Lambert et Duportail, en 1787. — DE-

Fer : *Catal. des ventes publiques* et Siret : *Dictionnaire...* Cfr. Ch. Blanc : *Trésor de la Curiosité*, Il, p. 42. — Dimensions : 49 p. sur 70.

290. — Vénus sur les Eaux.

Appartient au Musée de Tours.

Provient du Château de Chanteloup.

(Pour ce tableau et les suivants : Io, Proserpine et Galatée, voir Gaston Maugras : *La Disgrâce de Choiseul.* Paris (Plon), 1903, p. 116).

291. — Triomphe d'Amphitrite.

Toile. — H. : 1 m. 40. — L. : 1 m. 52. — Figures : 0 m. 60.

Neptune, dieu de la mer, et Amphitrite, fille de l'Océan et de Doris, sont assis sur un char que traînent deux chevaux marins conduits par un Amour. Neptune, qui tient son trident de la main droite, montre de la gauche à Amphitrite son palais qu'on voit dans le fond à droite. A gauche du tableau, deux nymphes marines accompagnent le char triomphal.

Signé sur le char, au milieu du tableau : « *B. Boullongne l'aisné.* »

Appartient au Musée de Tours.

(*Inventaire des Richesses d'Art de la France. Province. Monuments civils.* Tome V, p. 316).

La provenance de ce tableau est inconnue, mais il pourrait bien venir, comme les trois suivants, du château de Chanteloup.

Bon Boullongne a exposé au Salon de 1699 (v. plus haut, p. 204) un Triomphe de Neptune. Il est possible que ce soit le même tableau. Mais il ne faut pas le confondre avec un autre Triomphe de Neptune et d'Amphitrite, de Louis de Boulogne le Jeune, que Louis Desplaces a gravé en 1718, sous le titre de l'*Eau*, dans une suite des *Eléments* peints par cet artiste. (V. numéros 486 et suiv.).

292. — La Nymphe Io.

Toile. — H. : 1 m. 40. — L. : 1 m. 52. — Fig. : 0 m. 58.

Métamorphosée en vache par Jupiter qui a pour but de la soustraire aux colères de la jalouse Junon, Io écrit avec son pied son nom sur le sable pour se faire reconnaître par son père Inachus, qui lève les mains au ciel, l'implorant pour sa fille, pendant que celle-ci verse des larmes à la vue de son père et de ses sœurs, dont l'une lui offre de l'herbe à manger.

Signé au milieu du tableau : « *Bon Boullongne Laisné.* »

Appartient au Musée de Tours. Provenant probablement du Château de Chanteloup.

L'*Inventaire des Richesses d'Art de la France.* (*Province, Monuments civils*, tome V, p. 316), le dit de provenance inconnue.

Un tableau intitulé : *Io changée en vache*, attribué à Bon de Boullongne, fut vendu 396 francs à la vente du Cardinal Fesch. Est-ce une réplique de celui-ci?

N . B. — Je n'ai pas trouvé ce tableau à Tours en 1904.

293. — Triomphe de Galatée.

Toile. — H. : 1 m. 37. — L. : 1 m. 56. — Fig. : 0 m. 62.

Galatée, fille des divinités marines Nérée et Doris, est assise à côté d'Acis sur une conque voguant sur les eaux et dont la voile est tenue par un Amour. Sur

le devant, un Triton sonne du buccin, tandis que deux autres poussent par-der-
rière le char marin que les Naïades accompagnent. Dans le fond du tableau, à
gauche, le géant Polyphème joue de la syrinx.

Signé au milieu du tableau : « *B. Boullongne Laisné.* »

Appartient au Musée de Tours.

Provient du château de Chanteloup.

L'*Inventaire des Richesses d'Art de la France*. (*Province, Monuments civils*, t. V, p. 316), le dit de provenance inconnue.

C'est ce tableau ou le suivant — mais lequel des deux? — qui a été
exposé au Salon de 1699 sous le titre : Galatée sur les Eaux (p. 22
de la réimpression des livrets). La Galatée du Salon de 1704 est de
Louis de Boullongne le Jeune. (V. plus loin Appendice n° IV, p. 263).
(V. notre numéro 366).

294. — Autre **Triomphe de Galatée.**
Toile. — H. : 0,63. — L. : 0,80.

Dans la transparence du beau jour qui finit, en avant d'un promontoire ro-
cheux aux replis boisés, une conque, à peine visible, porte Galatée, nue, souriante
et froide, sur les flots bleus frangés d'écume. Une draperie d'un rouge éclatant lui
ceint les reins. A ses pieds, un amour bande son arc. A droite, une naïade, inclinée sur l'eau dont elle émerge jusqu'aux hanches, présente à Galatée un rameau
de corail. A gauche, deux autres filles de la mer avancent curieusement leurs
têtes folâtres. Au-dessus de ce groupe central, deux amours déploient dans les
airs une banderole que gonfle la brise; au-dessous, deux autres amours se dis-
putent dans l'onde la capture d'une mouette. A droite un groupe accessoire composé d'un centaure sonnant du buccin et portant en croupe un amour visant un
objet dans la vague; à droite, autre groupe formé de trois tritons nus, vus jusqu'à la ceinture, se tenant par les mains.

Signé sur un carquois, au milieu du tableau : « *Boullongne Laisné.* »

La fin du nom Boullongne se voit confusément et est effacée en partie.

Ce tableau, vendu 585 francs à l'Hôtel Drouot le 3 avril 1909, fait
aujourd'hui partie de la Collection de M. Maurice Magnin, Conseiller
à la Cour des Comptes, auquel je dois la description qui précède.

295. — Au Musée de Dijon, au-dessus d'une porte, dans la salle de
la Collection Dècle, se trouve un autre Triomphe de Galatée, attribué
à Bon de Boullongne par M. Magnin, et qu'il considère comme une
réplique de son tableau.

296. — **Enlèvement de Proserpine.**
Toile. — H. : 0 m. 61. — L. : 0 m. 78.

Pluton l'enlève sur son char, traîné par deux chevaux noirs; elle se tourne avec
désespoir vers deux nymphes, ses compagnes, qui courent en tendant les bras vers
elle. Proserpine est vêtue d'une draperie jaune; l'une des nymphes a une draperie
rose, l'autre une draperie verte. Fond de paysage.

Signé sur la jante de la roue du char : « *De Boullongne l'Aisné.* »

Appartient au Musée de Lisieux.

Provient d'un don fait à ce Musée par M. Charles Mouroult, percep-
teur de la ville de Lisieux.

(*Invent. des Richesses d'Art... Province, Monuments civils*, tome VI,
p. 237, 238, 239).

Ce tableau forme le pendant de l'Aréthuse, aussi de Bon Boullongne
et appartenant au même Musée.

Cfr. un autre *Enlèvement de Proserpine*, du même artiste, appartenant au Musée de Tours. (V. notre numéro 239).

297. — La Nymphe Aréthuse.
Toile : H. : 0 m. 61. — L. : 0 m. 78.

Elle est poursuivie par un Satyre à pieds de chèvre, qui tient un pedum de la
main droite. A gauche, assis à terre, le fleuve Alphée et une nymphe des eaux.
Fond de paysage.

Non signé.

Appartient au Musée de Lisieux, où elle fait le pendant d'un *Enlèvement de Proserpine* du même artiste.

Don de M. Ch. Mourault.

(*Invent. des Richesses d'Art... Province, Monuments civils*, tome VI,
p. 237, 238, 239).

298. — Bacchus et Ariane.
H. : 0,46. — L. : 0,56. — Ovale en travers.

Ariane, couronnée de roses, reçoit dans une coupe le jus d'une grappe de raisins que presse Bacchus; deux enfants, probablement Priape et Hymen, semblent
réclamer de la précieuse liqueur; une déesse, ayant une couronne d'épis, se penche vers Ariane en appuyant la main sur son bras.

Signé à gauche : *De Boullongne aîné.*
Appartient au Musée de Troyes.
Provient du château de la Chapelle-Godefroy.
(Communication de M. D. Royer, conservateur du Musée de Peinture
de Troyes).

Malgré la similitude du sujet, la petite dimension de ce tableau et sa
description ne nous semblent pas permettre de le confondre avec la
cinquième peinture de la série des Fables de Bacchus, commandée pour
Trianon en 1689. (V. plus haut, notre n° 186).

Gravé par J. Moyreau. (Huber : *Coll. Brandes*, Leipzig, 1794, t. II,
p. 281).

299. — Apollon et les Nymphes.
Dessin au crayon noir rehaussé de blanc.
H. : 0 m. 35. — L. : 0 m. 28.

Au milieu, Apollon; à droite, un Fleuve couché sur son urne; quatre nymphes
assises et des lauriers.

Appartient au Musée de Grenoble. — Don de M. Petit en 1880.

(*Invent. des Richesses d'Art de la France, Province, Monuments
civils*, tome VI, p. 99).

300. — Bacchanale.
Toile. — H. : 0 m. 67. — L. : 0 m. 85. — Fig. de 0 m. 40.

Une Bacchante nue est couchée et endormie sur une draperie rouge et blanche,

à l'entrée d'une forêt; sa tête repose sur ses deux bras joints; derrière elle un Satyre est assis et boit à un flacon d'argent; un autre marche en portant une outre.
Du côté droit, un tigre furieux s'élance, tenu en laisse par un enfant; plus loin
un Satyre endormi entre un Silène monté sur un âne et soutenu par deux Satyres et trois Bacchantes dansant. Dans les arbres ,une Bacchante levant les bras.
Au fond, la mer et des montagnes.

D'abord attribué à Bon Boullongne, imitant le Titien, ce tableau a
été en dernier lieu classé parmi les inconnus de l'Ecole Française. La
première attribution nous paraît pouvoir être maintenue.
(*Invent. des Richesses d'Art... Province, Monuments civils*, tome VI,
p. 13).

Ce tableau, rentoilé en 1869, appartient au Musée de Grenoble. Il
a été acquis à Paris par Jay, avec quarante-six autres tableaux, pour
une somme de 4.000 francs, souscrite par les habitants de Grenoble.

301. — Vénus sortant du bain.

Galerie de Sans-Souci, près Berlin.

302. — Hippomène conduisant Atalante à l'autel.

Musée de l'Ermitage, à Saint-Pétersbourg.

Le *Cabinet de l'Amateur* (Paris, 1844, in-8), indique (tome III, p.
113), une « HIPPOMÈNE QUI, POUR VAINCRE ATALANTE A LA COURSE, l'amusa par des pommes d'or, qu'il jeta dans la carrière. »

303. — La Transmigration des Tectosages, ou le Départ des Tectosages.

Toile. — H. : 2 m. 62. — L. : 3 m. 22.

Le Brenn ou chef des Gaulois Tectosages, monté sur un cheval blanc, la main
droite appuyée sur son bâton de commandement et accompagné de ses lieutenants,
vient de sortir d'une des portes de Toulouse, où sont encore engagés les porte-
étendards et les nombreux soldats qui vont prendre part à son aventureuse expédition. A droite, à quelques pas devant lui, une femme que son jeune enfant tient
par la robe, tend les bras à un cavalier qui se penche pour recevoir un dernier
adieu. Dans le coin de gauche, un vieillard embrasse avec émotion un soldat,
dont la femme, assise derrière lui, verse d'abondantes larmes. Un jeune enfant,
accoudé sur les genoux de cette femme, la considère avec un mélange d'étonnement et d'effroi. Le fond est occupé par la porte et les remparts de Toulouse au
haut desquels on remarque, à droite, un Druide se disposant à sacrifier à Hésus,
le Dieu des Combats, un taureau que quelques hommes lui amènent. A côté de lui,
une femme se penche en dehors du mur, et donne un paquet à un soldat qui
étend la main pour le prendre.

Extrait du *Catalogue raisonné des tableaux du Musée de Toulouse*,
par GEORGE, ancien commissaire- expert du Musée du Louvre, n° 142.
(Communiqué par M. Lucien Vidal-Saint-André).

Ce tableau, qui appartient au Musée de Toulouse, était placé autrefois le quatrième à gauche dans la galerie de peinture du Capitole (auj.
salle du Festin). Il est maintenant déposé, mais non « exposé » au
Musée.

D'ARGENVILLE, t. IV, p. 251, le cite comme un ouvrage du meilleur
temps de Bon Boullongne.

304. - Les Centaures.

44 pouces sur 36.

Une famille de Centaures. La mère allaite deux petits et le Centaure tient un jeune lion qu'il apporte à ses enfants pour les amuser et les accoutumer aux bêtes féroces. Sujet pris dans Lucien à l'article Zeuxis.

Ce grand tableau, vendu 150 livres 5 sols à la vente de la comtesse de Verrue en 1737, passa ensuite à la vente Blondel de Gagny en 1776, où il fut payé 1300 livres, puis à celle de Blondel d'Azincourt où il n'atteignit plus que 790 livres en 1783.

Cfr. Charles Blanc : *Trésor de la Curiosité...* I, p. 11; II, p. 71. — Mireur : *Dict. des Ventes d'Art*, 1901.

305. — Minerve avec plusieurs Génies, gravure ronde par un anonyme.

Heinecken : *Dict. des Artistes dont nous avons des Estampes...* (Leipzig, 1786-90, in-8).

306. — Jupiter et Calisto.
Jupiter sous la forme de Diane.
Vendu 840 livres à la deuxième vente du Prince de Conti avec *Angélique et Médor* (notre n° 327).

307. — Hercule et Omphale.
30 p. de h. sur 36 p. de large.
Vendu 760 livres à la deuxième vente du Prince de Conti, avec *Renaud et Armide* (notre n° 328).

4° ŒUVRES NON DATÉES

HISTOIRE, ALLÉGORIES, PORTRAITS, DIVERS

308. — La Charité, tableau imité du Guide. Passé à la vente Crescent (?).
(Defer : *Catalogue des Ventes*).
C'est ce pastiche qui trompa Mignard (v. notre texte, p. 31). On prétend que lorsque Bon Boullongne avoua qu'il était de lui, Mignard, piqué et ironique, lui répondit : « Faites donc toujours des Guide! »

309. — A une époque que nous ne pouvons déterminer, Bon Boullongne travailla à Versailles avec Charles Le Brun à la décoration du grand escalier du château.
Cette décoration a été détruite et ne nous est connue que par les gravures d'Etienne Baudet.
S'agit-il ici des deux tableaux cités plus haut, à l'année 1677?

310. — La Justice accompagnée de la Force et de la Modération.
Peint pour le Palais de Justice, au plafond de la Chambre des Requêtes.
(V. d'Argenville : *Voyage pittoresque de Paris*, p. 483).

311. — Hercule chassant la Calomnie et la Discorde.
Peint pour le Palais de Justice.

312. — Trois déesses donnant des Couronnes pour animer les Arts.
Peint pour le Palais de Justice.

313 à 315. — Dans le Catalogue de la vente de M. Coypel, sous le n° 68, on trouve de Bon Boullongne : **Trois petites têtes** dont une de femme.

316. — Une tête dans le goût de Rembrandt, indiquée dans le *Cabinet de l'Amateur*, III, p. 103.

317. — Les Adieux d'Hector et d'Andromaque.
Haut. : 10 p. 6 l. — Larg. : 14 p. 1 l.
Gravé par J. Moyreau (en large), en 1726.
HEINECKEN : *Dict. des Artistes dont nous avons des Estampes...* Leipzig, 1786-90, in-8.
HUBER : *Catal. des Estampes de... M. Brandes.* Leipzig, 1794, tome II, p. 261.

318. — Portrait de Bon Boullongne peint par lui-même.
Gravé par Jean-Nicolas Tardieu en 1756.
Voir plus haut, p. 36, la description de ce portrait. — On lit dans le Procès-Verbal de la séance de l'Académie du 28 août 1756 :
« M. de Boullongne (Jean), Conseiller d'Etat et Intendant des Finances, Amateur, ayant fait graver nouvellement le portraict de feu M. de Boullongne, son oncle, Peintre et Ancien Professeur, par M. Tardieu, Académicien, l'a chargé d'en présenter en son nom une estampe en bordure (encadrée) et 90 en feuilles pour être distribuées. L'Académie a chargé M. de Silvestre et M. Le Moine d'aller l'en remercier au nom de la Compagnie. » (*Procès-Verbaux de l'Académie...* tome VII, p. 20).

319. — Bon Boullongne peint par lui-même, dans son atelier, conversant avec un poète et un musicien.
Cité par SIRET : *Dictionnaire...* (v. p. 38).

320. — Portrait d'un fils légitimé de Louis XIV.
Toile ovale. — Haut. : 0,68. — Larg. : 0,55.
Appartient au Musée de Bordeaux.
Provient de la Collection du marquis de Lacaze, achetée par la Ville en 1829, avec le concours du roi Charles X. (Cfr. *Catalogue des tableaux, statues, etc., du Musée de Bordeaux,* p. Pierre LACOUR et Jules DELPIT. Nouv. édit. publ. p. Oscar Gué. Bordeaux, 1862).

321. — Portrait de Louis de Crevant, marquis, puis duc d'Humières.
Attribution.

Collection G. de Monbrison. Catalogue de la vente de cette Collection, faite le 13 mai 1904, sous le n° 9.

Cfr. plus haut le n° 194.

Je crois cette attribution fausse. (Cfr. les portraits du duc d'Humières, au Cabinet des Estampes).

322. — Portrait du Chevalier de Comminges, cité dans *Cabinet de l'Amateur* (Paris, 1884, in-8, tome III, p. 103).

323. — Portrait de M. Maréchal, cité dans *Cabinet de l'Amateur* (Paris, 1844, in-8, tome III, p. 103).

324. — Les Quatre Saisons, quatre petits tableaux allégoriques passés à la vente X... le 21 mai 1894, et vendus ensemble 635 francs.

Mireur : *Dict. des Ventes d'Art*, 1901.

324 *bis*. — C'est probablement une de ces Quatre Saisons, l'Automne, qui fut gravée par Chasteau en 1712.

Haut. : 9 p. 6 l. — Larg. : 6 p. 11 l.

Huber : *Catal. des Estampes de... M. Brandes*, Leipzig, 1794, II, p. 261.

Heinecken : *Dict. des Artistes dont nous avons des Estampes...* Leipzig, 1786-90, in-8.

325. — L'Architecture, gravure ovale, par un anonyme.

Heinecken : *Dict. des Artistes dont nous avons des Estampes...* Leipzig, 1786-90, in-8.

326. — Frontispice pour l'Histoire du Monde, gravé par S. Thomassin, in-4°.

Le même, gravé par Blois, in-8.

Heinecken : *Dict. des Artistes dont nous avons des Estampes...* Leipzig, 1786-90, in-8.

327. — Angélique et Médor.

30 p. de h. sur 36 de l.

Vendu 840 livres à la deuxième vente du Prince de Conti en 1779 avec *Jupiter et Calisto* (notre n° 306).

328. — Renaud et Armide, vendu 760 livres à la 2° vente du Prince de Conti, avec *Hercule et Omphale* (notre n° 307).

Ces quatre tableaux cités par Defer : *Catalog. des Ventes publiques*, p. 58, et par Mireur : *Dict. des Ventes d'Art*, 1901.

Une note fait observer que ces quatre tableaux n'avaient pas paru dans la première vente du Prince de Conti.

329. — Étude d'homme.

Dessin au crayon noir, rehaussé de blanc, sur papier jaune (attribué à Bon Boullongne).

H. : 0,340. — L. : 0,184.

Musée du Louvre. — *Inventaire des Dessins*, n° 1434.

« Demi-nu de profil à gauche, le bras droit levé, un plateau dans la main gauche posé sur un degré. »

330. — Dans le Catalogue des peintures exposées en 1779 par la Société des Beaux-Arts de la ville de Montpellier, se trouve, sous le n° 101, un tableau de Bon Boullongne, provenant du Cabinet du vicomte de Saint-Priest, et faisant le pendant d'un tableau ovale de Van Ostade.

Henri Stein : *La Société des Beaux-Arts de Montpellier* dans *Mélanges Lemonnier*, publiés par la *Société de l'Histoire de l'Art français*, 1913. in-8, p. 397.

330 *bis*. — Nous classons sous ce numéro plusieurs tableaux que nous trouvons seulement dans le *Dictionnaire des Ventes d'Art*, du Dr Mireur (Paris, 1901), comme attribués à Bon de Boullongne :

1° **Calisto** et **le Bain de Diane,** deux tableaux vendus ensemble 330 francs à la vente de la comtesse de Verrue en 1737;

2° Un tableau rond de moyenne grandeur, même vente, 124 fr.;

3° Deux bas-reliefs en bordure, *id.*, 180 fr.;

4° Deux autres bas-reliefs, *id.*, 120 fr.;

5° **Latone et ses enfants** demandant justice à Jupiter. Peinture sur cuivre. (18 p. 6 l. × 26 p. 6 l.), vendu 720 fr. à la vente Lalive de Juilly en 1764;

6° **La Vocation des fils de Zébédée,** vendu 286 fr. à la vente du Cardinal Fesch en 1816;

7° **Mercure endormant Argus,** même vente, 242 fr.;

8° **Amour tenant une torche,** 81 fr. à la vente Bonvoisin en 1862;

9° **Bacchus tenant en main un javelot** entouré de pampres, et

10° **Ariane tenant une guirlande** de pampres et de fleurs, les deux tableaux vendus ensemble 71 fr. à la même vente;

11° **Jésus chez Marthe,** même vente, 127 fr.

330 *ter*. — Voici encore quelques dessins et estampes tirés du même Dictionnaire des Ventes d'Art, de Mireur :

1° **Apollon et ses nymphes,** vente Neyman, 1776 : 7 fr.;

2° Deux hommes et deux femmes faisant un concert autour d'une table. Dessin à la plume, lavé de bistre. — Vendu 8 fr. 50 à la vente Wouters, de Bruxelles, en 1801;

3° **Descente de croix,** esquisse, dessin à la pierre d'Italie. Vendu 5 fr. à la vente Kaieman en 1858;

4° **Saint Roch parmi les pestiférés,** dessin au pinceau et au bistre, vendu 7 fr. même vente;

5° Frontispice allégorique avec portrait de Louis XIV (0,56 × 0,42), vendu 92 fr. à la vente Destailleur en 1896;

6° **La Samaritaine,** estampe? vendue 18 fr. à la vente Verbelen, de Bruxelles, en 1833.

APPENDICE IV

Essai de Catalogue raisonné des Œuvres
de
LOUIS III DE BOULLONGNE,
dit LE JEUNE

ŒUVRES A DATES CONNUES

Classées par ordre chronologique

331. — (An. 1671). **Le Roi donnant la paix à l'Europe.**
Tableau avec lequel Louis de Boullongne obtint à dix-sept ans le
septième prix de peinture, le 26 mars 1671.

332. — (An. 1673). **Le Passage du Rhin par Louis XIV.**
C'est avec ce tableau que Louis de Boullongne obtint le premier
grand prix de peinture en 1673.

333. — (An. 1675). **L'École d'Athènes,** copie de Raphaël, faite par
Louis de Boullongne pendant son séjour à Rome, pour être exécutée en
tapisserie.
CHARLES BLANC (*Hist. des Peintres*, liv. de *Louis de B.*), dit que ce
tableau et les suivants étaient, il y a une soixantaine d'années, conservés au Louvre, où il les a vus. Il ajoute que ces Copies « harmonieuses
en elles-mêmes et d'un agréable ton de couleur, n'imitaient point l'har-
monie des fresques originales. L'auteur y avait pris certaines libertés,
non pas dans la disposition et le dessin des figures, mais dans leur coloration. La peinture à l'huile ayant d'autres procédés, d'autres ressources et d'autres effets que la peinture à fresque, Louis de Boullongne,
qui travaillait pour les tapisseries des maisons royales, avait cru devoir
interpréter les tons de Raphaël plutôt que de les reproduire. Ses drape-
ries en particulier étaient colorées comme elles auraient pu l'être dans
un tableau. Tel manteau, que le maître avait peint, par exemple, d'un
blanc écru, était rouge, vert ou bleu dans la version du copiste, et un
autre clair-obscur avait été substitué à celui de l'original. Une exacte
imitation de la fresque eût conduit le peintre à un effet insuffisant,
pâle et sans ressort. Il faut lui savoir gré de l'avoir compris et d'avoir

échauffé, monté sa copie selon le genre de décoration qui lui était commandé. »

Ces observations s'appliquent aux trois numéros suivants.

334. — (An. 1675). **Le Parnasse,** copie de Raphaël.
(Voir le n° précédent).

334 *bis.* — (An. 1675). **La dispute du Saint-Sacrement.**
(Voir le n° précédent).

335. — (An. 1675). **L'Incendie du Bourg,** fresque de Raphaël.
Copie. (Voir le n° précédent).

Ce tableau, après avoir été au Louvre (voir ci-dessus le n° 333), appartient aujourd'hui au Musée de Marseille.

Dans un article sur ce Musée lu à la Réunion de la Société des Beaux-Arts des Départements en 1880 (*Comptes-rendus*, 1881, in-8, p. 65), M. Bouillon-Laudais, conservateur, attribue ce tableau à Bon Boullongne, et il ajoute : « L'ampleur, la majesté du dessin, en un mot toutes les qualités de l'original, qui sera fatalement dévoré par le temps, se retrouveront là. »

336. — (An. 1680).
Louis de Boullongne, dès son retour de Rome en 1680 et avant même d'être admis à l'Académie de peinture, reçut de Colbert la commande de plusieurs tableaux pour les appartements de Versailles.

Peut-être ces tableaux sont-ils parmi ceux que nous indiquons plus loin dans notre catalogue d'œuvres non datées.

337. — (An. 1681). **Auguste fermant le Temple de Janus après la bataille d'Actium,** allusion à Louis XIV, qui venait de signer la paix de Nimègue.

Tableau de réception à l'Académie de peinture, le 1ᵉʳ août 1681.

Le 4 novembre 1684 « la Compagnie estant assemblée à l'ordinaire, Monsieur de St-Georges (historiographe de l'Académie) a leu l'explication allégorique qu'il a faicte sur le tableau de la réception de Monsieur Boullongne le jeune, et c'est ce qui a servy de sujet d'entretien. » (*Procès-Verbaux*, etc., II, p. 289).

On a cru longtemps que ce tableau était au Musée d'Amiens (Catal. n° 44); Duvivier le signale à ce Musée en 1852. Mais on le confond avec un tableau de Carle van Loo sur le même sujet, envoyé à Amiens le 10 brumaire an X (1802) à l'occasion de la Paix d'Amiens. Les Catalogues de ce Musée — dit M. André Fontaine (*Les Collections de l'Académie...* Paris, 1910, page 149) — « n'ont jamais mentionné d'œuvre de Louis de Boulogne. En revanche, on voit au dépôt de Nesle, en l'an IV, « un tableau d'histoire, un général d'armée, un grand prêtre » et autres figures », qui répond à la description de Guérin, et surtout à celle de Dargenville. Le tableau semble perdu. »

Un dessin du Louvre paraît être une esquisse de ce tableau. Ce

dessin, gravé par MM. Guiffrey et Marcel dans leur *Inventaire* (n°
1601), a 0,125 de h. et 0,170 de l. Il est intitulé : *Sacrifice à Jupiter*.

Un temple. Devant la statue du Dieu, le prêtre prépare le sacrifice. Un chef,
suivi de soldats, attend le résultat. Au premier plan, un homme tient une chèvre,
un autre un bœuf. A droite, trois femmes assises à terre.

Ce dessin était jadis attribué à Jouvenet; on l'attribue maintenant à
Louis de Boullongne.

**338. — (An. 1682). Sainte Thérèse et un ange tenant une flèche
ardente.**

Figures demi-nature. — Haut. : 4 pieds 9 pouces; Larg. : 4 pieds.
Nicolas Bailly (*Inventaire*,... p. 451), nous apprend que ce tableau,
commandé pour la chapelle de Versailles en 1682 en même temps que
le saint Louis de Bon Boullongne et payé en même temps que ce dernier (v. notre n° 164), fut donné par le Roi, le 23 août 1710, à l'église
du village de Montreuil.

Mentionné par Paillet en 1625, il était encore dans la chapelle de
Versailles en 1706.

339. — (An. 1684). Le Mariage de Psyché, tableau d'après un dessin de Raphaël.

Ce travail fut commandé à Louis de Boullongne le Jeune pour être
reproduit en tapisserie des Gobelins. Il reçut pour cet ouvrage 500 livres en 1684, 500 livres en 1685 et 500 livres pour solde en 1686.
(J. Guiffrey : *Comptes*... tome III, col. 446, 773 et 986).

C'est évidemment du même ouvrage qu'il est question dans les
Mémoires Dussieux... I, p. 56. Ils disent que dès l'année 1686, Charles
le Brun, premier peintre du Roi, chargea Boullongne le Jeune de faire
pour les tapisseries des Gobelins un tableau sur un dessin de Raphaël
représentant « un jeune homme et une jeune femme couchés sur un
lit tout nus; une fille jette de l'eau sur les mains de cette jeune femme
et une autre semble lui présenter du linge ou de l'étoffe... »

Dans une correspondance de Vien et de M. d'Angiviller, du mois de
juin 1789, publiée par M. J. Guiffrey (*Nouv. arch. de l'Art Français*,
III, p. 311, 312), il est question de réparations à faire à plusieurs tableaux de l'*Histoire de Psyché*, « peints par M. Boulogne, d'après Jules
Romain... » (?). (Cfr. plus haut notre numéro 169).

340. — (Vers 1685).

La Mission aux Indes et son pendant indiqués dans un *Inventaire
de l'an II des Collections de l'Académie* (V. André Fontaine, *op. cit.*,
Paris 1910), sous les n°ˢ 714, 171.

« L'Inventaire de 1690 et la *Description des tableaux... dont l'Académie... a décoré l'église des RR. PP. de l'Oratoire de la rue Saint-Honoré, où elle a fait rendre grâces pour la guérison du Roi,* nous apprennent que ces deux tableaux furent exécutés pour cette cérémonie religieuse. Ils semblent perdus. »

Un dessin du Louvre, gravé dans l'*Inventaire* Guiffrey-Marcel,
n° 1511, est peut-être le projet d'un de ces tableaux. Il est intitulé :

Un Missionnaire prêchant à des Indiens. — Angles coupés. H. : 0,210;
L. : 0,310.

Le missionnaire, à gauche, de profil à droite, debout sur un tertre, une croix
à la main, harangue les Indiens debout et assis autour de lui. Au fond, près du
rivage, un vaisseau.

Signé en bas : L. B.

341. — (An. 1686). **Le Centenier demandant à Jésus-Christ la
guérison de sa fille,** en faveur de sa foi vive et de son humilité.

Ce tableau, de 11 pieds de haut, fut peint pour la Confrérie des
Orfèvres de sainte Anne et saint Marcel établie à Notre-Dame depuis
1449. Il fut commandé à Louis de Boullongne par les Maîtres de cette
Confrérie, MM. Germain Godin et Pierre Anseau pour leur « May » de
1686, et était placé à gauche, dans la nef de la cathédrale.

Mis au dépôt des Petits Augustins avec la *Samaritaine*, le 26 frimaire
an II (16 déc. 1793), sous le n° 400. (*Invent. des Rich. d'Art,... Archives...* II, p. 98, 285, et *Nouv. arch. de l'Art fr.*, 2ᵉ série, t. II, page
445).

L'esquisse de ce tableau est dans les dessins du Louvre. (Gravé dans
l'*Invent.* Guiffrey-Marcel, n° 1494). (H. : 0,354; L. : 0,278). Il est
préparé pour la mise au carreau.

Gravé par N. Tardieu, in-8. (Heinecken : *Dict. des Artistes dont nous
avons des Estampes....*)

342. — (An. 1687). **Saint Antoine au Désert.**
Tableau peint pour la paroisse de Versailles. Louis de Boullongne
reçut pour cet ouvrage un à compte de 300 livres en 1687.
(J. Guiffrey : *Comptes...* tome II, col. 1131).

343. — (An. 1687). **La Sainte Famille.**

La Vierge, assise, soutient de ses deux mains l'Enfant-Jésus debout et le petit
saint Jean prosterné qui s'embrassent. Saint Joseph, derrière la Vierge, lit dans
un grand livre.

Louis de Boullongne fit ce tableau pour la maison de Saint-Cyr et
reçut pour cela, en 1687, une somme de 200 livres. (J. Guiffrey :
Comptes... II, col. 1131).

Est-ce cette *Sainte Famille* qui entra au Dépôt du Musée des Petits
Augustins en avril 1794 (30 germinal an II), avec un tableau de Marie
de Boullongne, provenant de saint Roch? (*Invent. des Rich. d'Art,...
Archives...* II, col. 150, 295).

Louis de Boullongne grava lui-même ce tableau (Heinecken : *Dictionn...* — Huber : *Catal. Brandes*, p. 261. — R. Dumesnil : *Peintre
Graveur Français*, etc.) Mais s'agit-il bien de la même *Sainte Famille?*

343 *bis.* — Louis de Boullongne le Jeune paraît, en effet, avoir peint
plusieurs *Sainte Famille.*

Les documents recueillis par MM. Alex. Tuetey et Jean Guiffrey
(*Arch. de l'Art français; Nouv. période*, t. III) sur la Commission du

Museum et la création du Musée du Louvre (1792-93) citent, en effet, de lui :

1° Une *Sainte Famille* restaurée par Reynaud en 1793, « moyennant 18 livres » (p. 160);

2° Une « grande » *Sainte Famille*, nettoyée par Laporte (Martin) en 1793 (p. 319);

3° Enfin, Ch. Blanc (*Trésor de la Curiosité*, I, 14) indique une « petite » *Sainte Famille* du même peintre, passée en 1737 à la vente de la comtesse de Verrue et retirée à 55 livres.

Tout cela indique bien plusieurs tableaux parfaitement distincts.

Nous trouvons, de plus, dans Mireur (*Dict. des Ventes d'Art*, 1901), l'indication de deux dessins représentant la *Sainte Famille*, par le même auteur; un dessin au crayon noir, sur papier gris et rehaussé de blanc, vendu 19 francs en 1857 (vente Thibaudeau), et une autre *Sainte Famille*, avec sainte Catherine et saint Jean, dessin à la pierre noire, rehaussé de blanc, vendu 20 francs en 1860 (vente Noblin).

344. — (An. 1688). **La Visitation,** signée et datée de 1688, tableau de 116 p. sur 80 p., cité par R. Dumesnil (*Peintre Graveur Français*, p. 61), comme vendu 87 écus romains (478 fr. 50) à la vente du Cardinal Fesch, en 1845. (Cfr. Mireur : *Dictionn. des Ventes...*)

345. — (An. 1688). **Vénus et Adonis** ou le départ d'Adonis pour la chasse.

Vénus et les Amours retiennent Adonis partant pour la chasse; fond de paysage.

Fig. demi-nature. Haut. : 3 pieds; larg. : 4 pieds 8 pouces.

Defer (*Catal... des Ventes publ.*) indique un tableau représentant ce sujet, attribué à Bon Boullongne, et vendu 285 francs à la vente Hébrat. Est-ce le même qui est actuellement au Grand Trianon, n° 61, avec attribution au même peintre? (Haut. : 1 m. 73; L. : 1 m. 89).

M. Engerand (*Invent...* p. 448), croit que la mention des 600 livres payées à Boullongne « le Jeune » le 17 novembre 1688 « acompte de deux tableaux qu'il peint pour la Chambre des Jeux à Trianon ». (Guiffrey : *Comptes...* III, col. 89), s'applique à ce tableau et au suivant, *Vénus et l'Hymen.*

Ces deux tableaux sont signalés par Paillet en 1695 et à Trianon, comme dessus de porte, par Piganiol de la Force (*op. cit.*, II, p. 221).

Un dessin du Louvre (gravé dans l'*Invent.* Guiffrey-Marcel, n° 1442), au crayon noir rehaussé de blanc sur papier bleuté, dessin signé en marge à gauche : L. B., semble trancher la question de l'attribution de ce tableau à Louis de Boullongne le Jeune.

Nous ignorons si c'est ce même tableau qui figura au Salon de 1704 (v. plus loin notre n° 397).

346. — (An. 1688). **Vénus et l'Hymen.**

Vénus couchée sur une draperie bleue, caressée par l'Hymen. Deux amours jouent avec un cygne dans l'eau. Fond de paysage.

Figures demi-nature. Haut. : 3 pieds 10 pouces; L. : 5 pieds.

Peint pour Trianon où il est encore mentionné avec le précédent, par
Piganiol de la Force (*Descript. de Versailles*, II, p. 221). En marge
de la description de ce tableau dans l'exemplaire de l'*Inventaire* de
Bailly au Louvre, on lit cette note de Villot : « 450 B. »

Bailly-Engerand : *Inventaire...* p. 447.

347. — (Vers 1688). Apollon et Hyacinthe.

Le Dieu montre à Hyacinthe à jouer de la lyre. Fond de paysage.

Toile ovale. Dessus de porte à Trianon.

Figures de 16 à 18 pouces. Haut. du tableau : 3 pieds 4 pouces
(1 m. 10). Larg. : 2 pieds 9 pouces (0 m. 90).

Piganiol de la Force : *Descrip. de Versailles...* II, p. 232.

Un dessin du Louvre (gravé dans l'*Inventaire* Guiffrey-Marcel,
n° 1468) est le premier jet de ce tableau. (H. : 0,280; L. : 0,224). Il est
signé L. B. et porte : pour Trianon.

Voir le n° suivant.

348. — (Vers 1688). Apollon et la fille de Glaucus.

Apollon prolonge la vie de la fille de Glaucus d'autant d'années qu'il y a de
grains de sable dans sa main. Fond de paysage.

Haut. : 3 pieds 4 pouces (1 m. 10). Larg. : 2 pieds 9 pouces (0 m. 90).
(Mêmes dimensions que le précédent : *Apollon et Hyacinthe*).

Ces deux tableaux furent peints pour Trianon, où ils sont mentionnés en 1741, puis par Piganiol de la Force (*Description de Versailles...* II, p. 233). En 1760, *Apollon et Hyacinthe* se trouvait dans le
salon du Directeur des Bâtiments à l'Hôtel de la Surintendance, et
l'autre au magasin de la Surintendance, sous le titre : *Apollon et la
Sibylle de Cumes*. En 1784, tous deux étaient dans les magasins de la
Surintendance.

Ils sont aujourd'hui tous deux au Musée du Palais de Fontainebleau,
n°ˢ 71 et 70.

Ils sont signés : *Boulogne le Jeune*.

Dessin au Louvre (gravé dans l'*Inventaire* : Guiffrey-Marcel, n°
1469), sous le nom *Apollon et la Sibylle de Cumes*. (H. : 0,280; L. :
0,225). Il est signé L. B. et porte : à Trianon.

349. — (An. 1689). L'Enlèvement d'Europe par Jupiter, transformé en taureau.

Figures de 24 à 26 pouces. Haut. : 2 pieds 4 pouces. Larg. : 3 pieds
4 pouces.

Europe, assise sur le taureau, dans l'eau, se tient à une de ses cornes. Sur le
rivage, ses compagnes, stupéfaites, se désolent.

Commandé pour l'escalier de Trianon, signalé par Paillet en 1695,
puis mis au Cabinet des tableaux à Versailles, et enfin enlevé à Versailles le 18 sept. 1792 et transporté au Louvre. Il avait été mis, en 1760,
au magasin de la Surintendance et, en 1784, dans la sixième pièce de
cet hôtel avec cette note (de 1788) : « Laver et vernir ou remettre au
magasin ».

Le roi l'avait donné, le 12 novembre 1707, à la duchesse d'Orléans qui ne paraît pas en avoir pris possession. (*Invent.* BAILLY-ENGERAND, p. 449).

Un dessin du Louvre (gravé dans l'*Invent* : GUIFFREY-MARCEL, n° 1476) représente le même sujet.

Nous n'avons trouvé aucune trace à Versailles ni de cette peinture, ni des suivantes. Cependant M. Gaston Brière, l'obligeant et savant conservateur-adjoint du Musée, a bien voulu nous signaler dans les locaux réservés au Sénat, dans le château, un *Enlèvement d'Europe*, qui pourrait peut-être s'identifier avec celui-ci. Ces locaux ne dépendant pas du Musée, nous n'avons pas vu ce tableau.

D'autre part, MIREUR indique (*Dictionn. des Ventes d'Art...*) un *Enlèvement d'Europe* de Louis de Boullongne, passé à la vente X... en 1878, et acheté 670 francs.

349 bis. — (An. 1689). Jupiter en Taureau caressé par Europe.
Figures de 24 à 26 pouces. Haut. : 2 pieds 6 pouces; Larg. : 5 pieds 3 pouces.

Europe au bord de la mer avec ses compagnes autour du taureau couché sur l'herbe. Europe s'assied sur le taureau et le caresse. Ses compagnes la soutiennent. L'une met des guirlandes autour du cou et des cornes de l'animal, d'autres cueillent des fleurs. Fond de paysage et troupeaux.

(BAILLY-ENGERAND, p. 449).

Ce tableau et le précédent, que Nicolas BAILLY (ENGERAND, p. 448) indique comme existant à Versailles dans le Cabinet des tableaux, avaient été commandés à Louis de Boullongne pour décorer l'escalier de Trianon, ainsi que l'atteste un curieux rapport de l'artiste lui-même que publie M. Engerand d'après les Archives Nationales et que nous ne pouvons reproduire ici à cause de son étendue.

Ces deux peintures étaient commencées en 1689; l'artiste reçut un à compte de 500 livres en septembre 1693; mais le Mémoire de Boullongne qui nous a été conservé (A. N. O¹1964) et qui demandait pour les deux tableaux 2300 livres, ne fut complètement réglé, mais réduit à 1200 livres, que le 15 septembre 1697. (J. GUIFFREY : *Comptes des Bâtiments...* IV, col. 150, 210).

Ces tableaux sont signalés par Paillet en 1695.

Puis, l'*Enlèvement d'Europe* se retrouve dans les magasins en 1760 et 1788, tandis que nous perdons la trace du Jupiter en taureau.

350. — (Vers 1689). Érato, toile ovale. H. : 22 pouces; L. : 15 à 16 pouces.

A mi-corps, de face, vêtue de bleu, couronnée de fleurs, une lyre à la main. A gauche, un Amour.

Ce tableau est mentionné (*Deux Muses*), par Nicolas BAILLY (*Inventaire*, p. 450) comme étant, en 1710, dans le Cabinet des Tableaux à Versailles; puis passé en 1722 dans le Cabinet de la Duchesse de Bourgogne. Il n'existe plus à Versailles.

Mais la description que nous en donnons est tirée de son esquisse, dans les dessins du Louvre. (Gravé dans l'*Inventaire* : Guiffrey-Marcel, n° 1472). (H. : 0,212; L. : 0,363, ovale).

Il ne peut y avoir aucun doute à cet égard, puisque, avant sa signature L. B., Louis de Boullongne écrit : *Eratau.*

La seconde Muse citée ici par Bailly est *Thalie*, pendant d'*Erato.*

350 bis. — (Vers 1689). Thalie.

A mi-corps, couronnée de fleurs, la poitrine nue, le bras droit appuyé sur des livres, un masque dans la main gauche, un papier dans la droite.

Bien que nous n'ayons d'autre trace de l'exécution de ce tableau que par la mention qu'en fait Bailly en même temps que de son pendant, *Erato* (voir le n° précédent), nous le faisons figurer ici d'après son esquisse conservée dans les dessins du Louvre. (Gravé dans l'*Invent.* : Guiffrey-Marcel, n° 1473). (H. : 0,200; L. : 0,240).

En marge, à gauche de ce dessin, et en haut, au crayon noir, on lit : *Tallie*, et en bas : L. B.

Piganiol de la Force (*Description de Versailles*... II, 237) indique une *Muse* de 2 pieds 8 pouces de haut et 3 pieds 3 p. de large, dans la Salle de Billard de Trianon.

351. — (Vers 1689). Une Sphère. Hauteur de la peinture : 2 pieds 7 pouces; Larg. : 3 pieds 1 pouce.

Fait pour Trianon. Signalé pour la première fois dans l'Inventaire de 1709; mentionné encore à Trianon en 1741, puis en 1765 dans la dernière édition de la *Description...* de Piganiol de la Force.

352. — (An. 1690-1691). Danse de Bergers, tableau peint pour le château de Chantilly et payé 200 livres.

G. Macon : *Les Arts dans la Maison de Condé*. Paris, 1903, in-4°, p. 48.

Nous avons trouvé la mention de *Bucoliques* peintes pour le château de Chantilly. Il s'agit sans aucun doute des tableaux ici indiqués.

353. — (An. 1690-1691). La Maison de Campagne, peinture pour le château de Chantilly, payée 150 livres.

G. Macon : *Les Arts dans la Maison de Condé*. Paris, 1903, p. 48.

354. — (An. 1690-1691). Le Berger et le Bouvier, tableau peint pour le château de Chantilly et payé 150 livres.

G. Macon : *Les Arts dans la Maison de Condé*. Paris, 1903, p. 48.

355. — (An. 1693). Tableaux pour l'église de Chantilly.

Un compte des Archives de Chantilly mentionne un acompte de 1500 livres donné « au Sr Boullongne le Jeune, peintre, pour les tableaux qu'il a faits pour l'église de Chantilly. »

Nous croyons qu'il ne reste rien de ces peintures.

G. Macon : *Les Arts dans la Maison de Condé*. Paris, 1903, p. 44.

356. — (An. 1695). Jésus et la Samaritaine ou Entretien du Sauveur avec la Samaritaine.

Commandé par les Maîtres Elus de la Corporation des Orfèvres, MM. Adrien Poly et Louis du Mont, pour leur « May » de 1695 (le soixante-cinquième).

Piganiol de la Force (*op. cit.*, I, 317) dit que ce tableau était à gauche de la nef, à N.-D. de Paris.

D'abord mis au dépôt des Petits Augustins avec le *Centenier* le 26 frimaire an II (16 déc. 1793) (*Invent. des Rich. d'Art. Archives...* II, 98 et 285; — *Nouv. arch. de l'Art franç.*, 2e série, II, p. 447), ce tableau fut placé ensuite au Musée de Paris. Aujourd'hui au Musée de Rennes. (Cte Clément de Ris : *Musées de Province*, 1872, p. 369).

Le dessin du Louvre, esquisse de ce tableau, est catalogué, décrit et gravé dans l'*Inventaire* : Guiffrey-Marcel (n° 1495) sous le nom de *Le Christ chez Simon le Pharisien* (?).

356 *bis*. — Une autre reproduction du même sujet de 18 pouces 6 lignes sur 22 pouces est indiquée comme vendue 599 livres 19 sous à la vente Aubert, joaillier, en 1786.

(R. Dumesnil : *Peintre Graveur Français*, I, p. 61).

C'est probablement le même tableau signalé dans les documents concernant la création du Musée du Louvre publiés par MM. Tuetey et Guiffrey (*Nouv. arch. de l'Art fr.*, III, p. 174, 175) comme « un petit tableau sur toile » restauré par Carlier en 1793.

Est-ce ce tableau (0 m. 71 × 0 m. 58) qui, d'après une obligeante communication de M. E. Minet, conservateur, est aujourd'hui au Musée de Rouen?

357. — (An. 1696). **L'Adoration du Veau d'Or.**
H. : 0,55. — L. : 0,47. — Toile.

Devant l'autel, une mère, ses enfants et quelques jeunes gens regardent les Israélites, les uns dansant, les autres adorant l'idole; l'un d'eux se retourne et aperçoit Moïse descendant de la montagne et brisant les Tables de la Loi.

Signé à gauche : *Boullongne le Jeune*, 1696.
Appartient au Musée de Troyes.
Provient du château de la Chapelle-Godefroy. (Communication de M. D. Royer, conservateur du Musée de peinture de Troyes).
Ce tableau fut exposé au Salon de 1699, avec le *Jugement de Salomon* (v. plus loin, n° 362), mais avait été peint, comme on le voit à la signature, dès l'année 1696. (Cfr. *Cabinet de l'Amateur*, III, 104).

358. — (An. 1698). **Le Printemps, l'Été et l'Automne,** figurés par trois femmes.
Tableau sur cuivre, daté de 1698.
Appartient au Musée Royal de Berlin.

SALON DE 1699

Les douze tableaux qui suivent (numéros 359 à 371) figurèrent à ce Salon. (Voir *Cabinet de l'Amateur*, III, 103, 104, etc.)

359. — La Terre avec les divinités terrestres.

On pourrait croire d'abord à un double emploi avec la *Terre* des *Quatre Eléments* (v. plus bas notre n° 486).

Mais cette confusion n'est pas possible, puisque FLORENT LE COMTE nous dit (v. notre texte, p. 46) que les tableaux exposés par Louis de Boullongne en 1699 étaient assez petits de dimension « ne passant guère trois pieds sur quatre » et que les *Quatre Eléments* étaient beaucoup plus grands.

Je serais disposé à croire que le tableau ici indiqué est celui dont le dessin est au Louvre. (Gravé dans l'*Inventaire* : GUIFFREY-MARCEL, n° 1459) et ainsi décrit sous le titre de : *Triomphe de Cybèle, Cérès et Flore.*

Cybèle, couronnée de tours, la clef dans la main droite, des fleurs dans la gauche, assise de face, un lion à ses pieds. A gauche Cérès, assise sur une gerbe, tient une autre gerbe. A droite, Flore, assise à terre, porte une guirlande de fleurs. Autour d'eux, faunes, dryades et bacchantes. Au premier plan, enfants nus, lapins, fruits, fleurs. Au fond, des faunes dansent autour d'un terme.

Ce dessin (H. : 0,344; L. : 0,275) est préparé pour la mise au carreau. En marge est écrit : Pour le duc d'Albret.

Le dessin suivant, n° 1460, est une étude pour la figure de Flore.

360. — Junon commandant à Eole de lâcher les vents pour disperser la flotte d'Enée. (Cfr. notre numéro 487).

361. — Le Jugement de Pâris.

R. DUMESNIL (*Peintre Graveur Français...* p. 60 et MIREUR (*Dictionn. des Ventes d'Art...*), citent le *Jugement de Pâris*, tableau de 36 pouces sur 48, vendu 740 livres à la vente du Prince de Conti, en 1777, puis 400 livres à celle de Silvestre en 1778.

362. — Le Jugement de Salomon.

H. : 0,46. — L. : 0,57. — Toile.

Salomon, assis sur un trône, ordonne par un geste d'exécuter la sentence; la mauvaise mère vient de poser à terre l'enfant mort; sur le second plan, la véritable mère arrête d'une main le bras du soldat prêt à frapper, et de l'autre elle indique qu'elle consent à abandonner son enfant à sa rivale.

Signé à gauche : *Boullongne le Jeune.*
Appartient au Musée de Troyes.
Provient du château de la Chapelle-Godefroy. (Communication de M. D. ROYER, conservateur du Musée de Troyes).

363. — Psyché et l'Amour.

364. — Zéphire et Flore.
(V. notre n° 375).

365. — Le Rapt de Proserpine.

C'est probablement le projet de ce tableau dont le dessin est au Louvre. (Gravé dans l'*Inventaire* : GUIFFREY-MARCEL, n° 1464).

Ce dessin est signé en marge : *L. B.* — H. : 0,241; L. : 0,335.

Il est préparé pour la mise au carreau.

Dans un paysage, Pluton. sur un char traîné par des chevaux et conduit par un amour, enlève Proserpine que Cyané retient par sa tunique. Les compagnes de la déesse cueillent des fleurs. Un Amour, sur le char, tient une torche; un autre, dans les airs, décoche une flèche.

Le dessin suivant (numéro 1465) est une étude pour la figure de Proserpine.

366. — Galatée sur les Eaux.

367. — Portrait de M. Gabriel, Trésorier des Bâtiments.

368. — Joseph vendu aux Ismaélites.

Un dessin du Louvre (Gravé dans l'*Inventaire* : GUIFFREY-MARCEL, n° 1481), reproduit ce sujet :

Dans le désert, près d'une citerne, les frères de Joseph, à gauche, livrent le jeune homme aux marchands qui leur remettent de l'argent. A droite, des serviteurs gardent des chameaux; l'un d'eux ferme la caisse où l'on a pris l'argent. A gauche, deux hommes s'entretiennent.

Le même sujet fut exposé encore par Louis de Boullongne en 1704 (v. plus loin, n° 395).

369. — Un Crucifix.

Ce tableau et les suivants ne sont pas cités dans le compte rendu de FLORENT LE COMTE, mais nous les avons vus cités ailleurs, notamment dans le *Cabinet de l'Amateur* (Paris, 1844, in-8, tome III, p. 104).

370. — Portrait de M. Langlois.

371. — Marthe et Madeleine aux pieds du Christ.

372. — (An. 1699). L'Été, représenté par Cérès et ses enfants.
Fig. grandeur nature. Haut. : 8 pieds; larg. : 6 pieds.

La déesse assise sur des gerbes de blé, tenant une faucille. Autour d'elle, quatre Amours dont un qui dort. Fond de paysage.

Ce tableau faisait partie de la série des *Quatre Saisons* peintes pour le grand Salon de Marly. L'*Hiver* était de Jouvenet, l'*Automne* de Lafosse et le *Printemps* de Coypel.

Pour l'*Eté*, Louis de Boullongne reçut 1.000 livres dans le dernier trimestre de l'année 1699. (J. GUIFFREY : *Comptes des Bâtiments...* IV, col. 478).

Pour ce tableau, v. *Mém. du duc de Luynes*, Paris, 1865, tome VII, p. 210; — PIGANIOL DE LA FORCE : *Description de Versailles et de Marly* (II, 256); — *Mercure de France*, décembre 1733, p. 2663.

Nous ne savons si c'est ce tableau auquel il est fait allusion dans les Lettres pour l'obtention de l'Ordre de Saint-Michel (v. notre APPENDICE V), car Louis de Boullongne fit deux autres tableaux pour ce grand Salon de Marly : une *Vénus et Adonis* et une *Vénus et l'Hymen*.

373. — (An. 1700). Abigaïl devant David.

Abigaïl, femme de Nabab, vêtue d'une robe jaune avec draperie bleue, présente à David des vivres portés dans des paniers par quatre personnes. A gauche, David et trois officiers dont l'un porte une pique, et un autre une bannière.

Haut. : 3 pieds 3 pouces; larg. : 2 pieds 4 pouces. Toile ovale.

Dessus de porte peint pour le Cabinet de Mme de Maintenon à Meudon, comme le suivant. Cette peinture et la suivante ont disparu.

Un dessin d'*Abigaïl apaisant David* est gravé dans l'*Inv. des dessins du Louvre*, n° 1482. — Ce tableau est encore indiqué dans l'Inventaire manuscrit de Le Dreux, en 1775 (Biblioth. Jacques Doucet).

374. — (An. 1700). **Céphale et Procris.**

Donnant un dard à son mari; elle a le bras gauche étendu et la main appuyée sur une levrette qu'elle semble caresser. Dans le haut du tableau, un amour tenant le flambeau de l'hymen.

Haut. : 4 pieds. — Larg. : 3 pieds 6 pouces.

Peint comme le précédent tableau pour le Cabinet de Mme de Maintenon à Meudon. Indiqué dans l'*Inventaire de Meudon*, de Jacques BAILLY, comme se trouvant en 1733 dans la salle de billard de l'appartement de Monseigneur où il était encore en 1775.

Ces deux tableaux, payés en deux termes, en 1700 et 1701, 1400 livres. (*Comptes des Bâtiments...* VI, col. 675 et 791).

Ce tableau de Céphale avait été primitivement ovale. (Cfr. BAILLY-ENGERAND... p. 452).

Un dessin de ce tableau est gravé sous le n° 1474 de l'*Inventaire des dessins du Louvre* de MM. GUIFFREY et MARCEL.

375. — (An. 1700). **Flore couronnée par Zéphyre,** accompagné de deux Amours, l'un tenant une corbeille de fleurs, l'autre un feston.

Figures demi-nature. Haut. : 7 pieds; larg. : 5 pieds 2 pouces. — Tableau ovale.

Peint pour la Galerie de François Ier, à Fontainebleau, avec le numéro suivant.

Dans l'exemplaire de l'*Inventaire de Bailly* conservé au Louvre, on lit en marge de la description de ce tableau, cette note de Villot : « 1239, M. R. »

Dessin au Louvre gravé dans l'*Inventaire* : GUIFFREY-MARCEL, n° 1463.

(ENGERAND : *Inventaire des Tableaux du Roi*, p. 446).

376. — (An. 1700). **Minerve,** assise et appuyée sur un piédestal où est posé le buste de François Ier.

D'un côté, deux enfants qui travaillent à la peinture; de l'autre trois enfants étudiant les mathématiques, avec plusieurs livres et instruments. Figures petite nature.

Haut. : 5 pieds ½ (1 m. 80); larg. : 7 pieds 10 pouces (2 m. 30). Toile ovale. Signé : *Boulogne le Jeune*.

Peint pour la Galerie de François Ier, comme le précédent. Louis de Boullongne reçut pour ces deux tableaux : 800 livres sur l'exercice

1701 et 1200 livres, solde du prix de 2000 l., sur l'exercice de 1702. (J. GUIFFREY, *Comptes des Bâtiments*, IV, col. 782 et 897).

Ces deux tableaux furent restaurés en 1753 par la veuve Godefroy et Colin, qui indiquent l'un d'entre eux comme placé « dessus la cheminée de la Galerie des Réformés ». (A. N. O¹1933).

D'ARGENVILLE signale *Minerve* au Palais de Fontainebleau et *Flore et Zéphire* au Magasin de la Surintendance en 1784. *Minerve* restaurée de nouveau par Martin en 1786, fut replacée dans la Galerie des Réformés. Il est encore conservé au Musée de Fontainebleau. (V. BAILLY-ENGE-RAND : *Inventaire...* p. 446).

Un dessin du Louvre (gravé dans l'*Inventaire* : GUIFFREY-MARCEL, n° 1545), sous le titre de la *Sagesse*, est très probablement l'esquisse avec variantes de la *Minerve*. (H. : 0,195; L. : 0,309).

377. — (Vers 1700). **Louis XIV, en pied** (Statue de), foulant l'hé-résie, par Louis Lecomte, érigée par C. du Bois-Guérin dans sa maison. — « Gravé par C. Vermeulen, d'après le dessin de Louis Boulogne le fils. »

(FLANDRIN : *Inventaire des pièces... de la Collection Clairambault sur l'Ordre du Saint-Esprit. Paris, 1887, in-8, n° 2604*).

378. — (Vers 1700). **Portrait de Louis de Boullongne,** par lui-même. (Voir pour ce portrait notre texte, p. 57).

Ce portrait fut gravé par François Chéreau en 1718.

La Planche est à la Chalcographie du Louvre.

DÉCORATION DE L'ÉGLISE SAINT-LOUIS

DES INVALIDES

Cette décoration fut commandée en 1702 à Louis de Boullongne en même temps qu'à son frère.

Louis le Jeune fut chargé de la Chapelle Saint-Augustin.

Nous en donnons ici la description sommaire d'après M. Léon MI-CHAUX (*Invent. des Richesses d'Art... Paris, Monuments Religieux*, III, p. 248-250. — Cfr. D'ARGENVILLE : *Voyage pittoresque...* — WATTELET, dans LÉPICIÉ, p. 62 et suiv.)

Le paiement définitif de cette grande décoration ne fut fait que le 18 février 1709. A cette date, Louis de Boullongne reçut 3.772 livres « parfait payement de 24.772 l. pour des fresques à la Chapelle de Saint-Augustin, à l'église royalle des Invalides. »

(F. ENGERAND : *Invent. des tableaux commandés... Paris, 1900*).

379. — **Conversion de saint Augustin.**

H. : 7 mètres. — L. : 3 m. 50. (Pendentif).

Saint Augustin, en tunique rouge et manteau jaune feuille morte, est assis à gauche de la composition, sous un figuier, les bras écartés, les mains ouvertes, les yeux fixés sur deux anges qui descendent vers lui, portés sur des rayons de lumière au milieu desquels se détachent les deux mots : *Tolle, lege.* Son ami Alippe,

en tunique violette et manteau gris, est assis de profil, au deuxième plan, au pied
d'un escalier. Il lit dans un livre qu'il tient de la main droite et appuie la main
gauche sur la marche où il est assis. Auprès de lui, un livre fermé. L'escalier conduit à une maison terminée par une terrasse. Au fond, les murs de la villa, qui
est plantée d'arbres.

Dessin de ce sujet au Louvre, gravé dans l'*Inventaire* : Guiffrey-
Marcel, n° 1530.

380. — Baptême de saint Augustin.
H. : 7 mètres. — L. : 3 m. 50.

Le saint, vêtu de blanc, est agenouillé de profil, les bras croisés sur la poitrine,
aux pieds de Valère, évêque d'Hippone, qui étend la main droite au-dessus de sa
tête. Le prélat a la barbe blanche; il porte une aube, une chasuble d'or doublée
de pourpre, un pallium et des souliers roses. Derrière saint Augustin, son fils
Dieudonné et son ami Alipe, tous deux également vêtus de blanc. Le premier se
dispose à s'agenouiller; il a les bras pendants et croise les mains. Au premier
plan, à gauche, est assis, de profil, un enfant de chœur, un plateau d'or à la
main, en surplis et manteau vert émeraude doublé de jaune. Un second enfant, en
tunique blanche, soulève la chasuble de l'Evêque. Au deuxième plan, deux clercs :
l'un de face, en chasuble violette et présentant un Evangile; l'autre en tunique
blanche et portant une croix. En arrière-plan, quelques curieux dissimulés derrière des colonnes supportant une coupole. Au fond, des arcades, par lesquelles
on aperçoit un coin du ciel.

Dessin au Louvre, gravé dans *Inventaire*, n° 1531.

381. — Saint Augustin prêchant à Hippone.
H. : 7 mètres. — L. : 3 m. 50.

Le saint, en surplis, est en chaire, de profil, les bras en avant. Au pied de la
chaire est assis de profil un personnage, en tunique vert pâle et manteau brun, qui
transcrit ses paroles. Au premier plan, à gauche, est assise une femme qui montre
le ciel à son enfant dont les bras sont tendus vers elle. La mère porte une robe
et un voile jaunes. Sur ses genoux est posé un manteau rouge. L'enfant a une
petite draperie vert pâle roulée autour des reins. Tout à fait à gauche, un homme
et une femme causant ensemble. L'homme a une tunique jaune et un manteau
brun; il tient un livre d'une main et de l'autre montre saint Augustin. La femme,
en robe bleue et jupon blanc, est vue presque de dos; elle relève les plis de sa robe
de la main droite et tend le bras gauche en avant. En face de saint Augustin
est assis l'évêque d'Hippone, Valère, la tête coiffée de la mitre, en rochet de dentelle et chape rouge rehaussée d'ornements verts. A droite du prélat, un personnage, portant un vêtement violet à parements roses et tenant une crosse. A sa
gauche, un enfant, un genou en terre. Au deuxième plan, des auditeurs, les uns
debout et les autres assis.
Parmi ces derniers, on distingue sainte Monique, en robe bleue et manteau
jaune, les coudes appuyés sur les bras de son siège.
Au fond, des colonnes.

Dessin au Louvre, gravé dans *Invent.*, n° 1534.

382. — Saint Augustin sacré évêque.
H. : 7 mètres. — L. : 3 m. 50.

Mégalius, primat de Numidie, est assis à droite de la composition, sous un dais
de velours grenat. Il pose une mitre d'argent sur la tête de saint Augustin qui
est agenouillé devant lui, la main droite sur son cœur et la main gauche tendue
pour prendre une crosse que lui présente l'évêque Valère. Mégalius, dont la barbe
est grisonnante, porte un rochet et une chasuble d'or rehaussée de dessins d'or.
Saint Augustin a un surplis et une chasuble blanche ornée de dessins d'or. Valère
a une chape brodée de vert pâle. Un diacre, vêtu d'une aube, est à genoux à la

gauche du primat et tient un livre fermé devant lui. Au premier plan, à gauche,
sont assis deux évêques en rochet et camail. Derrière saint Augustin se trouve un
troisième prélat, de profil, les mains jointes, en chape verte brochée d'or. Les trois
prélats ont la tête couverte d'une mitre d'or. Au fond, un enfant de chœur, de
profil, les mains jointes sur la poitrine.

Dessin au Louvre, gravé dans *Inventaire* GUIFFREY, n° 1532. —
Plus une étude de détail d'un enfant de chœur, n° 1533.

383. — Confusion des Donatistes, à Carthage.
H. : 7 mètres. — L. : 3 m. 50.

Saint Augustin et un des évêques donatistes sont debout, en face l'un de
l'autre, et discutent, l'Evangile à la main. Le saint Evêque d'Hippone, dont la
longue barbe est grisonnante, est à droite, le bras droit levé vers le ciel. Son inter-
locuteur tend le bras droit levé vers lui. Les deux prélats portent un rochet de
dentelle, une soutane et un camail de drap violet; leur tête est coiffée d'une calotte.
A gauche, au premier plan, se tient un deuxième évêque schismatique, vieillard
à barbe blanche et au crâne dénudé, en soutane et mosette rouges, la main droite
posée sur le dossier d'une chaise, le bras gauche replié, la main ouverte et le
regard attaché sur saint Augustin. La chaise est en bois de couleur rouge et tendue de velours grenat. Le secrétaire de l'assemblée, drapé de rouge, est assis au
milieu de la composition, devant une table, une plume dans la main droite appuyée sur un manuscrit, la tête tournée vers le saint, dont il suit attentivement
l'argumentation. La table est recouverte d'un tapis vert olive à franges. En avant,
à terre, des livres, les uns ouverts, les autres fermés. Marcellin, proconsul d'Afri-
que, est assis au deuxième plan, sur un trône, la main droite sur le bras de son
siège, le bras gauche replié, la main ouverte; il est vêtu d'une tunique de pourpre, sur laquelle est passé un manteau de drap d'or. A sa droite est assis, de profil,
un de ses conseillers, drapé de jaune clair, le menton appuyé sur sa main gauche,
la main droite posée sur son genou. A sa gauche, deux autres conseillers, l'un
drapé de bleu, les bras croisés, et l'autre drapé de gris. Derrière le trône, des
licteurs. Au fond, une tapisserie vert olive dissimulant en partie une colonnade
à travers laquelle on aperçoit quelques maisons qui se détachent sur un ciel bleu.

Dessin au Louvre, gravé dans *Inventaire* : GUIFFREY-MARCEL, n°
1535.

384. — Saint Augustin, à son lit de mort, guérit un malade.
H. : 7 mètres. — L. : 3 m. 50.

Le saint, couvert d'une tunique violette, est couché dans son lit, les genoux
protégés par une couverture grise. Il se soulève, aidé par un serviteur, et tourne
les yeux vers le ciel en imposant les mains à un jeune malade, à demi agenouillé
et soutenu par un homme à barbe grisonnante. Le jeune malade a le torse nu,
et autour de ses reins s'enroule une large draperie blanche. L'homme a une
tunique violette et un manteau rouge; il tient ses yeux, rougis par les larmes,
attachés sur le saint moribond. A gauche de la composition, trois personnages.
L'un, en tunique marron et manteau bleu clair, est prosterné au pied du lit, de
profil et les mains jointes. Les deux autres sont debout. Le premier, en tunique
vert clair et manteau rouge, a les bras pendants, dans l'attitude de la douleur.
Le second, un jeune homme, en tunique vert olive, croise les mains dans l'attitude
de la prière. A droite, sur un piédestal, est placée une mitre, et contre ce piédestal
est posée une crosse. A gauche, sur le mur, sont tracées des inscriptions. Au sommet, quatre têtes de chérubins planant au milieu de nuages et de rayons.

Dessin au Louvre, gravé dans *Inventaire*, n° 1536.

385. — Au sommet de la Coupole. Plafond. Apothéose de saint Augustin.
Peinture ronde; diamètre : 5 mètres.

Saint Augustin, en soutane violette, rochet de dentelle, chape et mitre d'or, est assis sur des nuages, les bras écartés, les mains ouvertes, les yeux levés vers le ciel. Il est accompagné d'anges et de chérubins. Deux anges portent sa crosse; un troisième tient un livre dont il indique un passage.

Les dessins du Louvre gravés dans l'*Inventaire* Guiffrey-Marcel, sous les numéros 1537, 1538, 1539, 1540, 1541, sont des études pour ce plafond de l'Apothéose de saint Augustin.

Dans le même volume de l'*Inventaire des Richesses d'art* (p. 257), M. Michaux décrit une autre peinture de Louis de Boullongne faite dans la même église, sur la pénétration et les pieds droits d'une fenêtre du chœur, en pendant de la peinture de son frère Bon.

Voici cette description :

386. — Concert d'Anges.

H. : 5 mètres. — L. : 4 mètres.

Cette composition comporte sept anges : trois dans la pénétration et deux sur chacun des pieds droits.

Deux des anges placés dans la pénétration sont assis, et le troisième est debout. Le premier est vêtu de bleu; il est de face. Le deuxième, en tunique jaune ocre et manteau de pourpre autour des reins, tient un cahier de musique et chante. Le troisième, en tunique rouge et manteau bleu, est de trois quarts et joue du violon. L'un des anges de gauche est assis; il a une tunique bleue avec une écharpe rose rehaussée de jaune et joue de la flûte. L'autre est accoudé sur des nuages. Les deux anges de droite chantent, un cahier de musique à la main. L'un est drapé de bleu et l'autre de rose.

Cette décoration des Invalides a été gravée en sept pièces par C. N. Cochin pour l'ouvrage de J.-J. Granet : *Hist. de l'Hôtel Royal des Invalides*, Paris, 1736, in-folio.

Les cinq numéros suivants paraissent avoir été des répliques ou tout au moins des similaires faits par Louis de Boullongne pour le couvent des Augustins Déchaussés, dits les Petits-Pères. C'est pourquoi nous les classons ici, après les grandes fresques des Invalides.

Nous devons dire cependant, que d'Argenville attribue le *Baptême* et l'*Ordination de saint Augustin* à Bon de Boullongne. Mais Piganiol de la Force (*op. cit.*, III, p. 111) les indique positivement comme peints par Louis de Boullongne pour le réfectoire des Augustins Déchaussés.

387. — Baptême de saint Augustin.

Ce tableau (H. : 2,3; L. : 1,10), indiqué comme provenant des Petits-Pères, fut remis, pour être vendu, à Naigeon, au dépôt de Nesle, rue de Beaune, le 22 brumaire an VII (12 novemb. 1798). (*Invent. des Rich. d'Art. Archives...* t. II, p. 356, 412). — Envoyé au Musée de Dijon en 1799, avec le n° 390. (Cte Clément de Ris : *Musées de Province*, 1872, pp. 153 et 466).

Il est question d'une esquisse du même tableau dans le même *Inventaire*, p. 257.

388. — Ordination de saint Augustin.

Peint, comme le précédent, pour le Réfectoire des Petits-Pères.

389. — Saint Augustin refusant le Pontificat.
Provient des Petits-Pères.
Remis à Naigeon pour être vendu, avec la *Chananéenne*, etc.
(*Invent. des Richesses d'Art. Archives...* t. II, p. 343).

390. — Promotion de saint Augustin au Pontificat.
Provenait des Petits-Pères. — Esquisse du même tableau.
Musée de Dijon.
(*Invent. des Richesses d'Art. Archives...* t. II, p. 257).

390 bis. — La Vierge, l'Enfant-Jésus, saint Jean et un Moine.
H. : 2,3; L. : 1,10.
Nous classons ici ce tableau qui appartient également au Musée de
Dijon et qui, de même dimension que les précédents et provenant aussi
d'une église de Paris, pourrait bien en avoir été le pendant. (Cte CLÉ-
MENT DE RIS : *op. cit.*, p. 466).

391. — (An. 1703).
Décoration de la chapelle de la Communion à l'église Sainte Marguerite à Paris. Les Marguilliers de cette église firent construire cette
chapelle en 1703 et chargèrent de sa décoration Louis de Boullongne
le Jeune. Cette décoration n'existe plus.
(*Inventaire des Richesses d'Art de la France. Paris. Monuments Religieux.* Tome I, p. 351).

SALON DE 1704

Louis de Boullongne exposa à ce Salon les huit tableaux suivants,
numéros 392 à 399.
Pour ces tableaux, voir le *Cabinet de l'Amateur* (Paris, 1844, in-8,
tome III, p. 104).

392. — Diane se reposant après la chasse.
D'après l'*Inventaire des Richesses d'Art...* (*Province. Monuments
civils.* Tome V, p. 317), Louis de Boullongne le Jeune avait exposé à
ce Salon un tableau de ce sujet qu'il traita encore en 1707. (V. plus
loin, le *Repos de Diane*, n° 403).

393. — Renaud et Armide dans les plaisirs.

394. — La Naissance de Bacchus.
Ce tableau passa à la vente de Verrue en 1737. Il y fut vendu 1500
livres avec une *Vénus sortant de l'onde*. (Voir plus loin notre n° 469).

395. — Joseph vendu par ses frères.
(V. plus haut notre n° 365).

396. — Jésus-Christ reconnu par les disciples d'Emmaüs, dans
la fraction du pain.

397. — Vénus et Adonis.

(Voir plus haut notre n° 345).

398. — Pâris conduisant Hélène à ses vaisseaux.

Un tableau, attribué à Louis de Boullongne le Jeune, et intitulé :
L'Enlèvement d'Hélène par Pâris, fut vendu 192 livres à la vente de
la Comtesse de Verrue en 1737. (CH. BLANC : *Trésor de la Curiosité*,
I, p. 10 et MIREUR : *Dictionn. des Ventes d'Art*. Paris, 1901).

399. — Tobie recouvrant la vue, par le fiel de poisson, dont son
fils lui frotte les yeux.

**400. — (An. 1705). Vénus faisant forger par Vulcain les armes
d'Énée.**

Toile ovale. Haut. : 2 pieds 6 pouces $\frac{1}{2}$; larg. : 2 pieds $\frac{1}{2}$.
Composition signalée en dessus de porte à la Ménagerie de Ver-
sailles, par PIGANIOL DE LA FORCE (*Nouv. descr. de Versailles*, II, 206.
Ed. de 1751), et qui a probablement servi de prototype au tableau le
Feu des Quatre Éléments. (Voir n° 489). — Cfr. ENGERAND : *Invent.*
BAILLY, p. 450.

400 *bis.* — Un dessin du Louvre au crayon noir rehaussé de blanc,
sur papier bleuté (gravé dans *Inventaire* GUIFFREY-MARCEL, n° 1443),
semble l'étude de ce sujet.

— Un autre croquis du même sujet se trouve au verso du dessin
n° 1525. — Les dessins n°ˢ 1444, 1445 et 1446, représentant des Cyclopes, sont des études de détail pour la même composition.

401. — (An. 1705). Vénus donnant des armes à Énée.

Toile ovale. Haut. : 2 pieds 6 pouces $\frac{1}{2}$; larg. : 2 pieds $\frac{1}{2}$.
Ce tableau et le précédent, formant pendants, furent peints pour la
Ménagerie de Versailles, où ils sont signalés par PIGANIOL DE LA FORCE
(*op. cit.*, p. 206). Sur l'exemplaire de l'*Inventaire de* BAILLY au Louvre, on voit en marge : « 1531 B — 1707 B. »
(BAILLY-ENGERAND, p. 450).
Les deux tableaux furent payés ensemble 1000 livres le 11 janvier
1705. (J. GUIFFREY : *Comptes...* IV, col. 1183).
Deux dessins du Louvre, au crayon noir rehaussé de blanc (gravés
dans l'*Inventaire* GUIFFREY-MARCEL, n°ˢ 1447 et 1448), reproduisent
cette composition. Le 1447 porte en haut : « Pour Meudon »; le 1448,
mis au carreau pour être exécuté, porte à droite : « Trianon ».

402. — (An. 1705). La Conversion de saint Paul.

H. : 0,90. — L. : 1,15. — Toile.

Sur le chemin d'Antioche à Damas, Saül est tout à coup renversé par l'apparition divine; son manteau, entr'ouvert, laisse voir son armure; il a une jambe
engagée sous son cheval; un de ses soldats essaie de le relever. un autre lui soutient la tête. Deux cavaliers, dont l'un porte un étendard, s'enfuient épouvantés.

Signé à droite : *Louis de Boullongne*, 1705.
Appartient au Musée de Troyes.

Provient du château de la Chapelle-Godefroy. (Communication de M. D. ROYER, conservateur du Musée de Peinture de Troyes).

403. — (An. 1707). **Le Repos de Diane.**
Toile. — H. : 1 m. 03. — L. : 1 m. 60. — Fig. : 0 m. 58.

Diane, un arc à la main, est nonchalamment assise. Quelques-unes de ses nymphes ont cédé au sommeil; l'une des autres se lave les pieds au bord d'un ruisseau, près duquel on voit le cadavre d'une biche.

Signé à droite, dans l'angle inférieur de la toile : *L. Boulogne le Jeune*, 1707.

Au château de Chanteloup, avec le suivant : *La Chasse de Diane.* (Cfr. GASTON MAUGRAS : *La disgrâce de Choiseul.* Paris, 1903, p. 112).

Appartient au Musée de Tours.

Au Salon de 1704, Boullongne le Jeune avait exposé un tableau représentant : *Diane se reposant après la chasse*, notre numéro 395. (*Invent. des Rich. d'Art. Province. Monum. civils*, V, p. 317).

D'après un dessin du Louvre (gravé dans GUIFFREY-MARCEL, n° 1450) représentant ce sujet, il a été exécuté pour le grand Cabinet de Versailles. Il est arrivé ensuite, nous ne savons comment, aux Choiseul. Les dessins du Louvre gravés, n°ˢ 1451 et 1452, sont des études de détail de la même composition. Un autre dessin du Louvre (n° 1453) avec études de détail (n°ˢ 1454 et 1455) représente la même composition.

404. — (An. 1707). **La Chasse de Diane.**
Toile. — H. : 1 m. 03. — L. : 1 m. 92. — Fig. : 0 m. 65.

Diane, déesse de la chasse, est représentée au milieu des Oréades, ses compagnes, au moment où ses chiens arrêtent un sanglier.

Signé à gauche, dans l'angle inférieur de la toile : *L. Boulogne le Jeune*, 1707.

Il était au château de Chanteloup avec le *Repos de Diane*, qui précède. (Gaston MAUGRAS : *La disgrâce de Choiseul.* Paris (Plon), 1903, p. 112). Ces deux tableaux sont compris dans l'inventaire dressé par Ant. Rougeot en 1794.

Appartient au Musée de Tours.

(*Invent. des Richesses d'Art de la France. Province, Monuments civils*, tome V, p. 317. — Cte CLÉMENT DE RIS : *Musées de Province*, 1872, p. 428).

Un dessin du Louvre, gravé dans l'*Inventaire* sous le n° 1449, représente ce sujet. Il y est indiqué comme peint pour le grand Cabinet de Versailles.

405. — (An. 1708). **Le Christ en Croix.**
Toile. — H. : 2 m. 70. — L. : 1 m. 85.
Sacristie des Messes à l'église de Notre-Dame-des-Champs.

« Au centre de la toile, le Christ en Croix. A sa gauche, se tient la Vierge en robe rouge et manteau bleu, les bras tombant, les mains croisées, dans l'attitude de la douleur. A sa droite se trouve sainte Madeleine en robe bleue et manteau rouge; les yeux tournés vers le Rédempteur, elle porte la main droite sur son cœur.

» Au fond, un paysage à la tombée du jour. »

(Provient peut-être de l'église de l'Abbaye-aux-Bois).

(L. Michaux : Eglise de Notre-Dame-des-Champs, dans *Inventaire des Richesses d'Art de la France. Paris. Monuments Religieux*, II, p. 38).

(An. 1708). — DÉCORATION DE LA CHAPELLE DE LA VIERGE AU CHATEAU DE VERSAILLES.

En cette année 1708, Louis de Boullongne le Jeune fut chargé de décorer toute la chapelle de la Vierge du Palais de Versailles. Il y exécuta des plafonds représentant des scènes de la vie de la Vierge et les apôtres ci-dessous indiqués.

Les dessins du Louvre n°ˢ 1512 à 1529 de l'*Inventaire* Guiffrey-Marcel, sont les études des compositions représentées dans cette chapelle. Nous les indiquons à chaque sujet.

Pour la description de ces sujets, voir Piganiol de la Force : *Description de Versailles*, tome I, p. 47 et suiv.; p. 60 et suiv.

Le 25 septembre 1710, Louis de Boullongne reçut 19.000 livres, « tant par gratification à cause de la peinture qu'il a faite aux six voûtes de la grande tribune au-dessus de l'Epître et à la chapelle de la Sainte Vierge au château de Versailles, que pour le soin qu'il a eu, de conduire ledit ouvrage. »

F. Engerand : *Inventaire des tableaux commandés*, etc. — Paris, 1900.

TABLEAUX DES TRIBUNES

406. — Saint Barnabé.

Agenouillé sur des nuages, de profil, la main droite levée, les yeux au ciel, entouré d'anges.

Dessin au Louvre, préparé pour la mise au carreau, gravé dans l'*Inventaire* Guiffrey-Marcel, n° 1516.

407. — Saint Jude.

Assis de face sur des nuages, les yeux au ciel, la main droite sur la poitrine et entouré d'Anges dont l'un porte la hache de son martyre.

Dessin au Louvre, préparé pour la mise au carreau, gravé n° 1517.

408. — Saint Barthélemy.

Assis sur des nuages, entouré d'anges, les yeux au ciel, la main gauche levée, tenant de la droite le couteau avec lequel il fut écorché.

Dessin au Louvre, préparé pour la mise au carreau. *Inventaire* Guiffrey-Marcel, n° 1518.

409. — Saint Jacques le Majeur.

Assis sur des nuages, entouré d'anges dont l'un porte un bâton de pèlerin, le saint tient un livre dans la main droite.

Dessin au Louvre, préparé pour la mise au carreau, gravé n° 1519.

411. — Saint Pierre.

412. — Saint Paul.

413. — Saint André.

414. — Saint Simon.

415. — Saint Thomas.

416. — Saint Philippe.

416 *bis*. — Saint Mathias.

Tous ces Apôtres, peints aux Plafonds des Galeries de la Chapelle de Versailles, sont gravés dans l'ouvrage de M. Pierre de Nolhac : *La Chapelle Royale de Versailles* (2 vol. in-fol., 168 planches), aux planches 154 à 158; ainsi que notre numéro 425.

On peut également voir pour plusieurs de ces peintures la description de J. Fr. Félibien.

PETITE COUPOLE

417. — L'Assomption de la Vierge, dans la petite Coupole de la chapelle de Versailles, « dont les quatre pendentifs sont ornés de figures symboliques peintes sur fond d'or, et relatives aux vertus de la Vierge. Ce sont peut-être — dit Charles Blanc — les meilleurs morceaux du peintre. »

La Vierge, sur des nuages, les yeux levés et les bras étendus, est portée au Ciel par des anges. Des chérubins volent au-dessus d'elle.

Piganiol de la Force : *op. cit.*, I, p. 60.

Dessin au Louvre, préparé pour la mise au carreau, gravé dans l'*Inventaire* Guiffrey-Marcel, n° 1521.

Au revers du dessin 1514, croquis de cette *Assomption*, laquelle est gravée dans l'ouvrage ci-dessus cité de M. de Nolhac (planche 140).

ARCADES DE LA CHAPELLE DE LA VIERGE

418. — L'humilité.

Une femme assise de profil à gauche, les mains croisées sur la poitrine; à ses pieds, une couronne et un agneau; derrière elle, un palmier.

Piganiol... *op. cit.*, I, p. 64.
Dessin au Louvre, gravé dans l'*Inventaire*, n° 1522.

419. — La Pureté.

Une femme couverte d'un voile, assise de profil, appuyée sur une colonne, tenant un lis de la main droite.

PIGANIOL... *op. cit.*, I, p. 64.

Dessin au Louvre, gravé dans l'*Inventaire*, n° 1523.

420. — L'Amour divin.

Un ange agenouillé de face devant un autel et tenant de la gauche un cœur percé d'une flèche. A côté, un encensoir fumant.

PIGANIOL... *op. cit.*, II, p. 63.

Dessin au Louvre, préparé pour la mise au carreau, gravé dans l'*Inventaire*, n° 1524.

Le n° 1525 est une étude de détail de ce sujet.

ÉCOINÇONS DE LA CHAPELLE DE LA VIERGE

421. — Fœderis Arca.

Un ange, drapé, vole, portant à deux mains l'arche d'alliance.

PIGANIOL... *op. cit.*, I, p. 62.

Dessin au Louvre, gravé dans *Inventaire*, n° 1526.

422. — Rosa Mystica.

Un ange répand de la main droite des fleurs tirées d'une corbeille qu'il porte de la main gauche.

PIGANIOL... *op. cit.*, I, p. 62.

Dessin au Louvre, gravé dans *Inventaire*, n° 1527.

423. — Turris Davidica.

Un ange vole, portant une tour à deux mains.

PIGANIOL... *op. cit.*, I, p. 62.

Dessin au Louvre, gravé dans *Inventaire*, n° 1528.

424. — Stella Matutina.

Un ange, volant, tient une étoile dans la main droite.

PIGANIOL... *op. cit.*, I, p. 62.

Dessin au Louvre, dans *Inventaire*, n° 1529.

425. — Trois Anges formant un concert, et chantant le « Domine salvum fac regem ».

426. — L'Annonciation.

Tableau du grand autel, complétant cette décoration de la chapelle de la Vierge du château de Versailles.

A droite, la Vierge à genoux devant un prie-Dieu, près duquel on voit une petite corbeille garnie de pelotes de laine de diverses couleurs; au-dessus le Saint-Esprit au milieu d'une gloire d'Anges et l'Ange Gabriel sur des nuées à gauche, un lis dans la main gauche et désignant de la droite le Saint-Esprit.

Figures grandes comme nature. Oreilles dans le haut.

Haut. : 10 pieds 10 p.; Larg. : 6 pieds 9 p.

Dessin au Louvre (gravé dans *Inventaire*, n° 1512) préparé pour la mise au carreau. Les dessins n°ˢ 1513, 1514 et 1515 sont des études de détail de ce tableau.

Gravé in-fol. par L. Desplaces (haut. : 22 p. 5 l.; larg. : 14 p. 6 l.)

V. Description de cette peinture dans Lépicié-Wattelet, p. 69 et suiv. — Bailly-Engerand : *Invent.*, p. 445. — Piganiol de la Force, *op. cit.*, I, p. 64 et suiv. — P. de Nolhac : *op. cit.*, pl. 141.

Ce tableau a été nettoyé et restauré moyennant 12 livres, par Martin, en 1789 (Arch. Nat. O¹1931).

426 *bis.* — L'*Inventaire des Richesses d'Art de la France* (*Province, Monum. Religieux*, I, p. 42) indique dans l'église de Versailles une *Annonciation*, d'après Louis de Boullongne.

426 *ter.* — On signale encore une autre *Annonciation* du même peintre dans l'église de l'Abbaye de Saint-Riquier. Ce tableau a disparu. Est-ce le même, de 20 pouces sur 13 pouces 6 lignes, qui a passé en 1775, à la vente du vicomte de Grammont, où il a été vendu 320 livres ?

(D'Argenville : *Voyage pitt.* — Ph. de Chennevière, dans *Artiste* de sept. 1850, p. 115; — renseignements de M. J. Motte, curé de Saint-Riquier, en 1909. — Mireur : *Dict. des Ventes d'Art* (Paris, 1901).

427. — (An. 1710). **Figures d'enfants** pour deux des pièces de la tenture des *Portières des Dieux* (portières de Junon et de Diane) de Claude Andran, aux Gobelins.

Paiement de 100 livres à la date du 24 décembre 1710.

Engerand : *Invent. des tabl. commandés...* etc. Paris, 1900, in-8, p. 60.

427 *bis.* — (Vers 1713). **Retable et Tabernacle,** peint pour l'église de Sainte-Marguerite, au quartier Saint-Antoine.

« Le tout — écrit Piganiol de la Force (*Description...* V, p. 132) — peint et figuré en bleu et d'une très belle exécution. »

Nous savons la date très approximative de ce travail, puisqu'il fut commandé à Louis de Boullongne par Jean-Baptiste Goy, premier curé de cette paroisse, démembrement de celle de Saint-Paul, et que cet ecclésiastique ne reçut ce titre de curé qu'en 1713.

428. — (An. 1715). **Présentation de la Vierge au Temple.**

Ce tableau peint pour la chapelle de la Vierge, dans le chœur de Notre-Dame de Paris (v. D'Argenville : *Voyage pittor. de Paris...;* Piganiol de la Force : *Descript. de Paris...* I, 397; etc.), faisait partie d'une décoration de huit grands tableaux, dont la *Fuite en Egypte* (et la *Purification?*) qui suivent. (V. *Bibl. Nat. Pièces Originales*, t. 452, p. 24. — *Preuves pour la Réception...* notre Appendice V).

La *Présentation* fut remise à Alexandre Lenoir en nivôse an II (décembre 1793) et déposée au Musée des Petits-Augustins le 15 janvier (*Invent. des Rich. d'Art... Archiv. du Musée*, II, 110, 116, 147). Un tableau du même sujet « attribué à Boullongne », mais, d'après d'Argenville, peint par Jouvenet en 1778, et provenant de Sainte-Opportune, fut déposé de même aux Petits-Augustins, d'après le même *Inventaire* (II, 254).

Les *Archives de l'Art français* (1re série, t. IV, 1855-56, in-8, p. 214 des Documents), publient l'engagement pris par Louis de Boullongne de contribuer à cette décoration, dans les termes suivants :

« Je promet faire un des quatre grand tableaux pour le cœur de l'église Notre-Dame de Paris, suivant l'intention et le testament de feu Monsieur de la Porte, lesdit tableaux représentent des sujets de la vie de la Sainte Vierge et de Nostre Seigneur Jésus Chris, chaque tableau ayant chaquun 24 à 22 pieds de longueur sur 14 à 15 pieds de hau(t), chaque tablau pour la somme de trois mil sep cent cinquante livres, et à l'égar des autres petits tableaux d'environ 12 pieds de large sur mesme (h)auteur des grands, la somme de quinze cent livres chaque. Fait à Paris ce quatorze septembre 1711. L. Boulogne. »

Louis de Boullongne paraît, d'ailleurs, avoir pris très au sérieux cette commande, si l'on en juge par les nombreux dessins d'études qui nous sont restés de la Présentation. Il n'y en a pas moins de huit au Louvre. (V. *Inventaire* Guiffrey-Marcel, n°s 1485, 1486, 1487, 1488, 1489, 1490, 1491 et 1492), tous signés de ses initiales L. B. MM. Guiffrey et Marcel ont gravé les plus intéressants, reproduisant les têtes de la *Vierge*, de *saint Joseph* et de *sainte Anne*, un *Diacre tenant un encensoir*, etc.

L'auteur de cette libéralité, Antoine de la Porte, était né à Paris le 16 février 1627. Chanoine de Notre-Dame le 3 août 1650, chanoine *jubilé* en 1700 et mort à 83 ans le 24 décembre 1710, il avait demandé au roi, par un placet de mars 1709, la permission de faire faire à ses frais huit grands tableaux de l'histoire de la Vierge, dans le chœur de Notre-Dame, au-dessus des boiseries de Du Goulon. Ces tableaux furent peints par Noël Hallé, Antoine Coypel, Jouvenet, Charles de la Fosse et Louis de Boullongne. Ce dernier fit la *Présentation* et la *Fuite en Egypte*. Ils sont datés de 1715.

La *Présentation* fut gravée par Pierre Drevet fils. Haut. : 20 p. 10 l.; — Larg. : 25 p. 1 l. Cette gravure fut dédiée par Drevet au duc d'Epernon (Huber : *Brandes...* II, 262). Avec les armes de Pardaillan ajoutées, vendue 850 fr. en 1817 à la vente Logette. (Ch. Blanc : *Trésor de la Curiosité*, I, 245 et II, 313). — N. Tardieu grava aussi la *Présentation*, in-8.

429. — (An. 1715). **La Fuite en Egypte.**

Ce tableau faisait partie de la décoration de huit grands ouvrages peints pour la chapelle de la Vierge, au chœur de Notre-Dame de Paris, où il est encore. (V. le n° précédent).

(V. D'Argenville : *Voyage pittoresque de Paris....* — Piganiol de la Force : *op. cit...* et *Preuves pour la réception dans l'Ordre de Saint-Michel*, Appendice V).

Il est possible qu'un dessin du Louvre (gravé dans l'*Inventaire* Guiffrey-Marcel, n° 1493, sous le titre : *Repos de la Sainte Famille*) soit l'esquisse de ce tableau. Il porte, en effet, l'indication : Notre-Dame.

Un autre *Repos en Egypte*, dessin au crayon noir, relevé de blanc, est indiqué par MIREUR *(Dict...)* comme vendu 7 fr. 50 en 1858 à la vente Kaïeman.

430. — (An. 1715). **La Purification de la Vierge au Temple.**

Ce grand tableau faisait peut-être partie de la décoration faite pour la chapelle de la Vierge, dans le chœur de Notre-Dame de Paris. (V. D'ARGENVILLE : *Voyage pittoresque de Paris...* et *Preuves pour la réception dans l'Ordre de Saint-Michel.* APPENDICE V, et *Bibl. Nat. Pièces originales*, t. 452, p. 24). Du moins les *Pièces originales du Cabinet des titres* le citent. Mais il est fort possible et même probable qu'il y a là une confusion entre la *Purification* et la *Présentation* et que ce n'est qu'un seul et même tableau.

431. — (Vers 1724). **Saint Nicolas.**

« Au Sr Boulogne, le Cadet, peintre ordinaire du Roi, pour un tableau représentant un *saint Nicolas*, pour la chapelle de la Citadelle de Marseille... 600 livres. »

Note extraite des Registres gardés aux Archives du Dépôt des fortifications (in-folio, 206) et citée par JAL *(Dictionnaire critique...)*

Un dessin du Louvre (gravé dans l'*Inventaire* GUIFFREY-MARCEL, n° 1504, sous le titre de *Miracle de saint Nicolas*), doit être l'esquisse de ce tableau.

Saint Nicolas, debout, mitré, montre le ciel aux trois enfants qui, à genoux devant lui, viennent de ressusciter. Autour de l'Evêque trois Diacres dont l'un porte sa crosse. Par une baie, on aperçoit la mer et un vaisseau qu'on décharge.

(H. : 0,297; L. : 0,254).

En bas, à gauche : *L. de Boulogne;* et en marge : 8 pieds 4 p... et en bas : 6 pieds 10 pouces; ce sont évidemment les dimensions du tableau exécuté d'après ce dessin. Le dessin suivant (n° 1505) est une étude d'un des enfants prosternés.

432. — (An. 1724). **Louis XIV protégeant les Arts,** tableau peint en grisaille en vue d'une gravure qui devait servir de frontispice à un Recueil de portraits gravés des Académiciens.

Ce tableau fut remis à l'Académie le 7 juillet 1725.

On en perd la trace après 1793.

Cette composition fut gravée in-folio par Thomassin pour son morceau de réception.

La planche est à la Chalcographie du Louvre (n° 879), avec l'inscription : « Suspice quem monstrat regem ».

HEINECKEN : *Dictionnaire des Artistes...* ANDRÉ FONTAINE : *Les Collections de l'Académie...* p. 208.

C'est le samedi 5 août 1724 que l'Académie pria Louis de Boullongne, son directeur, « de faire un dessin pour mettre au frontispice du Recueil des Portraits gravés de Messieurs les officiers de l'Académie, dans lequel sera exprimée l'Union de la Peinture et de la Sculpture, lequel sera gravé par M. Thomassin, pour son morceau de réception. »

Ce Recueil de portraits resta à l'état de projet, mais Louis de Boullongne exécuta en peinture le dessin qui lui était demandé. Il le présenta à ses confrères le 7 juillet 1725. Ce tableau représente — dit le Procès-verbal — « l'Union de la Peinture et de la Sculpture caractérisées par deux femmes avec leurs attributs, accompagnées du Génie de ces deux Arts, envoyé par Minerve, qui est au-dessus, tenant le portrait de Louis XIV pour montrer à quel degré la Peinture et la Sculpture ont été portées sous le règne de ce grand Roy, fondateur de l'Académie, et dans l'éloignement paraît le Temple de cette déesse, bâti sur un roc escarpé, afin de faire comprendre la difficulté qu'il y a d'arriver à la perfection. M. de Boullongne en a fait présent à l'Académie. »

(*Procès-verbaux de l'Académie de Peinture et de Sculpture*, IV, p. 380, 398).

Le 27 novembre 1728, Thomassin apporta la gravure terminée et fut reçu académicien. Le cuivre de cette gravure, d'un grand format infolio, est à la Calchographie du Louvre.

433. — (An. 1724). Méléagre et Atalante à la chasse.

Ce tableau, ovale, actuellement à l'Hôtel-de-Ville de Versailles, y est attribué à Louis de Boullongne. (Cfr. J. A. LE ROI : *Hist. de Versailles*, 3ᵉ édit. Tom. I, p. 411).

H. : 1 m. 05; — L. : 0 m. 91.

Mais cette attribution ne nous paraît pas soutenable, en présence de ce texte :

« A Jean-Baptiste Audry, peintre, 400 livres pour son payement d'un tableau, représentant Méléagre et Athalante chassant au sanglier, qu'il a fait pour les appartemens de l'Hôtel du Grand Maître à Versailles pendant l'année 1724. »

P. ENGERAND : *Inventaire des Tableaux commandés et achetés par la Direction des Bâtiments du Roi (1709-1792)*. Paris, 1900, in-8, p. 355.

434. — (1725). Frontispice.

Titres des « *Statuts de l'Ordre de Saint-Michel*. De l'Imprimerie royale. M.DCC.XXV. » — Gravé à l'eau forte, in-4°, par Charles-Nicolas Cochin (l'Ancien), d'après « le Chevalier Louis de Boullongne. »

(FLANDRIN : *Invent. de la Coll. Clairambault sur l'Ordre du Saint-Esprit*. Paris, 1887, n° 4035).

SUJETS RELIGIEUX

Tableaux sans date

435. — Saint Benoît.

Ce tableau « dans le style de Boullongne » — mais lequel? — est cité par Alexandre Lenoir parmi « neuf tableaux provenant du chœur de Saint-Germain-des-Prés, représentant des sujets pris dans la *Vie de saint Germain*, etc. » Il avait reçu ces neuf tableaux pour son dépôt des Petits-Augustins le 14 ventôse an II (février 1794).

Inventaire des Richesses d'Art... Archives du Musée. Tome II, col. 128.

436. — La Pêche Miraculeuse, par Jouvenet.

Toile. — H. : 1 m. 20. — L. : 1 m. 93.

Copie de ce tableau conservé au Musée du Louvre. (*Catal. Villot,* 1869, n° 297).

437. — La Résurrection de Lazare, par Jouvenet.

Toile. — H. : 1 m. 17. — L. : 1 m. 93.

Copie de ce tableau conservé au Musée du Louvre. (*Catal. Villot,* 1869, n° 288).

Ces deux toiles proviennent du dépôt du département du Loiret; elles ont été déposées dans l'Oratoire de l'Hôtel-Dieu et appartiennent aujourd'hui au Musée d'Orléans, qui les a mises en dépôt à la chapelle des Hospices.

Inventaire des Richesses d'Art de la France. Province. Tome I, p. 78.

438. — Les Vendeurs chassés du Temple.

Appartient au Musée de Rouen. — Il ne faut pas confondre ce tableau avec notre n° 274. Celui que nous cataloguons ici a 0,71 de haut sur 0,62 de large. « Les personnages du premier plan sont assez bien traités, notamment une femme avec deux colombes et un homme avec un agneau. » (Communication de M. E. Minet, conservateur du Musée de Peinture et de Sculpture de Rouen).

439. — Saint Germain donnant une médaille à sainte Geneviève.

Toile. — H. : 2 m. — L. : 1 m. 66.

Eglise de l'Assomption, à Paris.

« Saint Germain, debout à gauche de la composition, présente de la main droite une médaille à sainte Geneviève agenouillée à ses pieds et lui montre le ciel de la main gauche; il est revêtu de ses habits sacerdotaux : soutane blanche, rochet en dentelles, étole et chape jaunes doublées de violet; sa tête est couverte d'une mitre; il tient sa crosse dans la main gauche.

» Sainte Geneviève est à genoux sur les marches d'un trône sur lequel est assise la Vierge tenant l'Enfant-Jésus; elle a les yeux tournés vers le ciel, les bras ouverts, et tient un cierge dans la main gauche; son corsage est rouge et sa robe violette; sa tête est voilée.

» La Vierge porte une robe rouge et un manteau bleu dont les plis sont ramenés sur ses genoux; elle a sur la tête un voile foncé et serre contre elle son divin Fils. A sa droite se trouve une tête de chérubin; un ange placé à sa gauche soulève une draperie derrière laquelle on aperçoit deux colonnes.

» A droite de la toile est agenouillée sainte Catherine. Celle-ci est représentée de profil, vêtue d'une robe bleu pâle serrée à la taille par une ceinture bleu foncé, d'un manteau jaune brodé d'or rejeté sur l'épaule droite et retenu par une agrafe enrichie de rubis; elle porte une couronne sur la tête et pose la main droite sur son cœur; son bras droit est pendant. Devant elle sont posés une épée et un fragment de roue garni de pointes de fer, instrument de son supplice. »

Signé à droite : *Boulogne le Jeune*.

Ce tableau provient de l'ancien couvent de la Conception, rue Saint-Honoré.

L. MICHAUX : *Eglise de l'Assomption*, dans *Inventaire des Richesses d'Art de la France, Monuments Religieux*, II, p. 120.

440. — Baptême par l'apôtre saint Philippe de l'eunuque de Candace.

H. : 0,83. — L. : 1,15. — Toile.

L'Eunuque, enveloppé d'une draperie verte, reçoit le baptême; à gauche, un esclave noir porte sa robe; près de lui, un autre esclave tient son turban; sur le second plan, un chariot attelé de deux chevaux blancs; dans le fond, à droite, deux nègres, dont l'un porte une lance.

Signé à gauche : *Louis de Boullongne*.

Appartient au Musée de Troyes.

Provient du château de la Chapelle-Godefroy. (Communication de M. D. ROYER, conservateur du Musée de Peinture de Troyes).

441. — L'Assomption.

Toile. — H. : 4 m. — L. : 2 m. 25.

Au haut, la Vierge, vêtue d'une robe rouge et d'un manteau bleu, les bras étendus, s'élève sur un nuage soutenu par un ange et trois têtes d'anges ailés. A gauche et à droite, anges en adoration. Au bas, les douze Apôtres groupés autour du sépulcre vide de la Vierge, qui contient un linceul et des fleurs. On remarque parmi eux saint Pierre vêtu de bleu et de jaune, regardant l'intérieur du sépulcre; saint Jean vêtu de rouge et de vert, agenouillé et élevant ses mains jointes; un autre apôtre baise le linceul; les autres sont groupés alentour, dans des attitudes diverses. Fond de paysage. Au bas du tableau, armoiries du donateur (parti d'azur au chevron échiqueté d'or et de gueules, accompagné de trois grenades d'or; et de gueules au bras tenant une épée haute d'argent). Les personnages sont de grandeur naturelle.

Ce tableau, qui est remarquable, a été donné à l'église des Crottes, arrondissement d'Embrun, en 1875. Il a été acheté à Paris et provenait, assurait-on, d'une église de Bourgogne. Derrière la toile, on lit d'une ancienne écriture : *Par M. de Boulogne*.

L'Inventaire des Richesses d'Art, d'où est tirée cette description, attribue ce tableau à Louis de Boullongne le Jeune.

(*Inventaire des Richesses d'Art de la France. Province. Monuments religieux*, tome I, p. 42).

Il est possible que cette *Assomption* soit la même que celle qui provenait, avec quatre autres tableaux, copiés d'après Boullongne, des Dames religieuses de Trainel, et qui entrèrent provisoirement au dépôt des Petits-Augustins, avec une *Descente de Croix*, attribuée également à un Boullongne.

(*Invent. des Rich. d'Art. Archives du Musée...* II, p. 274).

Le même ouvrage indique également une autre *Assomption*, par *Boullongne* (?) provenant des Dames de l'Assomption, et entrée au même dépôt (II, p. 264).

442. — Sainte Geneviève.

Tableau peint pour l'église des Religieuses de la Conception.
(V. D'ARGENVILLE : *Voyage pittoresque de Paris...*)
Est-ce l'esquisse de ce tableau qui est dans les Dessins du Louvre.
(Gravé dans l'*Inventaire* GUIFFREY-MARCEL, n° 1506)?

Sainte Geneviève agenouillée, implore Dieu pour des malades groupés à gauche, devant elle. Dans les airs, saint Michel poursuit le démon qui s'enfuit. Au fond, silhouette de Paris avec les tours de Notre-Dame et le Pont-Neuf.

H. : 0,374; — L. : 0,265.

443. — L'Hémorrhoïsse, ou la *Femme malade guérie en touchant les vêtements du Christ.*

Haut. : 3 m. 51. — L. : 2 m. 05. — Figures grandeur nature.

Le Christ, sur la marche du Temple, s'incline vers la femme agenouillée; fonds d'architecture. Figures accessoires conventionnelles.

Communication de M. LAFOND, conservateur des Musées des Beaux-Arts de Rennes.

D'après un « Inventaire des Tableaux qui restaient encore aux Chartreux de Paris en 1790 », publié par M. Anatole de Montaiglon, dans la *Nouvelle Revue de l'Art Français*, ce tableau avait 10 pieds de haut sur 6 pieds 2 pouces de large.

Il est classé sous l'article 13 dans cet Inventaire où les Commissaires en font un éloge pompeux : « ... Pour juger de la haute réputation de Boullongne — dit ce document — il faut voir ce tableau. Il s'est surpassé en mérite avec d'autant plus d'avantage qu'il se soutient à côté du tableau de Jouveney... » — « Les commissaires sont des ânes », conclut sévèrement M. de Montaiglon.

Ce tableau donna lieu à une petite querelle d'amour-propre entre Louis de Boullongne et Jouvenet qui avait peint en même temps pour la même décoration un *J.-C. guérissant les malades.*

Peint pour le chœur du couvent des Pères Chartreux. (D'ARGENVILLE: *Voyages...* et PIGANIOL DE LA FORCE : *op. cit.*, VII, 227.)

Musée de Rennes, Catalogue, n° 213.

444. — La Reine de Saba.

Peint pour la Ménagerie de Versailles.

445 à 450. — Peintures provenant de l'Abbaye de Saint-Denis.

Dans une note sans date, écrite probablement en 1792, Alexandre Lenoir constate qu'il a reçu le 14 (ni mois, ni année), de Saint-Denis, six tableaux de Boullongne le Jeune. (*Invent. des Richesses d'Art...* *Archives du Musée*, t. II, p. 26).

Un peu plus loin ces peintures deviennent les six bordures démontées des six Boullongne envoyées au dépôt des Petits Augustins en avril 1793 (*id.*, *ib.*, p. 46). Enfin, à la page 279 du même volume, ces six « bordures » sont de nouveau indiquées comme six tableaux déposés au Musée des Petits-Augustins.

451. — La Vierge et l'Enfant Jésus.

Tableau vendu à la vente E. Durand en 1819.

452. — Jephté.

Grand tableau acheté 100 livres par Julliot à la vente de la comtesse de Verrue en 1737. (Ch. Blanc : *Trésor de la Curiosité...* I, p. 5.)

453. — Rébecca.

Un envoyé d'Abraham présente à Rébecca les bracelets qui lui sont destinés. Six autres figures, deux chameaux et des moutons complètent la composition.

Toile. — Haut. : 3 pieds; — Largeur : 4 pieds.

Catal. de la vente P. Remy du 1ᵉʳ avril 1773, dans *Réunion des Soc. des B.-A. des Départements*, 1894, tome XVIII. Ce tableau, catalogué sous le n° 92, fut alors vendu 25 livres 9 sols.

454. — Suzanne et les Vieillards.

Toile ovale. Haut. : 18 pouces; Larg. : 14 pouces.

Catal. de la vente P. Remy du 1ᵉʳ avril 1773, dans *Réunion des Soc. des B.-A. des Départements*, 1894, t. XVIII. Indiqué comme provenant du Cabinet du duc de Valentinois.

Ce tableau, catalogué sous le n° 93 avec un *Loth et ses filles* de Bon de Boullongne (V. notre n° 265), fut vendu avec lui 240 liv. — Il passa de nouveau dans la vente du prince de Conti (Mireur : *Dictionn.*) en 1777 et y fut adjugé pour 200 livres; et *Loth et ses filles*, que le même *Dictionnaire* attribue à tort à Louis de Boullongne, fut vendu également le même jour (V. notre n° 265).

455. — Le Mariage de sainte Catherine.

Toile de 15 pouces de haut sur 11 pouces de large.

Ce tableau fut payé 525 livres par le Roi à la vente du prince de Conti en 1777 (A. N. O¹1911). Il avait pour pendant une *Sainte jouant de la harpe* avec un enfant tenant un livre de musique, par Mignard, qui fut vendu seulement 60 livres. (Jules Guiffrey : *Acquisitions faites par le Roi aux ventes de la fin du XVIIIᵉ siècle*, publ. dans *Nouv. Arch. de l'Art Fr.*, 2ᵉ·série, t. I, 1879, p. 424).

Lors de cette vente, ce tableau est positivement attribué à Louis de Boullongne. D'autre part, dans l'Inventaire des Tableaux, commandés et achetés par la Direction des Bâtiments (Paris, 1900, in-8) et dans l'Inventaire du Museum du 15 frimaire an II (Cfr. *Arch. de l'Art Français*, nouv. période, t. III), il est attribué à son frère Bon.

Tous les artistes peignaient, d'ailleurs, ce sujet. Bon Boullongne avait certainement fait un Mariage de sainte Catherine pour Notre-Dame de Versailles (v. notre n° 170); Mignard peignit également le même sujet. (V. Caylus, dans Lépicié... p. 170).

Il est difficile de se prononcer ici en présence de documents contradictoires.

455 *bis*. — Sujet religieux.

Tableau ainsi indiqué, attribué à Louis de Boullongne et vendu en

1890 la somme de 1.180 fr. (MIREUR : *Dictionn. des Ventes d'Art...* Paris, 1901).

SUJETS MYTHOLOGIQUES

Tableaux sans date

456. — Latone et ses enfants demandant vengeance à Jupiter des paysans qui l'avaient insultée.

Un paysan a déjà la tête changée en celle d'une grenouille. Neuf figures.

Cuivre. 18 pouces sur 24.

Ce tableau fut vendu 720 livres à la vente de M. de La Live de Jully en 1770. C'est la seule mention que nous en ayons trouvée. (CH. BLANC: *Trésor de la Curiosité*, II, p. 167. — Cfr. SIRET : *Dictionnaire...* — DEFER : *Catalogue des Ventes...*)

Il y est formellement attribué à Louis de Boullongne.

457. — Vertumne séduisant Pomone.

Appartient au Musée de l'Ermitage, à Saint-Pétersbourg.

458. — Calisto.

Jupiter, sous les traits de Diane, séduit Calisto.

Ce tableau fut vendu 330 livres à la vente de la comtesse de Verrue en 1737, comme étant de Louis de Boullongne, avec un autre tableau, intitulé : *le Bain de Diane*, indiqué comme une copie par le même peintre. L'Inventaire de Cacault l'attribue également à Louis de Boullongne. Nous ignorons pourquoi cette peinture, aujourd'hui conservée au Musée de Nantes, est attribuée à Charles de Lafosse.

(V. *Inventaire des Richesses d'Art de la France, Province, Monuments civils*, tome II, p. 38. — Cfr. CH. BLANC : *Trésor de la Curiosité*, I, p. 5).

459. — Diane au bain.

Ce tableau, aujourd'hui conservé au Musée de Nantes comme le précédent, avec lequel il passa à la vente de la comtesse de Verrue en 1737, y est attribué, nous ne savons pourquoi, à Willem Pannels. Il est cependant donné à Louis de Boullongne dans l'Inventaire de la Collection Cacault, et dans la vente de la comtesse de Verrue. (CH. BLANC : *Trésor de la Curiosité*, I, p. 14), où il fut vendu 69 livres. (Cfr. *Inventaire des Richesses d'Art de la France. Province. Monuments civils*, tome II, p. 139 et MIREUR : *Dictionnaire...*)

460. — Diane et ses nymphes.

Appartient au Musée de Tours. — N'est-ce pas le même que la *Chasse de Diane* ? (n° 404).

461. — Bacchus et Ariane.

Tableau vendu 102 livres en 1737 à la vente de la comtesse de Verrue.

Ch. Blanc : *Trésor de la Curiosité*, I, p. 15. — Mireur : *Dictionn...*

462. — Bacchus, Vénus et les Grâces, grand plafond mytholo-
gique fait pour le marquis de Luillier dans sa maison de la rue des
Jeux-Neufs, aujourd'hui des Jeûneurs.

D'après D'Argenville (*Voyage pittoresque de Paris*, p. 162), cette
maison était la première porte avant la rue Saint-Fiacre. Elle devint
plus tard la propriété de Mme Le Noir.

« Ce plafond, dit Watelet, représente Bacchus qui engage Vénus et les Grâces
à se joindre à lui. Au-dessus de la corniche du salon, plusieurs satyres soutiennent des festons de fruits et de fleurs, et sous des arcades formées par une architecture feinte, des bacchanales et des danses d'enfants expriment les plaisirs qui
naissent de l'union des divinités du vin et de l'amour, qui font le sujet principal
de cette machine. Elle m'a paru très noble, bien pensée et faite, par sa légèreté
et sa couleur aimable, pour ramener le goût des plafonds peints. »

463 à 466. — Sujets de la Fable (Quatre tableaux sur toile, de
forme ovale, représentant des).

Chacun a 3 pieds de haut sur 2 pieds 4 pouces de large.

Vendus 335 livres à la vente du Prince de Conti, en 1777.

Nous trouvons dans Mireur (*Dict. des Ventes d'Art*, 1901) les indications de quatre tableaux qui pourraient être ceux signalés ici : *Le
Jugement de Paris* (notre n° 361), vendu 740 l.; *Vénus sur les eaux* (à
rapprocher de nos n°ˢ 469 et 470), plus un *Triomphe d'Amphitrite*,
vendus ensemble 611 livres; enfin un *Jupiter métamorphosé en cygne*,
vendu 400 l. On voit que les prix ne s'accordent pas, et tout cela est
bien confus. — Le *Triomphe d'Amphitrite*, cité ici, a été vendu 175 fr.
à la vente Burat, en 1885.

467. — Neptune et Naïades.
Grand tableau vendu 400 livres à la vente de la comtesse de Verrue
en 1737.

468. — Bacchus et Vénus, ou *le Vin et l'Amour.*
Toile ovale.
Est-ce ce même tableau qui fut vendu 102 livres à la vente de la com-
tesse de Verrue en 1737, sous le nom de *Bacchus et Ariane?*

469. — Vénus sortant de l'Onde, ou *la Naissance de Vénus.*
Ce tableau, indiqué comme *grand*, vendu à la vente de la comtesse
de Verrue en 1737, fut adjugé 1500 livres avec la *Naissance de Bacchus* (voir plus haut, n° 394. Ch. Blanc : *Trésor de la Curiosité*, I,
p. 6 et 9), avec lequel il faisait probablement le pendant.

— Le catalogue de la même vente indique une autre *Vénus sortant
de la mer*, vendue 602 livres avec une *Mascarade*, et une autre *Naissance de Vénus*, vendue 130 l.

Piganiol de la Force (*Descr. de Versailles*, II), décrit à la Ménagerie
une *Naissance de Vénus* de H. 2 pieds 7 p. sur L. 2 pieds 1 p.

470. — Triomphe de Vénus.

MM. J. Guiffrey et P. Marcel disent qu'il existe un tableau de Louis de Boullongne le Jeune représentant ce sujet chez un amateur de Paris. Ce tableau doit provenir de la vente du Prince de Conti (1777) où il a été payé 740 l. Ils donnent en même temps (*Invent. des dessins du Louvre*, n° 1437) la description et la gravure d'un dessin au crayon noir, rehaussé de blanc sur papier bistre, représentant

Vénus, sur un char en forme de coquille, traînée sur les flots par deux colombes conduites par un amour. A droite, un Triton lui offre des fruits de la mer et un autre souffle dans une conque; à gauche un troisième tient une naïade dans ses bras. Dans les airs des amours.

H. : 0,215. — L. : 0,312. Signé en bas à gauche : *L. B.*

Les dessins n°s 1438 et 1439, également reproduits dans l'*Inventaire*, paraissent être des études de détail pour le n° 1437.

471. — Prométhée dans l'Olympe.

Musée de Rennes. Catal., p. 131.

472. — Io ou Léda.

Copie d'après le Corrège, achetée 240 livres à la vente de la comtesse de Verrue en 1737. (CH. BLANC : *Trésor de la Curiosité*, I, p. 8, et MIREUR : *Dictionn.*)

473. — Un Faune.

Vendu 31 livres à la vente de la comtesse de Verrue en 1737 avec le suivant :

473 *bis*. — Une Bacchante.

CH. BLANC : *Trésor de la Curiosité*, I, p. 8.

474. — Danaé. Gravé par Desplaces.

Ce tableau est indiqué dans l'Inventaire de LE DREUX comme existant en 1775 dans la 2e antichambre du Château Vieux de Meudon.

L'*Inventaire des dessins du Louvre*, par GUIFFREY et MARCEL, n° 1475, décrit ainsi le même sujet, dessiné au crayon noir, rehaussé de blanc.

« De profil à gauche, presque nue, elle est à demi étendue sur un lit, au pied duquel une vieille femme, de profil à droite, s'apprête à recueillir dans son tablier, les pièces d'or. Devant le lit, à côté d'un table de toilette, un amour debout, un autre accroupi... »

Dans cette composition, Louis de B. paraît s'être souvenu de la Danaë du Corrège, à la villa Borghèse. Dessin pour le tableau de la collection Henri Rochefort. (*Les Arts*, 1905, n°s 43 et 46).

HEINECKEN : *Dict. des Artistes dont nous avons des Estampes...* Leipzig, 1786-90, in-8.

475. — Acis et Galathée regardant Polyphème sur le haut d'un rocher.

Cité par R. DUMESNIL (*Peintre-Graveur-Français*, p. 61), avec un *Bacchus et Ariane*.

MM. GUIFFREY et MARCEL ont décrit et gravé dans leur *Inventaire* (n° 1470 et 1471) deux dessins de Louis de Boullongne conservés au Louvre et représentant ce sujet. Le premier de ces dessins est préparé pour la mise au carreau et a probablement été exécuté. C'est probablement le tableau qui a été vendu à la vente Lambert et Duportail, en 1787 (32 p. × 25 p.) pour 169 livres.

Un autre dessin, crayon noir rehaussé de blanc, gravé dans le même *Inventaire* (n° 1477) donne le même sujet sous le titre : *Polyphème et Galathée*. — On peut en rapprocher une étude de la figure de Polyphème, gravée par N. Guérard, fils, et citée dans HEINECKEN : *Dict. des Artistes dont nous avons des Estampes...*

476. — Naissance d'Adonis, cité par R. DUMESNIL (*Peintre-Graveur-Français*, p. 61) avec une

476 *bis*. — Mort d'Adonis.
Provenant de l'Hôtel de Pouanges et vendus ensemble à la vente Paillet (17 mars 1789) 402 livres.

Dimensions de ces tableaux : 38 p. × 46 p. (MIREUR : *Dict. des Ventes d'Art.*, 1901.)

477. — Actéon Métamorphosé ou *Diane et Actéon*. Gravé in-fol., par Sornique.

HEINECKEN : *Dict. des Artistes dont nous avons des Estampes...* Leipzig, 1786-90, in-8.

Un dessin du Louvre (*Invent.* GUIFFREY-MARCEL, n° 1456, gravé) donne le même sujet.

Dans une clairière, Diane nue, à demi couchée, au centre, entourée de ses nymphes nues, est surprise par Actéon qui apparaît à gauche et dont la métamorphose commence.

Dessin préparé pour la mise au carreau et qui a donc été probablement exécuté.

Une étude de détail de la Diane est au Louvre sous le n° 1457, et aussi sous le n° 1453.

478. — Apollon faisant écorcher Marsyas.
Vendu 45 livres à la vente Cayeux en 1769. (MIREUR : *Dictionnaire des Ventes d'Art*, Paris, 1901).

479. — Un grand plateau de table de la Collection de Bellegarde en faïence de Rouen, à bordure fond gros bleu, avec fleurs et feuillages polychromes, a pour motif central le *Triomphe de Cybèle* de Louis de Boullongne, d'après une gravure de Simonneau reproduisant le tableau original.

(E. SOUCHIÈRES : *Les Arts rétrospectifs au Palais des Consuls*, Rouen, 1884, in-8°, p. 67).

Ne serait-ce pas la reproduction du *Triomphe d'Amphitrite* cité plus haut (n° 463), ou plus bas (n° 488) ?

HISTOIRE. ALLÉGORIES

DIVERS

480. — Philippe le Hardi, portant à Saint-Denis le corps de saint Louis, *son père.*
Dessin au Louvre, crayon noir rehaussé de blanc. (H. : 0,320; L. : 0,255). Signé : L. B. Gravé dans l'Inventaire Guiffrey-Marcel, n° 1509.

481. — Louis le Jeune, partant pour la Croisade en 1147, *nomme l'abbé Suger, régent du Royaume.*

481 bis. — Saint Louis, partant pour la Croisade, prend l'oriflamme *à Saint-Denis le 14 mars 1270.*
Ces trois compositions de Louis de Boullongne, dessinées pour *l'Histoire de l'Abbaye de Saint-Denis,* furent gravées : le *Philippe le Hardi,* par J.-B. de Poilly, les deux autres vignettes par P. Simonneau.
Les planches in-folio sont à la Chalcographie du Louvre.

482. — Louis XIV accordant à la Ville de Paris des lettres de Noblesse. Peint pour l'Hôtel-de-Ville de Paris.
(V. D'Argenville : *Voyage pittor. de Paris...*)

483. — La Charité instruisant des enfants.
Tableau de 3 pieds 5 pouces sur 6 pieds 1 pouce.
Peint pour une chapelle de l'Hôpital de la Pitié. (D'Argenville : *Voyage pittor. de Paris...*)
L'esquisse de ce tableau est dans les dessins du Louvre. (Gravé dans *l'Inventaire* Guiffrey-Marcel, n° 1499).

Au centre, une femme, assise de face, apprend à lire à une fillette debout à gauche. A droite, une autre fillette à genoux. Autour, des enfants travaillent. Dans les airs, deux saints sur des nuages. Plus haut, dans le ciel, l'Enfant-Jésus, soutenu par des chérubins et adoré par deux anges. Au-dessus, le Saint-Esprit.

(H. : 0,363; L. : 0,221).

484. — L'Abondance, la Charité et l'Innocence. Allégorie.
Cuivre. — H. : 0,36. — L. : 0,375.

Trois jeunes femmes dans un paysage. A gauche, l'Abondance, tournée, montrant son dos nu, la tête chargée d'une longue chevelure blonde, est assise sur une sphère et penche une corne débordante de fruits. Au milieu, vue de face, la Charité (ou la Bienfaisance), rousse, drapée dans une étoffe pourpre et mauve, une gaze verte s'enlevant au-dessus de sa tête; trois enfants nus se pressent contre ses genoux et trois amours au vol déploient au-dessus d'elle un pavillon grenat. A droite l'Innocence, vêtue de blanc, avec une écharpe marron foncé flottant en arrière et un diadème de lis fleuris dans ses cheveux bruns, sourit à un agneau tenu entre ses bras. Au premier plan un fût de colonne brisé.

Appartient à M. Maurice Magnin, conseiller à la Cour des Comptes, qui a bien voulu nous fournir les éléments de cette description. A cause de la présence inusitée de l'Innocence groupée avec l'Abondance et la Charité, M. Magnin croit voir dans son petit tableau un projet de décoration en l'honneur de Louis XV enfant, ce qui le daterait de 1715 à 1720.

485. — La Poésie.
Toile. — H. : 1 m. 05. — L. : 0 m. 82. — Fig. : 0 m. 93.

En pied et assise, elle réfléchit à ce qu'elle va écrire sur un volumen déroulé.

485 bis. — L'Architecture.
Toile. — H. : 1 m. 05. — L. : 0 m. 82. — Fig. : 0 m. 93.

En pied et assise, elle a le coude gauche appuyé sur un chapiteau corinthien et tient un compas de la main droite.

Provenance de ces deux tableaux : le Château de Chanteloup. (Inventaire de 1794).

En laissant subsister l'attribution de ces deux tableaux à Louis de Boullongne, attribution acceptable et qui peut avoir été fondée sur une tradition ou même sur un document, il faut remarquer qu'on pourrait aussi attribuer ces deux œuvres à Bon Boullongne qui a volontiers pastiché les Bolonais.

Appartiennent au Musée de Tours.

Invent. des Richesses d'Art de la France... Province. Monuments civils. Tome V, p. 317.

Un dessin du Louvre, gravé dans l'*Inventaire* GUIFFREY-MARCEL, n° 1542 et signé L. B., permet d'attribuer l'*Architecture* d'une façon plus certaine à Louis de Boullongne.

Voir aux dessins nos n°ˢ 530 à 534, l'*Astronomie*, la *Justice*, l'*Hiver*, l'*Eté*, l'*Automne* et notre n° 376, *Minerve*.

Les Quatre Eléments, c'est-à-dire : La *Terre*, l'*Air*, l'*Eau* et le *Feu*.

486. — La Terre (a été parfois nommée *le Triomphe de Cybèle*).

La déesse est sur un char, traîné par des lions et conduit par des Amours. Elle est assise entre Bacchus et Cérès. Tout autour dansent des Bacchantes et des Faunes. Deux Amours dans les airs. Fond de paysage.

Il y a au Louvre un dessin au crayon noir, rehaussé de blanc sur papier bleuté. (H. : 0,284; L. : 0,387), préparé pour la mise au carreau et signé en marge à droite *L. B.*, dessin qui reproduit ce sujet.

Gravé dans l'*Inventaire* GUIFFREY-MARCEL, n° 1461.

Gravé par Ch. Dupuis en 1721. Haut. 16 p. 6 l. Larg. 19 p. 10 l. Deux inscriptions versifiées, une latine, une française.

Les trois numéros suivants ont été gravés dans les mêmes dimensions. Les quatre Planches, achetées par l'Académie à la vente du graveur Chereau, sont à la chalcographie du Louvre.

487. — L'Air.

Junon, debout sur un nuage et descendue d'un char traîné par des paons, est entourée de nymphes et de génies ailés. A sa demande, Neptune, assis sur un rocher, ouvre la porte d'une caverne d'où sortent trois vents joufflus, auxquels la déesse montre de la main gauche une flotte que l'on voit, dans le coin droit, au bas de la composition, naviguant devant une côte habitée.

Gravé par Ch. Dupuis en 1718.

488. — L'Eau.

(Ce tableau a été appelé quelquefois le Triomphe d'Amphitrite).

Sur un char traîné par des chevaux marins, Neptune et Amphitrite sont assis. Des Tritons et des Naïades les conduisent et les accompagnent. Au-dessus d'eux, trois Amours volant.

Il y a au Louvre toute une série de dessins qui sont des études pour ce tableau et les trois autres composant les *Quatre Eléments*.

Ces dessins, dont la plupart sont gravés dans l'*Inventaire* de MM. GUIFFREY-MARCEL (numéros 1574 à 1584), représentent des Tritons, des Cyclopes, des Bacchantes et des Amours.

Gravé par L. Desplaces en 1718.

489. — Le Feu.

Sous ce titre, Boullongne a reproduit pour les *Quatre Eléments*, avec quelques variantes, le sujet de *Vénus demandant à Vulcain des armes pour Enée*. (V. notre n° 400).

Vénus, accompagnée de l'Amour et de trois nymphes, descend d'un char sur un nuage, à l'entrée de la grotte où Vulcain, avec cinq cyclopes, travaille à forger des armures.

Gravé par L. Desplaces en 1717.

490. — Tête de Cléopatre.

Toile ovale : 2 pieds 1 pouce de haut sur 19 pouces de large.

Cette toile et son pendant, une autre femme par Roslin, furent retirées de la vente de la Live de Jully, en 1770.

491. — Une Mascarade.

Voir le n° suivant.

492. — La Mascarade des Princes.

Ce tableau ne peut être confondu avec le précédent, puisqu'il fut vendu à la 6e vacation de la vente de la comtesse de Verrue et *Une Mascarade* à la deuxième vacation de la même vente.

(CH. BLANC : *Trésor de la Curiosité...* I, p. 2 et 6).

493. — Femme tenant une corbeille de fruits.

Toile : 43 pouces sur 33.

Une femme, vue de face jusqu'aux genoux, tient une corbeille de fruits.

Vendu 60 livres à la vente du comte de Lauraguais en 1772.

(CH. BLANC : *Trésor de la Curiosité*, I, p. 210. — MIREUR : *Dictionn. des Ventes d'Art.*)

494. — Deux bas-reliefs en bordure (?) adjugés 180 livres à la vente de la comtesse de Verrue en 1737.

Deux autres bas-reliefs en bordures, adjugés 120 livres à la même vente.

Ch. Blanc : *Trésor de la Curiosité*, Paris, 1867. Tome I, p. 3.

495. — Un Concert.

Tableau représentant un homme jouant du théorbe, vendu 50 livres à la vente de la comtesse de Verrue en 1737.

(Ch. Blanc : *Trésor de la Curiosité*, I, p. 12. — Mireur : *Dictionn.*)

496. — Les Lavandières.

La gravure qui nous fait connaître ce tableau (Cabinet des Estampes, Da. 30b.) est signée : *Boulogne pinx. Voyez le jeune sculp.*

Elle porte la légende suivante : « Ce tableau est au Cabinet de M. Damery, chevalier de l'Ordre Royal Militaire de Saint-Louis. » Au milieu de la légende, un cartouche portant des armoiries. Enfin, indication de l'éditeur : « A Paris, chez Beauvarlet, rue Saint-Jacques, vis-à-vis celle des Mathurins. »

(Cfr. Heinecken : *Dict. des Artistes dont nous avons des Estampes...* Leipzig, 1786-90, in-8°).

496 *bis*. — Une Vestale, buste.

Vendu 84 livres à la vente du Prince de Conti en 1777.

(Mireur : *Dictionn. des Ventes...*, 1901).

497. — Modèles pour les Tapisseries d'Aubusson.

Dans son travail sur *les Finet*, peintres de la Manufacture de Tapisserie d'Aubusson (*Réunion des Soc. des B.-A. des Départements*, 1888, tome XII, p. 163), M. Cyprien Perathon constate que Louis de Boullongne, le jeune, avait fourni des modèles à cette Manufacture.

GRAVURES

498. — Le Christ mort entouré des saintes femmes et de ses disciples.

Gravé par Louis de Boullongne lui-même.

(Heinecken : *Dict. des Artistes dont nous avons des Estampes...* Leipzig, 1786-90, in-8).

499. — Le Martyre de saint Paul.

Gravé par Louis de Boullongne lui-même.

(Heinecken : *Dict. des Artistes...* — Vente Lajarriette en 1861 (Mireur : *Dictionn.*, 1901).

500. — Le Martyre de saint Pierre.

Gravé par Louis de Boullongne lui-même.

(Heinecken : *Dict. des Artistes...* Leipzig, 1786-90, in-8).

500 *bis*. — Supplice de saint André.

Gravé par Louis de Boullongne le jeune d'après Paul Véronèse.

(Heinecken : *Dict. des Artistes...*)

501. — Saint Joseph portant l'Enfant Jésus dans ses bras.
Gravé par Tobias Lobeck.
(HEINECKEN : *Dict. des Artistes...* Leipzig, 1786-90, in-8).

502. — Le Roi David, jouant de la harpe.
Gravé par un anonyme.
(HEINECKEN : *Dict. des Artistes...* Leipzig, 1786-90, in-8).
Dans la Collection de Mgr de Laugières-Thémines, évêque de Blois
au XVIIIe siècle, se trouvait une copie sur toile du *David jouant de la
harpe*, par le Dominiquin, copie faite par Louis de Boullongne. (H. :
7 pieds 9 p.; — L. : 5 p. 5 p.). (Cfr. *Bull. de la Soc. de l'Histoire de
l'Art Français*, 1912, p. 174).

503. — Jésus-Christ mort, sur les genoux de sa mère.
Gravé par Haenel, in-8.
(HEINECKEN : *Dict. des Artistes...* Leipzig, 1786-90, in-8).
C'est probablement la gravure de ce *Christ mort* pleuré par les
saintes femmes et par deux Apôtres. Signé : *L. de Boullongne inv. et
fec.*, qui est indiqué par HUBER : *Catal. raisonné du Cabinet des Es-
tampes de... M. Brandes.* Leipzig, 1794, tome II, p. 262. (H. : 11 p. 2 l.
— Larg. : 8 p. 4 l.)

504. — Une Sainte Famille.
Gravée en médaillon par Koehler.
(HEINECKEN : *Dict. des Artistes...* Leipzig, 1786-90, in-8).

504 *bis*. — Autre Sainte Famille.
Gravée par Louis de Boullongne lui-même.
(Voir notre n° 343).

505. — Repas de la Sainte Famille.
Gravé par N. Tardieu, in-8.
(HEINECKEN : *Dict. des Artistes...* Leipzig, 1786-90, in-8.

506. — Réception d'un Evêque sous une tente.
Gravé par C. N. Cochin, in-4°.
(HEINECKEN : *Dict. des Artistes...* Leipzig, 1786-90, in-8).

507. — Frontispice pour l'*Histoire de l'Abbaye de Saint-Denis.*
Gravé par J.-B. de Poilly.
(HEINECKEN : *Dict. des Artistes...* — Cfr. notre numéro 481 ter.)

508. — Frontispice pour les *Oraisons de Cicéron.*
Gr. in-12 par C. N. Cochin.
(HEINECKEN : *Dict. des Artistes...*)

508 *bis*. — Statue de Louis XIV en pied foulant l'hérésie, par
Louis Lecomte, érigée par C. du Bois-Guérin dans sa maison. — Grav.
par C. Vermeulen d'après le dessin de Louis de Boullongne fils.
(FLANDRIN : *Coll. Clairembault*, n° 2604.)

PORTRAITS

509. — Portraits réunis du **Grand Condé,** de son fils et de son petit-fils.

Gravé par Langlois, d'après Boullongne le Jeune.

Cité par G. Macon : *Les Arts dans la Maison de Condé*. Paris, 1903, in-4°, p. 48.

510. — Portrait de la **Comtesse du Marais** (Anne Berrier, fille de Louis, comte de la Ferrière, mariée en 1663 à Charles Hurault, comte du Marais, morte le 14 janvier 1683).

Lucien Gillet : *Nomenclature des ouvrages sur Paris exposés aux divers Salons*, depuis 1673. Paris, 1911, in-8, p. 30.

511. — Portrait de Antoine-François **Joly** (1672-1753), censeur royal et écrivain dramatique, gravé par Delvaux, d'après un tableau de Louis de Boullongne le jeune, pour placer en tête des *Chefs-d'œuvre dramatiques*. Paris, 1791, 2 vol. in-18. (Ce vol. manque à la Bibl. Nat.)

Cette petite gravure, de 5 cent. $\frac{1}{2}$ sur 8 cent. $\frac{1}{2}$, est au Cabinet des Estampes, dans l'œuvre de Delvaux (E f. 96). Elle est signée à droite : *R. D'Elvaux fecit;* et à gauche : *Boullongne p^r pinxit*. En bas cette annotation au burin : « Ce portrait n'avoit pas encore été gravé. »

511 *bis*. — Portrait de **Louis, duc de Bourbon,** pair de France, dans un ovale couronné par la Renommée et accompagnée de Mars, de Minerve, de l'Eloquence et de la Magnificence. — Gravure de J. Langlois, d'après Louis de Boullongne. — Et. Gantrel, éditeur.

Pour la thèse de Pierre-Louis du Tertre. Bibliothèque Nationale : Collections Clairambault, n° 4902 de l'Inventaire de Flandrin.

DESSINS

Ne paraissant pas avoir été exécutés en peinture ou qui ne se rattachent, comme études, à aucun tableau déterminé.

512. — Vénus et l'Amour.

Ovale. H. : 0,210. — L. : 0,160.

Vénus, de profil à droite, est assise sur des nuages, presque nue. Près d'elle l'Amour, volant, tire de l'arc.

Signé : *L. B.*

Dessin du Louvre. — Crayon noir, rehaussé de blanc, sur papier gris.

Gravé dans l'*Inventaire* Guiffrey-Marcel, n° 1440.

— Croquis du même sujet au verso du dessin n° 1518 de cet *Inventaire*.

513. — Mars et Vénus.

H. : 0,285. — L. : 0,364.

Vénus, presque nue, est assise sur un lit, sous une draperie que retiennent des Cariatides et un Amour. Au pied du lit est assis Mars, que dévêtent deux Amours, dont l'un tient le casque du Dieu. Un autre Amour, assis à terre, sur le bouclier, joue avec l'épée.

Signé : *L. B.*

Dessin du Louvre. — Crayon noir, rehaussé de blanc, sur papier bleuté.

Gravé dans l'*Inventaire* Guiffrey-Marcel, n° 1441.

514. — Diane et Endymion.

H. : 0,230; — L. : 0,317.

Au premier plan, à gauche, Endymion, à demi-nu, est endormi sur un tertre. Son chien est couché près de lui. Diane s'approche sur des nuages, entourée d'Amours.

Signé : *L. B.*

Dessin du Louvre, préparé pour la mise au carreau. Nous ne savons pas s'il a été exécuté en peinture. — Crayon noir rehaussé de blanc, sur papier bistré.

Gravé dans l'*Inventaire* Guiffrey-Marcel, n° 1458.

515. — Flore.

Ovale. H. : 0,210; — L. : 0,165.

Assise sur des nuages, de face, près d'une corne d'abondance d'où s'échappent des fleurs et des fruits, la déesse tient des fleurs dans la main droite.

En bas, à gauche : *L. B.*

Dessin du Louvre. — Crayon noir, rehaussé de blanc, sur papier gris.

Gravé dans l'*Inventaire* Guiffrey-Marcel, n° 1462.

516. — Apollon et Daphné.

Composition dans un cercle : H. : 0,260; — L. : 0,255.

Apollon, à droite, de profil, se précipite à la poursuite de Daphné, qui se réfugie auprès de son père, le fleuve Pénée, à-demi couché à gauche, et accompagné de deux Naïades. Un Amour dans les airs s'enfuit.

En bas, à gauche, au crayon noir : *L. B.* et à droite : *Versailles.*

Dessin du Louvre. — Crayon noir, rehaussé de blanc, sur papier bleuté.

Gravé dans l'*Inventaire* Guiffrey-Marcel, n° 1466.

— Le dessin n° 1467, signé : *Louis Boullongne*, est une étude pour l'*Apollon* du dessin 1466.

517. — L'Aurore.

H. : 0,192; — L. : 0,263.

Etendue sur des nuages, à demi-nue, une femme répand des fleurs qu'elle puise dans une corbeille que lui présente à gauche un Amour. A droite, deux autres Amours.

Signé : *L. B.*

Dessin du Louvre. — Crayon noir, rehaussé de blanc, sur papier bleuté.

Gravé dans l'*Inventaire* GUIFFREY-MARCEL, n° 1478.

518. — Nymphe surprise par un Satyre.
H. : 0,245; — L. : 0,356.

Au bord d'une fontaine, une Nymphe nue, assise, est occupée à sa toilette, à laquelle l'aide un Amour. Un autre Amour, à droite, repousse un Satyre qui apparaît derrière un buisson.

Signé : *L. B.*
Dessin du Louvre, préparé pour la mise au carreau. — Crayon noir, rehaussé de blanc, sur papier bistre.
Gravé dans l'*Inventaire* GUIFFREY-MARCEL, n° 1479.

519. — Tityre et Mélibée.
H. : 0,283; — L. : 0,281.

Mélibée, debout, presque de face, au centre, désigne le troupeau de bœufs qu'il emmène dans son exil. Tityre est assis sous un arbre, à gauche, et joue du chalumeau; au fond, des maisons. (Dans un cartouche, les vers 4, 5 et 6 de la première Eglogue de Virgile).

Signé : *L. B.*
Dessin du Louvre. — Crayon noir, rehaussé de blanc, sur papier bleuté.
Gravé dans l'*Inventaire* GUIFFREY-MARCEL, n° 1480.

520. — L'Education de la Vierge.
H. : 0,230; — L. : 0,215.

La Vierge, debout, au centre, de profil à gauche, lit dans un livre posé sur les genoux de sainte Anne, assise à gauche, contre une colonne. Au second plan, à droite, saint Joachim, assis, de profil à gauche, accoudé contre une balustrade. Fond de paysage.

Signé : *L. B.*
Dessin du Louvre. — Crayon noir, rehaussé de gouache, sur papier bleuté.
Gravé dans l'*Inventaire* GUIFFREY-MARCEL, n° 1483.
— Un autre dessin (n° 1484) avec légères variantes, reproduisant le même sujet.

521. — Le Christ lavant les pieds des Apôtres.
H. : 0,247. — L. : 0,400.

Le Christ, à genoux, essuie le pied d'un disciple. Autour de lui, les apôtres par groupes. A droite, l'un d'eux remet ses sandales.

Signé : *L. B.*
Dessin du Louvre. — Crayon noir rehaussé de blanc, sur papier bistre.
Gravé dans l'*Inventaire* GUIFFREY-MARCEL, n° 1496.

522. — Le Portement de Croix.
H. : 0,243; — L. : 0,326.

Au milieu, le Christ qu'un bourreau traîne par une corde, tombe sous le poids de la croix, qu'un centurion soulève à gauche. Au second plan, trois soldats, dont un frappe le Christ.

En bas, à la marge de gauche : *Louis de Boullogne Del*.
Dessin du Louvre. — Crayon noir, rehaussé de blanc.
Gravé dans l'*Inventaire* GUIFFREY-MARCEL, n° 1497.

523. — Le Christ Pasteur.
H. : 0,247; — L. : 0,115.

Le Christ, de face, devant une maison, sa houlette dans la main gauche, montre de la droite les brebis qui l'entourent.

Dessin du Louvre. — Crayon noir rehaussé de blanc, sur papier verdâtre.
Gravé dans l'*Invent.* GUIFFREY-MARCEL, n° 1498.

524. — Hérodiade présente à Hérode la tête de saint Jean-Baptiste.
H. : 0,338; — L. : 0,272.

Dans une salle de festin, Hérodiade saisit par les cheveux la tête de saint Jean que lui présente une servante sur un plat pour la montrer à Hérode, assis à droite. Au premier plan, à gauche, un soldat debout; à droite, un esclave à genoux, remplit des vases.

En marge, à gauche : *L. B.*
Dessin du Louvre. — Crayon noir, rehaussé de blanc.
Gravé dans l'*Inventaire* GUIFFREY-MARCEL, n° 1500.

525. — Saint Paul et Silas, prisonniers, convertissent leur geôlier.
H. : 0,340; — L. : 0,474.

Les saints sont debout devant le geôlier agenouillé une main sur la poitrine. Autour d'eux, plusieurs personnages. Au fond, à droite, la famille du geôlier descend un escalier.

En marge, au bas : *L. B.*
Dessin du Louvre. — Crayon noir rehaussé de blanc.
Gravé dans l'*Inventaire* GUIFFREY-MARCEL, n° 1501.

526. — Saint Paul et Silas à Philippes.

Dans le tribunal, deux bourreaux dévêtent un des saints pour le frapper de verges que prépare un aide. Au second plan, deux autres bourreaux frappent l'autre saint.

En bas : *L. B.*
Dessin du Louvre. — Crayon noir rehaussé de blanc.
Gravé dans l'*Inventaire* GUIFFREY-MARCEL, n° 1502.

527. — Saint Paul et saint Barnabé à Paphos.
H. : 0,300; — L. : 0,490.

Devant le proconsul, le magicien, à gauche, est frappé de cécité par les saints qui s'avancent vers lui. Derrière eux, des licteurs et des assistants. Au fond, à droite, des vaisseaux au port.

A gauche, en marge : *L. B.*
Dessin au Louvre. — Crayons noir et blanc.
Préparé pour la mise au carreau avec cette indication : 18 pieds. Il est donc probable que le tableau a été exécuté.
Dessin gravé dans l'*Invent.* GUIFFREY-MARCEL, n° 1503.

528. — Saint Louis déposant la couronne d'épines à la Sainte Chapelle.
H. : 0,309; — L. : 0,256.

Le roi agenouillé devant l'autel, tenant la couronne. Au-dessus de lui, une gloire de chérubins. Au premier plan, un turban, un arc, des flèches.

A la marge, en bas : *L. B.*
Dessin du Louvre. — Crayon noir, gouaché.
Préparé pour la mise au carreau avec les indications : 8 pieds et 10 pieds 6 pouces.
Etude pour le tableau attribué par M. BAILLY à Bon Boullongne. (Cfr. ENGERAND : *Inventaire*, p. 443).
Gravé dans l'*Invent.* GUIFFREY-MARCEL, n° 1507.
— Le n° 1508, également gravé, est une variante du même sujet, et contient les mêmes indications.

529. — Excommunication d'un moine.
H. : 0,212; — L. : 0,360.

Un évêque sur un trône, accompagné d'un diacre portant sa crosse et d'un autre tenant un livre, répudie du geste un religieux debout devant lui et entouré de plusieurs assistants.

En bas de la marge : *L. B.*
Dessin du Louvre. — Crayon noir rehaussé de blanc. — Préparé pour la mise au carreau.
Gravé dans l'*Invent.* GUIFFREY-MARCEL, n° 1510.

530. — L'Astronomie.
H. : 0,212; — L. : 0,166. — Ovale.

Une femme, assise sur des nuages, prend, avec un compas, des mesures sur une carte du ciel qu'elle tient de la main gauche. Autour d'elle, les signes du Zodiaque.

En bas, à la plume : *L. B.*
Dessin du Louvre. — Crayon noir rehaussé de blanc.
Gravé dans l'*Inventaire* GUIFFREY-MARCEL, n° 1543.

531. — La Justice.
H. : 0,350; — L. : 0,185.

Assise sur des nuages, sous un dais, une femme drapée tient dans la main gauche la hache des licteurs, et dans la main droite, les balances.

En bas, au crayon noir : *L. B.*
Dessin du Louvre. — Crayon noir, rehaussé de blanc, lavé d'encre de Chine.
Gravé dans l'*Inventaire* GUIFFREY-MARCEL, n° 1544.

532. — L'Hiver.

Composition inscrite dans un cercle : H. : 0,227; L. : 0,240.

Dans un palais, un vieillard et un enfant nu, agenouillés, se chauffent les mains à un brasier.

En bas : *L. B.*

Dessin du Louvre. — Crayon noir rehaussé de blanc, sur papier gris.

Gravé dans l'*Inventaire* GUIFFREY-MARCEL, n° 1546.

533. — L'Eté.

H. : 0,288; — L. : 0,350.

Une femme chatouille avec un épi le visage d'un homme endormi à terre sur une gerbe de blé. Une autre femme lie des gerbes. Au second plan, à droite, des moissonneurs sont assis et mangent. A gauche, un homme moissonne des épis. Au fond, un charretier conduit vers une ferme une charrette traînée par deux chevaux.

En bas : *L. B.*

Dessin du Louvre. — Crayon noir, lavé d'encre de Chine.

Gravé dans l'*Inventaire* GUIFFREY-MARCEL, n° 1547.

Pendant de l'*Automne*, qui suit :

534. — L'Automne.

H. : 0,290; — L. : 0,355.

Au centre un couple danse au son d'une musette dont joue un personnage assis à gauche. Deux enfants prennent des raisins dans une cuve. A droite, un homme cueille des grappes qu'une femme reçoit dans une corbeille. Au second plan des vendangeurs et sous un hangar, à droite, une cuve où une femme foule du raisin.

En bas, au crayon noir : *L. B.*

Dessin du Louvre. — Crayon noir, lavé d'encre de Chine. Mis au carreau au crayon noir.

Gravé dans l'*Inventaire* GUIFFREY-MARCEL, n° 1548.

Pendant du précédent.

535. — Feuille de croquis.

Un licteur. Un homme imberbe et chauve.

H. : 0,405; — L. : 0,267.

Dessin du Louvre. — Crayon noir rehaussé de blanc.

Signé : *L. B.*

Gravé dans l'*Invent.* GUIFFREY-MARCEL, n° 1585.

536. — Buste de jeune fille.

H. : 0,195; — L. : 0,325.

La tête penchée à droite, portant une corbeille à deux mains.

Signé : *L. B.*

Dessin du Louvre. — Crayon noir rehaussé de blanc.

Gravé dans l'*Inventaire* GUIFFREY-MARCEL, n° 1586.

537. — Buste de femme.

H. : 0,242; — L. : 0,167.

De profil à droite, penchée en avant les mains croisées sur la poitrine.
Signé : *L. B.*
Dessin du Louvre. — Crayon noir rehaussé de blanc.
Gravé dans *Inventaire*, n° 1587.

538. — Buste de jeune homme.
H. : 0,202; — L. : 0,370.
Signé : *L. B.*
Dessin du Louvre, gravé dans *Inventaire*, n° 1588.

539. — Autre buste de jeune homme.
H. : 0,255; — L. : 0,454.
Signé : *L. B.* — Dessin du Louvre, gravé, n° 1589.

540. — Buste d'homme.
H. : 0,302; — L. : 0,252.
Signé : L. B. — Dessin du Louvre, gravé, n° 1590.

541. — Buste d'enfant.
H. : 0,194; — L. : 0,235.
Signé : *L. B.* — Dessin du Louvre, gravé, n° 1591.

542. — Tête d'enfant.
H. : 0,260; — L. : 0,255.
Signé : *L. B.* — Dessin du Louvre, gravé, n° 1592.

543. — Tête de jeune garçon.
H. : 0,215; — L. : 0,205.
Signé : *L. B.* — Dessin du Louvre, gravé, n° 1593.

544. — Tête de femme.
H. : 0,190; — L. : 0,175.
Signé : *L. B.* — Dessin du Louvre, gravé, n° 1594.

545. — Tête d'homme.
H. : 0,207; — L. : 0,242.
Signé : *L. B.* — Dessin du Louvre, gravé, n° 1595.

546. — Tête de personnage antique.
H. : 0,262; — L. : 0,252.
Signé : *L. B.* — Dessin du Louvre, *Invent.*, n° 1596.

547. — Tête de religieux.
H. : 0,227; — L. : 0,215.
Signé : *L. B.* — Dessin du Louvre, gravé, n° 1597.

548. — Tête de vieillard.
H. : 0,220; — L. : 0,198.
Signé : *L. B.* — Dessin du Louvre, gravé, n° 1598.

549. — Autre Tête de vieillard.
H. : 0,217; — L. : 0,193.
Signé : *L. B.* — Dessin du Louvre, gravé, n° 1599.

550. — Un satyre surprenant une nymphe au bain.
H. : 0,217; — L. : 0,261.

De profil à gauche, le satyre poursuit dans les roseaux une nymphe qui s'enfuit vers trois de ses compagnes. Dans les airs, un Amour, son arc à la main, un doigt sur la bouche. A droite, une figure de fleuve.

Signé : *Lud. Bologne.*
Dessin du Louvre, seulement attribué à Louis de Boullongne.
Gravé dans *Invent.* GUIFFREY-MARCEL, n° 1600.

551. — L'Adoration des Bergers.
H. 0,12. — L. 0,13.
Dessin lavé de sépia. Au second plan, fonds d'architecture et étable ruinée.

Appartient au Musée de Rennes. (Comm. de M. LAFOND, conservateur).

552 à 560. — Offrande à Jupiter.
Neuf dessins à la plume, lavés au bistre et rehaussés de blanc. (12 sur 15).
Vente Vassal de Saint-Huber en 1783, 64 livres.
R. DUMESNIL : *Peintre-Graveur-Français*, p. 61. — CH. BLANC : *Trésor de la Curiosité*, I, p. 449. — MIREUR : *Dictionn. des Ventes d'Art.*, 1901.

561. — Sainte Famille.
Dessin au crayon noir, sur papier gris rehaussé de blanc.
Signé : *L. Boulogne* (le jeune).
Vente Thibeaudeau, 19 francs.
R. DUMESNIL : *Peintre-Graveur-Français*, p. 61.

562. — Album d'études au crayon sur papier bleu et gris.
Musée du Louvre.
R. DUMESNIL : *Peintre-Graveur-Français*, p. 61.

562 *bis*. — Un Saint agenouillé, avec un autre assis derrière et des anges au-dessus d'eux.
Musée de Montpellier.

562 *ter*. — Un religieux faisant l'aumône.
Musée de Montpellier.

PROJETS DE MÉDAILLES ET DE JETONS

Nous avons vu dans notre texte (page 46) que Louis de Boullongne le Jeune avait été chargé, vers 1717, de faire les dessins des Médailles du Roi, ce qui lui donnait le droit de prendre le titre de Membre de l'Académie des Inscriptions.

Le Louvre possède toute une série de dessins de Louis de Boullongne ou tout au moins rectifiés et corrigés par lui qui ont été publiés par MM. Jean Guiffrey et Pierre Marcel, dans leur *Inventaire Général des Dessins du Musée du Louvre et du Musée de Versailles* (Paris, 1908, in-4°). Nous croyons ne pouvoir mieux faire que de leur emprunter leur description en renvoyant au numéro de leur Inventaire.

Tous ces dessins, sauf ceux portant nos numéros 564, 577, 578, 580, 581 et 583, ont été reproduits dans le grand ouvrage de G. R. Fleurimont : *Médailles du règne de Louis XV.*

563. — Portrait d'un jeune prince.

De profil à gauche, les cheveux bouclés.

Crayon noir, rehaussé de blanc, sur papier bleuté. (H. : 0,180; — L. : 0,180).

En bas, à gauche, au crayon noir : *L. B.*

Gravé dans l'*Inventaire*, n° 1549.

564. — Entrée de la reine Marie Leczinska.

Un char, traîné par quatre chevaux, pénétrant sous un arc de triomphe, porte la reine, vêtue d'habits antiques, et couronnée par une Victoire tenant une torche. Autour du char, des cavaliers.

Crayon noir, forme presque circulaire. (H. : 0,207; — L. : 0,213).
Exécuté en médaille en 1722. Voir *Mercure de France*, 1722 (gravure).

Gravé dans l'*Inventaire*, n° 1550.

565. — Le sacre de Louis XV.

Dans la basilique de Reims, le roi, de profil perdu à droite, est agenouillé devant l'archevêque, qui l'oint. Derrière Louis XV, le duc d'Orléans et des seigneurs. L'archevêque est entouré de prélats.

Crayon noir, forme circulaire. Diamètre : 0,200.
Exécuté en médaille en 1722, par Jean Duvivier, graveur des Médailles du Roi. Voir *Mercure...* 1722.

Gravé dans l'*Inventaire*, n° 1551.

566. — La majorité du roi.

Louis XV sur son trône, accompagné de la Justice et de la Paix, reçoit des mains du Régent un gouvernail fleurdelisé. Légende : *Imperium susceptum.* Exergue : *Anno Ætatis XIV, ineunte XVI, februarii MDCCXXIII.*

Sanguine, lavé de sanguine, forme circulaire. Diamètre : 0,166.
Exécuté en médaille en 1723. Voir *Mercure...* 1722.

Gravé dans l'*Inventaire*, n° 1552.

567. — La majorité du roi.

La France est assise sur un globe fleurdelisé et s'appuie à la base d'une colonne. Légende : *Imperium Stabile.* Exergue : *MDCCXXIII.*

Sanguine, lavé de sanguine. Forme circulaire. Diamètre : 0,194.
Exécuté en médaille en 1727. Voir *Mercure...* 1724.

Gravé dans l'*Inventaire*, n° 1553.

568. — Promotion de chevaliers du Saint-Esprit.

Louis XV, en costume de grand-maître de l'Ordre, sous un dais aux armes de l'Ordre, passe le collier au cou d'un nouveau chevalier, agenouillé devant lui. A ses côtés, quatre chevaliers.

Crayon noir, lavé d'encre de Chine. Forme circulaire. Diamètre : 0,220.

Exécuté en médaille en 1724.

Gravé dans l'*Inventaire*, n° 1554.

569. — **Allégorie sur la Paix.**

La Paix, un rameau d'olivier dans la main gauche, abaisse de la main droite un flambeau vers des armes posées à terre. Près d'elle, l'abondance. Légende : *Ordo fidesque perennant*. Exergue : *MDCCXXIV.*

Crayon noir et plume, lavé d'encre de Chine. Forme circulaire. Diamètre : 0,197.

Exécuté en médaille en 1738.

Gravé dans l'*Inventaire*, n° 1555.

570. — **Le mariage de Louis XV.**

La reine, de profil à droite, le roi, de profil à gauche, se donnent la main, bénis par le cardinal de Rohan, évêque de Strasbourg, de face, tournant le dos à un autel. A droite, la couronne, le sceptre et la main de justice posés sur un coussin. A gauche, la couronne seule. Légende : *Sedandae populorum anxietati*. Exergue : *Nuptiae regiae.*

Crayon noir. Forme presque circulaire. H. : 0,223; — L. : 0,228.

Exécuté en médaille en 1725. Voir *Mercure...* 1725.

Gravé dans l'*Inventaire*, n° 1556.

571. — **Allégorie sur le mariage du roi.**

L'hymen, volant dans les airs, un flambeau à la main, apporte une couronne à la France assise sur un globe fleurdelisé. Légende : *Spes maturae felicitatis.* Exergue : *XXV augusti MDCCXXV.*

Crayon noir, forme circulaire. Diamètre : 0,229.

Exécuté en médaille en 1725.

Gravé dans l'*Inventaire*, n° 1557.

572. — **La Chasse.**

Quatre chiens, autour d'un trophée composé d'armes de chasse et de têtes de bêtes. Légende : *Et habet sua castra Diana.*

Plume et crayon noir. Forme circulaire. Diamètre : 0,194.

Exécuté en médaille en 1725. Voir *Mercure...* 1725.

Gravé dans l'*Inventaire*, n° 1558.

573. — **Le gouvernement personnel.**

Le roi, debout, de profil, à gauche, reçoit un globe fleurdelisé des mains de Minerve, qui lui montre un médaillon de Louis XIV, tenu dans les airs par la Renommée. Légende : *Exemplar regni.* Exergue : *Avitum regimen restitutum MDCCXXVI.*

Crayon noir. Forme circulaire. Diamètre : 0,209.

Exécuté en médaille en 1726.

Gravé dans l'*Inventaire*, n° 1559.

574. — Les préliminaires de la Paix.

Mars et Minerve, de profil, se serrent la main devant un olivier, auquel sont pendus les écus de l'Empire, de France, d'Espagne, d'Angleterre, etc. Légende : *Spes pacis aeternae fundata.* Exergue illisible.

Crayon noir. Forme circulaire. Diamètre : 0,216.
Exécuté en médaille en 1727.
Gravé dans l'*Inventaire*, n° 1560.

575. — La naissance de Mesdames de France.

La Fécondité, en costume antique, de face, tient un enfant nu sur chaque bras. — Légende : *Fecunditas Aug.* .Exergue : *Gemellae regiae natae XIV augusti MDCCXXVII.*

Crayon noir, forme ovale. H. : 0,305. — L. : 0,285.
Exécuté en médaille en 1727.
Gravé dans l'*Inventaire*, n° 1561.

576. — Le rétablissement des compagnies de Cadets.

Au centre, Mars, de face, montre de la main droite, trois cadets penchés sur un plan. A droite, un cadet monte la garde près du drapeau. Légende : *Nob. epheb. instit. mili. renovata.* Exergue : *MDCCXXVII.*

Crayon noir, forme circulaire. Diamètre : 0,211.
Exécuté en médaille en 1727.
Gravé dans l'*Inventaire*, n° 1562.

577. — La répression des corsaires de Tunis et de Tripoli.

Neptune, monté sur une nef aux armes de France, menace de son trident une femme, à terre, qui l'implore. A gauche, une autre femme, à genoux, joint les mains. Toutes deux, couronnées de tours, ont abattu à terre leur étendard. Légende : *Neptunus foederum vindex.* Exergue : *Tunetum supplex Tripolis incensa MDCCXXVIII.*

Crayon noir, rehaussé de blanc, sur papier bleuté. Forme circulaire. Diamètre : 0,265.
Ni médaille, ni jeton au Cabinet des Médailles.
Gravé dans l'*Inventaire*, n° 1563.

578. — Les Vertus du règne.

Autour d'une colonne, portant un globe fleurdelisé, se tiennent quatre femmes, personnifiant la Justice, la Force, la Vérité et la Tempérance. Légende : *Virtutes regni administrae.* Exergue : *MDCCXXIX.*

Crayon noir rehaussé de blanc, sur papier bleuté. Forme circulaire. Diamètre : 0,272.
Ni médaille, ni jeton, au Cabinet des Médailles.
Gravé dans l'*Inventaire*, n° 1564.

579. — La naissance du Dauphin.

Cybèle, couronnée de tours, assise sur le globe du monde, un lion couché à ses pieds, porte l'enfant royal. Légende : *Vota orbis.* Exergue : *Natales delphini MDCCXXVIII.*

Plume et crayon noir, lavé d'encre de Chine. Forme circulaire. Diamètre : 0,210.
Exécuté en médaille en 1729. Voir *Mercure...* 1729.

Gravé dans l'*Inventaire*, n° 1565.

580. — La naissance du Dauphin.

Le Dauphin est couché dans un berceau, de face, surmonté d'un baldaquin à ses armes. Légende : *Nec isto vellere dignior alter.*

Crayon noir, rehaussé de blanc, sur papier bleuté. Forme circulaire. Diamètre : 0,240.

Ni médaille, ni jeton, au Cabinet des Médailles.

Gravé dans l'*Inventaire*, n° 1566.

581. — La naissance du Dauphin.

Dans un berceau surmonté d'un baldaquin, le Dauphin dort veillé par un ange. Légende : *Caelo demittitur alto.* Exergue : *Delfin. nat. IV Septemb. MDCCXXIX.*

Crayon noir, rehaussé de blanc, sur papier bleuté. Forme circulaire. Diamètre : 0,219.

Ni médaille, ni jeton, au Cabinet des Médailles.

Gravé dans l'*Inventaire*, n° 1567.

582. — La naissance du duc d'Anjou.

La France, assise de face, tient dans les bras le duc d'Anjou. Un autre enfant, le Dauphin, s'appuie contre elle. Légende : *Novum perennitatis pignus.* Exergue : *Dux Andegavens. natus XXX Augusti MDCXXX.*

Crayon noir, rehaussé de blanc, sur papier bleuté. Forme circulaire. Diamètre : 0,237.

Exécuté en médaille en 1730. Voir *Mercure...* 1731.

Gravé dans l'*Inventaire*, n° 1568.

583. — L'Académie de chirurgie de Paris.

Apollon debout, de face, appuyé sur sa lyre, désigne à une femme, appuyée sur un bâton où s'enroule un serpent, des instruments de chirurgie, à gauche. A droite, un squelette, des livres, etc. Légende : *Apollo Salutaris.* Exergue : *Societas academica Chirurg. Parisiens. MDCCXXXI.*

Crayon noir, rehaussé de blanc, sur papier bleuté. Forme circulaire. Diamètre : 0,235.

Exécuté en jeton en 1741.

Gravé dans l'*Inventaire*, n° 1569.

584. — Les nouvelles fortifications de la ville de Metz.

Minerve, assise, appuyée sur une lance, regarde le plan des fortifications de Metz, que lui présente un génie. A terre, attributs de la Prudence et de la Paix. Légende : *Pax provida.* Exergue : *Metae novis operibus munitae MDCCXXXII.*

Crayons noir et blanc, sur papier bleuté. Forme circulaire. Diamètre : 0,238.

Exécuté en médaille en 1732.

Gravé dans l'*Inventaire*, n° 1570.

585. — Les camps.

Mars, assis sur des armes, est entouré de cinq génies, debout, portant des étendards. Légende : *Martis otia.* Exergue : *Acies in castra distributae MDCCXXXII.*

Crayons noir et blanc sur papier bleuté. Forme circulaire. Diamètre : 0,235.

Exécuté en médaille en 1732.

Gravé dans l'*Inventaire*, n° 1571.

586. — Les Bâtiments du Roi.

Un génie assis de trois quarts à gauche, sur la base d'une colonne cannelée, désigne des instruments d'architecture, accrochés aux branches d'un laurier. Légende : *Expectant Iovis imperium.* Exergue : *Bastiments du Roy, 1732.*

Crayons noir et blanc, sur papier bleuté. Forme circulaire. Diamè tre : 0,238.

Exécuté en jeton en 1732.

Gravé dans l'*Inventaire*, n° 1572.

587. — La création de nouvelles routes.

Au bord d'une route pavée, bordée d'arbres, une femme, le torse nu, est assise à terre, un bras appuyé sur une roue, l'autre sur un cippe, où on lit : *Opt. princ.* Légende : *Viae publicae.* Exergue : *MDCCXXXIII.*

Crayon noir, lavé d'encre de Chine. Forme circulaire. Diamètre : 0,212.

Exécuté en médaille en 1733.

Gravé dans l'*Inventaire*, n° 1573.

588. — Apollo Salutaris.

Médaille avec revers. Grav. par C. Simoneau.

APPENDICE V

Titres produits
par
LOUIS DE BOULLONGNE
Directeur de l'Académie Royale de
Peinture et de Sculpture
Pour sa réception dans l'Ordre de Saint=Michel
1722

Extrait des Titres produits par Louis de Boulongne, Escuier, Con^{er}
Secrétaire du Roy, Maison, Couronne de France en la Chancellerie près
le Parlement de Rouen, Peintre Ordinaire de Sa Majesté et Directeur
de l'Académie Royale de Peinture et Sculpture, nommé par Sa Majesté
Chevalier de l'Ordre de Saint-Michel ; pour les Preuves de sa Noblesse,
âge et Religion.

Devant très haut et très puissant Seigneur Messire Victor-Marie
d'Estrées, Comte de Nanteuil, 1er-Baron de Boulenois, Seign^r de Tour-
pes, Maréchal et Vice-amiral de France, Grand d'Espagne, Chlr et
Commandeur des Ordres du Roy, Vice-roy d'Amérique, Lieuten^t général du Comté Nantois, Gouv^r des Ville et Château de Nantes, du
Cons^{el} de Régence, et Président du Cons^{el} de Marine ; Com^{re} député par
Sa Majesté pour la vérification de ces Preuves, par Lettres patentes
du XIe jour d'Aoust 1722.

(Ici les armoiries peintes, avec lambrequins, cimier et supports).

Lettres patentes du Roy, Chef et Souverain Grand M^e des Ordres
de St-Michel et du St-Esprit, adressées à son très cher et bien aimé
Cousin le Mareschal d'Estrées, Chevalier et Command^r de ses Ordres;
portant qu'ayant résolu d'honorer de la Croix de son Ordre de S^t-
Michel, le Sr de Boullongne, Con^{er} Secrétaire de Sa Majesté en sa Chancellerie près son Parlement de Rouen, en considération de ses services,
Elle l'a commis de l'avis de son très cher et très aimé Oncle le Duc
d'Orléans, Régent, pour examiner les Titres, dont il lui sera fait raport par le Sieur Clairambault, Généalogiste désd. Ordres, pour les

Preuves de sa Noblesse, services, âge et Religion; et que s'il les trouve
suffisans pour y estre admis, Il reçoive son Serment, et lui donne la
Croix conformément à l'Instruction qui lui en est adressée : Ces Lettres données à Versailles, le onze d'Aoust 1722, signées Louis, et plus
bas, Par le Roy, Chef et Souverain Grand Maître des Ordres de S^t-
Michel et du St-Esprit, le Duc d'Orléans, Régent, présent, le Bas, et
scellées du grand Sceau et contresceau de l'Ordre de St-Michel en cire
blanche.

Instruction du Roy à M^r le Mar^l d'Estrées, sur ce qu'il aura à faire
pour l'examen des Preuves du Sr de Boulongne; portant que s'il les
trouve suffisantes, il en signera le Procès-Verbal avec le Sr Clairambault, Généalogiste des Ordres, après qu'il lui en aura fait son rapport;
fera prester Serment au Sr de Boulongne, et lui donnera la Croix, pour
la porter avec un ruban noir en escharpe, conformément aux Statuts
de l'année 1665, et que le Procès-Verbal et Serment seront remis ensuite au Sr de Montargis, Secrétaire et Commandeur des Ordres de Sa
Majesté pour estre gardés dans les Archives : Cette Instruction dattée
de Versailles le onze d'Aoust 1722. Signée : Louis et contresignée : le
Bas.

Lettre du Roy à son Cousin le Mareschal d'Estrées, Commandeur
de ses Ordres, par laquelle Sa Majesté lui mande que voulant donner
au Sr de Boulongne, des marques de la satisfaction qu'Elle a de ses
services, Elle a résolu de le faire Chevalier de St-Michel; et qu'Elle l'a
nommé pour en faire la Cérémonie : Cette Lettre écrite à Versailles le
onze d'Aoust 1722, signée : Louis, et contresignée : le Bas.

Lettre du Roy à Mr de Boulongne, son Con^{er} Secrét^{re} en sa Chancellerie près son Parlement de Rouen; par laquelle Sa Majesté l'avertit,
que voulant lui témoigner la satisfaction qu'Elle a de ses services,
Elle l'a nommé pour estre reçeu Chevalier de son Ordre de St-Michel,
en satisfaisant à ce qui est requis par les Statuts, dont il sera informé
par son Cousin le Maréchal d'Estrées, se promettant que l'honneur
qu'Elle veut bien lui faire, l'engagera à les continuer avec zèle et affection. Cette Lettre escrite à Versailles le 11e d'Aoust 1722, signée :
Louis, et contresignée : le Bas.

Mémoire des services rendus par le Sr de Boulongne, portant qu'en
1675, un an après la mort de Louis de Boulongne, son père, Peintre
du Roy et Professeur à l'Académie Royale de Peinture, il remporta le
1er prix de l'Académie; que Sa Majesté lui accorda une pension de
6oo l. et lui fit ordonner d'aller en Italie, pour se perfectionner sur les
ouvrages des grands Peintres.

Qu'en 1681, il fut reçu à l'Académie royale de Peinture et Sculpture; qu'il fit l'un des 4 grands tableaux du Salon de Marly, et que le
Roy lui donna une nouvelle pension de 5oo l.

Qu'il a depuis peint à fresque la Chapelle de St-Augustin et le Concert de musique par les Anges dans la gr^{de} Eglise des Invalides.

En 1709, la Chapelle de la Vierge, avec le Tableau de l'Annonciation et les cinq Apostres dans les Voutes de la Tribune à droite de la Chapelle du Roy à Versailles.

En 1715, les Tableaux de la Purification et de la Fuite en Egypte, dans le Chœur de l'Eglise de Notre-Dame de Paris.

Que pour lui marquer la satisfaction que le Roy a eu de ses Ouvrages, sa pension lui a esté augmentée en 1716, de 1200 l.

Que la mesme année, il fut éleu Recteur perpétuel de l'Académie Royale de Peinture et Sculpture, après y avoir professé pendant 25 ans.

Qu'en 1722, il fut nommé Directeur de cette Académie, et Dessinateur de celle des belles-lettres, avec séance dans les Assemblées, et une pension de 1000 l.

Et que c'est en considération de ses Ouvrages, et de la réputation qu'il s'est acquise, que Sa Majesté, et S. A. R. Monseig^r le Duc d'Orléans, Régent, l'ont voulu décorer par une marque de distinction, en le nommant pour estre reçeu Chevalier de l'Ordre de St-Michel.

Il raporte pour Titres :

Lettre de M^r le Duc d'Antin à Mr Boulongne portant qu'il l'a choisi pour remplir la place de dessinateur de l'Académie des belles Lettres, qu'avoit feu Mr Coypel, et y avoir séance parmi les associés, avec une pension de 1000 l. Cette Lettre escrite à Paris le 13 de Janvier 1722. Signée : le Duc d'Antin.

Lettres patentes de l'Académie Royale de Peinture et Sculpture, par lesquelles l'Académie, connaissant la capacité et suffisance du Sr Louis Boulongne, par le Tableau qu'il a fait suivant ses ordres, représentant Auguste qui fait fermer le Temple de la Paix, l'a reçeu en qualité d'Académicien, pour avoir séance en toutes ses Assemblées et jouir de ses privilèges : Données à Paris le 1er d'Aoust 1681; signées le Brun, M. Anguier, et Massou, sur le reply : Par l'Académie. Signé : Gt. Testelin, à costé visa le Brun, Chevalier de l'Académie et 1er Peintre du Roy, et scellées du Sceau de l'Académie en cire verte.

Provisions de l'un des Offices de Con^{ers} Secrétaires du Roy, Maison, Couronne de France en la Chancellerie près le Parlement de Rouen, créés par Edit du mois de Juin 1715, accordées par Sa Majesté à son cher et bien amé Louis de Boulongne, sur la nomination de son très cher et féal Chevalier, Garde des Sceaux de France le Sr de Voyer de Paulmy, Marquis d'Argenson, pour en jouir aux gages et privilèges portés par led. Edit, et par celui du mois de Décembre suivant : Données à Paris le 2 de Juin 1718, sur le repli : Par le Roy, signé Perrotin; registrées à l'Audience de France à Paris les mêmes jour et an, signé : Langlois et Moreau, avec l'acte de prestation de Serment entre les mains de M^r le Garde des Sceaux de France, à Paris le 2e de Juin 1718. Signé : Perrotin de Barmond : regist. en la Cour des Comptes, Aides et Finances de Normandie le 18 dud. mois. Signé : Fauxpoint,

et au Bureau des Finances de la Généralité de Rouen le 4 de Juillet
1718. Signé : le Coustre.

Extrait du Registre des Batesmes de la Paroisse de St-Gervais à
Paris. portant que Louis,]fils de M. Louis Boullongne, Peintre Ordinaire
de l'Académie Royale, et de Barbe l'Archevesque, fut batisé le vendredi 20e Novembre 1654. Cet Extrait délivré le 11 Aoust 1722. Signé : S. Hureau, Docteur de Sorbonne, 1er Vicaire de cette Parroisse;
auquel est joint : le Certificat du Curé de la Parroisse de St-Eustache,
Prestre Doct^r en Théologie de la Faculté de Paris, de la Maison et
Société de Navarre; portant que Louis de Boulongne, Escuier, Con^er
Secrét^re du Roy, Maison, Couronne de France, Peintre ord^re de Sa Mté
et Recteur de l'Académie Royale de Peinture et Sculpture, son Par-
roissien, fait profession de la Religion Catholique, Apostolique et Romaine, et en remplit les devoirs avec édification; à Paris le 13e d'Aoust
1722. Signé : Secousse.

Lettres patentes du Roy Charles VIII, données à Paris au mois de
Février 1484, registrées au Grand Conseil le 8 May 1576, portant confirmation de l'Anoblissement des Secrétaires du Roy, et de tous leurs
privilèges; qu'ils seront réputés nobles et égaux aux Barons; capables
de recevoir tous Ordres de Chevalerie, et d'estre élevés à toutes sortes
d'honneurs, comme si leur Noblesse étoit d'ancienneté, et au de là
de la 4e génération. (*Histoire de la Chancellerie*, par Tessereau, tome
1er, p. 67).
Ces Lettres confirmées par Edits des mois de May 1704, Juin 1705,
etc.

Déclaration du Roy donnée à St-Germain-en-Laye le 7 de Janvier
1673 dans laquelle il est dit à l'article II : en conséquence de nostre
Edit du mois d'Avril 1672, Nous avons maintenu et confirmé, etc.,
nos Con^ers Secrétaires, Maison et Couronne de France près nos Cours
Supérieures, dans leurs Noblesse, privilèges et prérogatives, pour en
jouir, ainsi qu'en jouissent nos Con^ers Secrétaires, Maison, Couronne
de France et de nos Finances, et les Officiers de notre grande Chancellerie, sans que la présente confirmation puisse passer pour nouvelle
concession. (Tessereau, t. Ier, p. 721).

Edit du Roy concernant les Con^ers Secrétaires de Sa Majesté et autres
Officiers des Chancelleries près les Cours et Conseils Supérieurs et
Provinciaux, etc., rétablis par Edit du mois de Juin 1715, dans lequel
il est dit Article XI : Confirmons en tant que besoin nosd. Officiers,
leurs Veuves et Enfans, dans tous les droits et privilèges portéz par
les Edits d'Avril 1672, Octobre 1701, Février 1703, Janvier 1706 et
autres Edits, Déclarations, etc., rendus en leur faveur par les Rois
nos prédécesseurs. Donné à Vincennes au mois de Décembre 1715.

Douze Procès verbaux des Preuves et réceptions dans l'Ordre de S^t-
Michel, des Srs Mesnager, du 29 Novembre 1704, de Noël Danican de

l'Espine, du 7 Juin 1706, de Jean Orry, du 3 Février 1707, d'Ambroise d'Aubenton, du 30 Mars 1709, de Pierre-Jacques de Laye, du 7 Janvier 1714; de César-Pierre Landais, du 16 Décembre 1717, de Jean Roland Malet, du 18 Septembre 1718, de Pierre Filleul, du 10 Septembre 1719, de Jean-Batiste Robin, du 5 Décembre 1719, de Jean-Batiste Magnianis, et Estienne Hallée, du 20 Janvier 1720; et d'Augustin Bonardy, du 26 Juillet 1722, reçus sur leurs Provisions de Secrétaires du Roy.

Nous, Victor-Marie d'Estrées, Comte de Nanteuil, Mareschal et Vice-Amiral de France, Grand d'Espagne, Chevalier et Commandeur des Ordres du Roy, Viceroy d'Amérique, Lieutenant Général du Comté Nantois, Gouv^r des Ville et Chasteau de Nantes, du Con^{eil} de Régence, et Président du Conseil de Marine : Certifions à Sa Majesté, Chef et Souverain Grand Maistre de l'Ordre de St-Michel, et à tous qu'il apartiendra, que nous avons, en vertu des Lettres patentes du onze de ce mois d'Aoust, et dont l'extrait est cy-dessus raporté, veu et examiné au raport du Sr Clairambault, Généalogiste des Ordres, les Titres qui ont esté produits par Louis de Boulongne Escuier, Con^{er} Secrétaire du Roy, Maison, Couronne de France en la Chancellerie près le Parlement de Rouen et suivant ce qui s'est pratiqué cy-devant pour la réception de plusieurs Chevaliers de St-Michel, nous les avons trouvé suffisans; et conformément à notre pouvoir et à l'Instruction qui nous en a esté donnée, nous l'avons au nom de Sa Mté fait Chevalier de St-Michel, en lui donnant l'Accolade avec la Croix dudit Ordre, conformément à l'Art. IX des Statuts de 1665, après avoir reçeu de lui son Serment en la manière accoutumée : En foy de quoy nous avons signé ces présentes avec ledit Sr Clairambault, et fait aposer le Cachet de nos Armes, à Paris le 20e jour du mois d'Aoust mil sept cent vingt deux.

(Signé) : Le maréchal d'Estrées.

(Et plus bas) : Clairambault.

(Deux sceaux sur papier).

(Suit la formule du Serment) :

Je, Louis de Boulongne, Escuier, Conseiller Secrétaire du Roy, Maison, Couronne de France en la Chancellerie près le Parlement de Rouen, Peintre ordinaire de Sa Majesté et Directeur de l'Académie Royale de Peinture et de Sculpture, soussigné, Jure et promets de bien et fidellement garder et entretenir les Statuts et Constitutions de l'Ordre de St-Michel, auquel il a plû au Roy, Chef et Souverain Grand Maistre de m'associer, et d'en porter toujours la Croix avec un ruban noir en Echarpe, ainsy qu'il est ordonné par l'Article IX des Statuts de l'année 1665; que s'il vient à ma connoissance quelque chose qui puisse altérer la grandeur et la dignité de l'Ordre, ou qui soit contraire au service de Sa Majesté, j'en donneray avis et m'y opposeray de tout mon pouvoir; que s'il arrive, ce que Dieu ne veuille, que je sois trouvé avoir fait quelque chose digne de reproche, et pour raison de quoy je sois sommé et requis de rendre la Croix de l'Ordre, je la res-

titueray incontinent entre les mains de celui qui sera commis par Sa
Majesté pour la retirer, sans que pour cette raison je porte aucune
haine ni mauvaise volonté envers le Souverain et les Chevaliers; Pour
seureté de quoi j'engage ma foy et mon honneur par le présent acte
signé de ma main et scellé du Cachet de mes Armes; à Paris le 20ᵉ jour
du mois d'Aoust mil sept cent vingt et deux.

   (Signé) : Boulongne et scellé du Cachet de ses Armes.
   Collationné.
   (Signé) : Clairambault.

   *(Manuscrit sur velin de 6 feuillets in-folio ; légère déchirure au
deuxième feuillet. Appartient à l'auteur).*

APPENDICE VI

Filiation des

BOULLONGNE=TAVERNIER

I. Charles Tavernier de Boullongne, Conseiller du Roi et Lieutenant particulier en l'Election de Clermont en Beauvoisis, marié à Senlis, le 11 septembre 1628, en la paroisse Saint-Aignan, par Nicolas Sanguin, évêque de cette ville,

à Dlle Geneviève Truyart, née en 1608, fille de M. Jean Truyart, intendant du Don d'Octroi de la Ville et Receveur de l'Evêché de Senlis, et de Simonne Le Visigné (tante de Marie Le Visigné, mère de Jean Desmarets, Intendant et Trésorier de France à Soissons).

Charles Tavernier de Boullongne mourut en 1650 à Clermont et sa femme dans la même ville, le 9 juillet 1679. Elle fut inhumée le lendemain dans l'église de Saint-Samson.

Ils eurent sept enfants :

II. Philippe, qui suit;

II. Arthur Tavernier de Boullongne, secrétaire de M. Desmarets, puis Conseiller du Roi et Receveur des tailles en l'Election de Clermont. Le 13 décembre 1675 il donne quittance d'une rente sur l'Hôtel-de-Ville (Bibl. Nat. Pièces originales 2802 (F. Fr. 29.286), Dossier Tavernier, p. 15). Le 15 mai 1677, il acquiert, moyennant 36.000 livres, de Charles Gaudais, écuyer, Sr de Pont et de Marie d'Esponty, sa femme, les deux charges de Receveur des tailles de Clermont. (F. Fr. 27.777. P. O. 1293. Dossier Gaudais). Puis le 8 avril 1687, il assiste au mariage de son cousin Bon de Boullongne, le fameux peintre.

Il mourut en 1694. Il avait épousé Dlle Marguerite Genest, dont il eut :

III. Jérôme T. de B., Procureur Général des Barnabites.

II. Guillaume Tavernier de Boullongne, qui fut la tige d'une branche cadette rapportée après celle de son frère aîné Philippe (p. 314).

II. Jean Tavernier de Boullongne, né en novembre 1643, qui a été marié et a laissé trois enfants. Nous n'en savons pas plus sur ce Jean et sur sa descendance.

II. Pierre Tavernier de Boullongne, né en avril 1646, a formé une branche qui sera rapportée après celle de son frère Guillaume.

II. Marie Tavernier de Boullongne, mariée le 12 mars 1666 à Jean de Laistre, assesseur en la Maréchaussée de Clermont.

II. Geneviève Tavernier de Boullongne, femme de Philippe Rigault, Conseiller du Roi et notaire royal à Clermont, dont un fils qui a lui-même laissé trois enfants.

Première branche

II. Philippe Tavernier, Sieur de Boullongne, seigneur de Saint-Aignan d'Aridel, Conseiller du Roi, Elu en l'Election de Clermont; Receveur des Gabelles, puis Receveur des Tailles à Clermont, marié par contrat du 2 septembre 1668,
à Françoise Rigault, fille de Jean Rigault, lieutenant au Grenier à Sel de Roye, et de Marie Le Maire. Philippe T. de B. mourut en 1689 (ou 1695).
Il eut pour enfants :

III. Philippe-Eloi, receveur des tailles à Clermont, mort en 1714,
marié à Marie-Anne de la Vallette, dont il eut cinq enfants. Nous connaissons :

IV. Marie-Madeleine, morte fille à Clermont le 6 mars 1702, inhumée dans l'église Saint-Samson.

IV. Angélique, née le 7 juillet 1702 (Parrain : Philippe-Edouard de Boullongne; marraine : Anne-Angélique Allou).

III. Louis-Charles Tavernier de Boullongne de Longueroy, né en 1671, Procureur du Roi de la Maîtrise des Eaux et Forêts de Clermont et Conseiller au Bailliage; mort à Clermont le 31 janvier 1758 et inhumé dans la chapelle Saint-Louis de la paroisse Saint-Samson où était sa sépulture de famille; marié par contrat du 6 août 1702,
à Marie-Madeleine (ou Marguerite) Allou, fille de Philippe Allou, Lieutenant de la Maréchaussée de Beauvais, morte le 10 janvier 1756; inhumée à la chapelle Saint-Louis à Saint-Samson, le 14 janvier.
Louis-Charles Tavernier de Boullongne de Longueroy eut ses armoiries réglées par d'Hozier lors de la confection de l'Armorial de 1696, de la manière suivante : de sinople à l'épi d'or en pal (P. O. 2802, Dossier Tavernier, pièce 24. Original en parchemin). (V. plus haut, p. 311).
Il eut pour enfants deux fils et quatre filles ·

IV. Marie-Anne, mariée le 19 mars 1727 en la Basse-OEuvre à Beauvais à Jean-François Chrétien de Beaumini, Conseiller du Roi, Procureur du Roi en la Maîtrise des Eaux et Forêts de Clermont; puis Lieutenant Général de Clermont.

IV. GENEVIÈVE, née le 7 juillet 1708, religieuse aux Annonciades Célestes de Paris, rue Culture-Sainte-Catherine.

IV. CÉCILE, mariée à HENRY-ETIENNE LE MOYNE, écuyer, grénetier du Grenier à Sel de Clermont; puis Valet de Chambre du Roi. Mme Le Moyne mourut veuve, au château de Saint-Germain-en-Laye, chez sa fille, Mme Le Moyne de Crécy. Elle laissait deux fils et deux filles :

V. N... LE MOYNE, prêtre, aumônier de la maison du Roi;

V. ALEXANDRE LE MOYNE, Receveur des Gabelles à Clermont, dont la femme fut berçeuse du Dauphin; mort après 1780;

V. N..., mariée à M. THIERRY DE VILLE D'AVRAY, premier Valet de Chambre du Roi;

V. N..., mariée à son cousin, M. LE MOYNE DE CRÉCY, Intendant du Garde-Meubles de la Couronne.

IV. CHARLES-FRANÇOIS DE BOULLONGNE-TAVERNIER, né le 5 mars 1709, mort en 1710.

IV. N..., qui assista au mariage de sa sœur Agnès-Charlotte en 1747, et est qualifié dans certains actes de seigneur de la Tour et de Montigny.

IV. AGNÈS-CHARLOTTE DE BOULLONGNE-TAVERNIER, née à Clermont en Beauvaisis le 15 octobre 1719, mariée le 12 juin 1747 à ETIENNE CHARDON DU HAVET, écuyer, conseiller-secrétaire du Roi, d'abord Receveur du Prince de Condé à Clermont, puis Inspecteur Général des Domaines du Roi et Trésorier payeur des gages de la Chancellerie de la Chambre des Comptes, aides et finances d'Aix-en-Provence. Il était fils de feu Antoine Chardon, notaire royal, et de Marie-Anne Le Conte, mariés le 19 mars 1708.
De ce mariage vint :

V. MARIE-MARGUERITE-AGNÈS CHARDON DU HAVET, mariée le 12 mai 1769 à EDOUARD-VICTOR-ALEXIS DE CAIX, écuyer, seigneur de Rembures, ancien capitaine au Régiment de la Couronne, en présence, notamment, de Guillaume-Pierre de Boullongne-Tavernier, Trésorier Général de l'Extraordinaire des Guerres, Trésorier-Commandeur de l'Ordre de Saint-Louis, de Philippe-Guillaume de Boullongne-Tavernier, chevalier, seigneur de Préninville, et de Catherine-Jeanne de Boullongne-Tavernier, vicomtesse de Laval-Montmorency, cousine-germaine de la future épouse.

III. CÉCILE-FRANÇOISE, mariée d'abord à N... Bavart, puis à JACQUES BOSQUILLON, seigneur de Fontenay, Président en l'Election de Clermont, dont elle eut cinq enfants (voir la Généalogie des Bosquillon).

N.-B. — Dans un partage des biens de la succession de Jean Blerye, officier de feu le duc d'Orléans, décédé à Clermont, partage du 26 mars 1759 — ce document m'appartient — je trouve une rente de 300 livres due par M. Bosquillon de Longrois, Receveur des Tailles à Clermont, et 150 livres dues par la dame de Boullongne-Le Moyne, de Clermont, cette dernière vente constituée par acte sous seings privés du 14 août 1758 au profit dudit Blery, moyennant versement de 3000 livres.

III. CLAUDE TAVERNIER DE BOULLONGNE, dont nous ne savons que le nom.

Seconde branche

II. GUILLAUME TAVERNIER DE BOULLONGNE, bourgeois de Clermont-en-Beauvaisis, mourut le 25 juin 1670 et fut inhumé le lendemain dans l'église Saint-Samson de cette ville.

Il avait épousé — vers 1662 — Dlle MARIE DE CULLEMBOURG (alias Cullambourg) dont il avait eu :

III. GUILLAUME, qui suit :

III. MARIE-GENEVIÈVE, mariée après 1695 à ETIENNE LE GRAS, lieutenant de police à Clermont, puis Procureur ès sièges royaux de cette ville.

III. GUILLAUME, né à Clermont et baptisé à Saint-Samson le 27 février 1663, ayant pour marraine sa grand'mère Geneviève Truyart, quitta le Beauvaisis pour aller à Orléans auprès de M. de Bouville (Michel-André Jubert), Conseiller du Roi en tous ses Conseils, maître des Requêtes Ordinaires de son hôtel et Intendant de la Généralité d'Orléans, en 1677, dont il devint le premier secrétaire pendant vingt-quatre ans. Poussé par ce puissant protecteur, il obtint la charge de Conseiller Secrétaire du Roi, receveur et payeur des gages des Officiers du Bureau des finances d'Orléans.

Le 27 février 1721, le roi lui donna la survivance de l'Office de Conseiller Secrétaire du Roi, Maison, Couronne de France et de ses finances, Contrôleur en la Chancellerie de la Cour des Comptes de Dôle. Dans cet acte, comme dans tous ceux qui le concernent depuis 1695, Guillaume T. de B. est qualifié écuyer, sieur de Boullongne.

Il avait épousé à Orléans, par contrat du 11 avril 1695 passé devant Jacques Cavel, notaire au Châtelet d'Orléans, Dlle MARIE-MADELEINE DU VAL, fille de noble homme Paul du Val, sieur de Villoiseau et de dame Marie Nouel de Tourville, demeurant à Orléans, paroisse St-Paterne. M. du Val, qui compte déjà trois générations d'offices conférant la noblesse, donne à sa fille 15.000 livres de dot dont la terre de Tourville, paroisse de Sébouville en Gâtinais et la moitié d'une autre terre appelée Boisméan, sise paroisse d'Arron au Perche. Il faut encore remarquer dans ce contrat que le marié, ainsi que son père et son grand-père qui y sont rappelés, sont qualifiés « sieur de Boullongne ». Signent à ce contrat, comme témoins ou assistants : Messire André

Jubert de Bouville, Conseiller du Roi en tous ses Conseils, maître des Requêtes ordinaires de son hôtel, Intendant de Justice, Police et Finances de la Généralité d'Orléans;

Messire Louis-Guillaume Jubert de Bouville, chevalier, Comte de St-Martin, Garde de la Marine ;

Messire Adolphe (alias Alphonse) Jubert, chevalier de Bouville, aussi Garde de la Marine, lequel représente Dame Marie de Cullembourg, grand'mère de l'époux, laquelle vivait toujours à Clermont-en-Beauvaisis;

Dlle Marie-Geneviève Tavernier de Boullongne, célibataire, sœur de l'époux;

Noble homme Mr Philippe-Eloy T. de B., sieur de Boullongne, conseiller du Roi, receveur des Tailles en l'Election de Clermont, cousin germain de l'époux; etc., etc.

Guillaume T. de B. mourut avant sa femme Madeleine du Val, laquelle décéda veuve le 11 octobre 1743 et fut enterré à Saint-Paul.

Il est inscrit d'office à l'Armorial général de la Généralité d'Orléans (Supplément du 3 janvier 1702, n° 84) comme portant les armes suivantes : d'azur, à une fasce d'argent, chargée d'un losange de sable. Ces armoiries imposées sont, d'ailleurs, aussi fantaisistes que celles données précédemment à son cousin Louis-Charles T. de B.

De ce mariage de Guillaume Tavernier de Boullongne et de Madeleine du Val naquirent six enfants dont une fille religieuse et trois fils parvinrent seuls à l'âge d'homme.

IV. PIERRE-GUILLAUME, écuyer, receveur des Gabelles à Montargis au moment du mariage de son frère Guillaume en 1748.

Il demeurait, en 1763, rue Neuve des Petits-Champs, paroisse St-Eustache.

Au moment du Pacte de famille en 1751, il demeurait avec son frère Guillaume-Pierre, place des Victoires.

D'après ce Pacte de famille, et aussi d'après l'acte du procès avec Claude Allou en 1763, il était l'aîné, Guillaume-Pierre le second et Philippe-Guillaume le troisième·

GUILLAUME-PIERRE, né à Orléans le 17 juin 1710; sa marraine fut Marie-Madeleine Tavernier de Boullongne, sa tante.

Il épousa, par contrat du 18 juin 1748, Dlle PERRETTE-CATHERINE DE RAVENEL, fille mineure de défunts Mr Denis-Louis de Ravenel, Conseiller du Roi, Trésorier Receveur Général et Payeur des Rentes de l'Hôtel-de-Ville de Paris et de dame Catherine-Madeleine Cottedefer.

Catherine de Ravenel — dont la sœur Marie-Anne épousa, le 27 janvier 1750, André, marquis de Sinety, sous-gouverneur des Enfants de France, maréchal de Camp en 1767 — avait pour tuteur honoraire Jean-Marie Richard, écuyer, Conseiller du Roi, receveur-général des Finances de Tours, demeurant à Paris, rue Neuve-Grange-Batelière, paroisse St-Eustache. Jean-Marie Richard était le fils de Jean-Pierre Richard, écuyer, conseiller secrétaire du Roi, en son vivant aussi

Receveur général des Finanaces à Tours et de Marie-Anne de Boullongne, laquelle assiste au mariage en qualité de cousine. Le marié est encore assisté du Maréchal et du Comte de Maillebois, de ses frères Pierre et Philippe-Guillaume, de dame Marguerite Bacquet, veuve de Louis de Boullongne, le fameux peintre, « cousine des deux côtés », de Mr Jean de Boullongne, Conseiller d'Etat, Intendant des Finances et des Ordres du Roi et de dame Catherine de Beaufort, son épouse; enfin du fils des précédents Mr Jean-Nicolas de Boullongne, Conseiller au Parlement et Commissaire aux Requêtes du Palais, tous se qualifiant cousins du marié. De son côté, la mariée a son frère et sa sœur, en concurrence desquels elle apporte en mariage le tiers des biens à provenir de la liquidation de la fortune de leurs parents décédés [1].

Guillaume-Pierre de Boullongne-Tavernier reçut, peu de temps après, c'est-à-dire le 4 janvier 1750, les Provisions de l'Office de Conseiller du Roi, Trésorier général alternatif des Colonies françaises en Amérique, charge vénale créée par Edit du mois de novembre 1749.

Il devint ensuite, en 1761, Trésorier général de l'Extraordinaire des Guerres, puis Trésorier de l'Ordre de St-Louis. C'est lui qui fut le père du chevalier de St-Georges (Voir plus haut, p. 92).

Du mariage de GUILLAUME-PIERRE et de CATHERINE DE RAVENEL vint :

V. CATHERINE-JEANNE, née vers 1745, morte le 5 juillet 1838, inhumée à Picpus, mariée le 29 décembre 1765 à MATHIEU-PAUL-LOUIS, COMTE DE MONTMORENCY-LAVAL, né le 5 août 1748, mort le 27 décembre 1809, colonel du Régiment d'Auvergne le 4 août 1771, maréchal de Camp le 9 mars 1788, fils de Guy-André-Pierre, duc de Laval, maréchal de France (13 juin 1783) et de Jacqueline-Hortense de Bullion, dont postérité (V. p. 161).

N.-B. — M. POTIER DE COURCY, *P. Anselme*, IX, *Suppl.*, 190, art. *Montmorency*, donne pour armes à Catherine : d'or au cep de vigne au naturel, soutenu d'un échalas de sinople, au chef d'azur, chargé d'un soleil d'or. — Riestap donne les mêmes armes à une famille Tavernier, de Lyon. Tout cela est pure fantaisie.

IV. PHILIPPE-GUILLAUME DE BOULLONGNE-TAVERNIER, dit *de Préninville*, seigneur de Boinvillers, etc., puis de Martainville, Beaurepaire, Buchelay, Favrieux, Le Mesnil-Aubourg, Vert, Auffreville, Mantes-la-Ville, Jouy et Soindres. Né en 1712, il fut d'abord Receveur Général des Traites et Gabelles à Angers, puis en 1749 (jusqu'en 1762) Receveur Général des Finances à Poitiers, enfin Fermier Général en 1759. Il épousa, le 18 octobre 1748, MARGUERITE-FÉLICIENNE JOQUES DE MARTAINVILLE, fille d'Isaac (surnommé à Cadix, Alexandre) Joques de Martainville, négociant à Cadix et de feue Marguerite Ardisson. (On croit lire Dillon dans certaines pièces).

De ce mariage vint :

---

1. Au moment de ce mariage, Guillaume-Pierre demeurait rue Saint-Honoré, plus tard, il alla habiter « rue de Richelieu, cul-de-sac de Ménars, paroisse Saint-Roch » où nous le retrouvons en 1763.

V. Jean-Baptiste, né à Paris le 7 septembre 1749, fermier général par démission de son père en 1789, mort sur l'échafaud révolutionnaire le 8 mai 1794, marié à Marie-Louise-Jeanne-Josèphe de Walckiers, morte en juillet 1796, dont :

VI. Auguste-Louis-Joseph, marié à N...

VI. Hermine-Félicienne-Joséphine, mariée à François-Bernard, marquis de Chauvelin.

VI. Juliette-Louise-Pierrrette-Joséphine, mariée le 27 novembre 1796 à Godefroy de Walquiers.

Troisième branche

II. Pierre Tavernier de Boullongne, né en avril 1646, fut Juge des Gabelles à Fresnay-le-Vicomte, près d'Alençon.

D'une femme, apelée Catherine du Val, il eut trois fils et plusieurs filles :

III. François, qui se qualifie : avocat en Parlement et intéressé dans les affaires du Roi. Il se fixa en Bretagne et est assez connu comme ingénieur. C'est lui qui fit les plans de la machine à eau du Pont-Neuf et nous savons par les deux factums conservés à la Bibliothèque Nationale, qu'il avait inventé une autre machine destinée à faire remonter les bateaux contre le courant [1].

III. Pierre-Léonard, né à Fresnay-le-Vicomte le 19 février 1682, écuyer, Conseiller secrétaire du Roi, Maison, Couronne de France et de ses Finaces, Receveur du grenier et magasin à sel de Falaise en 1719, Seigneur de Laurière, de la Grande et Petite Beauce, du Hameau-Fleuri, de la Houssaye, etc. Lors de la disgrâce de son cousin le Contrôleur Général, il lui donna asile dans son manoir du Hameau-Fleuri, paroisse de Neuvy-en-Houlme. (Archives des Ils et du Hameau-Fleuri , v. p. 136). Pierre vivait encore, et sa femme aussi, en 1745, année où ils firent consacrer, sous le vocable de S. Pierre, une chapelle qu'ils avaient fait construire au Hameau-Fleuri. Pierre-Léonard mourut en 1754.

Il avait épousé, vers 1730, Catherine-Cécile-Antoinette de Rabodanges, née le 20 octobre 1696, veuve de Théodore de Bodinet, seigneur de Fresnay-le-Buffard, de Commeaux, etc., qu'elle avait épousé

---

1. Voici les titres de ces factums ·

« Mémoire historique sur la vraie machine qui, étant fixée, tire à soi devant elle, jusqu'au lieu de leur destination, les plus grands bateaux et navires contre les courants des eaux... Pour le sieur François Tavernier de Boullongne, avocat en Parlement, contre les sieurs de Mondran, colonel réformé, et Caron, horloger (Signé : Gayot de Pitaval). Paris, impr. de veuve Jollet et J. Lamesle, 6 juillet 1729. in-4°. (B. N. Factum, 3929).

« Lettre du Sr Caron pour servir de réponse au « Mémoire historique » du Sr Boullongne, imprimé le 5 juillet 1729, (Paris), de l'impr. de J. Barbou (1729), in-4°. » — Mss. Clairembault, 499, p. 679.

le 7 février 1720, et fille de Louis-César, marquis de Rabodanges (marié en juin 1693), et de Cécile-Adélaïde de St-Nectaire [1] (1673-1720), dont il eut entre autres enfants :

IV. Henri-François de Boullongne-Tavernier, chevalier, seigneur de Fontaine-l'Abbé, né à Falaise [2] le 23 avril 1732, substitut du Procureur Général du Parlement de Paris en 1752 conseiller au Grand Conseil le 4 janvier 1755, Maître des Requêtes en 1757, Président au Grand Conseil le 17 septembre 1762, et Intendant du Commerce (1765-1767), etc. Il avait été nommé et tenu sur les fonts par son oncle Henry-François, marquis de Rabodanges (1700-1750).

Il épousa, le 5 juin 1764, Louise Langlois, fille d'André-François Langlois, sieur de la Fortelle, Intendant des Finances (1764), et de Marguerite-Julie d'Herbais.

Tous deux moururent à Paris, sans enfants, trois ans après, en 1767, lui le 23 mai et elle le 13 septembre. Henri-François fut inhumé dans l'église St-Sulpice, sa paroisse (il demeurait rue St-Guillaume); elle dans l'église de Chaillot. (*Mercure de France*, 1767, p. 211).

Nous avons trouvé dans un volume du cabinet des titres (Pièces originales, 2802, Dossier Tavernier, p. 22 et 23), les Lettres de faire part de Henri-François (celle-ci se trouve également aux P. O., tome 452, Dossier Boullongne, p. 22), et de sa femme. Nous les reproduisons ici :

*V*ous êtes priés d'assister au Convoy / et Enterrement de Messire Henry-/François Tavernier / de Boullongne Chevalier, / Seigneur de Fontaine-Labbé et / autres Lieux / Conseiller du Roy en ses / Conseils, Maître des Requêtes Ordinaires de son Hôtel, / Président du Grand Conseil et Intendant du Commerce, / décédé en son Hôtel rue S. Guillaume; Qui se fera cejourd'huy / Dimanche 24ᵉ may 1767 à six heures du soir, en l'église / de Saint-Sulpice, sa Paroisse, où il sera inhumé.*

Requiescat in pace.

De la part de Madame de Boullongne, sa Veuve, et de Monsieur Langlois, / Intendant des Finances, son Beau-Père.

((1 feuille papier oblong).

*V*ous êtes prié d'assister au Convoi et Enterrement / de Dame Louise Langlois, Veuve / de Messire Tavernier De Boullongne, / Maître des Requêtes, Président au Grand Conseil / et Intendant du Commerce; Qui se fera Dimanche 13 / septembre 1767, à cinq heures du soir, dans / l'Eglise Paroissiale de Chaillot-lès-Paris, où elle sera inhumée.*

(1 feuille papier oblong).

---

1. Sur cette famille de Rabodanges, voir la Monographie de M. de Brebisson, récemment publiée (1914), avec la collaboration de M. Leroy-White.

2. Il fut parrain en 1736 (à quatre ans !) d'un enfant de Neuvy-au-Houlme.

IV. Louis-François de Boullongne-Tavernier, écuyer, demeurant à Angers, paroisse St-Mauville, revendit, le 11 septembre 1774, le Hameau-Fleury. (V. p. 137).

Pierre de Boullongne et Catherine de Rabodanges laissèrent, en outre, plusieurs filles dont deux furent religieuses [1].

III. Charles de Boullongne-Tavernier, dit *de Sainte-Croix*, né en 1684, mort à Paris le 2 février 1760 (Chastellux), fut Fermier Général des Etats de Bretagne.

III. Plusieurs filles vinrent encore de Pierre de Boullongne-Tavernier et de Catherine du Val. Nous ne savons rien d'elles.

---

1. Nous ignorons ce qu'était *Françoise Tavernier de Boullongne*, que nous trouvons marraine à Neuvy en 1742.

APPENDICE VII

Filiation des

BOULLONGNE DE BEAUREPAIRE

Armes : d'argent à une bande de sable, accompagnée de 3 lionceaux de sinople, armés et lampassés de gueules, couronnés d'or, 2 en chef, et un en pointe. Le heaume d'argent grillé et lizéré d'or, orné de ses lambrequins de sable, d'argent et de sinople : Cimier : une main fermée et gantelée de fer, et supports : deux lions d'argent armés et lampassés de gueules [1].

I. ENGUERRAN DE BOULLONGNE, mort devant Crespy en Valois, épousa Dlle ANTOINETTE DE PRESSIGNY, dont :

II. JEAN-ANTOINE qui suit.

II. COLARD, marié à SIMONNE DE WALLAINCOURT, sans enfants;

II. R..., marié à THIERRI DE LUCHI, de Soissons.

II. JEAN-ANTOINE DE BOULLONGNE, épouse GUILLEMETTE VILLAIN ou DE VILLAINE, fille de Copart et de Catherine de Villers, dont :

III. JEAN qui suit ;

III. MARIE, épouse de Christophe de Laudas ;

III. CHRÉTIEN-ANTOINE, marié à Josime du Plouich ;

III. BARBE, morte fille.

N. B. — Dans son *Histoire de Cambray*, etc. (p. 1050), le Carpentier parle d'une IDETTE DE BOULLONGNE, inhumée à Cantimpret en 1357 avec son mari, Guy de Vélare, chevalier, capitaine de Cantaing en

---

1. Bibliographie : Caimet des Titres de la Bibl. Nat. : *Pièces originales*, t. 452; — *Dossiers bleus*, t. 120; — CHÉRIN, t. 34; — *Cabinet* d'HOZIER, t. 58; — *Hist. ecclés. d'Abbeville;* — *Nobiliaire de Picardie;* — *Hist. du Ponthieu;* — LAINÉ : *Nobiliaire d'Artois;* — Marquis DE BELLEVAL : *Nobiliaire du Ponthieu;* — Comte DU CHASTEL : *Notices généal. tournaisiennes;* — *Anc. généalogies de Tournai;* — *Papiers particuliers.*

1353. Elle portait les mêmes armes aux lionceaux et était, d'après Rosel, cité par le Carpentier, de la même famille que CLAUDE DE BOULLONGNE, seigneur de Flines, ci-après.

III. JEAN DE BOULLONGNE épouse JEANNE DES WASTINES, fille de Roland, dont :

IV. JACQUES, qui suit ;

IV. CATHERINE, mariée à PHILIPPE LE SCELLIER, Grand Prévot de Tournai ;

IV. JEAN, marié à JEANNE DE BUILLEMONT, dont il paraît n'avoir pas eu d'enfants; mais il laissa un bâtard, nommé GÉDÉON, lequel eut lui-même un fils : JEAN;

IV. MARGUERITE, épouse de JEAN LE MOULERON, dit DOISI;

IV. ANTOINETTE, ép. LION DE MANIÈRE.
Une généalogie manuscrite de Tournai place à cette génération (IV) six frères et une sœur, et leur donne pour père un CHARLES DE BOULLONGNE, Maître des Comptes à Lille et pour mère MARIE DELCAMBE. Nous suivons ici le Comte du Chastel de la Howarderie, si compétent en ce qui regarde les familles du Tournaisis.

IV. JACQUES DE BOULLONGNE, sgr. DU MOULINET, bailli de Cisoing, mort le 6 mars 1540, épouse CATHERINE DE LA HAMAYDE, fille de Jean. écuyer, sgr. de Luchin et de Valentine Villain ou de Villaines. Il en eut :
V. JEAN, qui suit :

V. LOUIS, écuyer, sgr. DE RICQUELIEU, marié 1° à MARGUERITE HABACQ (ou de HABART), fille de Jacques, chevalier, sgr. de Savy, et d'Antoinette de Haynecourt, et 2° à MARIE DE PINGRÉ. Il eut du 1er lit :
VI. HUGUES, écuyer, sgr. DE RICQUELIEU, marié à ANNE DE LA MARCK, dont :

VII. JACQUES, écuyer, sgr. DE RICQUELIEU, FLORIMOND, etc., marié à CATHERINE REFFIN, dame de Neuville en Bourjonval, dont il eut :
VIII. MARIE-ELÉONORE, mariée à EVRARD DE BOULLONGNE, sgr. de Flines-en-Obigies ;

VIII. ANTOINETTE, mariée à N... ROUGRAVE, sgr. de Biron;
VIII. CATHERINE, mariée à IGNACE DE HAPPLINCOURT, dont elle eut, entre autres : FRANÇOISE-CLAIRE DE BÉTENCOURT, mariée

à Paul-Jean de Wasservas, baron de Marche, fils de Charles-Philippe et de Michelle de Succre.

VII. Plusieurs autres enfants.

V. Jacques, marié à Marguerite van Cortewyle, ou van Cortewyle ou de Courteville, dont :

VI. Marie, mariée le 29 février 1551, à Philippe de Poucques, écuyer, sgr. de Florimont, veuf de Jacqueline de la Chapelle, qui laissa :

VII. Arnould de Poucques, écuyer, sgr. de Florimont, marié à Liévine de Coudenhove, fille de Jacques, sgr. de Tongerle, chevalier, et de Jeanne du Quesnoy.

V. Antoine, lieutenant du Sieur de Bussi, tué devant Hesdin, sans enfants.

V. Valentine, morte sans alliance.

V. Jean de Boullongne, écuyer, seigneur du Moulinet, homme d'armes, épousa 1° Anne de Gavre, fille de Claude de Gavre et de Jeanne de Houchin (V. Le Carpentier : *Hist. de Cambray et du Cambrésis*, tome II, p. 115), et 2° Marguerite de la Marck. Du premier lit :

VI. Florent, tué devant Ostende.

VI. Catherine, femme d'Everard de la Marck, lieutenant de Charlemont, major au régiment du duc d'Aerschot.

VI. Claude, qui suit :

VI. Plusieurs autres enfants morts sans postérité, dont probablement Adrien de Boullongne, jésuite et poète latin, né à Tournai vers 1580, mort dans la même ville, le 10 octobre 1655.

VI. Claude de Boullongne, écuyer, sgr. de Flines-en-Obigies. Il fut capitaine de 300 hommes d'armes dans le régiment du Comte de Moras, baron de Balanion, au service de l'Empereur sous Alexandre Farnèse, duc de Parme. Puis il alla s'établir à Tournai en 1605, acheta la bourgeoisie de cette ville et y devint juré. Il y épousa Dlle Madeleine d'Aubermont, dame de Flines et de Florimond, fille de Pontus d'Aubermont, seigneur de Francin, du Quesnoy (à Pottes) et de la Motte, et de Madeleine de Bourchoven, dame de la Motte à Ypres et de Mauny (d'après le Carpentier, *op. cit.*). Madeleine d'Aubermont mourut à Tournai le 5 février 1612, et Claude de Boullongne mourut à son tour à Tournai le 21 juin 1628, dans un âge très avancé. Il fut inhumé auprès de sa femme, dans l'église des Récollets de cette ville. D'après Le Carpentier, (*Histoire de Cambray et du Cambrésis*), son épitaphe était sur le mur du chœur de cette église, du côté du dortoir des Religieux. Il y était qualifié de noble homme et d'écuyer et on y voyait ses armoiries timbrées. Il laissa une nombreuse postérité et peu de biens.

Nous connaissons neuf de ses enfants :

VII. ADRIEN;

VII. CLAUDE, prieur du monastère de Sion, à Tournai;

VII. EVERARD-PIERRE-NICOLAS, qui suit;

VII. PHILIPPE, archidiacre, chanoine de la Cathédrale de Tournai, y fit son testament en même temps que sa sœur Valentine, le 7 septembre 1669.

VII. LÉANDRE, tué au siège de Vercelles;

VII. PIERRE, tige des BOULLONGNE DE BEAUREPAIRE, qui viendra après Everard;

VII. VALENTINE, dame d'honneur de la Duchesse d'Aremberg et d'Aerschot, qui fut héritière universelle de sa sœur Barbe-Madeleine, et qui testa à son tour, le 11 septembre 1669, en faveur de sa nièce, épouse de Philippe de Lettre. Elle lui avait déjà fait une donation le 27 septembre 1658.

VII. BARBE-MADELEINE, baptisée à Tournai (Notre-Dame), le 30 avril 1608; morte à Tournai (St-Quentin), le 30 juin 1652, après avoir testé le 25 du même mois devant Maximilien du Pret, notaire royal à Tournai.

VII. CATHERINE, mariée à JEAN MOULLART, écuyer, sgr. des Marets, bisayeule de M. Charles-Joseph-Barthélemy de Moullart, chevalier, sgr. de Vilmarest, Tilly, Capelle, etc., « suivant une attestation de lui et de Mme sa mère âgée de 80 ans, passée devant notaire au Bailliage de Montreuil, le 18 de novembre 1722 ».

VII. EVERARD-PIERRE-NICOLAS DE BOULLONGNE, écuyer, sgr. de Flines-en-Obigies, de Plouich, et de Florimand, etc., marié à MARIE-Eléonore DE BOULLONGNE, sa cousine issue de germain, dame de Neuville en Bourjonval, Ricquelieu, Florimond, fille de Jacques et de Catherine Reffin. Il mourut avant 1658 et fut inhumé à Obigies. Il eut pour enfants :

VIII. PIERRE, chevalier, sgr. de Flines, marié à ANNE-THÉRÈSE DE LANNOY DE HAUTPONT, dont :

IX. FERDINAND-JOSEPH DE BOULLONGNE, chevalier, sgr. de Florimond, mort sans enfants avant 1693, laissant pour héritière sa tante Valentine-Marie-Madeleine de Boullongne; son testament est du 12 octobre 1689.

VIII. Valentine-Marie-Madeleine, dame de Neuville-en-Bourjonval, etc., mariée par contrat du 19 décembre 1658 à Jean-Philippe de Lettre, écuyer, sgr. d'Ayette, etc., fils d'Adrien, sgr. de Rutoire, la Vigne, Ayette, etc., et d'Yolande de Landas. Valentine mourut à Arras le 12 octobre 1699.

VIII. Marie.

Branche de Beaurepaire

VII bis. Pierre de Boullongne, écuyer, un des fils puînés de Claude, suivit d'abord le parti des armes et servit dans le régiment du Comte d'Isembourg. La coutume du pays donnant presque tous les biens au frère aîné, il était pauvre, et ayant eu le malheur d'être fait prisonnier et mis à rançon, il se trouva dans une telle pénurie, qu'il fut obligé pour vivre de déroger en prenant des terres à ferme. Ayant un peu rétabli sa fortune, il put acquérir le fief de Beaurepaire, situé sur le grand chemin de Montreuil à Hesdin. Il s'y retira et y ayant longtemps vécu noblement, il obtint, en 1633, des lettres de relief de noblesse « en connoissance de cause, adressées à la Cour des Aides », qui furent suivies au commencement de mars 1637, d'un arrêt l'admettant à faire ses preuves. Cet arrêt arriva trop tard pour Pierre de Boullongne, car dix-huit mois auparavant, à la fin de l'année 1635, lors des incursions que firent alors les Espagnols en Picardie, le manoir de Beaurepaire avait été brûlé et Pierre y avait péri d'une manière tragique, comme l'attestèrent devant les notaires de Montreuil trois des plus notables censiers des environs de Beaurepaire, par un acte du 28 novembre 1722.

Pierre de Boullongne avait épousé Dlle Claude de Dalles, des environs de Thérouanne. Il était veuf lors du mariage de son fils Nicolas en 1632 et demeurait en la paroisse de Beaumery.

VIII. — Nicolas de Boullongne, écuyer, Sr de Beaurepaire en Artois et de Biencourt en Ponthieu, s'était fixé dans cette province, où il avait acquis, dès l'année 1630, la charge de Procureur du Roi en la Sénéchaussée et Siège présidial d'Abbeville. Il exerça cette charge pendant plus de trente ans et devint ensuite Me des Requêtes de la Reine; enfin ses longs services lui méritèrent un brevet de Conseiller d'Etat de Louis XIV. Il avait épousé, par contrat passé le 25 janvier 1632 devant Jean Papin, notaire royal en Ponthieu, Dlle Marie de Heu, seconde fille d'Adrien de Heu, écuyer, Sgr de Conty, lieutenant général et juge présidial en la Sénéchaussée de Ponthieu et de Marie Boullet. Elle était la sœur cadette de Madeleine de Heu, femme d'Antoine Le Blond, écuyer, Sr de l'Estoile, Vendeuil, etc., et l'aînée d'Agnès de Heu, femme d'Adrien Morel, écuyer, Sr de Bécordel et d'Attilly en 1650, et de Marguerite de Heu, mariée à Charles d'Escaules, écuyer. Les quatre sœurs partagèrent la succession de leur père par actes des 15 octobre 1650, 25 avril 1651

et 5 avril 1652, suivant un arrêt du Conseil d'Artois du 11 février
1723, rendu au profit de Louis de Boullongne, petit-fils de Nicolas.

Ayant prêté de l'argent à M. François de Créquy par constitution
d'une rente le 8 janvier 1639, celui-ci lui vendit, pour s'acquitter envers lui, la terre de Biencourt, par acte passé à Abbeville devant La-
vernier, notaire, le 7 avril 1655. Dans ces actes et dans tous ceux où
il figure, NICOLAS DE BOULLONGNE est toujours qualifié d'écuyer, seigneur de BEAUREPAIRE. Il ne résidait plus, cependant, dans son domaine familial, abandonné depuis son incendie et la mort de son père,
et le 23 juillet 1642, il l'avait loué à un fermier.

En mourant, NICOLAS DE BOULLONGNE laissa deux fils :

IX. ANTOINE, d'abord notaire royal en Ponthieu (1659),
puis entré dans les Ordres et devenu docteur de la Maison et Société
de Sorbonne. Il est nommé comme légataire de Nicolas, son père,
dans un arrêt du Parlement du 19 novembre 1664, et dans d'autres
des 29 mai et 8 juillet 1670.

IX. ADRIEN, qui suit :

IX. ADRIEN DE BOULLONGNE, écuyer, Sgr DE BEAU-
REPAIRE, né en 1633, continua la descendance. Il succéda à son père
dans l'office de Procureur du Roi au siège de Ponthieu le 30 décembre
1657 et remplit pendant quarante ans cette charge à laquelle il réu-
nit celle de Conseiller au même siège. Il fut aussi mayeur d'Abbeville, .
l'une des villes dont les maires acquéraient la noblesse, suivant l'édit
de mars 1667. Mais non content de cet anoblissement, « tacite », il
voulut faire reconnaître positivement sa situation nobiliaire. Il fit donc
des démarches en Artois pour reconstituer au moins en partie ses
titres, brûlés avec le manoir de Beaurepaire dans l'incendie de 1635.
N'ayant réussi que très imparfaitement dans ses recherches il se
décida à profiter de l'édit de 1696; il obtint en novembre 1700 des
lettres de reconnaissance données à Versailles, dans lesquelles le roi
déclare qu'il le « rétablit en sa noblesse sans qu'il soit besoin d'autre
preuve que ces présentes et en tant que besoin seroit, nous l'avons
ennobly, » etc. [1]. Ces lettres furent enregistrées au Parlement, à la
Chambre des Comptes et à la Cour des Aides les 23 décembre, 19 et
29 janvier suivants; les armoiries avaient été enregistrées par d'Hozier dès le 9 décembre 1700. Mais, comme nous le verrons bientôt,
cette reconnaissance solennelle tomba dans le cas de la révocation
fiscale portée par l'édit d'avril 1715, et le petit-fils d'Adrien dut re-
commencer sur de nouveaux frais.

ADRIEN DE BOULLONGNE continua toute sa vie à demeurer à Abbeville. Nous possédons les pièces d'un curieux procès qu'il soutint, de
1681 à 1697, contre Pierre de Dourlens, écuyer, ancien mayeur, et
Sgr de Seninac, et son fils Antoine, aussi mayeur, à propos d'une

---

1. Une copie de ces lettres patentes existe dans le vol. F. Français 26936.
(Pièces originales, 452).

servitude de « vue » que le sieur de Beaurepaire prétendait avoir sur
la maison des sieurs de Dourlens.

C'est dans sa maison d'Abbeville qu'ADRIEN DE BOULLONGNE, écuyer,
Sgr DE BEAUREPAIRE, mourut le 1er janvier 1709, âgé de 76 ans. Il fut
enterré, le 3, dans l'église des Minimes.

Il avait épousé, par contrat du 5 janvier 1658, Dlle MARIE GRIFFON,
fille de feu honorable homme Jean-Nicolas Griffon, marchand, bourgeois d'Abbeville, et de Marguerite Gaillard.

De ce mariage vinrent cinq enfants :

X. LOUIS, qui suit;

X. JEAN-BAPTISTE, écuyer, Sgr. DE VIGNEMONT. Il
fut d'abord Mousquetaire, puis lieutenant dans le Régiment Colonel
Général des Dragons où il servait en 1700 et où il devint capitaine
aide-major. Blessé à la bataille de Stenkerque, il obtint la croix de
saint Louis. Son père et sa mère lui firent, le 30 septembre 1704, donation de deux fiefs nobles; cette donation, en son absence, fut acceptée
par Louis de Boullongne, écuyer, Sgr. de Beaurepaire, son frère aîné.
Voulant ensuite s'établir dans le Tournaisis, et se mettre à l'abri de
toute contestation sur son état nobiliaire, il fit vérifier sa généalogie
par le Roi d'armes impérial des Pays-Bas qui l'enregistra dans l'Armorial et le Catalogue des Nobles, conformément à l'article 13 du
Souverain Placard héraldique et Royale ordonnance et Edit perpétuel du 14 décembre 1616, renouvelé en 1652. Cet acte fut daté à
Bruxelles du 26 mars 1722. Il fut, l'année suivante, le 27 février 1723,
confirmé dans sa noblesse par ordonnance des Etats d'Artois.

X. CHARLES, Sr. DE LA SUZAYE, mort cornette
dans le même régiment des Dragons où servait son frère.

X. MARIE-MARGUERITE fut mariée à Messire
LOUIS DANZEL OU D'ANZEL, chevalier, Sgr. de Boismont. Ils assistèrent
tous deux au mariage de Jeanne, leur sœur et belle-sœur, en 1690.
Ils eurent pour enfants JEAN DANZEL, chevalier, Sgr. de Boismont, et
ANTOINE DANZEL, chevalier, Sgr. de Vilbrun, Mestre de Camp au Régi-
ment de la Reine.

X. JEANNE, mariée à Me CHARLES-CLÉMENT DU
VAULT, chevalier, seigneur de Monthière, par contrat du 29 avril
1690.

X. LOUIS DE BOULLONGNE, écuyer, Sgr. DE BEAU-
REPAIRE, Lamvin, Plancques-lez-Douai, etc., remplaça son père, démissionnaire, dans l'office de Conseiller du Roi en la Sénéchaussée de
Ponthieu et Siège Présidial d'Abbeville. Il en eut les lettres, avec dis-
pense d'âge et de parenté, les 20 juin et 1er juillet 1692 et son père
obtint des lettres d'honorariat le 14 juin 1693. Louis succéda aussi à
son père dans la charge de Procureur du Roi en Ponthieu.

Il épousa en premières noces, par contrat du 11 septembre 1700,

Dlle MARIE-ANNE MATHON, fille de Guillaume Mathon, écuyer, Sgr. des Coinves.

Sa femme étant morte, il se remaria par contrat du 15 septembre 1708, avec ANNE-JEANNE DAUVIN, fille d'Antoine Dauvin et de Dlle Jeanne-Françoise Mathon.

Il donna, le 27 mars 1719, le dénombrement de sa terre de Beaurepaire aux Abbé et Religieux de Saint-André-au-Bois, Ordre de Prémontré, au bailliage de Hesdin, à cause de leur seigneurie de Bloville; puis le 6 avril de la même année, pareil dénombrement aux Abbé et Religieux de l'abbaye royale de Saint-Saulve-du-Masson, pour les terres qu'il tenait d'eux.

En 1720, LOUIS DE BOULLONGNE était Conseiller d'honneur au Présidial d'Abbeville.

La même année, il fut inquiété pour sa noblesse par le Procureur du Roi en l'Election d'Artois, mais par sentence du 15 mars 1720, il fut déclaré noble et issu de noble génération et fit enregistrer ses titres le 30 du même mois. Sur appel du Procureur du Roi, le Conseil provincial d'Artois confirma la sentence par Arrêt du 11 février 1723. Précédemment, le 25 avril 1722, il avait obtenu des lettres patentes du Roi confirmant ses armoiries.

De son premier mariage, il avait eu :

XI. ADRIEN DE BOULLONGNE, baptisé à Saint-Gilles d'Abbeville le 19 janvier 1704 et qui fut tenu sur les fonts par son grand-père Adrien de Boullongne, écuyer, Sgr de Beaurepaire.

Du second lit vint :

XI. ANTOINE-JOSEPH DE BOULLONGNE, qui suit :

XI. ANTOINE-JOSEPH DE BOULLONGNE, fils de Louis et d'Anne-Jeanne Dauvin, sa seconde femme, né le 19 et baptisé le 20 août 1717 en la paroisse de Saint-Aubert d'Arras, eut pour parrain Antoine-Michel Dauvin, Conseiller du Roi, lieutenant-général au bailliage et gouvernement d'Arras, et pour marraine Dlle Charlotte-Josèphe Dauvin, épouse du Sr Lullom.

Le 3 décembre 1738, il fut assigné à la requête du fermier des droits de Francs Fiefs de la Généralité d'Amiens, Election de Doullens, à payer la somme de 1000 livres plus les 2 sols par livre, à cause de ses fiefs de Vignemont et de Martinneville, consistant en 70 journaux de terre sur le terroir de Bernaville. Il demanda alors, en novembre 1739, un arrêt du Conseil portant exception pour les lettres de noblesse obtenues par son ayeul en 1700, de la Révocation portée par l'Edit du mois d'août 1715, se fondant sur les jugements de l'Election et l'Arrêt du Conseil Provincial d'Artois, obtenus par son oncle et par son père en 1720, 1722 et 1723, et disant que ces tribunaux étaient seuls compétents pour connaître de ce qui concernait l'état des nobles en Artois, ce qui était confirmé par les Lettres Patentes du Roi du 16 décembre 1651 et l'arrêt du Conseil d'Etat du 2 mars 1695.

Il dit dans son mémoire que CLAUDE DE BOULLONGNE, Sr DE DAMASELIEU, originaire de la même famille, ayant été inquiété pour sa noblesse par les habitants de Cambronne, sans avoir eu recours à des lettres de noblesse, fut déclaré noble et extrait de noble race par arrêt de la Cour des Aides du 2 janvier 1709.

Antoine-Joseph eut gain de cause et il obtint, en novembre 1743, des lettres de maintenue de noblesse données à Fontainebleau et enregistrées à la Cour des Aides le 20 août 1744.

Le 28 novembre 1758, il entra aux Etats d'Artois à cause de sa seigneurie de la Vacquerie-le-Boucq. Il fallait, pour être reçu à ces Etats, posséder une terre à clocher et quatre générations de noblesse. Pour cette dernière condition, nous savons que les Boullongne de Beaurepaire étaient en règle ; mais la possession d'une terre à clocher est peut-être la preuve que la protection de leurs puissants cousins de Paris n'avait pas nui à la fortune des Boullongne d'Artois.

C'est, d'ailleurs, Antoine-Joseph de Boullongne qui prit part au Pacte de famille de 1753. Nous ne pousserons donc pas plus loin nos recherches généalogiques sur les Boullongne de Beaurepaire.

Nous ne chercherons pas non plus ce que pouvaient être des Boullongne que nous trouvons dans des manuscrits du Cabinet des Titres (Dossiers bleus, 2994; Pièces originales, t. 452, etc.) : Ramasin de Boullongne, archer de la Compagnie du duc d'Aumale en 1548; Louis de Boullongne, Conseiller et aumônier du Roi et Prieur commandataire de Sainte-Catherine du Val des Ecoliers, dans la seconde moitié du XVIᵉ siècle; Antoine de Boullongne, Sr de Seillon, marié le 7 octobre 1617 à Marie de Cahon et habitant près d'Abbeville en 1626; etc., etc.

Il y avait, d'ailleurs, au moins quatre familles nobles du nom de Boulongne ou Boullongne; une en Dauphiné (Montélimar), une en Bretagne, une à Maubeuge et la nôtre.

APPENDICE VIII

LES BOULLONGNE DE DAMASLIEU
DE CAMBRONNE ET DES COISEAUX
(Clermontois)

Nous réunissons dans cet *Apppendice* les notions que nous possédons sur les Boullongne des Coiseaux (Commune d'Essuiles, Oise) et sur ceux de Cambronne-lez-Clermont, seigneurs de Damaslieu; ceux-ci restés dans la noblesse, ceux-là retombés en roture. Les Boullongne de Damaslieu étaient nobles et reconnus comme parents par les Boullongne de Beaurepaire, comme le constatent deux pièces de 1709 et 1738 citées plus haut (p. 328). Quant aux Boullongne des Coiseaux, ils pouvaient, malgré leur très modeste situation au XVIe siècle, appartenir également au même estoc. Dans tous les cas, la présence de tous ces Boullongne dans le Clermontois, tous fixés à quelques lieues à peine les uns des autres, et à côté des Boullongne-Tavernier, nous paraît appuyer les probabilités d'une origine commune à·tous ces homonymes qui, après avoir abandonné l'Artois ou la Flandre française, seraient venus chercher fortune dans le Beauvaisis.

Les documents et notes que nous reproduisons ici font partie des papiers des Boullongne en notre possession.

i. BOULLONGNE DE DAMASLIEU

Damaslieu était le nom d'un petit fief, aujourd'hui disparu, situé dans la paroisse de Cambronne-lez-Clermont (Oise). Il est probable que ce fief était un démembrement de la seigneurie d'Ars, sis sur la même paroisse et dépendant du Comté de Clermont en Beauvaisis. Cette seigneurie appartenait, au XVe siècle, à la maison de la Bretonnière. originaire d'Artois, d'où elle passa par alliance à celle de Hédouville qui a sa sépulture dans l'église de Cambronne. C'est Etienne et Pierre de Hédouville, écuyers, seigneurs de Provinlieu, qui vendirent Damaslieu à CLAUDE DE BOULLONGNE, écuyer, Sgr DU FAY, le 14 février 1598.

CLAUDE DE BOULLONGNE avait épousé, avant 1597, CATHERINE LE CORROYER. Il mourut le 7 septembre 1632 et sa femme le suivit dans la tombe le 3 février 1635, laissant seulement deux filles :

1º AGNÈS DE BOULLONGNE, dame de DAMASLIEU, laquelle épousa par contrat du 4 février 1621 CHARLES DE LANCRY, écuyer, Sgr de Béthencourt. Ils eurent une fille, MARGUERITE DE LANCRY, qui mourut sans enfants de Louis DU BREUIL, écuyer, Sgr de Coutances, qu'elle avait épousé le 12 mai 1671.

2º MARIE DE BOULLONGNE, mariée à CHRISTOPHE GOUREAU OU GORREAU, écuyer, Sgr DE SAINT-GEORGES, veuve en 1636. C'est elle qui, devenue propriétaire de Damaslieu, par suite des partages faits avec sa sœur, vendit ce fief en 1636 à Louis de Saint-Simon.

On remarquera, de plus, qu'en 1603, Claude de Boullongne avait un très proche parent — peut-être un frère — CHARLES DE BOULLONGNE, receveur de la Seigneurie d'Ansacq.

Voici les titres sur lesquels s'appuie cette filiation :

— 14 février 1598. — Vente faite par devant Louis Macqueron, notaire à Clermont, à Claude de Boullongne, écuyer, sgr du Fay-Saint-Quentin en partie et Dlle Catherine Le Corroyer, sa femme, demeurant à Cambronne, par Etienne et Pierre de Hédouville, écuyer, Sgr de Provinlieu, de tous les droits qui leur appartenaient au fief de Damaslieu à Cambronne, par la succession de Louis de Hédouville, écuyer, Sgr dud. Damaslieu. La moitié de ce fief et des droits qui en dépendent doit servir de remploi à Catherine le Corroyer.

— 4 décembre 1603. — Cession faite devant Pulleu, notaire à Clermont, à Bernard Potier, conseiller au Parlement, sgr. d'Ansacq, de plusieurs parties de rentes sur Antoine de Hédouville, écuyer, demeurant au Fay-Saint-Quentin, par Claude de Boullongne, écuyer, sgr de Damaslieu, en présence de Charles de Boullongne, receveur dudit Ansacq, pour demeurer quitte de ce qu'il devoit à Me Antoine Guyot, sgr d'Ansacq et de Charmeaux.

— 4 février 1621. — Contrat de mariage de Dlle Agnès de Boullongne. fille de Claude de Boullongne, écuyer, Sgr de Damaslieu et Provinlieu, et de Dlle Catherine le Corroyer, assistée de ses père et mère et de Christophe Goureau, écuyer, Sgr de Saint-Georges, avec Charles de Lancry, écuyer, Sgr de Béthencourt.

— 18 juin 1624. — Sentence du Bailliage et Siège Présidial de Beauvais qui donne acte à Claude de Boullongne, écuyer, sgr. de Damaslieu, du consentement par lui donné à ce que le Receveur des Consignations dudit siège débourse sur les deniers provenant de l'adjudication des terres de Provinlieu et Froissy la somme de 33 livres pour les droits dus à cause de lad. adjudication à Daniel Regnard, Receveur de la Chapelle Saint-Louis.

— 7 septembre 1632. — Décès de Claude de Boullongne, écuyer, seigneur de Damaslieu.

— 3 février 1635. — Décès de Dlle Catherine Le Corroyer, femme du précédent.

— 21 avril 1636. — Vente faite à M. Louis de Saint-Simon, chevalier, sgr de Clastre, Pont, Cambronne. etc., par Dlle Marie de Boullongne, Vve de Christophe Goureau, écuyer, sgr. de Saint-Georges, demeurant à Damaslieu, paroisse de Cambronne, du fief et seigneurie dudit Damaslieu à elle appartenant de ses propres et par partage fait avec Agnès de Boullongne, dame de Béthencourt, sa sœur. Ladite vente faite moyennant 204 l. 10 sous de rente.

— 12 mai 1671. — Acte du mariage contracté devant le curé de Cambronne entre noble homme, Louis du Breuil, écuyer, sgr de Coutances et Dlle Marguerite de Lancry, en présence de Prieur de Neuilly, du Mre Robert Boucher, chevalier, sgr de Cambronne, Jean Poileu l'aîné et Louis de Lisle.

II. BOULLONGNE DES COISEAUX

Extrait des aveux donnés à la Seigneurie du Chapitre de Beauvais à Essuiles [1] *et à Coiseaux, depuis l'an* 1505.

— 21 septembre 1540. — Aveu de THOMAS DE BOULLONGNE; il ne dit point de qui il est le fils. — 25 septembre 1540. — Aveu de MASSETTE, fille de PIERRE DE BOULLONGNE, pour terres joignantes à PIERRE et JEAN DE BOULLONGNE, et MICHEL et NICOLAS DE BOULLONGNE.

— 25 septembre 1540. — Aveu de... Vve de JEAN DE BOULLONGNE, pour terres joignantes à PIERRE, RAOUL, AUGUSTIN, NICOLE et NINET DE BOULLONGNE.

— 25 septembre 1540. — Aveu de PASQUIER DE BOULLONGNE, fils d'ARNOULT DE BOULLONGNE, d'une maison à Coiseaux à lui donnée en mariage par son père et pour une mine 8 verges acquises de PASQUIER DE BOULLONGNE.

— 29 septembre 1540. — Aveu de sire RAULT DE BOULLONGNE, prestre. pour terres joignantes de côté et d'autre à THOMAS et PIERRE DE BOULLONGNE et à la Vve JEAN DE BOULLONGNE.

— 29 septembre 1540. — Aveu de PIERRE DE BOULLONGNE, fils et héritier d'autre PIERRE DE BOULLONGNE, pour terres joignantes à MASSETTE, Me MICHEL, NINET et AUGUSTIN DE BOULLONGNE.

— 29 septembre 1540. — Aveu de PIERRE DE BOULLONGNE, fils et héritier d'autre à PIERRE, JEAN et MASSETTE DE BOULLONGNE.

— 29 septembre 1540. — Aveu de JEAN DE BOULLONGNE, fils de GILLEQUIN DE BOULLONGNE et de MARGUERITE DE BOULLONGNE.

— 1er octobre 1540. — Me NICOLAS DE BOULLONGNE, prestre. fils de PIERRE, pour terres joignantes à JEAN DE BOULLONGNE, dit NINET, PIERRE et JEAN DE BOULLONGNE, dit CATON.

— 2 octobre 1540. — Aveu de PIERRE DE BOULLONGNE, dit le MOINE, pour terres du chef de sa femme. fille de feu Cocquery et joignantes à THOMAS DE BOULLONGNE et à la Vve PIERRE DE BOULLONGNE.

— 2 octobre 1540. — Aveu par les enfants mineurs de Catherine. Vve de PIERRE DE BOULLONGNE, dit le MOINE, de biens sis à Coiseaux, venant de la succession dudit feu PIERRE DE BOULLONGNE.

— 27 mai 1574. — Dénombrement de la Mairie d'Esseville (Essuiles) donné au Chapitre de Beauvais par ROBERT DE BOULLONGNE, marchand. demeurant à Esseville, dans lequel il dit que cette Mairie lui appartient par donation à lui faite par Alof Lambert, écuier, seigneur, de la Motte dud. Esseville

— 15 octobre 1591. — Aveu des prairies d'Esseville (Essuiles) dans lequel sont mentionnés JEAN, CLÉMENT et MICHEL DE BOULLONGNE.

— 28 octobre 1602. — Aveu de CATHERINE DE BOULLONGNE, Vve de Jean Houzet.

— 31 décembre 1602. — Aveu de ANTOINE DE BOULLONGNE, notaire royal au Bailliage de Clermont, pour terres joignantes à PASQUIER, PIERRE et les hoirs MICHEL DE BOULLONGNE.

— 7 janvier 1603. — Aveu de PASQUIER DE BOULLONGNE, pour une pièce tenante à ANTOINE DE BOULLONGNE.

---

1 Dans ce document, Essuiles est écrit Esseville, conformément à la forme latine ancienne *Esvila* (v. GRAVES : *Précis satistique sur le canton de Saint-Just-en-Chaussée*. Beauvais, 1835, in-8, page 56).

— 17 janvier 1603. — Aveu de JEAN DE BOULLONGNE, pour terres à Coiseaux et Esseville (Essuiles) joignantes à PASQUIER, PIERRE et SIMON DE BOULLONGNE, son frère.

—1603. — Aveu de PIERRE DE BOULLONGNE pour terres à Coiseaux, joignantes à FRANÇOIS DE BOULLONGNE.

TABLE DES MATIÈRES

CHAPITRE PREMIER

Les premiers Boullongne de Paris.

CHAPITRE II

Louis de Boullongne, dit l'Ancien.

CHAPITRE III

Bon de Boullongne.

CHAPITRE IV

Louis de Boullongne, dit le Jeune.

CHAPITRE V

⚜ Jean de Boullongne, fils de Louis.

CHAPITRE VI

⚜⚜ Les Boullongne du Beauvaisis, dits Boullongne-Tavernier.

CHAPITRE VII

Les Boullongne de Beaurepaire.

CHAPITRE VIII

Pacte de famille de 1751. ×

CHAPITRE IX

⚡ Jean de Boullongne, Contrôleur-Général.

CHAPITRE X

Descendance de Jean de Boullongne et de Catherine de Beaufort

CHAPITRE XI

Enfants de Guillaume de Boullongne-Tavernier et de Marguerite du Val.

CHAPITRE XII

Les Boullongne de Magnanville.

APPENDICES.

OUVRAGES DU MÊME AUTEUR

Mémoires sur l'origine de la Ville et du Nom de Senlis. — Senlis, 1863. — In-8º.

La Langue latine étudiée dans l'Unité Indo-Européenne. — *Histoire, Grammaire, Lexique.* — Paris, 1868. — 1 vol. in-8º.

La Grande Voie romaine de Senlis à Beauvais et l'emplacement dé Litanobriga. — Senlis, 1873. — In-8º, 2 cartes.

Indicateur de l'Archéologue et du Collectionneur (publié avec M. G. de Mortillet). — Paris, 1872-74. — 2 vol. in-8º, 280 fig.

Étude sur quelques monuments mégalithiques de la vallée de l'Oise. — Paris, 1875. — In-8º, 50 fig.

Le Musée archéologique. *Recueil illustré de monuments, etc.*, publié avec la collaboration d'archéologues français et étrangers. — Paris, 1876-77. — 2 vol. grand in-8º avec fig.

Les Pays Sud-Slaves de l'Austro-Hongrie (*Croatie, Slavonie, Bosnie, Herzégovine, Dalmatie*]. — Paris, 1883. — In-18 jésus, 58 gravures.

Notice sur Hugues de Groot (Hugo Grotius), suivie de lettres inédites. — Paris, 1884. — In-8º.

Les intérêts français dans le Soudan Éthiopien. — Paris, 1884. — In-18 jésus, 3 cartes.

La France en Éthiopie : Histoire des relations de la France avec l'Abyssinie chrétienne, sous les règnes de Louis XIII et de Louis XIV (1634-1706). — Paris, 1886, 1re édition. — In-18 jésus, avec carte. — Paris, 1892, 2e édition.

Recueil des Instructions données aux Ambassadeurs de France en Portugal, publié sous les auspices de la Commission des Archives Diplomatiques au Ministère des Affaires étrangères. — Paris, 1886. — 1 vol. grand in-8º.

Arabes et Kabyles (Questions algériennes). — Paris, 1891. — In-18 jésus.

Causeries du Besacier, Mélanges pour servir à l'histoire des pays qui forment aujourd'hui le département de l'Oise (Picardie méridionale. — Nord de l'Ile-de-France). — 1re série, Paris, 1892 ; 2e série, Paris, 1895. — 2 vol. in-12.

Note sur quelques Lécythes blancs d'Érétrie (Extrait des *Mémoires des Antiquaires de France*, Paris, 1893. — In-8º, fig.)

Mémoires et documents pour servir à l'histoire du département de l'Oise. Première série. — Paris, 1895. — 2e série, 1906. 2 vol. — Couronné par l'Académie des Inscriptions. — In-8º, fig.

Notes et documents pour servir à l'histoire d'une famille picarde au moyen âge. — La Maison de Caix, rameau-mâle des Boves-Coucy. — Paris, 1895. — Gr. in-8º.

Anne de Russie, reine de France, comtesse de Valois. — 2e édit., Paris, 1896, fig.

La France avant l'histoire de la Gaule indépendante. — La Gaule romaine. — 2 vol. gr. in-8º. — Nomb. cartes et figures (en collaboration avec A. Lacroix). — Paris, 1900 et 1901.

Les Sibylles d'Anvers. — Caen, 1902. — In-8º, planches.

Le Mausolée des Puget à Senlis. — Paris, 1903. — In-8º, planche.

Le Temple de la forêt d'Halatte et ses ex-voto. — Caen, 1907. — In-8º, planches.

Belgicismes. — A propos de quelques mots de l'ancien français conservés dans le langage des Belges. — Anvers, 1911. — In-8º.

Les Archives et les Livres de Raison des Brossard des Ils. — Caen, 1912. — In-8º.

Vieux Manoirs et Gentilshommes bas-normands. — Promenades archéologiques dans le Val-d'Orne. — Caen, 1914. — Gr. in-8º, 70 figures.

La Seigneurie de Cives-lès-Mello. — Beauvais, 1914. — In-8º.

La paix que nous devons faire. — Paris, 1915, in-8º.

La Marche sur Paris de l'aile droite allemande ; *ses derniers combats.* — Paris, 1916. — In-8º.

Autour de Noyon, sur les traces des Barbares. — In-4º, 100 figures. — Paris, 1918. — Couronné par l'Académie Française.

IMP. DESCLÉE, DE BROUWER ET Cie,
41, RUE DU METZ, LILLE. — 1656-a.

Paris
H. Laurens
Editeur
6, Rue de Tournon